〈音楽の国ドイツ〉の
系譜学
3

絶対音楽の美学と分裂する〈ドイツ〉

十九世紀

吉田 寛
Hiroshi Yoshida

青弓社

絶対音楽の美学と分裂する〈ドイツ〉――十九世紀／目次

装丁——神田昇和

凡例

・訳文は原則としてすべて私訳によるが、日本語訳が出版されている外国語文献に関しては、随時それらを参照した。
・現在入手可能な日本語訳が存在する外国語文献を参照・引用する場合には、読者の便宜を考え、主に原典を参考にした場合でも、できるかぎり日本語訳の書誌情報やページ数を挙げた。
・引用文中の［ ］内の言葉は、すべて引用者による挿入・注釈である。

ad uxorem meam amatam

巻頭言　シリーズ「〈音楽の国ドイツ〉の系譜学」刊行にあたって

本シリーズは、〈音楽の国ドイツ〉というナショナルな表象《イメージ》の起源と変遷を思想史的方法で明らかにするものである。音楽における「ドイツ様式」や「ドイツ的なもの」がどのように定義されてきたのか、という音楽学的関心と、ドイツの国民国家形成《ネイション・ビルディング》を音楽という芸術の特性がどのように支えてきたのか、という歴史学的関心の二つの軸をつねに往復しながら、近代ドイツのナショナル・アイデンティティと音楽との複雑に絡まり合った結び付きを解きほぐすのが、そのもくろみである。

本シリーズは全三巻で構成される。第一巻『〈音楽の国ドイツ〉の神話とその起源』は、〈音楽の国ドイツ〉というナショナルな表象《イメージ》が誕生するはるか以前、ドイツ人がむしろ「非音楽的な民族」と呼ばれ、周辺諸国から軽蔑されていたルネサンス期から始まり、音楽における「ドイツ様式」を初めて定式化したアタナシウス・キルヒャーを経て、ドイツの「国民音楽」を創成する最初の試みであるハンブルクのドイツ語オペラ運動がその全盛期を経て終焉を迎える十八世紀前半までの時代を扱う。また、〈音楽の国ドイツ〉という「近代の神話」に、いまどのようにアプローチすべきかという本シリーズ全体のイントロダクションとなる序章も含まれる。

第二巻『民謡の発見と〈ドイツ〉の変貌』では、ほぼ十八世紀全体が対象となる。十八世紀前半のドイツでは、音楽におけるイタリア趣味とフランス趣味の美点を折衷する「混合趣味」が大流行した。その結果、十八世紀半ばには混合趣味を「ドイツの趣味」と呼び、それをもってドイツ音楽における「独自の趣味」の不在を埋め合わせようとする論調が出てくる。ドイツ音楽は「借用」と「模倣」を得意とするというアイデンティティは、同時代に展開された国民様式論のなかにも見出すことができるが、折衷と混合が「より普遍的な趣味」を実現するという混合趣味の理念は、〈遅れてきた国民〉だったドイツ人がその劣勢を一気に逆転し、他のヨーロッパ諸国に対して優位に立つための絶好の足がかりを提供した。しかし、十八世紀後半を通じて「ドイツ的なもの」のあり方が根本から変質していくなかで、混合趣味は次第に衰退し、十九世紀には、外国の趣味を模倣や折衷することはむしろ「非ドイツ的」として否定的に捉えられるようになる。この変化の最大の要因は、ヨハン・ゴットフリート・ヘルダーが提唱した「民衆＝民族精神《フォルクスガイスト》」の理念が広く浸透したことに求められる。「無教養で素朴な民族《フォルク》＝民衆の歌謡」としての「民謡《フォルクスリート》」のなかにドイツ民族の精神的基盤を見出したヘルダーによって、音楽における「ドイツ的なもの」の理念は大きな方向転換を遂げる。

第三巻『絶対音楽の美学と分裂する〈ドイツ〉』（本巻）では、十九世紀ドイツで高度に発展した音楽史叙述や音楽美学の言説を主な考察対象として、そこに「ドイツ的なもの」の理念がいかに組み込まれていたのかを検証する。フランスの凋落やイタリアとの覇権争いの結果、ドイツはようやく自他ともに認める〈音楽の国〉になったが、その一方、国家統一の主導権をめぐり諸邦国の確執が強まるなか、〈ドイツ〉そのものが内部に深刻な亀裂を抱えるようになる。「絶対音楽」を標榜するエドゥアルト・ハンスリックと「総合芸術」（楽劇）を目指すヴァーグナー派の対立が、当時の南北ドイツの文化的・政治的対抗関係を表象＝代行していたことにも示されるように、ドイツ音楽はもはや「一枚岩」ではなくなり、音楽における「ドイツ的なもの」の理念も複数化されていく。そしてこの「複数化されたドイツ」を自ら一身に体現した作曲家がリヒャルト・ヴァーグナーだった（拙著『ヴァーグナーの「ドイツ」——超政治とナショナル・アイデンティティのゆくえ』〔青弓社、二〇〇九年〕を参照）。

本シリーズが提起するのは、近代ドイツでは、「国民《ナチオン》」の理念や「国民＝民族主義《ナツィオナリスムス》」の運動そのものが、〈音楽〉という芸術ジャンル——不可視で非概念的で非物質的で内面的な芸術——を媒介にして美的に構築されたものだった、という視点である。ドイツ人が創ってきた音楽作品の歴史を知ることに加えて、どのようにして音楽が〈ドイツ〉なるものを創ってきたのかという逆の視点からも歴史を捉え直すことで、われわれには初めて、〈音楽の国ドイツ〉という「神話」の批判《クリティーク》＝吟味が可能となるのだ。

第１章　国民主義的音楽史の誕生――トリーストと十八世紀ドイツ音楽史

十九世紀最初の日はドイツで「国民主義的」音楽史叙述が誕生した日でもある。一八〇一年一月一日、シュテッティンの牧師で音楽家でもあったヨハン・カール・フリードリヒ・トリースト（一七六四―一八一〇）は『一般音楽時報』で「十八世紀ドイツにおける音楽芸術の発展についての考察」（以下、「考察」と略記）という連載（三月二十五日まで全十一回）を開始する。新世紀を迎えるにあたり、ドイツ国民が前世紀に達成した音楽的業績を総括すべく、彼はこの連載を始めたのだが、それは結果的にヨーロッパで初めての、一つの国《ナチオン》に対象を限定した音楽史叙述の試みとなった。

1　ヨーロッパにおける音楽史叙述の歴史

トリーストの「考察」を検討する前に、まず音楽史叙述の歴史を概観しておこう。[1]「音楽史」という題名を冠したヨーロッパで最初の書物は、ヴォルフガング・カスパー・プリンツ（一六四一―一七一七）の『高貴な歌唱芸術と音楽芸術の歴史叙述』（一六九〇年）である。[2]この書で彼は、『旧約聖書』の「創世記」に登場するユバルから彼の同時代に至る高名な音楽家を年代順に列挙した。ルター派の聖職者としてカトリックと激しく対立したプリンツは、依然ラテン語が支配的だったドイツの学問界の状況に抗して、この書をあえて「民衆語」であるドイツ語で著した。したがってこの書は、ドイツ語で書かれた最初の音楽史でもある。

そしてこのあと、プリンツに続くかのようにヨーロッパの各国で自国語による音楽史の書物が次々と登場する。すなわち、イタリアではジョヴァンニ・アンドレア・ボンテンピ（一六二四―一七〇五）の『音楽史』（一六九五年）が、フランスではピエール・ブルドロ（一六一〇―八五）とピエール・ボネ＝ブルドロ（一六三八―一七〇八）の『音楽とその影響の歴史』（一七一五年）が、そしてイギリスではアレクサンダー・マルコム（一六八五―一七六三）の『音楽論』（一七二一年）が刊行された。こうした自国語による音楽史の出版は「音楽が本質的に大衆芸術であることの証明」[3]であった。

十七世紀末から十八世紀初頭にかけてヨーロッパ各国で次々と登場した、そうした自国語による音楽史が、近代的な「国民意識（Nationalbewußtsein）」の産物であったことは言うまでもない。だがそれらは十九世紀に登場する「国民主義的」音楽史からは区別されなければならない。なぜならそれらは、歴史叙述の対象や情報源が自国のものに偏る傾向をもっていたとはいえ、基本的にヨーロッパ（あるいはキリスト教世界）全体の音楽史を視野に入れていたからである。そしてその傾向は、ドイツではヨハン・ニコラウス・フォルケル（一七四九―一八一八）の『普遍音楽史』（全二巻、一七八八―一八〇一年）にまで受け継がれている。『J・S・バッハの生涯、芸術および芸術作品について』（一八〇二年。以下、『バッハ伝』と略記）の著者であるフォルケルは、しばしば愛国主義的な歴史家として言及されてきたが、その評価が一面的なことは彼の『普遍音楽史』から明らかである。事実それは、古代エジプトやヘブライにおける音楽の起源――『聖書』が貴重な情報源となる――に始まり、中世のグレゴリウス一世（在位：五九〇―六〇四年）やグイド・ダレッツォ（九九二頃―一〇五〇）を経て、ルネサンス期イタリアのフランキヌス・ガフリウス（一四五一―一五二二）に至る、まさしくヨーロッパ世界全体の音楽通史として書かれている。[4]

フォルケルがその著作の題名とした「普遍史（allgemeine Geschichte）」とは、十八世紀前半に確立された歴史叙述の方法論であり、イギリスで刊行された『普遍史（An Universal History）』（全七巻、一七三六―四四年）がその嚆矢とされる。[5] これをドイツ語に翻訳したジークムント・ヤーコプ・バウムガルテン（一七〇六―五七）――『美学』を著したアレクサンダー・ゴットリープの兄――の言によれば、「普遍史」とは政治的事柄に加えて、人々の「習慣や芸術、学問、農耕、家政、海運、商業」なども「まったく正当に普遍的な歴史の範囲に属する」という理念に基づく。[6] この「普遍史」の観点を初めて音楽史に導入したのはイギリスのチャールズ・バーニー（一七二六―一八一四）だが、彼は『古代から現代までの普遍音楽史』第一巻（一七七六年）の序文で、音楽史は「詩や神話、政治、習俗あるいは学問全般とあまりに緊密に結び付いているので、音楽だけをそこから切り離すことはできない」[7] と述べている。またこれは一つの国と他の国々の音楽についても同様である。バーニーの音楽史は自国イギリスだけでなく、イタリア、フランス、ドイツ、スペイン、オランダなどヨーロッパの主要国を網羅しており、彼はそれに必要な資料を二度の大陸旅行を通じて自ら収集した。[8] 彼が構想した「音楽の普遍史」とは、古代から現在に至るヨーロッパ全体の音楽文化の沿革を、他の芸術や学問、およびそれぞれの国や時代の社会や風俗との関連に即して叙述したものだった。またバーニーの音楽史の第一巻と同年に出版され、やはり「普遍史」と銘打たれたジョン・ホーキンズ（一七一九―八九）の『音楽の学問と実践の普遍史』（一七七六年）も、古代ギリシャから十八世紀までのヨーロッパ全体の音楽史を叙述対象としていた。[9]

2　国民主義的音楽史叙述の成立

以上のような前史に照らせば、単独の書物ではなく雑誌での連載記事であったとはいえ、「ドイツ」という一つの国《ナチオン》に叙述対象を意図的に限定したトリーストの「考察」がもっている歴史的意義は明らかである。ただし彼は自らの連載を、フォルケルの『普遍音楽史』が完結するまでの、いわば「場繋ぎ」的な仕事として構想したのだった。[10] 前述したフォルケルの『普遍音楽史』は「一つの民族《フォルク》全体の調和した感情」として音楽を捉えるものであり、その一部にドイツの「特殊史（Spezialgeschichte）」を含むことが当初（一七八〇年代）から計画されていた。[11] だがトリーストが「考察」の連載を開始した直後に刊行された『普遍音楽史』第二巻（一八〇一年）は、その叙述を十六世紀で終えており、トリースト自身を含めて多くの読者が期待した同時代史——十八世紀ドイツ音楽史——にはおよそ届かなかった。フォルケルはその後も、一八〇〇年までのドイツ音楽史を扱う『普遍音楽史』第三巻を刊行するために多くの資料を集め、草稿を書いた。彼が出版社に宛てた手紙からは、彼がその計画を一八一〇年頃まで持ち続けたことがわかるが、一八年の彼の死によってそれは中断されてしまう。

十八世紀に確立された「普遍音楽史」の試みは、十九世紀以降もラファエル・ゲオルク・キーゼヴェッター（一七七三—一八五〇）やアウグスト・ヴィルヘルム・アンブロース（一八一六—七六）、フランソワ＝ジョゼフ・フェティス（一七八四—一八七一）といった音楽史家に受け継がれていくが、ドイツではトリーストの「考察」やフォルケルの『バッハ伝』を皮切りに、国民主義的《ナツィオナリスティッシュ》な意図や動機で著される音楽史書が数多く登場するようになる。[12] 例えば、そうした国民主義的音楽史の初期の一例に数えられるフランツ・ステーペル（一七九四—一八三六）の『近代音楽史概説』（一八二一年）の導入部は次のように始まる。

われわれドイツ人の祖先は、集団となって南に、つまりローマ帝国の領土に侵入する前から、音楽を知り、実践していた。そして古くから伝わる慣れたもの、そのため好ましくかけがえのない存在となっていたものが、新しいものによって——それがより良いものであったにせよ——押し退けられることは決してなかった。すなわち純粋にドイツ的な音楽（eine rein deutsche Musik）はかつて絶えたことがなかったのだ。そしてドイツ音楽史なるものの当面の目標は、それを確証し、われわれにしっかりと残された財産である聖なる音楽が、異国の土壌に育った異国の植物ではない、ということを理解できるようにすることであるはずだ。だがこれまでわれわれは、他の諸芸術がすべてそうであるように、音楽についてもギリシャ人とローマ人だけに恩恵をこうむっていると信じ込み、それ以外の考え方をもつことができなかった。[13]

ヨハン・ゴットフリート・ヘルダー（一七四四―一八〇三）やヨハン・ゴットリープ・フィヒテ（一七六二―一八一四）は「真のドイツ精神」を見出すべく、ローマ文化に「汚染」される以前のゲルマン民族古来の文化的伝統に目を向けたが、ここでステーペルが「ローマ化」する以前のゲルマン民族の音楽を「純粋にドイツ的な音楽」と呼ぶのも同様の観点からだ。[14] また「われわれにしっかりと残された財産」であるはずの音楽が「異国の土壌に育った異国の植物」であってはならない、という主張は、ヘルダーが鋳造した民族《フォルク》の理念が当時のドイツですでに十分浸透していたことを裏付ける。[15]

こうした国民主義的音楽史叙述の頂点に位置するのが、第三章以降で取り上げるアマデウス・ヴェント（一八七三―一八三六）やカール・フランツ・ブレンデル（一八一一―六八）の著作だが、それらは、ドイツ音楽がヨーロッパ文化のなかで占める特別な地位――ブレンデルの表現を借りれば、ドイツ音楽の「世界史的使命」――を証明することを主目的としており、十八世紀的な「普遍史」の理念のむしろ対極に位置するものだった。

3 「考察」の歴史的背景――ドイツの南北分裂

ただし、トリーストの著作をそうした大きな歴史的潮流のなかで、すなわち十九世紀ドイツで数多く現れる国民主義的音楽史叙述の先駆として捉える一方、その固有の位置も見落としてはならない。エーリッヒ・ライマー（一九四〇―）は「考察」をもって「フランス革命によって鼓舞されたドイツの国民運動」[16] の最初の現れと見なしたが、本書ではそのような一般化を急がず、より丁寧な読解をおこなう。なぜなら、トリーストの「考察」は確かにいくつかの点でフランス革命期の思潮を反映しているものの、そこには――今日の読者の予想を大きく裏切

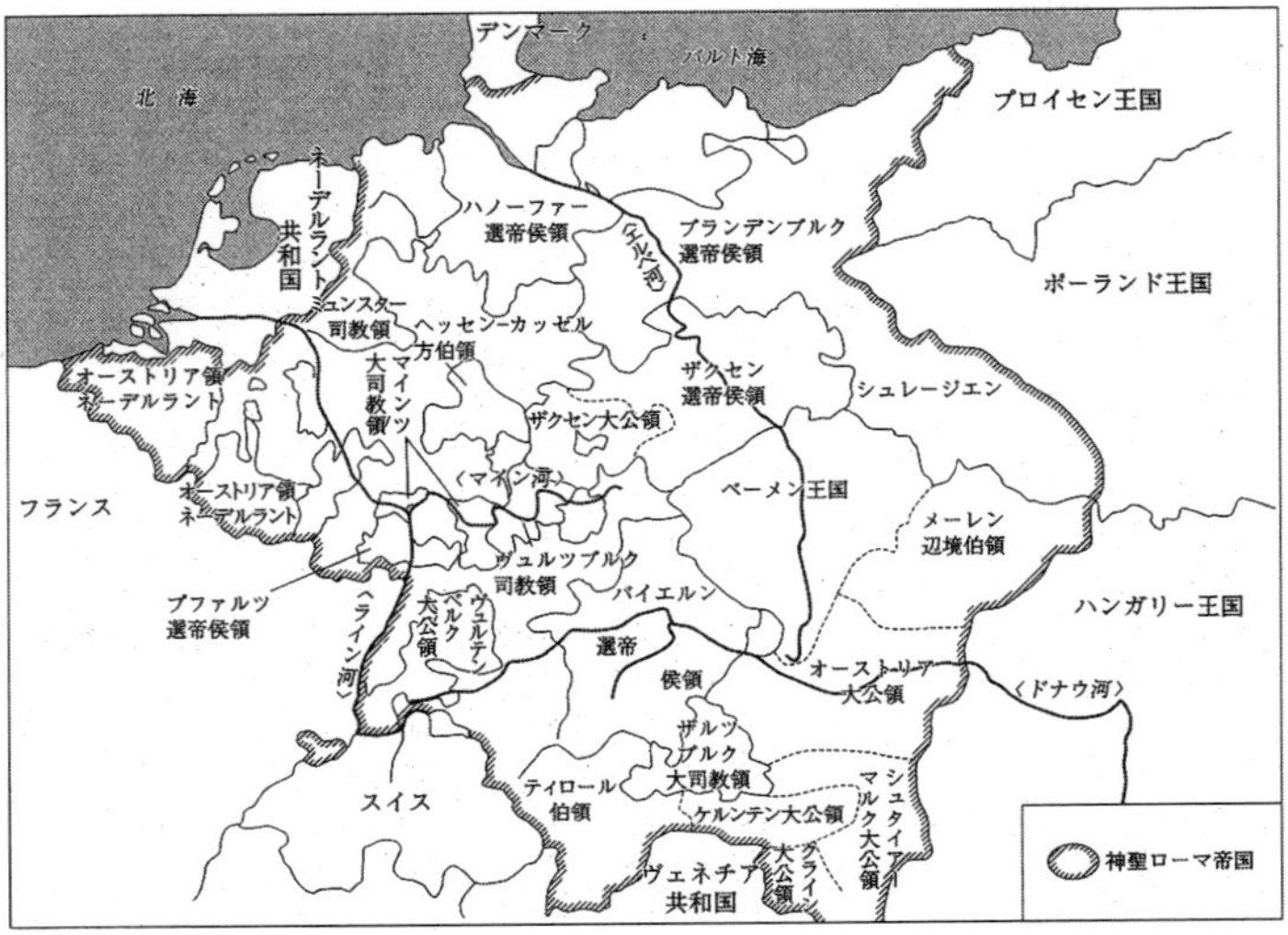

地図1　18世紀末の中欧
（出典：若尾祐司／井上茂子編著『近代ドイツの歴史――18世紀から現代まで』ミネルヴァ書房、2005年、7ページ）

り――ドイツ国民主義《ナツィオナリスムス》と反フランス主義の結託が完全に欠落しているからだ。したがって、同じプロイセン人とはいっても、トリーストの愛国主義は、もう少しあとに顕在化するエルンスト・テオドール・アマデウス・ホフマン（一七七六―一八二二）やヴィルヘルム・フォン・フンボルト（一七六七―一八三五）のそれからは区別されなければならない。

トリーストはポンメルンのシュテッティン[17]で生涯を送った人物だが、彼が「考察」を執筆した一八〇一年当時のプロイセンが、ナポレオン戦争の最中のヨーロッパ諸国では異例とも言える平和を享受していたことにまずは留意すべきである。プロイセンは一七九二年にフランスに宣戦布告したものの、九五年四月にフランスと講和条約（バーゼルの単独講和）を結び、フランスによるライン川左岸の領有を認めて、戦線を離脱した。この講和条約はプロイセンだけでなく、マイン川以北のドイツ全域に平和状態を保証するものだったため、これによってドイツ（神聖ローマ帝国）は事実上、南北に分裂した。オーストリアや南ドイツの諸邦国が一七九二年以降、絶えずフランスとの交戦状態にあったのに対し、プロイセンやザクセン、ヘッセン＝カッセル、テューリンゲン諸国を含む北ドイツは（第一次）対仏大同盟から退き、束の間の平穏を得たのである。ヴァイマールでヨハン・ヴォルフガング・フォン・ゲーテ

（一七四九―一八三二）とフリードリヒ・フォン・シラー（一七五九―一八〇五）の古典主義文学が全盛期を迎えたのもその間の出来事だった。

よってわれわれはこれ以後、一口に「ドイツ」と括ってしまわずに、その地域的多様性、とりわけ南北差により敏感になるべきである。実際、後述のように南北ドイツの違いはトリーストの音楽史叙述でも重要な意味をもってくる。

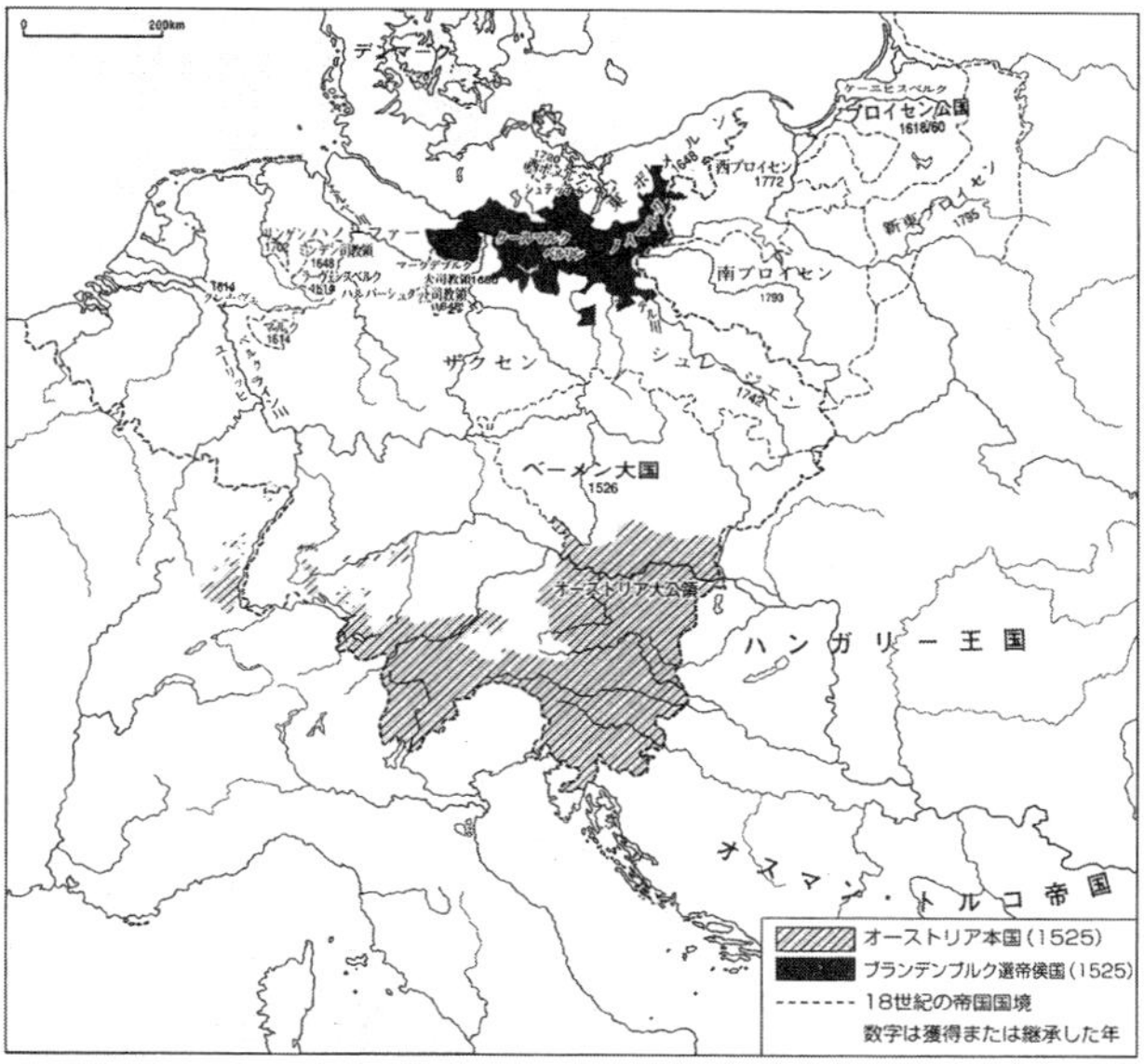

地図２　ハプスブルク家とプロイセンの領土拡大（16―18世紀）
（出典：成瀬治／山田欣吾／木村靖二編『ドイツ史２――1648年―1890年』〔世界歴史大系〕、山川出版社、1996年、47ページ）

この時期のオーストリアでは、レオポルト二世（在位：一七九〇―九二年）を継いで一七九二年七月に皇帝に即位したフランツ二世（在位：一七九二―一八〇六年）が、それまでの啓蒙主義路線から一転して反動的体制を敷いた。彼は啓蒙主義勢力を「ヨーゼフ主義者」と呼んで弾圧し、フランス革命に対する干渉戦争に乗り出した（開戦の時点ではプロイセンとの連合軍だった）。ルートヴィヒ・ヴァン・ベートーヴェン（一七七〇―一八二七）の『ヴィーン市民への別れの歌』（一七九六年）や「偉大なドイツ民族」という歌詞の斉唱で始まる『オーストリアの戦歌』（一七九七年）、あるいはフランツ・ヨーゼフ・ハイドン（一七三二―一八〇九）がフランツ二世の誕生日を祝して作曲した歌曲『神よ、皇帝フランツを護り給え』（一七九七年）は、いずれもそうした反動的で愛国的な当時のオーストリアの空気から生み出された音楽作品である。

それに対してトリーストが暮らすプロイセンは一七九五年以降、対フランス戦争への中立を保ちながら、「世俗化」と「陪臣化」の原則の下で支配領域を拡大し、さらに領土的野心を再び東方へと向けていた。[18] 第三次ポーランド分割（一七九五年十月）によってワルシャワがプロイセン領に編入されたのもこの時期である。またプロイセンは一八〇五年十二月にはフランスとの条約（シェーンブルン講和条約）によってハノーファーを獲得する。ところがこのハノーファーが火種となり、翌〇六年にはフランスとの交戦状態に入る（プロイセンによる宣戦布告は十月九日）。しかしプロイセン軍はイェーナ・アウエルシュテットの戦い（十月十四日）でナポレオン一世（在位：一八〇四―一五年）に大敗を喫し、十月二十七日にはナポレオンがベルリンに入城する。フィヒテが『ドイツ国民に告ぐ』（一八〇八年）の連続講演をおこなったのは、このフランス占領下のベルリンにおいてである。これ以後、反フランス主義と結び付いた国民主義《ナツィオナリスムス》がプロイセンでも高揚するが、一八〇一年に書かれたトリーストの「考察」にはまだその兆しは見られない。

4 『一般音楽時報』と教養市民層

前節で述べたように、「考察」は国民主義的音楽史の先駆とはいえ、ナポレオン戦争によって鼓舞された国民主義《ナツィオナリスムス》の直接の産物ではない。「考察」を読み解く鍵はむしろ、この時代のドイツを特徴付けるもう一つの社会的変動にある。いわゆる教養市民層の成立である。これは「考察」が連載された『一般音楽時報』という雑誌の性格とも深く関わっている。

「教養市民層（Bildungsbürgertum）」とは、教会にも宮廷にも属さない「第三身分」でありながら高度な教養と公共的意識を体現する、ドイツに特有の新市民層であり、その成立は十八世紀末から十九世紀初頭と見なされる。[19]

そこに含まれるのは国の行政官や司法官、大学教授や学校教師、アカデミーの会員、弁護士や公証人、医師や薬剤師といった職業に従事する人々である。彼らはほぼ例外なく大学教育を受けた文化的エリートであった。[20] こうした教養を身に付けた市民層が、商業や手工業を営む経済的に裕福な市民層よりも社会的に重んじられたこと、そしてそうした教養市民の中核が——大学教授や教師、聖職者も含む、広い意味での——国家官吏であったことに、近代ドイツの市民社会の独自性がある。

よく知られるように十九世紀ドイツでは、古典文献学や言語学、心理学といった近代的学問や、文学や音楽を含む諸芸術が大きく開花するが、それらを担い手としても受け手としても大きく支えたのが教養市民層だった。例えばフリードリヒ・シュライエルマッハー（一七六八—一八三四）の『宗教について』（一七九九年）は「宗教を軽蔑する者のうちの教養ある人々（die Gebildete）に向けての講演」という副題をもっていたし、フィヒテも『ドイツ国民に告ぐ』の第一講演で、「ドイツの教養階級（die gebildeten Stände Deutschlands）」に向けられたこの講演の目的は「全ドイツ国民の教養ある人々（der gebildete Theil der ganzen deutschen Nation）を結集させる」ことにあると明言している。[21] もちろん音楽も例外ではない。作曲家・音楽理論家のアドルフ・ベルンハルト・マルクス（一七九五—一八六六）が一八二七年に誇りをもって記したように、ハイドンやヴォルフガング・アマデウス・モーツァルト（一七五六—九一）、ベートーヴェンの交響曲を自律的な「芸術作品」として理解し、ベルリンの演奏会文化を支えたのも「知的そして芸術的に教養ある聴衆」だった。[22]

こうした教養市民層の成立をドイツで可能にした条件として、大学や官僚機構と並んで重要なものに、活発な書籍出版と雑誌発行、啓蒙的な協会や読書サークルの形成があった。当時ドイツ語による出版の中心地はライプツィヒであり、ペータースやブライトコプフといった有力な音楽出版社もこの街にあった。十九世紀前半には雑誌や新聞を個人で購読することはむしろ稀であり、一つのサークル（各都市に設立された読書協会など）で数部を定期購入し、それをメンバーが回覧するという形態が一般的だった。『一般音楽時報』の発行部数は数百部から千部だったが、これは当時としては例外的に多い数字であり、その他の音楽雑誌はせいぜい数十部から数百部しか刷られていなかった。しかしこれらの雑誌は、そうしたサークルを通じて、実際には発行部数より何倍も多くの人々に読まれていたのである。教養市民層にとって読書とは、サロンや読書協会での討論や文通による意見交換を含めた同志とのコミュニケーションの場であり、そこからドイツの「公共的世論」が形成されていった。(23)

『一般音楽時報（Allgemeine musikalische Zeitung）』は、ライプツィヒの楽譜出版社であるブライトコプフ社のゴットフリート・クリストフ・ヘルテル（一七六三―一八二七）が一七九八年十月に創刊した週刊誌であり、十九世紀ドイツで最も重要な音楽雑誌とされる。創刊当初は二段組みの構成で毎号およそ十五ページ前後だった。内容は音楽の理論や美学についての論考、過去の人物を含めた音楽家の伝記的情報、演奏会評、音楽書の書評、楽器の紹介、ドイツ各地の音楽文化情報、譜例（ときに楽譜が付録とされた）ときわめて多岐にわたり、その構成はのちに多くの音楽雑誌の模範とされた。題名にある「アルゲマイン（allgemein）」の語は、そのような「広範」な内容を扱う音楽雑誌であることを意味すると同時に、さらにもう一つ、「多くの人々に共有される」という重要な含意を持っていた。(24)すなわちこの雑誌は宮廷人や貴族、専門的音楽家といった一部の人々ではなく、まさに前述した「教養市民層」を広く読者として想定していたのだ。この新興の教養市民こそが、十九世紀を通じてドイツの「国民文化」の主な担い手となっていくのであり、トリーストの音楽史叙述が「国民の教養［形成］《ビルドゥング》」という観点をとりわけ重視したのもそのためだった。

　トリーストが「考察」を書いた直接のきっかけは『一般音楽時報』の初代編集長フリードリヒ・ロホリッツ（一七六九―一八四二）の提言にあった。ロホリッツは一七九九年七月に「最新の音楽史を考察するための提言」という論考を同誌に掲載し、近年のドイツ音楽を扱った歴史が不在であることを嘆き、現在必要とされる音楽史のあり方を次のように述べた。

> そのような音楽の歴史や、この芸術に対する一つの国民――例えばドイツ人――の教養［形成］（Bildung einer Nation）の歴史は、よくありがちなように、個々の功績者の歴史であってはならない。私が考えるに、

それは国民総体の教養［形成］の歴史（Geschichte der Bildung der Nation überhaupt）を伴わなくてはならない。(25)

先述したプリンツの著作やヨハン・マッテゾン（一六八一―一七六四）の『登竜門への基礎』（一七四〇年）をはじめとして、それまでドイツで――他のヨーロッパ諸国でも同様だが――出版されてきた音楽史のほとんどは、偉大な音楽家の生涯や業績を総括した「列伝」風のものだった。それに対してロホリッツは、「個人」ではなく「国民総体」を扱った音楽史が書かれなくてはならない、と言う。というのも彼は、音楽という芸術を「国民の教化（Ausbildung der Nation）」や「国民精神一般（allgemeiner Geist der Nation）」(26)と結び付けて理解しようとするからだ。そして彼のこの問題提起に応えたのがトリーストだった。

「国民総体の教養［形成《ビルドゥング》］の歴史」としての音楽史――それがトリーストが「考察」で叙述しようとしたものである。そこでは当然、偉大な音楽家の作品や演奏そのものよりも、それらがドイツ国民の精神形成にどのように寄与したか、という点に主眼が置かれる。そしてこれにより必然的に、作曲家の歴史的評価も大きく更新される。十八世紀のヨーロッパで最も称賛されたドイツ人作曲家であるゲオルク・フリードリヒ・ヘンデル（一六八五―一七五九）とクリストフ・ヴィリバルト・グルック（一七一四―八七）がトリーストの歴史叙述の対象から除外されてしまうのは、その象徴的事例である。

というのもヘンデルとグルックはドイツのために書いたのではなく、ドイツ音楽に対してもこれまでまだ広範に影響を及ぼしていないからである。(27)

トリーストがこの二人を自らの「ドイツ音楽史」から外す理由は、彼らの音楽が「ドイツのため」に作られたものではなかったからだ。ヘンデルのイタリア語オペラがイギリスで絶賛されたこと、グルックのフランス語オペラがフランスの「国民音楽」を代表する地位にまで上り詰めたこと、それらは確かに「ドイツ人」の業績ではあっても、「ドイツ国民」の音楽史とは無関係である、と彼は考えるのだ。[28] このように国民主義的音楽史観は「ドイツ音楽」の定義自体を根本から作り替えたのである。

そしてトリーストが音楽史の基盤を作り手（音楽家）から受け手（国民）へと移し替えたことは、歴史叙述の方法にも一つの変化をもたらした。それまでの音楽史家の大半が、主要な音楽家や楽派の隆盛——例えば「グイドからガフリウスまで」というように——または「世紀」を基準にして時代区分をおこなってきたのに対して、トリーストは新たに「様式」や「趣味」の観念に依拠して歴史の変化を捉えようとする。というのも様式とは、作曲家や演奏家の才能や技量だけに由来するものではなく、音楽家と批評家、聴衆に共有された美的感覚——ロホリッツが言う「時代趣味」[29]——として、まさに「国民精神総体（der Geist der Nation überhaupt）」[30]の歴史と結び付いたものだからだ。芸術の「実践的歴史」——トリーストは自らの歴史叙述の方法をそう呼ぶ——は「年代記や芸術家の列伝とつねに足並みをそろえて進むわけではない」。それが明らかにすべきは「国民趣味（Nationalgeschmack）」の変遷であるからだ。[31]

5　十八世紀ドイツ音楽史とその三つの時期——「考察」詳解

ドイツの政治的分裂とその文化的影響

「考察」では十八世紀ドイツの音楽史が三期に区分される。トリーストはそれらをしばしば代表的作曲家の名を冠して呼ぶが、前節でも述べたように、時期区分の根拠はあくまでも「様式」の変化にある。第一期（一七〇〇—一五〇年）は和声や対位法といった音楽の「機構（メカニズム）」が支配的だった時代、第二期（一七五〇—八〇年頃）はイタリアやフランスの影響の下、旋律やリズムの美という感覚的にわかりやすい要素へと傾いた時代、そして最後の第三期（一七八〇頃―一八〇〇年）は音楽の機構（和声や対位法）と感覚性（旋律）が器楽を通じて統合された時代である。

トリーストは第一期の叙述に入る前に、「ドイツ人ははたして独自の音楽（eine eigenthümliche Musik）をもつのか」という前世紀までに再三繰り返されてきた問いをあらためて取り上げる。彼はこの問いが「ドイツ的模倣本能（der deutsche Nachahmungstrieb）」を念頭に置いて出されるものと認めながら、「たとえ独自性があまり目立たないにせよ、あらゆる文化的国民（jede kultivirte Nation）は芸術と学問の活動のなかで、幾千人もの貢献者の合流点のうちに独自の歩みを示す」ことを考慮しない愚問であるとして、これを退ける。(32)ドイツにも「独自の音楽」がないわけではないが、ある事情からそれが見えにくくなっているのだ、と彼は主張する。

ドイツの体制が一見して示すように、フランスやイギリスに見られるような普遍的に妥当する芸術趣味はそこでは決して成立しえない。その書き言葉を除いてはほとんど何も共通点をもたない、この諸民族の集合体［としてのドイツ］は、そのかわり、真の学者および芸術家の民主制（あるいは連邦主義）を――そうした体制の長所も短所もすべて含めて――動機付ける。同一の作品のなかにさまざまな異質なものを混合するという、彼ら特有の、ときに非難に値する、しかし未来のためにはおそらく有益であるような特性もここに属する。外国人の趣味にとってはしばしばそれが気に入らないようだが。（略）さらにあらゆる異質なものへの注目、そしてまた、新しい重要な思想や作品が広く流布する際の非常に大きな遅れ――その理由は簡単に説明できる――も［そうだ］。ここからはしかし、もう一つのそれなりに名高い特性が出てくる。それが入念さ（Gründlichkeit）だ。少なくともこれはドイツ人に帰すことができるが、まさにこれが前世紀の初めから終わりまで、他の諸国民との比較においてドイツ音楽を特徴付けてきたのだ。(33)

ここでトリーストは、音楽における「ドイツ的なもの」をめぐる前世紀の議論を踏襲している。ドイツ音楽の特性を「入念さ」に求めるのはヨハン・アドルフ・シャイベ（一七〇八—七六）以来の伝統であり、またドイツ音楽の独自性を「異質なものの混合」に見出す発想は、クリスティアン・ゴットフリート・クラウゼ（一七一九—七〇）やヨハン・ヨアヒム・クヴァンツ（一六九七—一七七三）が説いた「混合趣味」の理念と通底する。トリーストは「異質なものの混合」を「未来のためにはおそらく有益」として是認するが、フリードリヒ・ヴィルヘルム・マールプルク（一七一八—九五）やヘルダーによる批判のあとも、混合趣味をドイツの趣味として支持する人々が一定数いたということだ。[34]「混合」や「統合」のモチーフは、「考察」の歴史叙述のなかでも、時代の分節に関わる重要な要素として機能している。

だが他方でトリーストが、それまでの音楽批評家が取り上げてこなかった新たな問題を俎上に載せていることにも注目しよう。ドイツの政治的分裂状態がそれである。ドイツはせいぜい「諸民族の集合体」でしかなく、そこに住む人々は、一つの国民《ナチオン》を形成するための前提となる「共通点」をほとんどもたない、と彼は言う。ヘルダーは「ドイツの普遍精神のための最初の愛国的機関の構想」（一七八七年）ですでにいち早く、ドイツの政治的分裂が文化の面でも多大な弊害をもたらしていることを指摘していたが、彼の危機感がドイツの知識人に広く共有されるようになるのは、ようやくフランス革命以後である。[35]

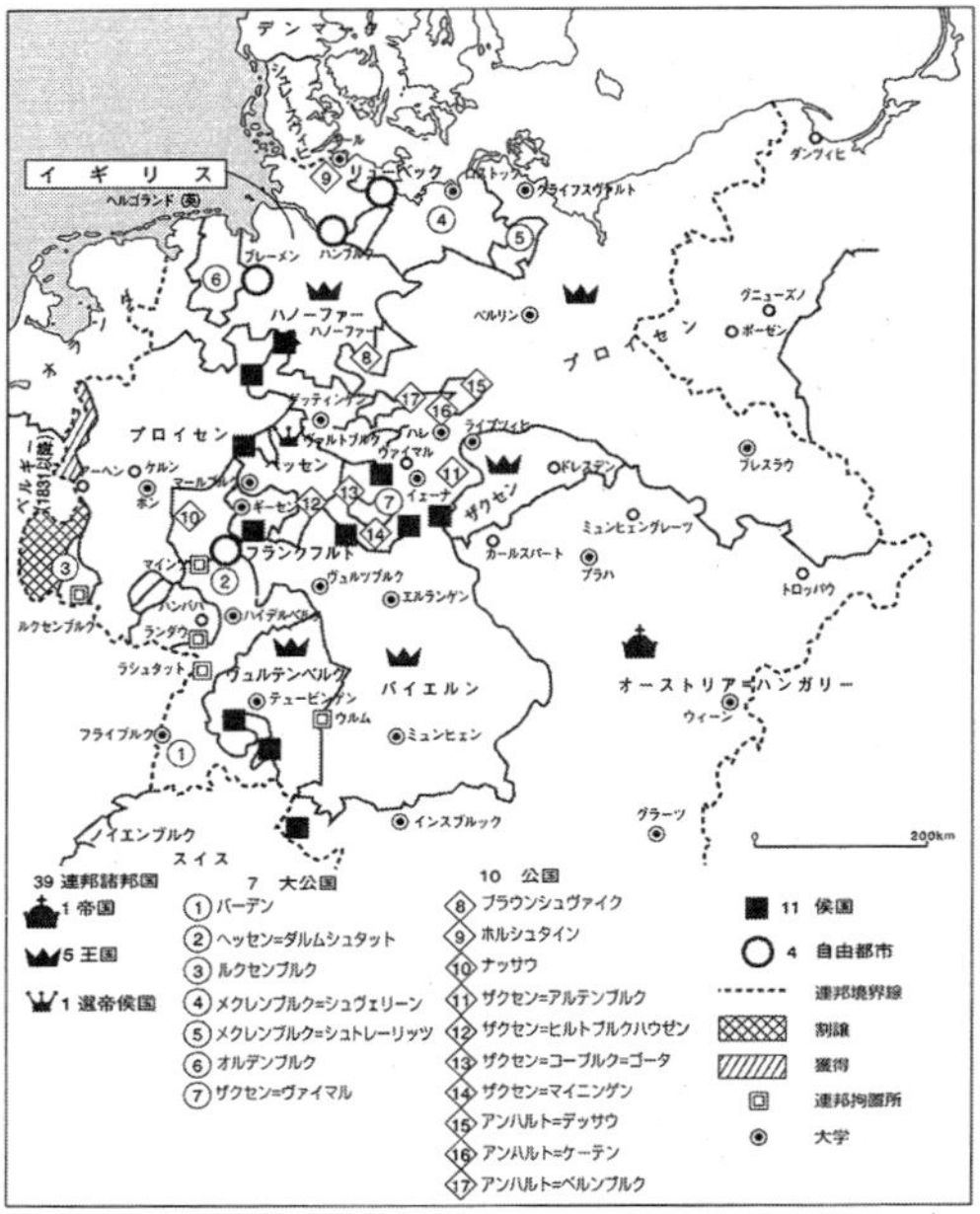

地図3　ドイツ連邦（1815—48年）
（出典：前掲『ドイツ史２』230ページ）

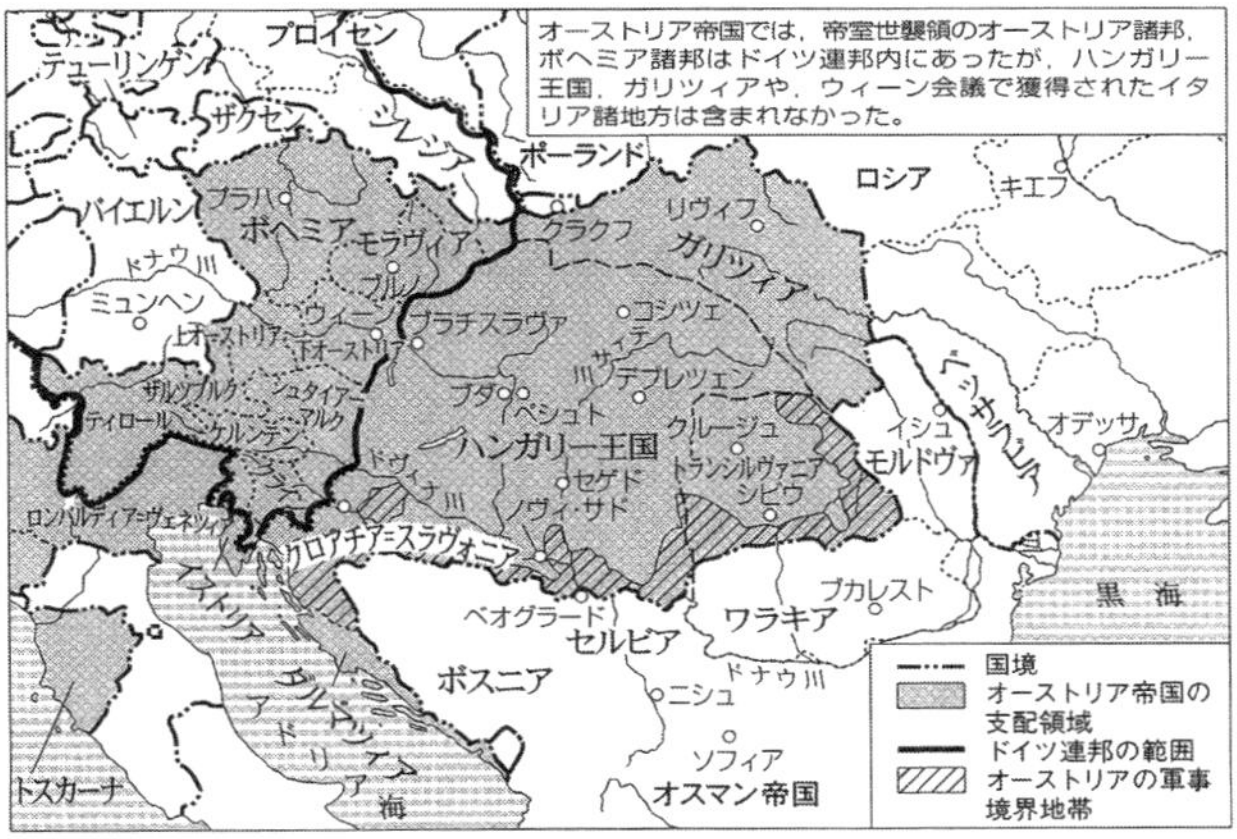

地図４　ナポレオン戦争以後のドナウ地域と「ドイツ連邦」
（出典：南塚信吾編『ドナウ・ヨーロッパ史』〔「新版世界各国史」第19巻〕、山川出版社、1999年、179ページ）

「はじめにナポレオンありき」――そう述べたのは歴史学者トーマス・ニッパーダイ（一九二七―九二）だった。(36)フランス革命はなぜ成功したのか、そしてナポレオンの軍隊はなぜ強いのか。それはフランスではドイツと違って「国民《ナシオン》」が形成されていたからではないか。ナポレオン軍に侵略されたドイツでは、多くの人々がそう考えた。(37)「ブランデンブルクの愛国者、ザクセンの愛国者、バイエルンの愛国者、ヴュルテンベルクの愛国者、ニュルンベルクの愛国者、フランクフルトの愛国者がいることは確かに疑いない。しかしドイツ帝国全体（das ganze Deutsche Reich）を自分たちの祖国として愛するドイツの愛国者（Deutsche Patrioten）は、一体どこにいるのか？」(38)――愛国的詩人として知られたクリストフ・マルティン・ヴィーラント（一七三三―一八一三）は一七九三年五月にそう嘆いている。またヴィルヘルム・フォン・フンボルトは一八一五年六月に発足した「ドイツ連邦」への自らの期待を表明した覚書（一八一六年九月三十日付）のなかで、「ドイツが何らかの方法で一つの国家と一つの国民（Ein Staat und Eine Nation）になろうと欲するのを誰も妨害することはできないだろう」(39)と述べた。ナポレオン戦争後のドイツとドイツ人にとって、どのようにして政治的分裂を乗り越え、「一つのドイツ」を作るかが最大の課題となるのだ。(40)

そして「国民」の未形成という問題は、音楽の領域でも「国民音楽《ナツィオナールムジーク》」の不在というかたちで顕在化する。フランス革命の際に「国民《ナシオン》」の象徴となったのは、「ラ・マルセイエーズ」を歌いながらパリに進軍した義勇兵だった。だがそれに対応するような「国民歌」がドイツにはない、という事実は音楽家にとって深刻な問題だった。グスタフ・シリング（一八〇五―八〇）が編纂した『音楽百科事典』の「国民音楽（Nationalmusik）」の項目（一八三七年）には「われわれドイツ人は多くのさまざまな民謡（Volkslieder）をもっているが（略）そのかわりに、真の国民音楽（eine eigentliche Nationalmusik）は諦めなくてはならない」と書かれている。またリヒャルト・ヴァーグナー（一八一三―八三）は「ドイツの音楽について」（一八四〇年）で、「われわれはプロイセン、シュヴァーベン、オーストリアの民謡をもつだけで、ドイツの国歌（ein deutsches Nationallied）はどこにもないのだ」と指摘し、「ドイツ人の真の独自性」がつねに「地域的なもの」にとどまることを問題視した。[41]

もちろんトリーストはさほど急進的に「一つのドイツ」を指向していたわけではなく、先の引用でも「諸民族の集合体」としてのドイツの現状を、学者や芸術家の「民主制（あるいは連邦主義）」を生み出す土壌として肯定的に捉えている。ドイツの政治的分裂状態や文化的後進性を積極的に捉え直し、そこからドイツのアイデンティティの基盤を導き出そうとする姿勢は、前世紀のシャイベやクヴァンツ、ヘルダーにも見られた。しかしトリーストはそれと同時に、そうした分裂こそが、ドイツでの「普遍的に妥当する芸術趣味」の成立を妨げ、「新しい重要な思想や作品」が普及する際に「非常に大きな遅れ」をもたらし、外国文化に対する盲目的礼賛を生み出してきた元凶である、という認識も表明している。その点でも、彼はまさに十八世紀と十九世紀の境目に立っているのだ。

第一期（一七〇〇―五〇年）

トリーストは十八世紀前半にあたる第一期を「技巧的和声」が一面的に支配的だった時代として位置付ける。そこには両義的評価が含まれており、それは彼の美学における「和声」の位置付け――ドイツ音楽の最大の特徴であり、同時にまた限界でもあるという――に対応する。彼は、それ自体で存立する「純粋芸術（reine Kunst）」と、感情や行為を美しく表現するという外的目的のための美的手段である「応用芸術（angewandte

Kunst)」を区別するが、むろんこれはイマヌエル・カント（一七二四―一八〇四）に依拠している。[42] トリーストによれば、元来は「応用芸術」の一つにすぎなかった音楽が「純粋芸術」の域に達したのは「和声の発見」によるところが大きい。というのも、和声は「音楽の機構（メカニズム）を無限に拡大し、旋律に新たな刺激を与え、感情の表現を容易にし、また強化し、純粋な（それ自体で存立する）芸術創作を可能にした」[43]からだ。そしてこの和声の技法こそ、ドイツ人が最も得意とする領域なのだ。

より冷淡で、生まれつき歌心に欠け、だがそのかわりに入念なドイツ人は、いまや和声の研鑽に没頭し、そこにおいて直ちにイタリア人と並ぶか、あるいは彼らを凌ぐほどになった。[44]

十七世紀にイタリア音楽がドイツに入ってきた時点では、イタリアの作曲家――ガフリウスやジョゼッフォ・ツァルリーノ（一五一七―九〇）など――は旋律やリズムよりも和声（または対位法）を重視していた。しかしレオナルド・レーオ（一六九四―一七四四）以後、イタリアではもっぱら旋律に関心を向けて作曲する傾向が強まり、和声が軽視される事態まで生じた。そのためドイツ人の和声の技術は、直ちに彼らを凌駕することになった。トリーストによれば、この和声の発展の頂点に位置するのが、十八世紀ドイツ音楽の第一期を代表する作曲家ヨハン・ゼバスティアン・バッハ（一六八五―一七五〇）である。

これまでの時代で最も偉大で深奥な和声家にして、イタリアやフランス、イギリスが純粋音楽に対しておこなったあらゆる業績を凌駕し、自らの音楽的同時代（略）を驚かせ、後世になお乗り越えがたい規範を残した人物が（略）一人のドイツ人であることを知るのは、われわれの祖国の愛国的住民（ein patriotischer Bewohner unsers Vaterlandes）にとってなんという喜びであろうか！　ヨハン・ゼバスティアン・バッハの名は、前世紀の前半のすべてのドイツ人音楽家たちのうえに高々と堂々と輝いている。彼は［アイザッ

図１　『一般音楽時報』第一年次（1798年10月―99年9月）の表紙。ヨハン・ゼバスティアン・バッハの肖像画（作者不明）

ク・」ニュートン〔（一六四二―一七二七）〕の精神をもって、それまで和声に対して考えられ、例示されてきたことのすべてを把握し、その深みを実に完全かつ成功裡に摑み取ったのだった。[45]

ドイツの愛国主義者たちがバッハを重視し始めるのは、ちょうど世紀の変わり目頃からだった。『一般音楽時報』の創刊号（第一年次の合本）の表紙を飾ったのも彼の肖像画だった。そして彼の作品を「他のどんな民族もこれに類するものを呈示することができない、評価を絶する国民的遺産（National-Erbgut）」[46]と称揚したフォルケルの著名な『バッハ伝』は一八〇二年に出ている。「論考」でのトリーストのバッハ評価もそうした潮流のなかにあった。「生まれつき歌心に欠け、だがそのかわりに入念なドイツ人」の特性を「和声」という技術のなかで十全に開花させたのがバッハなのだ。

> バッハがドイツ音楽の発展に与えた影響はきわめて大きかった。というのも彼は（略）困難な研究に喜んで従事しようとするドイツの精神と感覚（der deutsche Geist und Sinn）が最も求めたはずのものに、まさしく非凡な力を向けたからである。[47]

トリーストによれば、バッハの偉大さは彼の同時代よりもむしろ後世によってよりよく理解された。それがバッハとヨハン・アドルフ・ハッセ（一六九九―一七八三）やカール・ハインリヒ・グラウン（一七〇一―五九）との違いである。ハッセやグラウンが同時代に直ちに影響を与えたのに対して、バッハの芸術を受け継ぐ「楽派」

が形成されたのはずっとあとのことだった。しかし彼らが「国民趣味」の変革を志さなかったのに対して、バッハは「意識的にせよそうでないにせよ、旧時代の喧噪には決して介入しない一つの方向性を、芸術の歩みに与えた」。つまり当時のヨーロッパの宮廷文化のなかで流行していたイタリア語オペラの作曲家として国際的に名を馳せたハッセやグラウンではなく、そうした流行に背を向けていたバッハのほうが、ドイツの「国民精神」をより正しく把握していた、とトリーストは言うのだ。彼の構想する音楽史が「芸術家の年代記」と同一ではないことを示す好例である。

この両者「グラウンとハッセ」はバッハとほぼ同時代に生きて「作品を」書いたが、しかしバッハが取り組んだのは、もっぱらそのなかでドイツの熱意と国民精神（der deutsche Fleiss und Nationalgeist）がはたらいている事柄のみだった。彼はただ和声の偉大な建築物をそれ自体のために完成し、堅固にしたのだ。(48)

十八世紀ドイツの音楽批評家たちは、イタリア趣味とフランス趣味の「混合」にドイツ音楽の独自の可能性を見出し、ハッセやグラウンの混合趣味によるイタリア語オペラを「ドイツ音楽」の最も優れた例と見なした。そうした時代だったからこそ、外国の趣味を積極的に模倣したヘンデルやゲオルク・フィリップ・テレマン（一六八一―一七六七）がもてはやされる一方、バッハはすっかりその陰に隠れてしまったのだ。だがトリーストは、ハッセやグラウンをむしろ「非ドイツ的」な作曲家と見なして歴史から「抹消」し、その代わりに、同時代の流行に背を向け、ひたすら「和声の偉大な構築物」に取り組んだバッハを「ドイツ精神」の担い手として歴史の本流に引き寄せてくる。すなわち「考察」は、十八世紀ドイツ音楽史の「叙述」というより、むしろその「書き換え」の作業として理解されなくてはならない。

また第一期の中心にバッハを据えることには、プロテスタントの牧師としてのトリーストの宗教的信念も深く関与していたはずだ。彼は、南北ドイツの違いに着目し、「ドイツ的なもの」をもっぱら北ドイツと重ね合わせた音楽理論家の先駆となったが、そこにも少なからずプロテスタンティズムが作用していたと考えられる。そもそもマイン川を境にしてドイツを南北に分ける通念自体、バーゼルの講和条約（一七九五年）の結果として、まさしくこの時代に成立したものだった。(49) 重要なのは、この南北ドイツの境界線が、カトリック教徒が多数を占める地域とルター派を筆頭とするプロテスタント諸派が多く住む地域の区分とおおよそ重なっていたことである。音楽文化の領域では、この区分はイタリアの影響の大きさと関係していた。トリーストの言葉を借りれば、「南ドイツ（das mittägliche Deutschland）」はハイドンやモーツァルトの時代に至ってなお「イタリアの植民地」であった。(50) その傾向は特に劇場音楽において顕著であり、トリーストは「ただ感覚さえ刺激されれば、どんな劇場的ナンセンスも満足して受け入れる」ような聴衆の傾向を問題にしながら、「これを主導してきたのは南ドイツ（das südliche Deutschland）であり、北ドイツ（das nördliche）は長くそれに抵抗してきた」と言っている。(51)

イタリア音楽の影響が濃厚な南ドイツ（特にオーストリア）を遠ざけて、もっぱら北ドイツの音楽文化を「正統なドイツ」として扱うトリーストの姿勢は、このあとヴェントやブレンデルに継承される。(52) そこから考えてもトリーストが、イタリア語オペラを得意としたハッセやグラウンではなく、プロテスタントの教会音楽に大きな業績を残したバッハをドイツの「国民的」作曲家と位置付けたのはごく当然だった。

だが「和声の完成者」として第一期を代表するバッハは、あくまでも十八世紀ドイツ音楽の偉大な「出発点」にすぎない。他方でトリーストは、バッハの業績を歴史的観点から大きく限界付ける。

結局のところ彼［バッハ］の業績は、純粋音楽、すなわち音楽芸術の機構、とりわけ和声と厳格な様式にだけ及ぶにすぎない。だが応用音楽あるいは自由様式について言えば、彼の同時代人であるヘンデルが少なくとも彼に並ぶし、それだけでなく、彼の後継世代、すなわち彼の息子のカール・フィリップ・エマヌエル・バッハやグラウン、ハッセ、またのちにはヨーゼフ・ハイドンやモーツァルトといった作曲家たちが、彼が歩まなかった道を見出したのである。(53)

トリーストは、言葉や劇的表現と結び付いた「応用音楽」を自立的な「純粋音楽」から区別するものの、のちのホフマンやエドゥアルト・ハンスリック（一八二五―一九〇四）とは違い、前者が後者に比べて美的価値において劣るとは考えていない。彼によれば、十八世紀前半のドイツで音楽がもっぱら「純粋芸術」として発展したのは、ドイツでは「言語がまだ幼少期にあった」がゆえに「音楽の伴侶」としての詩が未成熟であり、そのため「応用芸術としての音楽が取り残された」という消極的理由からだった。[54]両者はあくまでもジャンルの違いとして把握されており、そこに価値の序列はない。彼は、声楽よりも器楽（純粋音楽）を重視する「絶対音楽」のパラダイムとは無縁だった。

トリーストの歴史観に従えば、「一面的な和声の処理」[55]がバッハに限らず、第一期のドイツ音楽全般の特徴であり、また同時に限界でもある。この時期のドイツ音楽には「美的精神（ein ästhetischer Geist）」すなわち「音楽の機構を目的ではなく手段として扱う」精神がなかった、と彼は言う。[56]十八世紀前半のドイツの音楽家たちは、和声の技法の研鑽に没頭するあまり、それを自己目的にしてしまい、その結果しばしば「耳に好ましくないもの」を生み出してしまった。[57]和声という「機構」を自己目的とした彼らの作品は、端的に言えば「生命力」[58]を欠くのだ。

それら「純粋音楽」の形式は応用芸術の形式以上に、ただひとえに修辞学的であり、詩的でなかった。協奏曲、ソナタ、トッカータ、プレリュード、そしていわゆる幻想曲のどれもが、この臆病な性格をもっていた。ある主題が、そこから必要とあれば十通りもの転回形を作り出すことができる、たった一つの旋律を含んでいたとしても、それによって何が言われるべきかについてさらなる配慮はなされなかった。（略）端的に言えば、この冷たい音の遊戯（dies frostige Tonspiel）には精神も生命もなかったのだ。[59]

第二期（一七五〇―八〇年頃）

だがこの問題は、グラウンやハッセ、カール・フィリップ・エマヌエル・バッハ（一七一四―八八）など第二期（およそ一七五〇―八〇年）の音楽家によって克服される。この時期にドイツ音楽は和声や対位法の規則だけを追求する、それまでの「冷たい」状態を脱し、旋律やリズムといった要素にも十分配慮するようになる。和声という「機構」を自己目的とすることをやめ、それを「別の目的に従属させる」ことで、ドイツ音楽はようやく「美的精神」を獲得したのである。第一期の和声的様式と深く結び付いた楽器がオルガンであったのに対して、この時期を代表する楽器はピアノ（クラヴィーア）である。トリーストによれば、オルガンの特徴が「大きな震撼力と音の持続力」にあるとすれば、ピアノは「感情や思想を模写する際の微細なニュアンス付け」に優れている。「前者は崇高に、後者は美と優雅に向いている」。ピアノはまさに「応用音楽」に最適な楽器なのだ。[60] そしてこの楽器の存在を一躍世に知らしめたのがエマヌエル・バッハである。

カール・フィリップ・エマヌエル・バッハは、その偉大な父［の名］にふさわしく、ピアノのための作曲によってすべての識者と愛好家から注目を集めたが、それは彼らのなかですぐさま熱狂に変わった。というのも彼らは、彼の表現の新しさと大胆さに、そしてまた［ピアノによって］リズムが容易に操作でき、高貴な旋律が力強い和声と美しく統合できることに驚嘆したからである。[61]

トリーストによれば、父ヨハン・ゼバスティアンが「ドイツ人の精神と感覚が最も強く求めるもの」としての和声の技法を大成した人物だったとすれば、その子エマヌエルはイタリアやフランスの趣味を学び、それらをドイツの趣味と「結合」することに力を注いだ人物である。エマヌエル・バッハの『正しいクラヴィーア奏法の試論』（第一部、一七五三年）にはこうある。

イタリアのベル・カント唱法に多くを負っている今日のわれわれの趣味を、フランスの装飾音だけで満足させることはできない。（略）私が思うに、他の楽器と同じように鍵盤楽器の場合でも、最もよい奏法とはフランス趣味のこぎれいさや輝かしさとイタリアの歌唱法の甘美さを上手な仕方で結合したものにほかならない。そしてドイツ人は偏見から自由なかぎり、そうした結合にとりわけ向いている。(62)

トリーストはエマヌエルを「力強い和声」と「高貴な旋律」の両者を「美しく統合」した作曲家として評価するが、これを十八世紀の混合趣味論に沿って言い換えれば、エマヌエルは「歌心に欠けるが入念」なドイツ人の和声的感覚とイタリア人（もしくはフランス人）の歌唱的感覚を見事に「混合」した、ということになる。事実トリーストは、イタリア音楽（特にオペラ）がドイツ人の趣味に及ぼした悪影響を指摘する一方で、十八世紀にドイツ音楽が「力強い飛躍」を見せた理由は、ドイツの音楽家がイタリアやフランスの音楽の長所を積極的に学び取り込んだことにある、と認めている。

ようやく十八世紀になって、ドイツ音楽には力強い飛躍が与えられた。それは世紀の半ばに、イタリア人の情感に満ちた愛らしさとフランスの情熱をドイツの入念さと結合しようと試みられたこと、つまりドイツの天才たちが、まるで熱心な働き蜂のように、外国の芸術の花粉を自分たちの故郷に運び込み、それを独自の力で加工したことを通じて与えられたのである。(63)

トリーストはここで明らかに——その言葉こそ用いないものの——クラウゼやクヴァンツが「ドイツ的なもの」として提唱した「混合趣味」の理念を継承している。連載の冒頭で彼が述べていたように、「普遍的に妥当する芸術趣味」を自国に固有の仕方で形成することに失敗してきたドイツ人芸術家にとって、「異質なもの」に目をつけ、それらを「混合」することは逃れがたい宿命であり、また同時に「未来のためにおそらく有益」なものでもあった。トリーストは十八世紀ドイツの音楽家を、自分たちの「寒冷な土壌」に外国の芸術の「花粉」をせっせと運び込んで植え付けようとする「熱心な働き蜂」に喩えている。[64] そしてハッセとグラウンのオペラを通してイタリアの「旋律的歌唱の文化」[65]がドイツに植え付けられたことで、ドイツの「応用音楽」に「優雅な造形」が加わっただけでなく、「純粋音楽」にも大きな変化がもたらされた。

だがイタリアの歌がドイツに植え付けられたことは、純粋器楽の作曲という観点から見ても影響が大きかった。より一般に広がりつつあった音楽の愛好家たちは、どこでもそうであるように「ここドイツでも」美しい旋律に固執した。誰もが歌える「美声をもつ」わけではなかったし、ましてイタリアのアリアを歌うとなればなおさらだった。しかし「楽器の」演奏はより容易であった。だから人々はピアノのような楽器でも心地よく、つまり耳にすんなり入っていくように演奏する必要を感じたのだ。[66]

第二期の音楽家たちは「より旋律的にわかりやすい作曲法を通じて、そこ［一面的和声処理］に優美と愛らしさを結び付けようと試みた」[67]が、それは「ドイツ的なもの」と「外国のもの」を混合する試みであった。ドイツ人の「冷淡で歌心がない」気質と結び付いた「和声偏重的」で「冷たい音楽」は、この時期に至り「イタリアやフランスがもたらした暖かな光」によって照らされることで、新たに生命を吹き込まれた。それによって「それまでのもっぱら機械的な音楽」が「美しい技術＝芸術（schöne Kunst）」へと高められたのである。[68]

「だがこの均衡は長くは続かなかった」[69]とトリーストは言う。「わかりやすい旋律」を重視するイタリア音楽の影響が劇場音楽だけでなく器楽にまで及んだことで、ドイツ音楽はそれまでにない深刻な危機に陥る。すなわち第一期とは対照的に、第二期のドイツ音楽には、和声を軽視してもっぱら旋律の心地よさだけを追求する傾向が生じたのだ。この時期の器楽がイタリア的な劇場様式を取り入れることで「より情感に満ちた性格」を得た、というのは単に「そう見えるだけ」のことであり、実際には旋律を「自己目的」とすることで、再び「単純」で「単調」な音楽へと逆戻りしてしまったのだ。

というのも、かつて音楽の機構［第一期における和声］が手段ではなく目的として扱われたのと同様な事態が、ここでも生じたからである。第一期の技巧的和声に代わって、第二期にはわかりやすい旋律が優先された、という点が違うだけだ。（略）人々は単純さを求め、緩慢な単調さに陥り、そうした単純さはごく限定された範囲でしか芸術作品を高めないことを考慮しなかったのだ。[70]

エマヌエル・バッハの作品は「高貴な旋律と力強い和声が美しく統合」された――そのため「美的精神」をもつ――稀有な例外であり、その他多くの第二期の作曲家には「旋律的空虚さ」が見られる。これはイタリア・オペラの歌唱性を過度に模倣した結果にほかならなかった。

こうして純粋音楽のなかに劇場様式が移植されたことで、伴奏声部にはひどい空虚さと単調さがもたらされた。そこ（劇場）でただ歌だけが支配的であったように、あるいは――少なくとも当時は――支配的でなければならなかったように、ここ［純粋音楽のなか］でも同じことを一つのオブリガート楽器またはピアノの右手でやろうとしたのだ。（略）純粋音楽がこのように和声的技巧性から単なる旋律的空虚さへと移行したことで、実際には得たものよりも失ったもののほうが大きかった。[71]

第三期（一七八〇頃―一八〇〇年）

こうしてドイツ音楽は再び「精神なしの音符[72]」に支配されるようになった。第三期の作曲家の課題は、そこにどのようにして「美的精神」を取り戻すか、ということになる。第三期は「前世紀終わりの二十年もしくは十年」に相当するが、それは一言で言えば「発酵」[73]の時代である。そしてそのことは音楽に限らず、十八世紀末のドイツの政治思想や体制、あるいは学問や芸術の傾向に広くあてはまるとトリーストは考えている。「技巧的和声」と「わかりやすい旋律」という、それまで対立してきた二つの音楽的要素は、この時期に至り「統合」へと導かれる。

イタリアの「旋律的歌唱の文化」の影響下にあった第二期がオペラ（声楽）優位の時代であったのに対し、第三期は純粋音楽としての「器楽（Instrumentalmusik）」の地位が大きく向上した時代である。第二期において器楽は「ただの伴奏者」にとどまるか、もしくは「自分が支配的であろうとするときでも、その心地よさと輝きを歌から借りていた」[74]。だが第三期に入って器楽は躍進する。興味深いことにトリーストはその過程を、やはり十八世紀末に見られた「民衆《フォルク》」の地位向上と重ね合わせて説明する。

> 器楽は次第により高い地位を求めるようになった。それは（民衆が彼らの物理的［量の面での］優位とかつての下層階級から獲得した文化に依拠したのと同様に）やはり自らの道具［楽器］の増加と発達をよりどころにしたのである。こうして被支配者はようやく支配者となったのだ。それによって歌は器楽に合わせなくてはならなくなり、自分を主役として輝かせたいときにも、しばしば陰に身を隠すようになった。ここからのちに――民主政体（Demokratien）でそうなりがちなように――万人の万人に対する闘争が生まれた。[75]

先述のようにトリーストは、十九世紀に徐々に支配的となる器楽優位の音楽美学とは無縁だった。彼にとっては「歌」こそが「どんな楽器もその地位を奪うことができない（略）最上で最も魅力的な音楽の様式」だった。なぜなら歌は「人間自身がその道具であるために、人類が存在するかぎり永遠にわれわれのもとにあり続ける」はずの音楽であり、それが生み出す音は「概念と結び付いているだけでなく、われわれの感情と最も容易かつ完全に同化する」からである。[76]ここには、言葉が音と結び付くことでいっそう力強い表現力を獲得するという古典的音楽観が見られる。すでにこの時代、ルートヴィヒ・ティーク（一七七三―一八五三）やヴィルヘルム・ハインリヒ・ヴァッケンローダー（一七七三―九八）ら初期のロマン主義者が、交響曲（器楽）を「神性」の表現として称賛していたことを考えれば、トリーストは同時代のなかでも保守的な音楽観の持ち主だったと言える。

だがそれにもかかわらず、器楽についてのトリーストの見解は、斬新な論点をいくつか含むものとして注目に値する。質と量の両面での楽器の進化によって可能になった大規模なオーケストラ音楽の登場を「民衆《フォルク》」の社会的地位の向上になぞらえて説明する先の引用部は、その一つである。そしてこれは「考察」のなかでフランス革命の直接的影響が見られる稀有な個所でもある。

十九世紀以降ドイツでは、大規模編成のオーケストラによる管弦楽作品が――ときに「聴衆」をも巻き込むかたちで――しばしば「共同体」の比喩で語られてきた。例えば音楽批評家パウル・ベッカー（一八八二―一九三七）は『ベートーヴェンからマーラーまでの交響曲』（一九一八年）で「交響曲とは何か」という問いを立て、それは「音楽的な民衆集結（eine musikalische Volksversammlung）」であると自ら答えている。[77]「交響曲的なものの創作」の原動力は「大きな聴衆（Massenpublikum）」に語りかけようとする芸術家の欲求にあり、交響曲の意義と価値を決定するのはその「共同体形成の力」である、と彼は言う。[78]かつてゲーテがカール・フリードリヒ・ツェルター（一七五八―一八三二）への手紙（一八二九年十一月九日付）のなかで「四人の理知的な人々の対話（Discurse）」[79]に喩えた弦楽四重奏曲が「貴族的」な社交文化（サロン）を象徴していたとすれば、同じく器楽のジャンルでも、十八世紀末以降、急速に進化を遂げたオーケストラによる管弦楽曲は「民衆的なもの」の表現として社会に受け入れられていくのである。器楽の発展と民衆の地位向上を類比的に説明することで、トリーストはこうした交響曲理解を先駆的に表明していたことになる。だが「万人の万人に対する闘争」という言葉が示すように、彼は民衆（または楽器）による「民主政体」を少なからず危険視している。ここには当時ドイツの知識人のあいだに浸透していた「革命」への警戒心が垣間見られる。

第二期のドイツ音楽は「わかりやすい旋律」に大きく傾いたために「単純さ」と「単調さ」に支配される結果

に陥った。そこに致命的に欠けていたのは「多彩さ」[80]である。ただし「多彩さ」を求めるあまり「悟性」によって把握可能な「統一性」が犠牲にされてはならない。トリーストがここで想定しているのは、古くから美の規範とされてきた「多様における統一」だが、それこそが第三期の器楽作曲家が目指したものにほかならない。

それ［器楽］は多彩さによって輝かなければならない。だがその多彩さは、おのずと理解されるように、統一性を求める悟性の努力をあまり困難にしてはいけない。第三期の器楽作曲家はこれらすべての困難を取り除こうと試み、器楽作品はいまやより完全で豊かな姿を獲得したのである。音楽のこのジャンルの真の使命を――はっきり理解していたわけではないにせよ――感じ取っていた芸術家たちは、自分たちの作品のなかでいまや第一期の入念さ（die Gründlichkeit）と第二期の歌いやすさ（die Sangbarkeit）を統一し、そこにさらに驚くべきものを付け加えたのである。[81]

ここでは二つの次元での「統一」が問題とされている。一つは「多彩さ」のなかの統一性であり、もう一つは和声や対位法における「入念さ」と旋律の「歌いやすさ」の統一である。むろん後者は「ドイツ的なもの」と「イタリア的なもの」の統一を含意している。そしてトリーストの考えでは、これらの二種類の「統一」を最も完全なかたちで実現できるのが「交響曲（Sinfonie）」なのである。

トリーストは「芸術ではなく芸術家のために仕事をする（略）ヴィルトゥオーゾたち」を「音楽の内的本質についての包括的知識や美的感情、発見精神」を欠く音楽家として厳しく非難する。そして彼は、そうしたヴィルトゥオーゾを生み出しやすい器楽のジャンルとして協奏曲（Konzerte）と四重奏曲（Quartette）を挙げる。[82]ソロ奏者が活躍する場面が多いこれらのジャンルは、「内的な芸術価値への要求」をもたないヴィルトゥオーゾの参加によって、しばしば一楽器による「空虚な技巧性」の誇示に終始してしまう危険性がある。それはむしろ「多彩さ」を損ねることになる。だが交響曲はそうではない、と彼は言う。

交響曲でこれ［空虚な技巧性］はより目立たない。この種の音楽作品の魅力はまさに多彩さに、言い換えれば、それ自体がわかりやすく、しばしば単純に見える主題のなかに存在する美しいものや意義あるものへと、すべての楽器が投入されて発展することのうちにある。(83)

すべての楽器が集まり一つの全体へと「発展」する交響曲は、旋律や主題といった「部分」の簡潔さと「全体」の多彩さを最もよく両立しうる器楽のジャンルである。そのため交響曲は「多彩さ」と「統一性」の調和を目指した第三期のドイツ音楽を代表することになる。よってトリーストがハイドンをこの時期の最も優れた作曲家として位置付けることに何ら不思議はない。ハイドンは「前世紀の第三期におけるドイツ器楽の最も偉大な貢献者」(84)である。彼はハイドンをジャン・パウル（一七六三―一八二五）と比較しながら、その音楽の特質を「精巧な大衆性もしくは大衆的な（わかりやすい、力強い）芸術的充溢」(85)という語で説明する。通常であれば矛盾する「大衆性」と「芸術性」という二つの要素を、ハイドンの器楽はきわめて稀有なかたちで両立させている、というのだ。交響曲、弦楽四重奏曲、ピアノ曲などあらゆる器楽のジャンルで「偉大な独創性（das grösste Originalgenie）」を示し、ロンドンやパリといった「外国でも深い尊敬を受けている」ハイドンは、まさに十八世紀ドイツ音楽史の頂点に君臨するのである。(86)

またこのトリーストのハイドン賛美は、ヴォルフガング・アマデウス・モーツァルトに対する彼の限定的評価と表裏一体であった。彼はモーツァルトをエマヌエル・バッハとこう対比する。

モーツァルトは［エマヌエル・］バッハよりも多くの分野を網羅した。バッハはピアノのため、純粋音楽のために作曲した。モーツァルトはそれもおこなったが、より優れていたのはおそらく応用音楽の分野においてであった。バッハがフランス的な音楽の才能に大きく傾いていたとすれば、モーツァルトはイタリア的才能に傾いていた。バッハは自分の思考を言葉の力を借りて表現しようとしたならば失敗しただろう。一方モーツァルトの軽やかな想像力は、すべてをつかまえようとする明るくいっそう美しい光のなかで自らを表現するために、むしろこの「言葉という」鎖を必要としたのだ。[87]

モーツァルトは「応用音楽」、特に劇場音楽に大きな業績を残したものの、他方「純粋音楽」については「彼は確かに偉大であったかもしれないが、それは凌駕できないほどではなかった」。[88] トリーストは「応用音楽」が「純粋音楽」よりも劣ると考えていたわけではないが、引用した個所の直前で、十八世紀ドイツ音楽の「重要な段階」を示す作曲家としてエマヌエル・バッハ、モーツァルト、ハイドンの三人をこの順序で挙げていることからも、モーツァルトをハイドンの「前段階」として位置付けていたことは明らかである。ハイドンと違って、モーツァルトは「イタリア的な音楽の才能」に大きく傾いていた点でも、第二期から第三期への過渡的な存在であった。

第三期にドイツの器楽が大きく躍進したため、十八世紀末には「われわれの中程度の器楽作品が、外国の良いと考えられている器楽作品と肩を並べる」までになった。トリーストはその理由をこう説明する。

その理由は器楽に対するドイツ人の卓越した天分（der vorzügliche Anlage）にある。またこの天分はこの考察の最初の節ですでに述べたようなさまざまな事柄、すなわち風土、体制、そして芸術においても心の満足よりも悟性の喜びを求める思索的な国民的性格（grübelnder Nationalcharakter）などに由来する。イタリア人やフランス人がすべての音楽のなかで歌を最も好むのも、同じくらい簡単な理由から説明できる。だが注目すべきは、前世紀末までに（略）フランスやイタリアもわれわれの楽器の豪華さを取り入れたことである。[89]

国土の不統一と政治的分裂に起因する「共通の趣味」の不在、外国のものへの追従と異質な趣味の混合、「入念」で「思索的」な国民性。「ドイツ」を条件付けるこうした諸特性こそが――その長所も短所も相まって――十八世紀末における器楽の発展を可能にしたのだ。

トリーストは「純粋器楽（blosse Instrumentalmusik）」を「その楽句の未限定性によって（略）参加者［聴き手］に想像力のより自由な使用をもたらす」ものと定義し、それに「思弁哲学（die spekulative Philosophie）」と同じ地位を与える。(90) 思弁哲学と純粋器楽は「通常の言語的伝達と噛み合わない」という点で共通しており、「それゆえ近代のドイツ文化は、自らの表現領域として音楽と哲学を好むのだ」と指摘したのは、二十世紀ドイツの哲学者・社会学者ヘルムート・プレスナー（一八九二―一九八五）(91) だったが、トリーストの主張はまさしくその証言となっている。

カント美学の強い影響下にあったトリーストにとって「純粋器楽」は、ともすれば「単なる感覚のくすぐり」へと堕しかねない、アンビバレントな芸術だった。(92) 器楽は聴き手に対して「言葉と結び付いた音楽とまったく同程度に力強い心の動きを喚起することができる」という一文が示すように、彼は器楽の芸術的価値をあくまでも声楽と同じ尺度で測ろうとしており、そのことが彼を、器楽を「語りえないもの」の表現として全面的に肯定したロマン主義者から隔てている。しかし「多彩さ」と「統一性」の両立を達成し、「芸術性」と「大衆性」を統合したハイドンの交響曲を十八世紀ドイツ音楽の到達点として位置付け、また交響曲に代表される純粋器楽への「ドイツ人の卓越した天分」を明確にした点で、トリーストの「考察」は疑いなく十九世紀ドイツ音楽思想の幕開けを告げるものだった。現在ドイツの器楽は「この世界のあらゆる国を凌駕している」と、われわれは「愛国的自慢という誹りを受けることなく、正当に言うことができる」と彼は断言する。(93)〈音楽の国ドイツ〉を理論的に基礎付ける事業の最初の一歩がこうして踏み出されたのである。

注

（1）音楽史叙述の歴史については以下を参照せよ。ウォレン・ドワイト・アレン『音楽史の哲学——一六〇〇—一九六〇』福田昌作訳、音楽之友社、一九六八年、Werner Friedrich Kümmel. *Geschichte und Musikgeschichte*. Marburg: Görich & Weiershäuser, 1967.

（2）Wolfgang Caspar Printz. *Historische Beschreibung der edelen Sing- und Kling-Kunst*. Dresden: Johann Christoph Mieth, 1690.

（3）前掲『音楽史の哲学』六六ページ

（4）Johann Nicolaus Forkel. *Allgemeine Geschichte der Musik*. 2 Bde. Leipzig: Schwickert, 1788-1801.

（5）George Sale, George Psalmanazar, Archibald Bower, George Shelvocke, John Campbell, & John Swinton（Hgg.）. *An Universal History*. 7 Bde. London: J. Batley, E. Symon, & T. Osborne, J. Crokatt, 1736-44. なおこの書は日本語で『万国史』と訳されることもある。

（6）Siegmund Jacob Baumgarten. *Uebersetzung der Algemeinen Welthistorie*. Tl. 1. Halle: Gebauer, 1744, S. 47.

（7）Charles Burney. *A General History of Music*.（1776-89）Bd. 1. London: Harcourt, Brace & Co., 1935, S. 20.

（8）バーニーのドイツ旅行については本シリーズ第二巻第2部第2章でふれた。

（9）ホーキンズはバーニーと違い、自らの脚で資料を集めたわけではなかったが、「教養ある外国人との文通や海外との交信が（略）普遍史（a General History）という題名をもつことを正当化してくれるだろう」と述べている。John Hawkins. *A General History of the Science and Practice of Music*.（1776）Neuauflage, mit einem neuen Vorwort von Charles Cudworth. Bd 1. New York: Dover, 1963, S. xix.

（10）トリーストは「ここでは十八世紀ドイツ音楽の完全な歴史が示される必要はなく——それはフォルケルに期待される仕事である——その発展の歩みについてだけがおよそ問題となる」と読者に断っている。Johann Karl Friedrich Triest. "Bemerkungen über die Ausbildung der Tonkunst in Deutschland im achtzehnten Jahrhundert." *Allgemeine musikalische Zeitung*. Jg. 3, Nr. 14（1. Januar, 1801）, S. 233-234, Anm. *）.

（11）フォルケルの『普遍音楽史』における民族《フォルク》の理念については本シリーズ第二巻第2部第4章第9節を参照。なおドイツ音楽の「特殊史」のためにフォルケルが用意した素材の一部は『バッハ伝』に活かされた。

（12）むろん国民主義的音楽史の登場はドイツに限られた現象ではない。国民的アイデンティティの追求が音楽史叙述を直接に動機付けた興味深い例が隣国オランダ（ネーデルラント）に見られる。ネーデルラント王国は、ヴィーン会議によってオーストリア領の低地諸州（のちのベルギー）を併合し、新たな版図をもつに至ったが、国民国家としての文化的アイデンティティは希薄だった。そこでネーデルラント王立科学芸術アカデミーは一八二四年に「ネーデルラント人が特に十四、十五、十六世紀に音楽にいかなる貢献をおこなったか」という主題で懸賞論文を募集した。これに応募して金メダルを勝ち取ったのがキーゼヴェッターであり、その論文は『音楽におけるネーデルラントの貢献』（一八二九年）として出版された。そのなかでキーゼヴェッターはヨハンネス・オケゲム（一四二〇頃―九七）を「ネーデルラント楽派の始祖」と位置付け、和声（または初期の対位法）の発展にネーデルラント人が果たした役割を強調する。キーゼヴェッターはアカデミーの期待に見事に応え、ネーデルラント音楽が近代ヨーロッパ音楽の源流であることを示したのである。これがネーデルラント楽派の「発見」となった。だが、ルネサンス期の音楽的遺産にネーデルラントの国民的アイデンティティのよりどころを求めようとしたアカデミーの努力も虚しく、三〇年にはフランスの七月革命が飛び火して、ベルギーがネーデルラントから分離独立する。Raphael Georg Kiesewetter. *Die Verdienste der Niederländer um die Tonkunst*. Amsterdam, J. Müller, 1829. Vgl. Herfrid Kier. *Raphael Georg Kiesewetter* (*1773-1850*). Regensburg: Bosse, 1968, S. 99-102.

（13）Franz Stoepel. *Grundzüge der Geschichte der modernen Musik*. Berlin: Duncker & Humblot, 1821, S. 1.

（14）かつてタキトゥス（五八頃―一二〇頃）は『ゲルマニア』（九八年頃）で、ローマ人の頽廃を非難しながら（民族大移動以前の）古代ゲルマン人の美徳を称賛したが、この書は自民族の祖先の原初的状態を記した貴重な文献としてドイツの愛国主義者に重宝された。

（15）ヘルダーの民族《フォルク》理念については本シリーズ第二巻第2部第4章を参照せよ。

（16）Erich Reimer. “Nationalbewußtsein und Musikgeschichtsschreibung in Deutschland 1800-1850.” *Die Musikforschung*. Jg. 46, H. 1 (1993), S. 18. ただしライマーの論文は「考察」の読解としてこれまで最も詳細かつ有

意義なものであり、本書の議論もそれに大きく依拠している。

(17) オーデル川(ポーランド語：オドラ川)河口の港湾都市シュテッティン(同シュチェチン)は、西ポメラニア(ポーランド語：ポモージェ、ドイツ語：ポンメルン)地方の中心として中世以来栄えた。西ポメラニアは一一八一年にポーランドから分離し、神聖ローマ帝国に加わった。一六三七年にボギスラフ十四世(在位：一六二〇—三七年)が没し、スラブ系の公家が断絶すると、西ポメラニアはスウェーデンとブランデンブルク＝プロイセンに分割支配された。シュテッティンはヴェストファーレン条約(一六四八年)によりスウェーデン領と定められたが、大北方戦争(一七〇〇—二一年)の最中に締結されたストックホルム条約(一七二〇年)の結果、西ポメラニアの大部分とともに、スウェーデンからプロイセンに割譲された。一七二二年以降、シュテッティンはブランデンブルク＝プロイセン領ポンメルン州(一八一五年以降はプロイセン王国ポンメルン州)の首都となるが、第二次世界大戦後は再びポーランド領となって今日に至っている。

(18)「世俗化」とは世俗諸侯による聖界領土の接収を、「陪臣化」とは小諸侯領が領邦国家としての自立性を否定されて他国の支配下に編入されることを、それぞれ意味する。どちらもフランスの了解のもとで実施されたものであり、結果的にプロイセン、バーデン、バイエルン、ヴュルテンベルクといった大国を利することになった。その結果、フランス革命以前に帝国を構成していた千七百八十九の諸邦のうち、実に千七百五十がナポレオン統治下で消滅した。以下を参照のこと。成瀬治／山田欣吾／木村靖二編『ドイツ史２——一六四八年—一八九〇年』(世界歴史大系)、山川出版社、一九九六年、二六、一三七—一三九、二二二ページ

(19) ドイツの教養市民層に関しては優れた日本語文献が豊富にあるが、本書では特に以下を参照した。野田宣雄『ドイツ教養市民層の歴史』(講談社学術文庫)、講談社、一九九七年。また教養市民層という観点から十九世紀ドイツの音楽文化を捉え直した以下の著作は、本書と多くの問題意識を共有している。宮本直美『教養の歴史社会学——ドイツ市民社会と音楽』岩波書店、二〇〇六年

(20) 一七七五年の時点でドイツ(神聖ローマ帝国)には四十以上の大学があったが、これはフランス(二十二)やイギリス(オックスフォードとケンブリッジの二つ)に比べても圧倒的に多い数である。

(21) フィヒテ『改訂ドイツ国民に告ぐ』大津康訳(岩波文庫)、岩波書店、一九四〇年、一四、三一ページ

（22）Adolf Bernhard Marx. “Dritte Mösersche Versammlung.”（19. Dezember, 1827）*Berliner allgemeine musikalische Zeitung*. Jg. 4, Nr. 52 (26. Dezember, 1827), S. 422. 新たに演奏会文化の主役となった教養市民がナショナル・アイデンティティを涵養していく過程をベルリンを事例に考察した研究として以下がある。Sanna Pederson. “A. B. Marx, Berlin Concert Life, and German National Identity.” *19th-Century Music*. Vol. 18, Nr. 2 (Herbst, 1994), S. 87-107.

（23）ユルゲン・ハーバーマス（一九二九―）によれば、十八世紀末にはドイツで二百七十以上の読書サークルが存在した。ユルゲン・ハーバーマス『公共性の構造転換――市民社会の一カテゴリーについての探求［第2版］』細谷貞雄／山田正行訳、未来社、一九九四年、一〇三ページ。市民的公共性が「論議する公衆」によって育まれたことについては、同書五〇―六四ページ。

（24）この雑誌はときに日本語で「みんなの音楽雑誌」などとも訳されてきたが、それはこの含意を強調した訳出である。

（25）Friedrich Rochlitz. “Vorschläge zu Betrachtungen über die neueste Geschichte der Musik.” *Allgemeine musikalische Zeitung*. Jg. 1, Nr. 40 (3. Juli, 1799), S. 626-627.

（26）Ebd.

（27）Triest, a. a. O., S. 243 (Nr. 15, 7. Januar).

（28）十八世紀におけるヘンデルとグルックの評価については本シリーズ第二巻を参照。

（29）Rochlitz, a. a. O., S. 627.

（30）Triest, a. a. O., S. 233 (Nr. 14, 1. Januar).

（31）Ebd., S. 273 (Nr. 17, 21. Januar).

（32）Ebd., S. 241 (Nr. 15, 7. Januar).

（33）Ebd., S. 241-242.

（34）十八世紀ドイツの音楽理論における混合趣味とそれに対する批判については、本シリーズ第二巻を参照。

（35）Johann Gottfried Herder. “Idee zum ersten patriotischen Institut für den Allgemeingeist Deutschlands.”（1787）in: ders. *Sämtliche Werke*. Bd. 16. Berlin: Weidmannsche Buchhandlung, 1887, S. 600-616.

(36) Thomas Nipperdey. *Deutsche Geschichte 1800-1866.* München: C. H. Beck, 1983, S. 11.

(37) ナポレオン戦争下での「ドイツ人意識の覚醒」については以下を参照せよ。歴史学研究会編『国民国家を問う』青木書店、一九九四年、四七―五二ページ

(38) Christoph Martin Wieland. "Ueber Deutschen Partiotismus: Betrachtungen, Fragen und Zweifel." (1793) in: ders. *Sämtliche Werke.* Bd. 41. Leipzig: Göschen, 1822, S. 344.

(39) Wilhelm von Humboldt. "Ueber die Behandlung der Angelegenheiten des Deutschen Bundes durch Preussen. 30. Sept. 1816." in: ders. *Gesammelte Schriften.* Band 12, Hälfte 1, Berlin: B. Behr's Verlag, 1904, S. 57.

(40) 十八世紀末のドイツでは、帝国議会参加資格と領邦高権（主権）をもつ帝国等族が三百十四（うち帝国都市が五十一）あったほか、帝国議会参加資格と領邦高権はもたないものの、帝国直属として自立性を守った帝国騎士が千四百七十五家存在し、合わせれば千七百八十九の自立した権力があった。なお一七九二年時点での帝国等族の数を二百九十四（二百四十三の諸侯と五十一の帝国都市）とする説もあり、算定基準と総数については研究者間でも一致を見ていない。前掲『ドイツ史2』二六、二二二ページ、若尾祐司／井上茂子編著『近代ドイツの歴史――18世紀から現代まで』ミネルヴァ書房、二〇〇五年、一二ページ

(41) Gustav Schilling. "Nationalmusik." in: ders. *Encyclopädie der gesammten musikalischen Wissenschaften, oder Universal=Lexicon der Tonkunst.* Bd. 5. Stuttgart: Franz Heinrich Köhler, 1837, S. 124; Richard Wagner. "Über deutsches Musikleben." (1840) in: ders. *Sämtliche Schriften und Dichtungen.* 6. Aufl., Bd. 1. Leipzig: Breitkopf & Härtel/C. F. W. Siegel (R. Linnemann), o. J [1912], S. 153. なおこのシリングとヴァーグナーの発言については、本シリーズ第二巻結語も参照のこと。

(42) Triest, a. a. O., S. 227-228 (Nr. 14, 1. Januar).「考察」にはカントの名前や著作への直接的言及はないが、この区分は『判断力批判』第十六節で示される「純粋な趣味判断」と「応用的な趣味判断」の対比から示唆を受けていると考えられる。カントによれば、前者は「自由美に準拠」し、後者は「付属美に準拠」する。以下を参照せよ。カント『判断力批判』上、篠田英雄訳（岩波文庫）、岩波書店、一九六四年、一一九―一二〇ページ

(43) Triest, a. a. O., S. 231 (Nr. 14, 1. Januar).

(44) Ebd., S. 245 (Nr. 15, 7. Januar).
(45) Ebd., S. 259 (Nr. 16, 14. Januar).
(46) フォルケル『バッハの生涯と芸術』柴田治三郎訳（岩波文庫）、岩波書店、一九八八年、一二ページ
(47) Triest, a. a. O., S. 262 (Nr. 16, 14. Januar).
(48) Ebd., S. 273 (Nr. 17, 21. Januar).
(49) 前掲『ドイツ史2』一三二、一七三ページ
(50) Triest, a. a. O., S. 277-278, Anm. **) (Nr. 17, 21. Januar).
(51) Ebd., S. 377 (Nr. 22, 25. Februar).
(52) ヴァーグナーの音楽史観にも同様の態度が見られる。以下の拙著を参照。吉田寛『ヴァーグナーの「ドイツ」——超政治とナショナル・アイデンティティのゆくえ』青弓社、二〇〇九年、一〇八—一一三、一五一、一五三—一五四、二三二—二三三、二四六—二四八、二七四—二八六ページ
(53) Triest, a. a. O., S. 261 (Nr. 16, 14. Januar).
(54) Ebd., S. 233 (Nr. 14, 1. Januar).
(55) Ebd., S. 444 (Nr. 26, 25. März).
(56) Ebd., S. 242 (Nr. 15, 7. Januar).
(57) Ebd., S. 233-234 (Nr. 14, 1. Januar).
(58) Ebd., S. 443 (Nr. 26, 25. März).
(59) Ebd., S. 297 (Nr. 18, 28. Januar).
(60) Ebd., S. 299.
(61) Ebd., S. 299-300.
(62) C・P・E・バッハ、辻荘一／服部幸三監修『正しいピアノ奏法』上、東川清一訳、全音楽譜出版社、一九六三年、六一—六二ページ。本シリーズ第二巻第1部第3章第1節も参照のこと。
(63) Triest, a. a. O., S. 234 (Nr. 14, 1. Januar).

（64）Ebd., S. 233-234.

（65）Ebd., S. 276 (Nr. 17, 21. Januar).

（66）Ebd., S. 297-298 (Nr. 18, 28. Januar).

（67）Ebd., S. 444 (Nr. 26, 25. März).

（68）Ebd., S. 443-444, S. 233 (Nr. 14, 1. Januar), S. 264 (Nr. 16, 14. Januar).

（69）Ebd., S. 443 (Nr. 26, 25. März).

（70）Ebd., S. 398-399 (Nr. 23, 4. März).

（71）Ebd., S. 298-299 (Nr. 18, 28. Januar).

（72）Ebd., S. 399 (Nr. 23, 4. März).

（73）Ebd., S. 369 (Nr. 22, 25. Februar).

（74）Ebd., S. 370.

（75）Ebd.

（76）Ebd., S. 276-277 (Nr. 17, 21. Januar).

（77）パウル・ベッカー『ベートーヴェンよりマーラーまでの交響曲』武川寛海訳（音楽文庫）、音楽之友社、一九五二年、九、二二―二三ページ。この著作はベッカーが一九一八年にフランクフルトでおこなった講演の記録である。また十九世紀のドイツおよびオーストリアにおける交響曲演奏会と民衆の組織化の関係については以下を参照せよ。Margaret Notley. "*Volksconcerte* in Vienna and Late Nineteenth-Century Ideology of the Symphony." *Journal of the American Musicological Society*. Vol. 50, Nrn. 2-3 (Sommer-Herbst, 1997), S. 421-453.

（78）前掲『ベートーヴェンよりマーラーまでの交響曲』一九、二六ページ

（79）*Briefwechsel zwischen Goethe und Zelter in den Jahren 1796-1832*. Tl. 5. Berlin: Duncker & Humblot, 1834, S. 305.

（80）Triest, a. a. O., S. 399 (Nr. 23, 4. März).

（81）Ebd.

（82）Ebd., S. 400.

（83）Ebd.
（84）Ebd., S. 405 (Nr. 24, 11. März).
（85）Ebd., S. 407.
（86）一七九一年から九五年にかけてのロンドンでの活躍が、「祖国が誇れる」「偉大な天才」としてのハイドンのドイツ（オーストリア）での評価を決定付けた。以下も参照せよ。エステバン・ブッフ『ベートーヴェンの『第九交響曲』――〈国歌〉の政治史』湯浅史／土屋良二訳、鳥影社、二〇〇四年、七一ページ
（87）Triest, a. a. O., S. 392 (Nr. 23, 4. März).
（88）Ebd., S. 393.
（89）Ebd., S. 396-397.
（90）Ebd., S. 397.
（91）ヘルムート・プレスナー『ドイツロマン主義とナチズム――遅れてきた国民』松本道介訳（講談社学術文庫）、講談社、一九九五年、一七六ページ
（92）Triest, a. a. O., S. 397 (Nr. 23, 4. März).
（93）Ebd., S. 395.

第2章　〈フランス〉の変貌

近代ドイツのナショナル・アイデンティティを理解するうえで、つねに念頭に置かなくてはならないのが隣国フランスとの関係である。中世フランク王国の分裂とそれに続く東西フランク王国の分立以来、フランスは長年にわたりドイツにとって最も長大な国境を分有する、最も身近な「外国」であった。[1] さらに十七世紀以降のドイツ人にとって、フランスは学問、文化、芸術あるいは流行など、あらゆる面で模範となる「先進国」だった。ドイツの「国民文化」を創出しようとした愛国的知識人や芸術家は、それをいち早く確立したフランスを手本としながら、他方でしばしばフランスを仮想敵と見なして対抗してきた。[2]

またフランスの首都パリは、十七世紀と十八世紀を通じて、イタリアの諸都市と並びヨーロッパの音楽文化の一大中心地であった。ヴィーンの宮廷で十分な地位を得ていたグルックが、その職をなげうってパリでの成功を欲したことは、象徴的である。また音楽理論や批評の分野でもフランスの優位は圧倒的だった。マッテゾンやシャイベ、マールプルクといった十八世紀の音楽理論家・批評家は、フランスで展開していた音楽の国民様式論を手がかりにしながら、音楽における「ドイツ的なもの」を構想した。またクラウゼやクヴァンツが「ドイツの趣味」として称揚した「混合趣味」も、その起源はフランスにあった。[3]

ところがドイツ人にとってのフランスの表象《イメージ》は、十八世紀末に起こった大革命とそれに続く戦争の時代を境にして一変する。ホフマンの表現を借りれば、それまでの「学問と芸術の国」は「無神論と暴力的革命の国」へと豹変したのだった。[4] この〈フランス〉の変貌が本章の主題である。

解放戦争（一八一三―一四年）前後のドイツでは、フランス人とドイツ人は有史以来の「不倶戴天の敵」であるという神話が――文字どおり「創られた神話」として――登場する。この神話の創出に一役買ったのが、エルンスト・モーリッツ・アルント（一七六九―一八六〇）の愛国歌「ドイツ人の祖国とは何か？」である（第3節）。「怒りがフランスのゴミを根絶やしにするところ、すべてのフランス人が敵であるところ、それがドイツ人の祖国である」と歌うこの愛国歌は、〈ドイツ〉と〈フランス〉をあたかも排他的な対概念のように提示し、まるで「反フランス的」であることが「ドイツ的」であるための必要条件であるかのような幻想を生み出した。さらに哲学者のフィヒテやシェリングによって、〈ドイツ〉と〈フランス〉の対立は、ほとんど形而上学的次元にまで抽象化される（第1節・第2節）。

それと同時にここでは、フランス人にとっての〈ドイツ〉の変貌も問題とされる。というのも、まさしく十九世紀を通じてドイツ人とフランス人は、「合わせ鏡」のように、互いのなかに自己のそれぞれのアイデンティティを育んだからである。ドイツは長いあいだ、フランス人から「野蛮な国」として軽蔑されてきたが、十九世紀のフランス人はそのドイツを詩と音楽と哲学の国として「再発見」することになる。

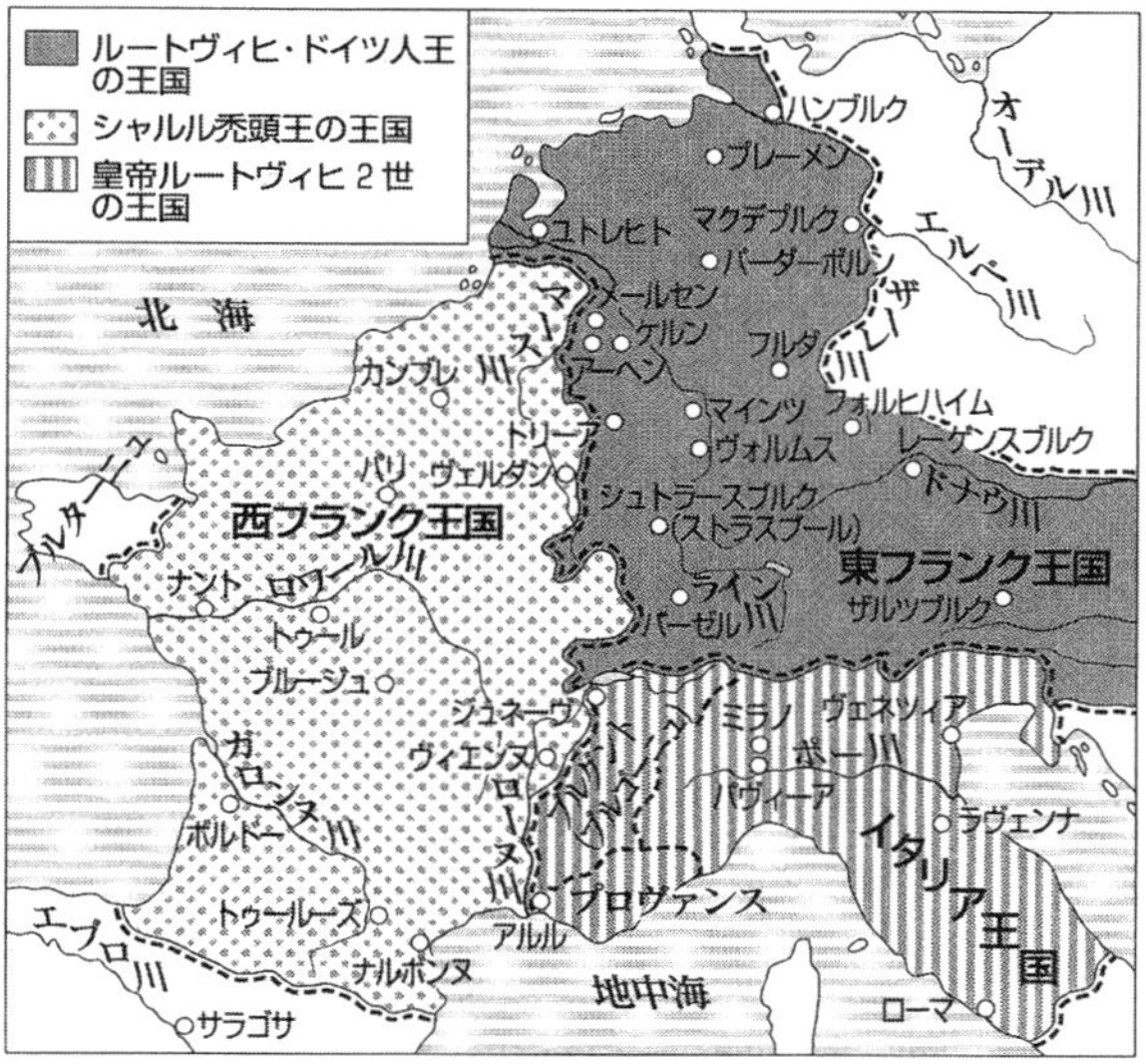

地図5 メールセン条約（870年）後のカロリング帝国
（出典：木村靖二編『ドイツ史』〔「新版世界各国史」第13巻〕、山川出版社、2001年、29ページ）

その最良の証拠がスタール夫人の『ドイツ論』だが、この書はドイツに逆輸入されて、ロマン主義時代のドイツ人に格好のアイデンティティの基盤を提供した（第4節）。

ドイツの器楽とイタリアの声楽を好んで対比するスタール夫人の議論には、フランス音楽が占めるべき位置はない。十八世紀までのヨーロッパではイタリアとフランスが音楽の二大国だったが、いまやドイツがフランスに取って代わったのだ。十八世紀後半以降、ドイツ人作曲家の器楽作品（特に交響曲）が徐々にパリの音楽界に浸透し、十九世紀初め――とりわけベートーヴェンの登場以後――にはこの分野で、フランスは完全にドイツ音楽の「輸入国」となる。こうしたフランスの凋落こそ、十九世紀前半のヨーロッパ諸国でドイツ音楽とイタリア音楽の優劣問題――やがて「ベートーヴェン―ロッシーニ論争」[5]へと収斂する――が浮上するための前提条件となったのだ（第5節）。

1 「ドイツ人」対「新ラテン系諸民族」――フィヒテ『ドイツ国民に告ぐ』

「はじめにナポレオンありき。」――ニッパーダイは十九世紀ドイツ史の叙述をそう始めた。「そのなかで近代ドイツの最初の基礎が築かれた十九世紀の最初の十五年間、ドイツ人の歴史、生活、経験はナポレオンの圧倒的影響下にあった」[6]。ナポレオンとフランス革命戦争こそが、ドイツ人に近代的な国民意識の覚醒をもたらした、という彼の指摘は、今日ドイツ・ナショナリズム研究の基本的了解となっている。

一八〇六年十月九日、十年以上守ってきた中立を自ら破り、プロイセンはフランスに宣戦布告したが、同十四日にイェーナおよびアウエルシュテットで同時に交えた二重の会戦でナポレオン軍に大敗し、同二十七日にはナポレオンのベルリン入城を許してしまう。翌年に結ばれたティルジット講和条約（一八〇七年七月九日）でプロイセンはエルベ川以西の全領土と第二次・第三次ポーランド分割で得た全領土を失い、領土をほぼ半分に縮小した。独立国家としての存続はかろうじて保つことができたものの、プロイセンは大国の座から一気に滑り落ちた。[7]次章で取り上げることになるホフマンは、一八〇四年以降、ワルシャワでプロイセン政府参事官の職にあったが、〇六年十一月にフランス軍がワルシャワに進駐したためにその職を解かれ、住居も追われた。翌〇七年六月に、彼はフランス軍占領下のベルリンに戻り、飢餓と貧困のなかで芸術家としての活動を開始する。彼の音楽批評を貫いている強烈な反フランス主義は、当時のプロイセン人があまねく共有していた生活感情そのものだった。

そしてヨハン・ゴットリープ・フィヒテが『ドイツ国民に告ぐ』という題の連続講演（一八〇七年十二月から翌年三月まで全十四回）をおこなったのも、フランス占領下のベルリンにおいてであった。そこでフィヒテは――おそらくは検閲を意識して巧妙に明言を避けているが――二種類の「ゲルマン民族」を区別し、ドイツ人とフランス人の民族的資質を理念的に対決させた。

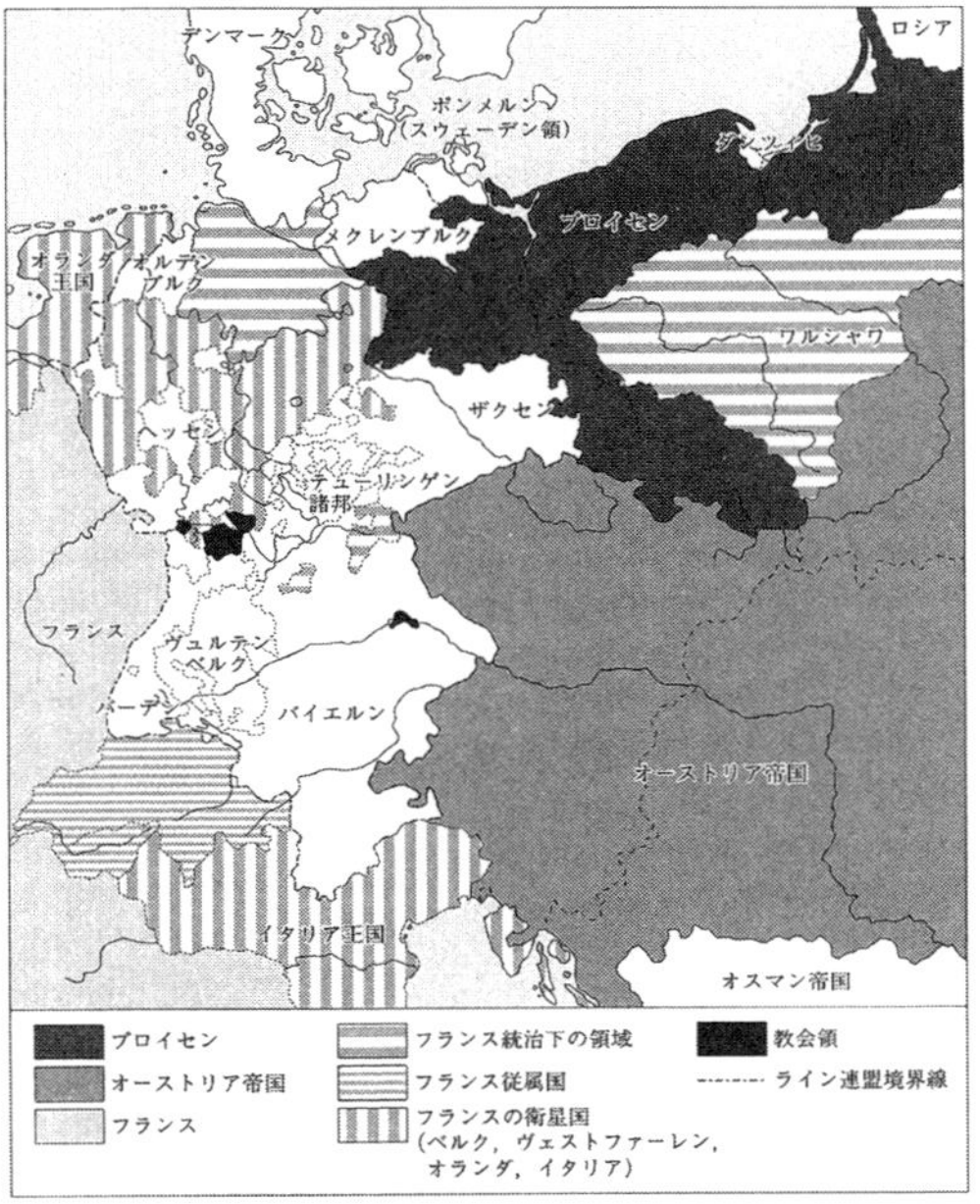

地図6　ライン連盟時代の中欧（1807年）
（出典：前掲『近代ドイツの歴史』61ページ）

フィヒテは『ドイツ国民に告ぐ』の第四講演「ドイツ人と他のゲルマン起源諸民族の主要な相違」および第五講演「以上の相違からの帰結」で、「ドイツ人はまずもってゲルマン民族（Germanier）に属する一種族である」としたうえで、そのゲルマン民族には「元来の居住地」に留まり「元来の言語」と「ゲルマンの根源的習慣（germanische Ursitte）」を守り続けた種族と、「外国語」や「ローマ風（römisch）」の習慣・制度を受け入れて「外国化した」種族の二種類が存在す

図2　ヨハン・ゴットリープ・フィヒテ（1762-1814）。ハインリヒ・アントン・デーリング（1773-1850）の絵（1808年）に基づくヨハン・フリードリヒ・ユーゲル（1772-1833）のリトグラフ

ると指摘する。[8] 彼は前者を「根幹民族（Stammvolk）」または「根源的民族（Urvolk）」と、そして後者を「新ラテン系諸民族（die neulateinischen Völker）」と呼ぶ。もちろんドイツ人——スカンディナヴィア人も「明らかにドイツ人と見なされるべきである」と彼は言う——が前者であるのに対し、後者の「ローマ化」したゲルマン民族の典型はフランス人である。

「外国化」したゲルマン人は「古典古代の研究」に没頭したが、それは「生命の欲求」ではなく「単なる知欲」から出たものだった[9]とフィヒテは批判する。むろんここで彼が念頭に置いているのは、フランスの古典主義的な学問傾向である。フランス人がローマ的な言語や習俗を受け入れた「新ローマ人（die neuen Römer）」であるのに対して、真のゲルマン人であるドイツ人は「半分ローマ人になるくらいなら死んだ方がましである」[10]。第八講演「気高き意味での民族《フォルク》とは何か、祖国愛とは何か」にはこうある。

　真のドイツ人たるものは、まさしくドイツ人であるためにのみ、ドイツ人であり続けるためにのみ、そして自らの子孫をも同じように「ドイツ人へと」形成《ビルデン》＝教育するためにのみ、生きることを欲しうるのだ。[11]

フィヒテによれば、「根源的民族《ウアフォルク》」であるドイツ人と、フランス人に代表される「新ラテン系諸民族」との相違は以下の四点に要約される。[12]

（一）前者がドイツ語という「生きた言語」を話すのに対して、後者は「発達が終わったローマ語」という「死んだ言語」を話す。

（二）そのため前者において精神的教養は生命《レーベン》＝生活に真摯に働きかけるが、後者にとって教養は一種の

「天才的遊戯」にすぎず、生命《レーベン》＝生活と没交渉である。後者は「精神（Geist）」を持つが、前者は精神に加えて「心情（Gemüt）」を持つ。

（三）この結果として、前者は万事において労苦を厭わず、誠実な勤勉さと真剣さをもってあたるが、後者は自分の幸運な自然＝本性に身を委ねる。

（四）以上のすべてから帰結して、前者に属する国民においては「民衆＝民族の大部分（das große Volk）」が教養形成を受け入れる素質を持ち（bildsam）、「国民《ナチオン》の形成者＝教育者」は自分たちの発見を民衆《フォルク》＝民族のもとで確かめ、民衆《フォルク》＝民族に影響を及ぼそうと欲するのに対して、後者の国民では「教養階級」が民衆《フォルク》から乖離しており、民衆《フォルク》を自分たちの計画の盲目的な道具としてしか見ていない。

「民族としての根源性とドイツ性のさらなる把握」と題された第七講演からわかるように、フィヒテがドイツ人を「根源的民族（ein Urvolk）」と呼ぶのは、「ドイツ（Deutsch）」という語が本来「単に〈民〉なるもの（das Volk schlechtweg）」を意味するからにほかならない。[13]このようにドイツ民族の「民衆」的性格を強調するフィヒテは、「民衆」と「民族」という二つの語義を意図的に重ね合わせたヘルダーの「フォルク」理念の継承者だった。[14]知識人階級と「民衆《フォルク》」が乖離しているフランスの場合とは異なり、ドイツの「国民《ナチオン》」形成においては「教養《ビルドゥング》」が知識人階級と民衆の区別を無効化する役割を果たす、と彼は考えていた。「われわれは新たな教育によってドイツ人を一つの全体へと形成《ビルデン》したい」と欲するが、その教育は「ある特定の階級の教養形成《ビルドゥング》ではなく、端的にドイツ国民《ナチオン》全体の、一人の例外も出さない教養形成《ビルドゥング》」である、と彼は第一講演で述べている。[15]「根源的民族」であるドイツ人を主導するのは「民衆」でなくてはならない。『ドイツ国民に告ぐ』の後半部（第九講演―第十四講演）が「新たな国民教育（die neue Nationalerziehung）」の構想にあてられるのはそのためである。「ただ教育だけがドイツの独立を救いうる唯一の可能な手段である」からだ。[16]

だがフィヒテは、つねにフランスを仮想敵として措定し――検閲への配慮のためか、表記上はあくまで「新ローマ人」や「新ラテン系民族」とされているが――それと鋭く対照させながら〈ドイツ〉を定義している点で、ヘルダーの反フランス主義をさらに徹底化している。フィヒテによれば、「ローマ化した外国」が「恣意性と人為性（Willkürlichkeit und Künstelei）」によって特徴付けられるのに対して、ドイツ人は「自然に即した性質（Naturgemäßheit）」をもつ。「外国」が「大地（die Erde）」であるとすれば、「母国［ドイツ］」はこの下界を包む、永遠の天上界（der ewige Himmel）」なのだ。[17]

このフィヒテの講演のなかで、〈ドイツ〉と〈フランス〉は、ほとんど形而上学的な対概念として機能している。これは、フランスとの強い政治的・軍事的緊張関係のなかに常時置かれていた、ナポレオン占領下の時代のドイツ人に特有の思考法と言えるだろう。ただしその一方、ここで注意しなければならないのは、フィヒテが言う〈ドイツ〉が決して「地理的」概念ではないことだ。彼はむしろ、どこからどこまでが〈ドイツ〉なのか、という地理的定義を避けようとさえしている。

フランス革命に対する干渉戦争（一七九二年四月開戦）からヴィーン会議（一八一四年九月―一五年六月）に至る二十数年間は、近代史のなかでもとりわけ「ドイツ」の境界が流動的な時代であった。

フランス軍が占領していたライン川左岸地帯は、リュネヴィルの講和（一八〇一年二月）によって最終的にフランスに割譲された。かつてそこには、マインツやケルン、トリーアの大司教領をはじめ、あわせて九十七の聖俗諸侯と多数の帝国騎士の領地が混在していた。[18] またバーデンやヴュルテンベルク、バイエルンなど西南ドイツの十六邦国は、一八〇六年七月十二日に、ナポレオンを「保護者」とする「ライン連盟（Rheinbund）」を結成し、「ドイツ帝国の領土から永久に分離」（同連盟規約第一条）した。[19] これによって「ドイツ国民の神聖ローマ帝国」は十世紀以来の長い歴史の幕を閉じた。同年八月六日、皇帝フランツ二世はドイツ皇帝（神聖ローマ皇帝）の称号を自ら放棄し、以後は――「フランス人の皇帝」として戴冠するナポレオンに対抗して――〇四年八月に新たに宣言していた「オーストリア皇帝」としてフランツ一世（在位：一八〇四―三五年）を称した。ここにオーストリアは旧ドイツ帝国内の諸邦国とのつながりを断たれた、一つの多民族国家となった。他方、一八〇六年にナポレオンに大敗したプロイセンが国土の半分を失い、わずか四州からなる小国へと逆戻りしてしまったことは先述のとおりである。

そうした状況下では、フィヒテのような愛国的知識人ですら、ありうべき「ドイツ」の国境線をはっきりと想像することは困難だった。その結果『ドイツ国民に告ぐ』の第十三講演では「内的国境(innere Grenzen)」という独特な概念が導入されることになる。

国家と国家との最初の本源的で、真に自然な国境は、疑いなくその内的国境である。同じ言語を語る者は、あらゆる人間的作為に先立って、ただ自然本性によって、すでに無数の眼に見えない絆によって互いに結ばれている。彼らは互いに理解し合い、互いの考えをますます明瞭に伝達することができる。彼らは同族をなし、自然に一つのものをなし、不可分の全体をなす。[20]

山や川といった地理的境界が諸国民の居住地を分けるという通俗的な「自然国境」説を、フィヒテはきっぱりと退ける。居住地はあくまでも「外的境界(die äußere Begrenzung)」にすぎず、それは「内的国境」がもたらす帰結ではあっても、その原因ではない。「人間の精神の本性それ自体によって引かれた内的国境」こそが、一つの民族を本質的に他から区別する「より高次な自然法則」なのである。すなわち、ドイツ人は「共通の言語と思考様式(gemeinschaftliche Sprache und Denkart)」という「内的国境」によって、すでに「自然に結合」されているのであり、この結び付きは実際の居住地というかたちで眼に見える国境線(外的国境)よりもはるかに根源的なのだ。

明確な地理的国境をもたないドイツ人にとって、この「内的国境」こそが共同体の唯一絶対の根拠となる。したがって「内的国境」の侵犯は、「外的国境」のそれよりもはるかに、ドイツ人にとって致命的である。フィヒテによれば、一つの民族は「共通の言語と思考様式」によって結ばれることで自然に「不可分の全体」をなすのであり、「出自と言語を異にする民族を自らのうちに受け入れ、自らと混合（vermischen）することを欲する」のは、自然の節理と神的秩序に反する「堕落」にほかならない。[21]

これら各民族が、自らに身を委ね、その特性に従って自らを発展させ、自らを形成してはじめて、神性の顕現がその本来の鏡のうちに、あるべき姿で映し出されてくる。この精神世界の最高法則をあえて侵害しようとする者は、この法則性と神的秩序（Gesetzmäßigkeit und göttliche Ordnung）を少しも感知しえない者か、これらの頑迷な敵か、そのいずれかであろう。（略）もしこれら［各民族の特性］が混合や摩擦によって鈍磨してしまうならば、精神的自然＝本性（die geistige Natur）からの離反が生じ、そうした浅薄なありようによって一切のものは融合し、一様でもろともの堕落（Verderben）にいたる。[22]

各民族はそれぞれの生来の特性に従って自らを形成・陶治しなくてはならず、自らの特性を他の諸民族のそれと「混合」してはならない、というマールプルク―ヘルダー的倫理がここで再び説かれる。[23] フィヒテによれば、「ドイツ的」特性をフランス的（もしくはラテン的）なそれと混合することは、神および自然への冒瀆であり、倫理的にも許されない「堕落」である。外国の芸術を「模倣」あるいは「混合」することにドイツ人としてのナショナル・アイデンティティを見出してきた十八世紀的プログラムは、ここに至って最終的に否定される。

しかしその一方で、フィヒテが「ドイツ的なもの」を「普遍人間的」理念として構想していることも見逃してはならない。その意味で彼は、「混合」そのものには否定的でありながら、前世紀の混合趣味論の核心――ドイツ人の混合趣味は「普遍妥当的」であるとする[24]――を確実に摂取していた。彼は第七講演で、「ドイツ」という語は本来、単に「民（das Volk）」を意味したのであり、したがって「根源的人間（略）、根源的民族、単に〈民〉なるもの」はすなわち「ドイツ人」である、と言っている。[25]「ドイツ人」とは「人間自身のうちに絶対的に第一のもの、根源的なものを信じる」人々のことであり、それに対して「自分が二次的なもの、派生物にすぎないことに甘んじる」人々は「根源的民族の外部」にいる「よそ者および外国人(Fremde und Ausländer)」であるのだ。(26)

「ドイツ人」を他の民族から分かつとされる「内的国境」は、ここではほとんど形而上学的世界観のレベルにまで抽象化されている。ある人間が「ドイツ人」であるかどうかは、何よりもまず、その人の精神のありようにかかっているのであり、どこに住んでいるかはもちろん、どんな言語を話しているかも「ドイツ人」にとっては二次的な問題でしかない、とフィヒテは言う。

精神性ならびにこの精神性の自由を信じる人、そしてこの精神性を自由を通じて永遠に発展させようと欲する人、そのような人々はどこで生まれどんな言語を話していようとも、われわれの種族(unsers Geschlechts)なのである。(略)[他方で]停滞や退行、循環を信じたり、あるいは死せる自然に全面的に世界統治の舵を握らせたりする者は、どこで生まれどんな言語を話していようとも、非ドイツ的で、われわれにとってよそ者(undeutsch und fremd für uns)である。(27)

このようにフィヒテは『ドイツ国民に告ぐ』で、〈ドイツ〉なるものを、地理的国境や人種的系統を超越した「普遍人間的」理念として構想した。(28)そしてこうした理論が、フランス占領下のプロイセンで登場したことには必然性があった。ナポレオンによって国家としての主権と領土が大きく踏みにじられていた状況下で、愛国主義者は、現実の政治体制や国境を超越した理念的な共同体として〈ドイツ〉を想像＝創造せざるをえなかったからである。同様なことは、このあと見るシェリングの学問論やアルントの愛国歌からも読み取ることができる。

民族の境界＝限界を超えた「普遍人間的」理念として「ドイツ的なもの」を定義するという、今日から見れば「矛盾」しているとしか考えられない〈捻れた〉論理が、近代ドイツのナショナル・アイデンティティを現実に構成してきたのであり、その〈捻れた〉ナショナル・アイデンティティを最も理想的に、破綻なく、直截に表現できる芸術こそが〈音楽〉であった。本シリーズが仮説として提起しようとする――そして全三巻を通じて実証しようとする――この基本的視座を、ここであらためて確認しておきたい。[29]

2 形而上学と「ドイツ的なもの」――シェリングの学問論

〈ドイツ〉なるものを地理的境界や人種的系統を超越した「普遍人間的」な精神特性として定義する、フィヒテと同様な思考法は、この時期のドイツにあって一見すると政治的状況とは無縁の哲学的言説のなかにも見出される。ドイツ観念論を代表する哲学者フリードリヒ・ヴィルヘルム・シェリング（一七七五―一八五四）が一八一二年頃に著した「ドイツの学問の本質について」という断片はその一つである。[30]

シェリングはそこで〈ドイツ〉を一つの学問的態度として定義しようとする。彼は「ドイツの学問」こそが「ドイツ国民の真の内面にして本質、その心臓である」としたうえで、「それ［学問］はこの国民のもとでだけ真の存在（ein wahres Daseyn）を有する」と主張する。[31] その理由は「ヨーロッパのその他の諸国民が、その性格からして、ドイツ国民よりもはるかに規定（bestimmt）されている」のに対して、ドイツ人は「普遍的受容力（allgemeine Empfänglichkeit）」をもつがゆえにその他の諸国民の「根」と、また「矛盾しあうものを統合する力」をもつがゆえに彼ら自身が「他の諸国民を累乗したもの（die Potenz der anderen Nationen）」と見なされるからだ。[32] すなわち、他の諸国民がさまざまな発展段階をそれぞれ別個のものとして表象するのに対し、ドイツ人だけはこれらすべての段階を通過し、その結果「人間本性にとって可能なかぎり、最も高度で豊かな統一性を提示する」のである。[33] こうしてシェリングはドイツ国民を、自らの観念論哲学の体系における「主人」の座に据える。

そしてフィヒテと同様、シェリングも〈ドイツ〉を地理的・人種的には限定しない。彼によれば、ユダヤ系オランダ人の哲学者ベネディクトゥス・デ・スピノザ（一六三二―七七）は「その感性と理解力のゆえにドイツ人に属する」[34]。シェリングにとって「ドイツ的」な学問の本質とは、「自然の生動性および自然と精神的・神的存在との内的同一性を見ようとする」[35]態度にほかならない。その学問的態度こそが——フィヒテにならって言えば——ドイツ人の「内的国境」なのだ。

シェリングがドイツの学問の本質をめぐってこうした考察をおこなった背景には、ドイツがフランスによって軍事的・政治的・文化的に支配されつつある状況下で、いわばドイツ人の最後の砦である「形而上学(Metaphysik)」までもが「フランスやイギリスの無神論」や「機械論」によって破壊されてはならない、という強い危機感があった。シェリングもまた、フランスという国名を直接に名指ししてドイツと対置することを避けているが、例えば次の引用に出てくる二つの「民族」がそれぞれ何を指すかは、当時のすべての読者にとって自明であったはずだ。

その文化が他の民族の文化を独裁的に規定するような民族、すなわち、他の民族に自らの風習、自らの言語を一世紀以上にわたって伝達した民族(略)、もしもそうした民族が他の民族をついに外的にも支配するに至ったとしても大きな驚きはない。(略)しかしこの民族が他の民族の大部分、あるいは少なくともその重要な部分に対して諸原理を注入する手段を見出し、その諸原理の毒が(略)他の民族の内的生命をじわじわと消耗させることでこの民族を打ち負かすとすれば、そうした関係からはいかなる帰結が期待されるだろうか。[36]

これまで数世紀にわたって「自らの風習や言語」をドイツ人に押し付けたばかりでなく、ついにはドイツ人を「外的にも支配」——言うまでもなく軍事的占領だ——するに至った民族。それは〈フランス〉以外にはありえない。そのフランス人が、いまやドイツの「内的生命」をも脅かしている。ドイツの「内的生命」とは、シェリングがこの断片で説く学問的態度としての「形而上学」にほかならないが、それは暴力的革命と不毛な戦乱の元凶となったフランスの無神論的・機械論的諸原理とは対極に位置する。

> 形而上学とは、国家（Staaten）を有機的に作り出し、一つの心情と感覚をもった人々の集まり、すなわち一つの民族《フォルク》を生じさせるものである。形而上学とは、それによって芸術家と詩人が永遠の原像を生動的に感受しながらそれを感覚的に再現するところのものである。（略）形而上学とは、あらゆる機械論の対立物であり、有機的な感覚方法・思考方法・行動方法である。(37)

ヘルダーやフィヒテと同じく、シェリングの哲学においてもやはり「民族《フォ》＝民衆《ルク》」が重要な契機を構成している。彼にとって「形而上学」とは「国家を有機的に作り出す」原理、すなわち階級や職業の違いを超えて「一つの心情と感覚」によって結び付けられる人々の集まりとしての民族《フォ》＝民衆《ルク》を生み出す原理にほかならない。むろんこの主張の背後には、「機械的」で非人間的な国家観を生み出したフランス革命への批判が見え隠れしている。

ナポレオン軍がドイツばかりでなく広くヨーロッパ全域を制圧している現在、ドイツ人は全人類のために「生動的な形而上学」を死守しなくてはならない。「ドイツ人の運命は人類の普遍的運命（das allgemeine [Loos] des Menschen）ではないだろうか(38)」とシェリングが言うのはそのためだ。彼の哲学的思考のなかで〈ドイツ〉と〈フランス〉は「生動的形而上学」と「機械論的無神論」の二分法に重なり合っている。「ドイツの学問」の普遍人類的な意義を説くこの哲学的断片は、フランス批判と表裏一体であった点で、やはりナポレオン戦争の直接的産物と言えるだろう。

3 「不倶戴天の敵」としてのドイツとフランス――アルントの愛国歌

十九世紀ドイツの歴史のなかで、一八一三年は一八四八年とともに最も重要な年である。同年二月にロシアと同盟したプロイセンは、再びフランスに宣戦布告し（三月十六日）、ここにいわゆる「解放戦争（Befreiungskriege）」の火蓋が切って落とされる。ロシア・プロイセン同盟軍にはのちにイギリス（六月）、スウェーデン（七月）、オーストリア（八月）も合流し、さらに十月以降、バイエルン、ヴュルテンベルク、バーデンもライン連盟を離脱してそこに加わった。

開戦翌日の三月十七日、プロイセン国王フリードリヒ・ヴィルヘルム三世（在位：一七九七―一八四〇年）は『わが国民に告ぐ《アン・マイン・フォルク》』という布告を発し、祖国解放のための国民の決起を訴えたが、そのことがこの戦争の性格を大きく決定付けた(39)。隣国フランスで革命が勃発して以来、ドイツでは革命への対応をめぐって諸階級が反目し合い、それが全国民の団結を訴える愛国主義者たちを悩ませてきたが、君主と民衆《フォルク》との、まさしく「国民的」同盟がここに結ばれたことで、ようやくすべての階級が「祖国防衛」という目的のもとに一致団結することができたのである。プロイセンではこの年、戦時の時限立法として一般兵役義務が発布され、大量徴募による軍隊が組織された(40)。一般民衆が、「君主に対して」ではなく、祖国を守るべく「君主とともに」武器を取る、新たな時代がやってきたのである。解放戦争によってドイツに国民主義《ナツィオナリスムス》が名実ともにもたらされたのだ。

それまで一部の体制批判的知識人によって主導されてきたプロイセンの愛国主義は、この段階に至り、一転して「国民的」基盤を獲得する。国王や政府の側も、大規模な国民的軍隊を組織する必要上、「下からの愛国主義」を押さえ付けるわけにはいかなかった。市民による熱心な募金運動、愛国主義的協会の創設、大量に撒かれたパンフレット、そして愛国的歌謡の流行がこの時期のドイツでの「国民的愛国主義」の高揚を証し立てている。その結果、この一八一三年には、ヨハン・ダニエル・ルンゲ（一七六七―一八五六）の「すべてに冠たるドイツ（Deutschland über alles）」をはじめとして、あとあとまで歌い継がれるドイツの有名な愛国歌が多数作られることになる。これから考察する「ドイツ人の祖国とは何か？」もその一つだった(41)。

エルンスト・モーリッツ・アルントが一八一三年に書いた愛国歌「ドイツ人の祖国とは何か？（Was ist des

Deutschen Vaterland?)」は、解放戦争当時のドイツとフランスの関係、またその時代における〈ドイツ〉のあり方を、最も雄弁に語るドキュメントである。[42] スウェーデン領ポンメルンのリューゲン島出身のアルントは、グライフスヴァルト大学で歴史と文献学の教授も務めた愛国主義的文筆家で、解放戦争期に数多くの愛国歌を作詞したことで知られる。彼は宮廷政治から距離を取った「国民主義的」愛国者であり、オーストリアの外相クレメンス・フォン・メッテルニヒ（一七七三―一八五九）がナポレオンに譲歩して、ライン川を「自然国境」とする合意を取り付けようとした際には、『ライン川はドイツの川、ドイツの国境にあらず』というパンフレットを出版（一八一三年十一月）し、これに抗議した。[43] また翌一四年には、ラインラントで「ドイツ協会（Deutsche Gesellschaft）」を設立し、それを母体として、ライプツィヒでの諸国民戦争の勝利一周年を全ドイツ人の名のもとで祝うための「聖なる祝祭」を組織した。[44] だがヴィーン体制下では一転して、彼が組織する国民運動はあまりにも急進的なものとして危険視され、一八二〇年代に入ると彼は教職を追われてしまう。

図3　エルンスト・モーリッツ・アルント（1769-1860）

歴史学者オットー・ダン（一九三七―）も指摘するように、アルントの「ドイツ人の祖国とは何か?」は、「ナショナルな境界をどう引くか」という最大の問題を当時のドイツ人にはっきりと突き付け、それと同時に「フランス憎悪」の感情を〈ドイツ〉のアイデンティティの中心に据えることに貢献した歌である。[45] この歌は全部で十番まであるが、そのすべての歌詞が検討に値する。[46]

一　ドイツ人の祖国とは何か?　Was ist des Deutschen Vaterland?
それはプロイセンか?　それはシュヴァーベンか?　Ists Preußenland? Ists Schwabenland?

それはラインで葡萄が実るところか?　Ists, wo am Rhein die Rebe blüht?

それはベルト海峡で鷗（カモメ）が飛ぶところか?　Ists, wo am Belt die Möve zieht?

［合唱］おお否、おお否！　O nein! o nein!

　ドイツ人の祖国はもっと大きくなければならない　Sein Vaterland muß größer seyn.

二　ドイツ人の祖国とは何か？　Was ist des Deutschen Vaterland?
それはバイエルンか？　それはシュタイアーか？　Ists Baierland? ists Steierland?

それはマルシ族の牛が寝そべるところか？　Ists, wo des Marsen Rind sich streckt?

それはマルク人が鉄を延ばすところか？　Ists, wo der Märker Eisen reckt?

［合唱］おお否、おお否！　O nein! o nein!

　ドイツ人の祖国はもっと大きくなければならない　Sein Vaterland muß größer seyn.

三　ドイツ人の祖国とは何か？　Was ist des Deutschen Vaterland?
それはポンメルンか？　ヴェストファーレンか？　Ists Pommerland? Westfalenland?

それは砂丘の砂が吹くところか？　Ists, wo der Sand der Dünen weht?

それはドナウが轟々と流れるところか？　Ists, wo die Donau brausend geht?

［合唱］おお否、おお否！　O nein! o nein!

　ドイツ人の祖国はもっと大きくなければならない　Sein Vaterland muß größer seyn.

四　ドイツ人の祖国とは何か？　Was ist des Deutschen Vaterland?
言え、その大国を！　So nenne mir das große Land!
するとオーストリアのことなのか　Gewiß ist es das Oesterreich,
あの栄誉と勝利に満ちた　An Siegen und an Ehren reich.

［合唱］おお否、おお否！　O nein! o nein!

　　ドイツ人の祖国はもっと大きくなければならない　Sein Vaterland muß größer seyn.

五　ドイツ人の祖国とは何か？　Was ist des Deutschen Vaterland?
言え、その大国を！　So nenne mir das große Land!

それはスイス人の国か？　チロルか？　Ists Land der Schweizer? ists Tyrol?

その国と民はとても喜ばしかった　Das Land und Volk gefiel mir wohl.

［合唱］だが否、だが否！　Doch nein! doch nein!

　　ドイツ人の祖国はもっと大きくなければならない　Sein Vaterland muß größer seyn.

六　ドイツ人の祖国とは何か？　Was ist des Deutschen Vaterland?
言え、その大国を！　So nenne mir das große Land!

それは諸侯の欺瞞が漏らしているものか？　Ists was der Fürsten Trug zerklaubt?

皇帝と帝国から奪ったものか？　Vom Kaiser und vom Reich geraubt?

［合唱］おお否、おお否！　O nein! o nein!

　　ドイツ人の祖国はもっと大きくなければならない　Sein Vaterland muß größer seyn.

七　ドイツ人の祖国とは何か？　Was ist des Deutschen Vaterland?
もうそろそろ言え、その国を！　So nenne endlich mir das Land!
ドイツの言葉が響き　So weit die deutsche Zunge klingt
天の神が歌《リート》を歌うところ　Und Gott im Himmel Lieder singt:

［合唱］これがそれだ！ Das soll es seyn!
　勇敢なドイツ人よ、これが君の国だと言え Das, wackrer Deutscher, nenne dein.

八
これがドイツの祖国だ Das ist das Deutsche Vaterland:
手を交わし誓いが立てられるところ Wo Eide schwört der Druck der Hand,
忠義が明るく輝くところ Wo Treu hell vom Auge blitzt
そして愛があたたかく心に住まうところ Und Liebe warm im Herzen sitzt:
［合唱］これがそれだ！ Das soll es seyn!
　勇敢なドイツ人よ、これが君の国だと言え Das, wackrer Deutscher, nenne dein.

九
これがドイツの祖国だ Das ist das Deutsche Vaterland,
怒りがフランスのゴミを根絶やしにするところ Wo Zorn vertilgt den franschen Tand,
すべてのフランス人が敵であるところ Wo jeder Franzmann heißet Feind,
すべてのドイツ人が友であるところ Wo jeder Deutsche heißet Freund:
［合唱］これがそれだ！ Das soll es seyn!
　ドイツ国全体がそうであれ！ Das ganze Deutschland soll es seyn!

十
ドイツ国全体がそうであれ！ Das ganze Deutschland soll es seyn!
おお神よ！天から見よ O Gott! vom Himmel sieh darein,
そしてわれらに確かなドイツの勇気を与えよ Und gieb uns rechten deutschen Muth,
われらがドイツを忠実にまた誠実に愛せるように Daß wir es lieben treu und gut:

［合唱］　これがそれだ！　Das soll es seyn!
ドイツ国全体がそうであれ！　Das ganze Deutschland soll es seyn!

この歌の一番から五番は、この時代に〈ドイツ〉の地理的範囲がまったく未画定であったことを示す。ここに登場する地名のうち、当時プロイセン王国の領土だったのはプロイセン（東西プロイセン）とポンメルン、そしてマルク（ブランデンブルク辺境伯領）だけである。それに対して、シュタイアーとドナウ川沿岸はオーストリア帝国領であり、またバイエルン王国、ヴェストファーレン王国、シュヴァーベン地方（ヴュルテンベルク、バーデンを中心とする一帯）はライン連盟の諸国としてフランスの支配下にあった。とはいえこれらの地域は、ナポレオン戦争前の神聖ローマ帝国の版図に照らせば、どうにか〈ドイツ〉と呼べないこともない。ところが、アルントが名指すベルト海峡はデンマーク領であり、スイスに至っては一つの独立国家である。またライン川沿岸はフランスとのあいだ、そしてチロルはイタリアとのあいだで、どちらもつねに帰属が揺れ動いてきた地域である。これらをすべて引っくるめて〈ドイツ〉と呼ぶこの歌は、当時考えられるかぎり最大の「大ドイツ主義（Großdeutschtum）」に立っていることになる。[47] しかも五番までの歌詞に共通する特徴は、それらの諸地域を名指したあと、合唱がそのつど「否！」と打ち消し、「ドイツ人の祖国はもっと大きくなければならない」と歌うところにある。すなわち〈ドイツ〉は、名指しうる範囲よりも、つねにもっと大きいのだ。だが、そのような〈ドイツ〉は、決して完全に現実化されることがない、一種の理念的存在にほかならない。

おそらくはそのためだろう、続く六番以降の歌詞は、具体的な地名の列挙をやめて、いっそう内的で精神的な観点から「祖国」を定義しようとする。フィヒテ流に言えば、ここからアルントは「外的国境」の画定を放棄し、「内的国境」を打ち立てようとするのだ。七番では「ドイツの言葉と歌《リート》」によって結ばれた共同体として〈ドイツ〉が境界付けられる。またこれに伴い、六番までの合唱がその前の歌詞を「否！」と打ち消していたのとは対照的に、七番以降の合唱は「これがそれだ！」と肯定的な応答へと変化する。そして七番までは歌詞の冒頭で

「ドイツ人の祖国とは何か？」と問い続けてきたのに対して、八番以降は「これがドイツの祖国だ」という断定的調子に変わることも見逃せない。

〈ドイツ〉が地理的範囲としては定義できない以上、その境界はフィヒテが言う「内的国境」として理念的に設定されるしかない。そのような考えを共有するアルントは、この歌のなかで「ドイツ人」を他の諸民族から区別する「内的」本質を提示しようとする。[48] そして彼が、誓いや忠義、愛と並んでドイツ人の内的本質と見なすのが「フランスへの敵意」である。彼は九番で「すべてのフランス人が敵であるところ」と「すべてのドイツ人が友であるところ」という韻を踏んだ対句を並べている。すなわち「ドイツ人の友」は「フランス人の敵」と同義なのだ。こうして「ドイツ的」であるための必要条件――言い換えればドイツ人の「内的国境」――に「反フランス的」が加えられたのである。[49]

地図7　『ドイツの歌』の東西南北と現在のドイツ（国名と国境は現在のもの）
（出典：前掲『近代ドイツの歴史』89ページ）

アルントの「ドイツ人の祖国とは何か？」は、ナポレオン戦争の時代に、ドイツ人のナショナル・アイデンティティが「フランスへの敵意」を新たな核として再結晶化したさまを如実に証言している。ダンが指摘するように、このアルントの愛国歌は、ドイツとフランスがそれまで築いてきた豊かで複雑な歴史的・文化的諸関係を「友と敵という単純な二分法形式へと収斂」させ、ドイツ人とフランス人がいわば有史以来の「不倶戴天の敵（Erbfeindschaft）」であるという「神話」を作り出した。[50] そうした「国民」レベルでの敵対関係が解放戦争以前には存在しなかったにもかかわらず、そして〈ドイツ〉が決して「一枚岩」ではなかったにもかかわらず、「フランス人の敵」であることが、あたかも「全ドイツ国民」の宿命であるかのごとく、共同体の神話が「捏造」されたのだ。このあともアルントの歌は、ライン危機（一八四〇年）や普仏戦争（一八七〇―七一年）など、対仏関係が悪化するたびに流行を繰り返し、この「神話」をドイツの人々の記憶に深く刻み込み続けたのである。

4 フランスから見た〈ドイツ〉――スタール夫人の『ドイツ論』

「合わせ鏡」としてのドイツとフランス

同じく一八一三年には、ドイツとフランスの関係が新たな段階に入ったことを証するフランス人の書物も出版される。ナポレオンと対決した文筆家として知られるスタール夫人（アンヌ・ルイーズ・ジェルメーヌ・ド・スタール、一七六六―一八一七）の『ドイツについて（De l'Allemagne）』（以下、『ドイツ論』と略記）である。

この書は一八一〇年には検閲を通過し、パリで印刷までされていたが、フランス政府とナポレオンを批判したものと見なされたため、五千部すべてが公安当局に没収され、スタール夫人はイギリスへと亡命を余儀なくされた。このため読者が初めて手に取った『ドイツ論』は、一三年にロンドンで出た英訳版であった。この英訳版は、初版がわずか三日で売り切れるほどの好評を得た。著者がフランスに帰国した翌一四年には最初のフランス語版が刊行され、これはその後の五年間で四度も版を重ねた。また同年に、早くもドイツ語に翻訳されている。スタール夫人と親交が深かったゲーテは、この書を評して「われわれとフランスのあいだに古来から横たわってきた万里の長城のごとき偏見の壁を打ち破ったもの[51]」と述べたが、この書は、フランス人を含むヨーロッパ人がドイツとドイツ人に対してもつ表象《イメージ》を一新しただけでなく、戦乱の混迷期にあったドイツ人が自らのナショナル・アイデンティティを再確認するうえでも重要な役割を果たしたのである。

スタール夫人はこの書で、国家的統一の欠落というドイツにとって最大の政治的課題を俎上に載せながら、しかしそれはドイツの文化にとって有利に作用してきたのだ、という持論を展開する。フランス人とは違い、ドイツ人は「国民国家（nation）」を形成してこなかったが、そのことがかえって彼らに自由な精神と想像力を与えてきた、というのである。

> ドイツは貴族的な連邦国家（une fédération aristocratique）であった。この帝国には啓蒙と公共精神を生み出す共通の中心（un centre commun）が完全に欠けていた。そこではまとまった国民（une nation compacte）は形成されず、人々を束ねる絆が存在しなかった。ドイツのこの分裂は、その政治力にとっては害をもたらしたが、しかしながら、天才と想像力に委ねることができるすべての分野の試みにはきわめて好都合だった。文学や形而上学の思考の領域では、一種の穏やかで平和的な無政府状態（une sorte d'anarchie douce et paisible）が支配的であり、物事についての個人的見方を何の制限も受けずに発展させることがあらゆる人に許されていた。[52]

図4　スタール夫人（1766-1817）。フランソワ・ジェラール（1770-1837）による油彩画（1810年頃）

ドイツ人は「まとまった国民」ではなく、そのため文化的にも「共通の中心」をもたない。だがそこから生まれる「無政府状態（anarchie）」こそが、個々人の自由で主体的な精神活動を育んできたのだ。これはドイツへの賛辞であると同時に、革命政府が「上からの国民国家」としての再編成を強行しつつあったフランスの政治的現状に対する暗黙の批判だった。『ドイツ論』が一八一〇年のフランスで発禁処分とされた最大の理由は、このアナーキズムの礼賛にある。

統一的国家も明確な国境線ももたないからこそ、ドイツ人の精神はどんな境界もやすやすと越えることができ、また限りなく内面へと沈潜することができる。中央集権的な国民国家の樹立や海外植民地の獲得といった現実世界の問題に背を向けたことが、結果的に、ドイツを「思索と想像力の王国」にしたのだ。「ドイツの教養人は思考の領域では熱心に言い争うが（略）現実生活のすべては土地の権力者に任せっきりであり、しかもそのことに矛盾を感じていない」(53)とスタール夫人は言うが、そうしたドイツの風土は、知識人の政治的活動を伝統的に重んじてきたフランス人の目には、きわめて不可解に映ったに違いない。そのため彼女は、「海の領土はイギリス人のもの、陸の領土はフランス人のもの、そして空の領土がドイツ人のもの」というジャン・パウルの言葉を引いて、ドイツの知識人の「非政治的」精神構造を説明する。(54)

こうしてスタール夫人とともに、十九世紀のフランス人は、自分たちがそれまで数世紀にわたって見下してきた隣国ドイツ――そこには「良い精神や優れた学問はない」(55)と言われてきた――を、詩と音楽と哲学の国として「再発見」したのだった。それどころか彼らは、それらの分野で自分たちがいつのまにかドイツに大きく「遅れ」を取っているという意識さえ抱くようになる。山田広昭（一九五六―）によれば、スタール夫人の著作を通じて浸透した「夢想的で観念的で詩的で哲学的な、すなわち真に精神的であるドイツ人という神話」はこのあと、普仏戦争を契機としてドイツが新たに「組織的で軍事的な国家」となってフランス人の前に立ち現れてくるまで、半世紀以上にわたってフランス人を支配するのである。(56)

だがそれだけではない。本書がさらに注目したいのは、スタール夫人の著作が、そのドイツ語訳を通じて当のドイツでも広く読まれることで、ドイツ人たち自身にも深く影響を及ぼしたことだ。彼女が称賛の意を込めて提示した「夢想的で思索的なドイツ人」という観念は、直ちにドイツに「逆輸入」されて、ハイネやヴァーグナーなどロマン主義の世代の芸術家の自己形成に大きく寄与する。すなわち『ドイツ論』は、単にドイツ・ロマン主義の芸術動向を諸外国に向けて紹介しただけではなく、その形成過程でも――しかもその根本的部分で――重要な役割を演じた、と見るべきなのだ。

ヴァーグナーはパリ滞在時に『ガゼット・ミュジカル』誌に発表した「ドイツの音楽について」（一八四〇年）で、「中央集権の欠如」というドイツの特徴が、ドイツ人の音楽に「きわめて親密で真剣な性格」を与え、家庭音楽としての器楽の発展をもたらしたと書いているが、これは明らかにスタール夫人に依拠した見解である。(57) 彼はそこで特に出典を明らかにしてはいないが、当時のパリの読書人層に『ドイツ論』の存在を知らない者がいたはずはなく、ましてや、その地でドイツ人としての自覚を新たにしたヴァーグナーがこの書に目を通していなかったとは考えにくい。彼は同じ論考のなかで、ドイツで声楽よりも器楽が普及している理由を、「自然は、幸福なイタリア人に見られる喉という主要な器官の柔軟性を、ドイツ人には与えなかった」からと説明するが、これは後述のように『ドイツ論』からほぼそのまま取られたものである。(58)

さらにヴァーグナーは後年の『ドイツ芸術とドイツ政治』（一八六七年）では、「ドイツ国民は崇高な精神を持った夢想家にして深い洞察力を持った思想家である」というスタール夫人の発言を、彼女の名前を明記しながら引用している。(59) 彼はそこで、スタール夫人のようにドイツ文化について鋭い洞察力をもったフランス人が今日では誰もいないことを嘆いている。彼にとってスタール夫人は、自らの「ドイツ人」としてのアイデンティティを最も望ましいかたちで満たしてくれるフランス人だったのだ。

またハインリヒ・ハイネ（一七九七―一八五六）の詩集『ドイツ――冬物語』（一八四四年）には次のような一節がある。

陸はフランス人とロシア人のもの。海はイギリス人のもの。だがわれわれには夢の浮国（das Luftreich des Traums）があり、そこでの支配は揺るぎない。この浮国ではわれわれが覇権を握っており、そこではわれわれは細切れではない。他の諸民族は、平らな地面の上を発展してきたのだが、(60)

一八四四年一月に書かれたこの詩集は、七月革命後にパリに移住（一八三一年）して以来、実に十二年ぶりにドイツに帰還したハイネのドイツ紀行とでも言うべきものであり、長く外国に暮らす批判的知識人ならではの独特な祖国愛がつづられている。引用した一節は、カール・マルクス（一八一八―八三）とフリードリヒ・エンゲルス（一八二〇―九五）が『ドイツ・イデオロギー』（一八四五―四六年執筆）で「ドイツ人が自称する普遍主義と世界主義の根底にある、偏狭で国粋主義的なものの見方」[61]の一例として槍玉にあげたために広く後世に知られることになるが、ハイネは、スタール夫人が取り上げたジャン・パウルの言葉をほぼそのままなぞったにすぎない。[62]ハイネが『ドイツ論』を読んでいたかどうかはともかく――それを知らなかったはずはないが――スタール夫人が強調したドイツ人の「非政治的」精神構造を、彼が〈ドイツ〉のナショナルな表象《イメージ》として積極的に引き受けたという事実がここでは重要である。

このようにスタール夫人の『ドイツ論』は、ロマン主義の世代の愛国的ドイツ人に理想的なナショナル・アイデンティティを提供した。スタール夫人がドイツ・ロマン主義の芸術や思想をドイツの外に向けて紹介した第一人者であることは常識に属するが、本書ではそれに加えて、彼女が理念化《イデアリジーレン》＝理想化した「ドイツ的なもの」をドイツ人たちが自ら「内面化」することで、ドイツ・ロマン主義なるものがはじめて完成した、という視点を提起したい。ナショナル・アイデンティティが確立し、変容する過程では、しばしば外国人がもつ表象《イメージ》やステレオタイプが翻ってその国の人々によってあらためて内面化されること、すなわち「外からの視線」を通じて自己の再認識が促されることがあるが、十九世紀のドイツとフランスの関係はまさにその典型であると言える。[63]山田の表現を借りれば、この関係はいわば「合わせ鏡」のようなものであった。というのも、やがてフランスの側でも――特に普仏戦争後に全面化するのだが――「ドイツの衝撃」に対抗するかたちで、フランスの独自性の再構築が目指されるからだ。[64]両国が政治的・軍事的に激しくぶつかり合う革命戦争で幕を開けた十九世紀において、ドイツ人とフランス人は、まるで向かい合う二枚の鏡のように、自己の表象《イメージ》を絶えず他方に投影し、その鏡像関係のなかで、互いのアイデンティティを更新していくのだ。

『ドイツ論』と音楽における「ドイツ的なもの」

ではスタール夫人はドイツ音楽をどのように見ていたのか。ドイツでは「都市の住民も田舎の住民も、また兵士も農夫も、ほとんどすべての人が音楽のわざをもっており（略）郊外の農民も、諸芸術のなかの第一のもの［音楽］の甘美な楽しみに参加する」[65]。彼女はドイツ各地を旅行したときの自らの驚きをそう語っている。またドイツでは、少年少女による合唱隊がルターの時代以来の長い伝統を保っており、日曜日にはどの街角にも歌声が響く。だがドイツ音楽のなかでなによりも注目すべきは器楽である。というのも、スタール夫人の考えでは、器楽こそがドイツ人の生来の気質に最も適合した芸術だからだ。

イタリアでの声楽と同じくらい広範にドイツでは器楽（la musique instrumentale）が浸透している。自然は他の多くの事柄と同じくこの点［音楽］に関しても、ドイツ人よりイタリア人に多くを与えた。器楽には多大な努力が必要だが、それに対して南の空の下［イタリア］ではただ美しく声を発するだけで十分である。しかしながら労働階級の人々は、生まれつき音楽に適性をもっていなければ、それを習得するためにわざわざ時間を使ったりはしないだろう。この生まれながらの音楽的国民［ドイツ人］は、和声によって感情と思想を手に入れるのだが、彼らの偏狭な環境や日々の仕事は、それ以外のやり方を許さないのである。[66]

イタリア人が「美しい声」という「自然の才能」に恵まれているのに対し、それをもたないドイツ人は、より多くの「努力」が必要とされる器楽の分野を得意とする。そして彼らは、楽器が奏でる「和声」のなかに自らの感情と思想を表現する、そう彼女は言う。ここには前世紀以来の伝統的なドイツ音楽観と、より新しいロマン主義的な見方が混在している。ドイツ人は和声の才能に秀でており、そのため組曲や鍵盤音楽といった器楽がドイツ音楽の中心になる、という見解はシャイベが一七三〇年代から表明していた[67]。また古くからドイツ人の国民性とされてきた「勤勉さ」という特質を彼らの音楽性と結び付けたうえでイタリア人と比較する視点は、バーニーの『ドイツ旅行記』（一七七三年）の末尾にも示されている。

音楽はイタリア人にとっては遊び（play）で、ドイツ人にとっては仕事（work）であるように思われる。イタリア人がおそらく世界で唯一の、美と戯れることができる国民だとするなら、ドイツ人は労働（labor）をも喜びに変える力をもつ唯一の国民である。(68)

他方「和声によって感情と思想を手に入れる」というスタール夫人の見方は、まったくもってロマン主義的であり、音楽を「感情の普遍的言語」と呼び、「観念の言語」（日常的言語）から区別したフォルケルを彷彿させる（次章第3節を参照）。さらに「努力」や「忍耐」を苦にしないドイツ人の国民性を「器楽の才能」と明確に結び付ける点でも、『ドイツ論』は新時代の到来を告げている。

ドイツ人は器楽の分野で傑出している。それが必要とする知識、それをじょうずに演奏するために要する忍耐（la patience）が、彼らにとってはまったく自然（naturel）なのだ。そのため彼らのなかからはとても多彩で豊かな想像力をもった作曲家が数多く出てくる。(69)

さらに彼女は、器楽の作曲や演奏に際しては大きな強みとなる厳格で思索的なドイツ人の国民性が、声楽の作曲のためにはむしろ妨げになると考えている。

だが私は彼らの音楽家としての才能にただ一つだけ不満がある。彼らは自分たちの作品にあまりに精神（esprit）を注ぎ込みすぎるのだ。彼らは自分たちがすることをあまりに反省しすぎるのだ。芸術には思考

(pensée) よりも本能 (instinct) がより多く含まれなくてはならないのに。ドイツの作曲家はあまりに厳格に言葉の意味に従ってしまうのだ。（略）だが真に自然の音楽家 (les vrais musiciens de la nature) であるイタリア人は、つねにごく普通のやり方で旋律を言葉に結び付ける。(70)

言葉に合わせて作曲しなくてはならない声楽の分野では、ドイツ人は才能を発揮できない。彼らはあまりに厳格に歌詞の意味に従おうとするからだ。それに対して「真に自然の音楽家」であるイタリア人は「ごく普通のやり方」でまったくやすやすと言葉と音を結び付けてみせる。「自然」なイタリア歌曲に比して「あまりに厳格」と言われるドイツ歌曲の欠陥は、この時代、音楽の専門家以外にも広く知られていたのだ。(71)「自然の音楽家」であるイタリア人は声楽を得意とし、「努力」と「忍耐」を特徴とするドイツ人は器楽の作曲や演奏に優れているという『ドイツ論』に見られる国民様式の対比は、これ以降十九世紀を通じて支配的になるパラダイムの萌芽を示している。こうしたイタリア音楽とドイツ音楽の対比は、のちにロッシーニとベートーヴェンの優劣をめぐる論争のなかに収斂していく（第4章第4節を参照）。

とはいえ、スタール夫人が『ドイツ論』で実際に言及するドイツの音楽作品は、グルックやモーツァルトのオペラ、ハイドンのオラトリオなど歌詞を伴うジャンルがほとんどであることに注意したい。(72)したがって彼女が言う「器楽」とは、交響曲や協奏曲、ソナタなどいわゆる「純粋器楽」に限定されるものではなく、序曲や舞曲、伴奏曲などを含む、広い意味での「楽器による音楽」と考えなければならない。(73)

だがそれにもかかわらず、スタール夫人の音楽論には、音楽の自立性を重んじる新たな傾向の音楽美学との顕著な類似が見られる。「音楽はわれわれのなかに無限の感情 (le sentiment de l'infini) を喚起するのであるから、旋律の対象 (l'objet) を描写するようなものはどれも音楽の効果を減らしてしまう」、したがって「模倣的音楽 (la musique imitative) は考慮の外に置かれるべきである」。(74)彼女のこうした文章は、ほとんどホフマンの交響曲論を想起させる。『ドイツ論』が書かれたのが、ロマン主義の音楽美学の金字塔とされるホフマンの「ベートーヴェンの第五交響曲」と同じく一八一〇年であったことは注目に値する。両者のあいだに直接の影響関係は見当たらないが、だからこそいっそう、この二人がまったく同時期に音楽の「非模倣的」な本質を指摘しているという事実は意義深い。彼女はヴィーンでハイドンのオラトリオ『四季』(一八〇一年)を聴いたときの印象をこう振り返る。

ある種の和声の連結が自然の神秘を思い起こさせることは疑いないが、そのような類比は模倣(l'imitation)とは何の関係もなく、ただの作られた戯れ(un jeu factice)にすぎない。諸芸術の相互間の、そして諸芸術と自然とのあいだの現実的類似は、それら諸芸術がさまざまな手段を使ってわれわれの魂のなかに喚起するものと同じ種類の感情によって決定される。芸術において模倣と表現(l'expression)はまったく異なる。[75]

彼女はこれに続いて「模倣的音楽」と「表現的音楽」を区別し、ここでは前者を考察から外すと断ったうえで、後者をさらに「言葉の翻訳」を目指すものと「もっぱら芸術それ自体における喜び(les plaisirs de l'art uniquement en lui-même)」を目的とするものとに二分する。[76]スタール夫人は「表現的音楽」の実例を示していないために、この語で含意される音楽が、自立的音楽としての傾向が強い声楽曲——ヘーゲル[77]が批判するような——である可能性も排除できないが、彼女がここで提起する概念区分そのものは、ホフマンの交響曲論の前提とまったく同一である(次章第6節を参照)。すなわちスタール夫人は、哲学や文学の領域だけでなく、音楽美学の分野でもドイツ・ロマン主義の最新の成果をフランスに導入した第一人者だったのだ。

5 ヨーロッパ音楽におけるフランスの凋落——イタリアとドイツの二大国時代の幕開け

前節で見たように、スタール夫人の『ドイツ論』はドイツの器楽をもっぱらイタリアの声楽と比較しており、そこにフランス音楽の入り込む余地はなかった。それは、十九世紀初頭のヨーロッパでイタリアとドイツが音楽の「二大国」になりつつあった状況を映し出している。振り返れば、十八世紀前半にはイタリア音楽とフランス音楽の比較論争がヨーロッパの多くの国で関心を集め、それに刺激されてドイツの音楽家や批評家はナショナル・アイデンティティを確立したのだったが[78]、それからわずか百年足らずのうちに状況は激変した。いまやフランスは、イタリアとドイツの後を追う、音楽の「後進国」へと転落してしまったのだ。

フランスで一八一〇年に出版された『音楽家歴史辞典』の序文は、フランス音楽が当時置かれていた劣勢について次のように釈明している。

以上のフランス楽派（l'école française）の考察からわかるように、それは、国民主義的偏見によって盲目にされた外国人に認められているよりも、ずっと卓越した地位を、他の楽派のあいだで保持している。（略）フランス楽派がいま甘んじている劣勢は、他の何にもまして、今日それより上位にあるように見える諸国民［イタリアとドイツ］に対して、かつて同様な影響をもたらした状況の帰結である。歴史が教えてくれるように、フランス楽派は、過去には確かに、それらの諸国民に対して全面的な優位を誇っていたのだ[79]。

フランス音楽が現在、劣勢にあるのは、ひとえに他の諸国民の音楽が急速な成長を遂げたためだが、それはかつてフランス音楽が、それらの諸国民に多大な恩恵を与えてきた帰結にほかならない。その「恩義」を忘れてもらっては困る。同辞典の編者であるアレキサンドル＝エティエンヌ・ショロン（一七七一―一八三四）とフランソワ＝ジョセフ＝マリー・ファヨール（一七七四―一八五二）はそう主張する。むろん「国民主義的偏見によって盲目にされた外国人」の筆頭としてドイツ人が想定されているだろうことは容易に推察される。なるほど彼らの主張は歴史的に見て間違いではないが、「過去の栄光」にすがろうとするそうした態度そのものが、フランス人の側の強い劣等意識の現れであることもまた事実である。前世紀にあれほど一世を風靡したイタリア音楽とフランス音楽の比較論争が、一方の当事国であるフランスでさえ、すっかり影を潜めてしまったことがここから読み取れる。

なおこの『音楽家歴史辞典』は、エルンスト・ルートヴィヒ・ゲルバー（一七四六―一八一九）の『歴史的伝記的音楽辞典』（全二巻、一七九〇―九二年）をフランス語で抄訳し、それに独自の序文を付けたものである。巻頭の序言で編者たちは、フランスの音楽家についてもすべてドイツ人の著者から情報を得ているため、この辞典は「いくぶんドイツ主義（Germanisme）を感じさせないでもないと自覚している」[80]と読者に断っている。つまり音楽の歴史研究という分野でも、フランスはいつのまにかドイツに大いに遅れをとっていたのだ。歴史をさかのぼれば、ヨーロッパで最初の「音楽辞典」はフランス語で出版された。それはセバスティアン・ド・ブロッサール（一六五五―一七三〇）の『音楽辞典』（一七〇三年）であり、ドイツ語による最初の音楽辞典（一七三二年）の模範にもなった。[81]だがそれから一世紀も経ないうちに、フランスの音楽学者はドイツの音楽辞典を「輸入＝翻訳」する側に回った。作曲や演奏だけでなく、音楽研究の分野でも、フランスとドイツの関係はすっかり逆転してしまったのだ。[82]

十八世紀にフランスが生み出した大音楽家はジャン＝フィリップ・ラモー（一六八三―一七六四）ただ一人である、としばしば言われてきた。そのラモーが一七六四年に没したあと、一八二〇年代末にエクトル・ベルリオーズ（一八〇三―六九）が登場するまで、フランス人作曲家の系譜には長い空白がある。「ドイツ人」グルックが「フランス音楽」を代表する作曲家としてパリの楽壇に君臨していた時期に、彼を称賛した音楽理論家ミシェル＝ポール＝ギー・ド・シャバノン（一七三〇―九二）は『音楽についての考察』（一七七九年）で次のように書いている。

良いイタリア音楽と良いドイツ音楽はヨーロッパ中で楽しまれている。フランスが二十年前から生み出している。

きた尊厳に足る音楽は、ドイツの趣味ともイタリアの趣味ともそう遠くはなく、同じくヨーロッパで称賛されている。[83]

このように、イタリアとドイツをもってヨーロッパ音楽の二大国とする認識を、フランス人として最初に表明したのがシャバノンだった。そしてこの認識は、世紀の変わり目にはドイツ人にも共有されることになる。[84] ただしスタール夫人とは違い、シャバノンはフランス音楽が覇権を失いつつあることへの焦燥感を抱いていた。「フランスが二十年前から生み出してきた尊敬に足る音楽」というのは、グルックのフランス語オペラ――『オーリドのイフィジェニ』（一七七四年）を代表とする――を指していると推察される。シャバノンはのちに『音楽について』（一七八五年）でも、グルックの業績を念頭に置きながら、フランス音楽がいまや「われわれの大陸の普遍言語」になったと少なからず愛国的な調子で主張するが、それは実際にはフランス人ではなく「外国人」（ドイツ人）によってもたらされたのだった。[85]

さらにシャバノンは、交響曲を「最もドイツ的」な音楽ジャンルと見なしていた点でも先駆的だった。彼は、音楽の「非模倣的」性質を重視し、器楽がもつ独自の美的価値を擁護した初期の理論家の一人としても知られるが、[86] まさに交響曲こそ、そうした器楽を代表するジャンルだった。彼は『音楽について』でこう述べる。

ドイツ人は交響曲のジャンル（le genre de la symphonie）を作り出し、それを最も高度に完成させた。器楽のあらゆる分野がドイツ人の才能に適しており、その才能の力強い活動は、強く感じ取られた音の構築にそのまま伝えられる。イタリア人には楽器だけの音楽はどれも適していないように見える。ナポリやローマからきたすばらしい交響曲が話題になったことはない。彼らのオペラの序曲はどれも無味乾燥で空虚で特徴に欠ける。ダンスやクラヴサンの音楽は言わずもがなだ。イタリア人のもとでは活気のないリズムと音の深刻な憂鬱さが、一つの音楽ジャンル以外を禁じている。すなわち、彼らの音楽はもっぱらアリアだけに限定されるのだ。[87]

このようにシャバノンは、ドイツ人の交響曲（器楽）の才能とイタリア人のアリア（歌）の才能を対照させて、前者を後者の上に置く。すでにフランス人はこの時代から、交響曲というジャンルでは完全にドイツ人の後塵を拝しているという自覚をもっていたのだ。このシャバノンの発言のなかに、十九世紀の音楽美学のパラダイムが予見されている。

ドイツの交響曲のフランスへの「輸入」が始まったのは一七五〇年代である。[88] 五一年にはコンセール・スピリテュエル（一七二五年に創設された公開演奏会）で、マンハイムの宮廷作曲家ヨハン・ヴェンツェル・シュターミッツ（一七一七―五七）の交響曲が演奏され、五八年には彼の交響曲の総譜（『メロディア・ゲルマニカ』）がパリで出版されている。また七三年四月には、コンセール・スピリテュエルでハイドンの交響曲が初めて上演された記録が残っている。全六曲からなる彼の『パリ交響曲』（第八十二番―第八十七番）が、コンセール・ド・ラ・ロージュ・オランピック（一七八二年創設）のために八五年から八六年に作曲されたことも、よく知られるところである。さらに七八年にパリを訪れたモーツァルトも、コンセール・スピリテュエルのために『交響曲第三十一番』（ニ長調、K二九七）を含むいくつかの作品を作曲した。ラテン語の宗教声楽作品やフランス語の世俗声楽作品、あるいはフランスやイタリアの器楽曲を演奏する目的で創設されたコンセール・スピリテュエルは、一七八〇年代にはほぼ毎回のようにドイツの交響曲を上演するようになっていた。

マッテゾンがフランス人を「器楽様式における偉大な巨匠」[89]と呼んでからわずか半世紀もたたないうちに、フランスはドイツの器楽の「輸入国」に成り下がったのだ。そして一七七〇年代のグルック―ピッチンニ論争では、「ドイツ人」グルックが「フランス音楽」を代表する作曲家として担ぎ出された[90]ことを考え合わせるならば、オペラでも器楽でも、もはやフランス人はドイツ人に勝てなくなっていたのだ。

ヨーロッパの音楽文化におけるフランスの凋落は、十九世紀に入るといっそう決定的になる。その一つの帰結が、イタリアの愛国主義者ジュゼッペ・マッツィーニ（一八〇五―七二）の発言である。彼は『音楽の哲学』（一八三六年）でこう言っている。

今日では、これらの要素［旋律と和声］のどちらか片方を主軸とする二つの傾向に対応して、二つの楽派、二つの陣営、もっとはっきり言えば二つの異なった地域、すなわち北と南、ドイツ音楽とイタリア音楽がある。これら二つの音楽の根本的発想から独立し、それ自体で存在しているようなその他の音楽を、私は知らないし、他の誰かが――たとえ祖国愛によって惑わされたとしても――それを発見できるとも思えない。(91)

今日ヨーロッパにはドイツ音楽とイタリア音楽という「二つの楽派、二つの陣営」しかなく、それらどちらかの影響も受けずに「それ自体で存在」しているような国民様式はまったく見当たらない、というのだ。遅くともこの時期までには、イタリア人にとっても、フランス音楽の存在価値はすっかり失われていた。こうして音楽の分野におけるドイツの対抗相手は、ただイタリア一国に絞られた。一八三〇年代以降、ドイツを中心に展開されることになるベートーヴェン―ロッシーニ論争は、こうしたフランスの凋落を前提条件にしていたのである（第4章第4節を参照）。

注

（1）フランク王国（カロリング帝国）はヴェルダン条約（八四三年）とメールセン条約（八七〇年）を経て、東フランク王国、西フランク王国、イタリア王国に三分割された。このうち東フランク王国は、ザクセン朝のオットー一世（大帝、在位：九三六―九七三年）が九六二年に皇帝権を得たことで「神聖ローマ帝国」へと装いを変えたが、歴代皇帝は実質的に「ドイツ王」だった。一方、西フランク王国ではカロリング朝の断絶後、カペー朝が成立（九八七年）し、これがフランス王国の原型となった。

(2) 十七世紀フランスにおける「国民文化」の成立——とりわけフィリップ・キノー（一六三五—八八）とジャン＝バティスト・リュリ（一六三二—八七）による「音楽悲劇」の完成——と、そのドイツへの影響については、本シリーズ第一巻第2部および第二巻第1部を参照せよ。

(3) 十八世紀ドイツの音楽とその理論——特に国民様式論や「混合趣味」の理念——にフランス人が与えた影響については、本シリーズ第二巻を参照せよ。

(4) E. T. A. Hoffmann. "Alte und neue Kirchenmusik." in: ders. *Sämtliche Werke*. Bd. 2/1. Frankfurt am Main: Deutscher Klassiker Verlag, 1993, S. 504. 次章第4章第4節を参照せよ。

(5) ベートーヴェン—ロッシーニ論争については第4章第6節も参照せよ。

(6) Thomas Nipperdey. *Deutsche Geschichte 1800-1866*. Müünchen: C. H. Beck, 1983, S. 11.

(7) このときプロイセンに残された領土は、ブランデンブルク、東西プロイセン、ポンメルン、シュレージエンのわずか四州であり、国土はほぼフリードリヒ二世（在位：一七四〇—八六年）の即位時の面積にまで戻ってしまった。前掲『ドイツ史2』一三七—一四〇、一八一—一八六ページ

(8) 前掲『改訂 ドイツ国民に告ぐ』七六—七九、一一七ページ。なお第四、第七、第八、第十三、第十四講演は以下の論集に細見和之・上野成利による翻訳が収録されており、本書でも頻繁に参照した。エルネスト・ルナン／ヨハン・ゴットリープ・フィヒテ／ジョエル・ロマン／エチエンヌ・バリバール／鵜飼哲『国民とは何か』鵜飼哲／大西雅一郎／細見和之／上野成利訳、インスクリプト、一九九七年、六五—二〇一ページ

(9) 前掲『改訂 ドイツ国民に告ぐ』一一八ページ

(10) 同書一一二、一八五ページ

(11) 同書一八五ページ

(12) 同書九七—九八ページ

(13) 同書一四二ページ

(14) ヘルダーは「民衆《フォルク》」——彼はこれを「知識人に比べてずっと自然に近い被造物」と定義する——が古来から口承で受け継いできた「民謡《フォルクスリート》」を掘り起こした。彼にとって民謡は「民族的」（ある種族に固有）にして「民衆的」（反知

識人的）な歌謡にほかならなかった。本シリーズ第二巻第2部第4章を参照。
（15）前掲『改訂ドイツ国民に告ぐ』二八一―二九ページ。また前章第4節も参照せよ。
（16）同書一九七ページ
（17）同書一一二―一一三、一二一ページ
（18）ライン川左岸はルール、ザール、ライン＝モーゼル、モン＝トネール（ドナースベルク）の四県に分かたれ、一八〇二年九月以降、フランスの法令が適用された。前掲『ドイツ史2』一八一ページ
（19）「ライン連盟」に参加した十六邦国（原加盟国）は以下のとおり。バイエルン王国、ヴュルテンベルク王国、マインツ大司教領（一八一〇年からフランクフルト大公国）、バーデン大公国、ベルク大公国、アレンベルク公国（一八一一年にフランスに併合）、ホーエンツォレルン＝ヘヒンゲン侯国、ホーエンツォレルン＝ジグマリンゲン侯国、イーゼンブルク＝ビルシュタイン侯国、リヒテンシュタイン侯国、ナッサウ＝ウジンゲン侯国（一八〇六年にナッサウ公国）、ナッサウ＝ヴァイルブルク侯国（同上）、ザルム＝キルブルク侯国（一八一〇年にフランスに併合）、ザルム＝ザルム侯国（同上）、ヘッセン＝ダルムシュタット方伯国（一八〇六年に大公国に昇格）、ライエン伯国（一八〇六年に侯国に昇格）。その後一八〇八年の最大期には、ザクセン王国、ヴェストファーレン王国、ヴュルツブルク大公国などを加えた四王国、五大公国、十二公国、十八侯国、三自由都市（ハンブルク、リューベック、ブルーメン）の全三十九邦国が加盟することになった。このとき、その外側に残された「ドイツ」はプロイセン王国、オーストリア帝国、デンマーク領ホルシュタイン、スウェーデン領ポンメルンだけだった。
（20）前掲『改訂ドイツ国民に告ぐ』二八一ページ
（21）同書二八一―二八二ページ
（22）同書二九一―二九二ページ
（23）マールプルクは「生まれ持った才能」を最重視する立場から、混合趣味を批判した。本シリーズ第二巻第2部第3章を参照せよ。
（24）クヴァンツは『フルート奏法』（一七五二年）で、イタリア趣味とフランス趣味のよいところだけを結合させたドイツの混合趣味は「普遍的な良い趣味」である、と主張した。本シリーズ第二巻第1部第2章第3節を参照せよ。

(25) 前掲『改訂ドイツ国民に告ぐ』一六四ページ
(26) 同書一六三—一六四ページ
(27) 同書一六四—一六五ページ
(28) 同様の傾向はヴァーグナー——特に三月革命期および晩年における——にも見られる。「共和主義運動は王権といかなる関係にあるか」(一八四八年)では「新しいドイツ国」が「人類の完全な解放」にして「キリストの教えの純然たる実現」として語られ、また「汝自身を知れ」(一八八一年)では「ドイツ的なもの」と「ユダヤ的なもの」が、純血/混血、自然との調和/自然からの乖離、自己との親密さ/自己からの疎外といったさまざまな対概念と重ね合わされ、観念的に対置されている。以下の拙著を参照せよ。前掲『ヴァーグナーの「ドイツ」』八六、三五九ページ
(29) 本シリーズ第一巻序章第6節を参照。
(30) Friedrich Wilhelm Joseph von Schelling. "Ueber das Wesen deutscher Wissenschaft. Fragment." (1812) in: ders. *Sämmtliche Werke.* Abt. 1, Bd. 8. Stuttgart & Augsburg: Cotta, 1861, S. 1-18. なおこの断片の読解に際しては以下の論考を参照した。小田部胤久「クロス討論「ロマン主義をめぐるフランスとドイツ——イメージの交叉」司会報告」、シェリング年報編集委員会編「シェリング年報」第十一号、日本シェリング協会、二〇〇三年、六五—六九ページ
(31) Schelling. "Ueber das Wesen deutscher Wissenschaft." S. 3.
(32) Ebd., S. 13.
(33) Ebd.
(34) Ebd., S. 8.
(35) Ebd., S. 7.
(36) Ebd., S. 13-14.
(37) Ebd., S. 9-10.
(38) Ebd., S. 13.
(39) オットー・ダン『ドイツ国民とナショナリズム——一七七〇—一九九〇』末川清/姫岡とし子/高橋秀寿訳、名古屋大学出版会、一九九九年、四七—四八ページ

(40)プロイセンでは一八一三年夏の時点で国民の六パーセント、すなわち十七人に一人が銃を取った計算になるが、これは異常と言えるほど高い数字である。なおこの一般兵役義務は翌一四年には、恒久的な「国防法」になった。国王は、国民的軍隊の結束をいっそう強固にするべく、戦功に応じてすべての身分に等しく与えられる武勲章として「鉄十字章」を設け、これはやがてドイツ帝国の最も名誉ある武勲章となる。同書五三ページ、前掲『ドイツ史2』二一七ページ

(41)ルンゲの「すべてに冠たるドイツ」は、ハインリヒ・ヨーゼフ・フォン・コリン（一七七一―一八一一）が作詞した「すべてに冠たるオーストリア（Österreich über alles）」（一八〇九年）の歌詞を変えたものだった。Vgl. Jost Hermand. “On the History of the “Deutschlandlied”.” in: Celia Applegate & Pamela Potter (Hgg.). *Music and German National Identity*. Chicago & London: The University of Chicago Press, 2002, S. 253.

(42)「ドイツ人の祖国とは何か？」は、アルントが一八一三年二月にケーニヒスベルクで出版したパンフレット「ドイツ兵士のための五つの歌」に初めて掲載された。Ernst Moritz Arndt. *Fünf Lieder für deutsche Soldaten*. o. O [Königsberg].: o. V., 1813. 次に「体操の父」フリードリヒ・ルートヴィヒ・ヤーン（一七七八―一八五二）が編纂した以下の歌曲集の一曲として、同年四月に彼の序文付きで出版された。Friedrich Ludwig Jahn (Hg.). *Deutsche Wehrlieder für das Königlich-Preußische Frei-Corps*. 1. Sammlung. Berlin: o. V., 1813. なお原著では詩の題名が単に「ドイツ人の祖国（Des Deutschen Vaterland）」とされている。また現在確認できるこの歌の最も古い上演は一八一五年六月十二日、イェーナ大学の自治的学生団体（ブルシェンシャフト）の結成集会においてであり、作曲はイェーナ大学の学生ヨハネス・コッタ（一七九四―一八六八）がおこなった。その後多くの作曲家がこの詩に音楽を付けたが、今日最もよく知られるのはグスタフ・ライヒャルト（一七九七―一八八四）が一八二五年に作曲したものである。

(43)Ernst Moritz Arndt. *Der Rhein, Teutschlands Strom, aber nicht Teutschlands Gränze*. Leipzig: Wilhelm Rein, 1813.

(44)ジョージ・ラハマン・モッセ（一九一八―九九）によれば、このアルント主催による「聖なる祝祭」は、十九世紀ドイツの「政治祭祀《カルト》」の基盤となる「国民的祝祭」の最初の事例であった。ジョージ・L・モッセ『大衆の国民化――ナチズムに至る政治シンボルと大衆文化』佐藤卓己／佐藤八寿子訳（パルマケイア叢書）、柏書房、一九九四年、八七ページ。以下も参照せよ。前掲『ドイツ国民とナショナリズム』五八、六四ページ

(45) 前掲『ドイツ国民とナショナリズム』五一—五三ページ

(46) Arndt. *Fünf Lieder für deutsche Soldaten*. S. 7-8.

(47) 「世界に冠たるドイツ」の歌詞で知られるホフマン・フォン・ファラースレーベン（一七九八—一八七四）の作詞による「ドイツの歌（Lied der Deutschen）」（一八四一年）の一番でも、ドイツの範囲が「マース川からメーメル川まで、エッチュ川からベルト海峡まで」と歌われている。なお現在の国境線に従えば、マース川はオランダとベルギー、メーメル川はリトアニアとロシア、エッチュ川はイタリアにそれぞれ属する。

(48) モッセは、こうしたアルントの思考法を「祖国は汝の内にある」という敬虔主義の伝統と結び付けている。前掲『大衆の国民化』八六、二二五ページ

(49) 九番の歌詞の「フランスのゴミを（den franschen Tand）」を「ヴェルシュ［ローマン］のゴミを（den wälschen Tand）」へと変えたバージョンものちに作られる。「ヴェルシュ」はときにはイタリア、またときにはフランスを指す侮蔑的隠語として、十九世紀ドイツの愛国主義者の口からたびたび発せられた。第4章および第5章には、この語がイタリアを指す用例が登場する。なおヴァーグナーの楽劇『ニュルンベルクのマイスタージンガー』（一八六七年）では、ハンス・ザックスが「ヴェルシュのゴミに満ちたヴェルシュの靄」に対する敵意を口にするが、そこには普仏戦争前夜の反フランス主義が響いていた。以下の拙著を参照。前掲『ヴァーグナーの「ドイツ」』二五四—二五五ページ

(50) 前掲『ドイツ国民とナショナリズム』五一—五三ページ

(51) この言葉はゲーテの『年代記』（一八三〇年）の「一八〇四年」の章に記載されているが、もちろん正しくは「一八一四年」である。Johann Wolfgang von Goethe. "Tag- und Jahreshefte." (1830) in ders: *Poetische Werke* (*Berliner Ausgabe*). Abt. 4, Bd. 16. Berlin: Aufbau-Verlag, 1964, S. 123.

(52) Anne Germaine de Staël. *De l'Allemagne*. Bd. 1. Paris: Librairie Hachette, 1958, S. 37-38.

(53) Ebd., S. 62.

(54) Ebd., S. 43. なおジャン・パウルの発言は『ドイツへの平和の説教』（一八〇八年）第五節から引かれたものである。

(55) ドミニク・ブウール（一六二八—一七〇二）の『アリストとウジェーヌの対話』（一六七一年）での言葉。これに

ついては本シリーズ第一巻第2部第2章第3節を参照せよ。
(56) 山田広昭『三点確保——ロマン主義とナショナリズム』新曜社、二〇〇一年、一一八—一二三ページ。そこで山田が論じる、ロマン主義時代のドイツとフランスのナショナル・アイデンティティの相関関係——そのキーワードは「遅れ」である——は非常に示唆的である。
(57) 以下の拙著を参照。前掲『ヴァーグナーの「ドイツ」』五八—五九ページ
(58) Staël, a. a. O., S. 48.
(59) 以下の拙著を参照。前掲『ヴァーグナーの「ドイツ」』六七ページ
(60) ハイネ『冬物語——ドイツ』井汲越次訳（岩波文庫）、岩波書店、一九三八年、五四ページ
(61) この詩は、『ドイツ・イデオロギー』第二巻第一篇「『ライン年誌』あるいは真正社会主義の哲学」のなかでヘルマン・ゼンミヒ（一八二〇—九七）の論文「共産主義、社会主義、人道主義」（一八四五年）が批判される際に言及される。『マルクス・エンゲルス芸術論』下、リフシッツ／エルペンベック編、瀧崎安之助訳、岩波書店、一九六二年、一一四—一一五ページ
(62) このハイネの一節が、シラーの詩『新世紀の足音』（一八〇一年）を念頭に置いて書かれたという説もあるが、本書ではそこまで立ち入らない。以下を参照。前掲『冬物語』二一六ページ
(63) 同様なことは十八世紀のドイツでも見られた。イギリス人バーニーの見方——ドイツ音楽はすべて「イタリアの模倣」であるとする——にドイツの音楽家や批評家が抵抗しながら、それを次第に「内面化」していった経過については本シリーズ第二巻第2部第2章を参照。
(64) 山田は、スタール夫人の『ドイツ論』、エルンスト・ルナン（一八二三—九二）の「フランスの知的・道徳的改革」（一八七一年）、ポール・ヴァレリー（一八七一—一九四五）の「ドイツの制覇」（一八九七年）という三つのテクストの分析を通じて、フランスにおける一八七〇—七一年（普仏戦争）がドイツにおける一八〇六—〇七年に対応することを示した。そして彼によれば、ステファヌ・マラルメ（一八四二—九八）のヴァーグナー受容も——シャルル・ボードレール（一八二一—六七）の場合はまだその段階に至らなかった——ドイツ的「フォルク」概念への「反動」として理解できる。山田広昭「合わせ鏡としてのフランスとドイツ」、シェリング年報編集委員会編「シェリン

グ年報」第十一号、日本シェリング協会、二〇〇三年、五九—六四ページ

（65）Staël., a. a. O., S. 45-46.

（66）Ebd., S. 48.

（67）本シリーズ第二巻第1部第1章第3節を参照せよ。

（68）『ドイツ旅行記』の引用は以下の校訂版からおこなった。*An Eighteenth-Century Musical Tour in Central Europe and the Netherlands.*（1773）Hg. von Percy Alfred Scholes. London: Oxford University, 1959, S. 244.

（69）Anne Germaine de Staël. *De l'Allemagne.* Bd. 3. Paris: Librairie Hachette, 1959, S. 374.

（70）Ebd., S. 374-375.

（71）ヘーゲルも『美学講義』で、イタリア語の歌曲が「さまざまな動きをもったリズムやメロディの流露を豊かに展開させることができる」のに対して、ドイツの歌曲は「ヘンデルの『メサイヤ』においてすら、多くのアリアや合唱では作曲が朗読調の真実味をもって言葉の意味に従っているだけである」と指摘している。ヘーゲル『美学』第三巻の中、竹内敏雄訳、岩波書店、一九七五年、一九六一—一九六二ページ

（72）Staël. *De l'Allemagne.* Bd. 3, S. 376-379.

（73）スタール夫人が例に挙げる作品の多くは、一八〇八年に彼女がヴィーンで実際に耳にしたものである。だがどういうわけか、そのとき成熟期を迎えていたはずのベートーヴェンの音楽に彼女はまったく言及しない。Vgl. Ebd., S. 374, Anm. 1.

（74）Staël. *De l'Allemagne.* Bd. 3, S. 376, S. 380.

（75）Ebd., S. 379.

（76）Ebd., S. 380.

（77）ヘーゲルは、音楽が「歌詞の内容による規定から脱却」して「自立的音楽［独奏音楽］の域に近づく」傾向に否定的だった。前掲『美学』第三巻の中、一九八七ページ

（78）イタリア音楽とフランス音楽の比較論争（優劣論争）およびそのドイツでの受容については、本シリーズ第二巻第1部を参照。

（79）Alexandre-Étienne Choron & François-Joseph-Marie Fayolle. *Dictionnaire historique des musiciens*. Bd. 1. Paris: Valade & Lenormant, 1810, S. xci-xcii.

（80）Ebd., S. vi.

（81）ヨハン・ゴットフリート・ヴァルター（一六八四—一七四八）の『音楽事典』がそれである。またブロッサールの『音楽辞典』は、ジェームス・グラシノー（一七一五頃—六七）によって一七四〇年に英訳されてもいる。

（82）十八世紀末に、革命政府が「国立音楽・朗読学校（コンセルヴァトワール）」を創設（一七九五年八月）したときにも、すでにドイツへの対抗意識があった。その創設を強く後押しした詩人マリー＝ジョセフ・シェニエ（一七六四—一八一一）は、国民公会（一七九四年七月二十八日）での演説で「他のあらゆる点でフランスに敗れていたドイツと傲慢なイタリアは、ただこのジャンルにおいてのみ、長い間勝ち誇っていたのだが、ようやく彼らにライバルが登場した」と述べた。以下を参照。前掲『ベートーヴェンの『第九交響曲』』五八ページ

（83）Michel-Paul-Guy de Chabanon. *Observations sur la musique*. Paris: Pissot, 1779, S. 186.

（84）次章で考察するダニエル・イェーニッシュは、『十八世紀の精神と特性』（第一巻、一八〇〇年）で「イタリア人とドイツ人は最良で最も驚くべき音楽的才能を示してきた」と書いている。Daniel Jenisch. *Geist und Charakter des achtzehnten Jahrhunderts*. Bd. 1. Berlin: Königliche Preußische Akademische Kunst- und Buchhandlung, 1800, S. 431.

（85）Michel-Paul-Guy de Chabanon. *De la musique*. Paris: Pissot, 1785, S. 97. 本シリーズ第二巻第2部第1章第1節も参照せよ。

（86）シャバノンによれば「音楽は自然の模倣ではなく（略）あらゆる模倣から独立して［耳を］喜ばせる」。Chabanon. *Observations sur la musique*. S. 28-29.

（87）Chabanon. *De la musique*. S. 91.

（88）以下を参照せよ。大崎滋生『文化としてのシンフォニーI——18世紀から19世紀中頃まで』平凡社、二〇〇五年、一七二—一七三ページ、今谷和徳／井上さつき『フランス音楽史』春秋社、二〇一〇年、二一五ページ

（89）マッテゾンの『旋律学の本質』（一七三七年）での発言。本シリーズ第二巻第1部第3章第1節も参照せよ。

（90）グルック—ピッチンニ論争については本シリーズ第二巻第1部第3章第2節も参照せよ。

（91）Giuseppe Mazzini. "Filosofia della musica." (1836) in: ders. *Scritti editi e inediti di Giuseppe Mazzini.* Bd. 4. Milano: G. Daelli, 1862, S. 94. 第４章注（129）も参照せよ。

第3章　進歩主義的音楽史観のなかの〈ドイツ〉

第1章で見たように、ドイツという一つの国《ナチオン》を対象とした初めての音楽史叙述の試みであるトリーストの「考察」は、十八世紀ドイツの音楽史を三期に区分し、そこに「国民総体の形成《ビルドゥング》」の歩みを見出した。だが彼の論考は、歴史の目的や必然性についての洞察、すなわち「歴史哲学」を欠いている点でのちの世代の音楽史叙述からは区別されなくてはならない。十九世紀の歴史家を強く拘束することになる「進歩主義的」歴史観が、彼にはまだ見られないのだ。その一因としては、彼が声楽（歌）を「最上の音楽様式」と見なす古典的音楽観――古代ギリシャ以来の美学的パラダイム――にとらわれていたことが大きいと考えられる。

カント美学の影響下にあったトリーストは、言葉（歌詞）を含まずに楽器だけで演奏される器楽の美的価値を理解できなかった。カントが『判断力批判』（一七九〇年）で「概念を含まずに騒々しい感覚を通じて語る音の芸術」は「心の陶冶＝文化（Kultur）というより、むしろ享楽（Genuß）」[1]である、と言ったことはよく知られている。器楽を高度に完成させたヴィーン古典派（ハイドン、モーツァルト、ベートーヴェン）と同時代を生きたドイツ人であるにもかかわらず、カントは器楽を「単なる感覚の遊び[2]」としか見なさなかった。交響曲のなかに「信仰の最たる秘密」（ティーク[3]）や「無限の憧憬」（ホフマン[4]）を聴き取るロマン主義的音楽美学は、彼には理解困難だった。そしてこのカントの音楽観を受け継いだトリーストは、「純粋音楽」という同時代の新たな音楽的動向に即した斬新な概念を導入しながらも、それを積極的に深化させ、器楽に独自の美を把握するには至らなかった。もしも彼が、のちのロマン主義者のように器楽を声楽の上に置く音楽観をもっていたならば、ハイドンの器楽（特に交響曲）を根拠にして、ヨーロッパ音楽における「ドイツの勝利」を留保なしに宣言できたはずだった。だが彼にはそれができなかった。それどころか彼は、十八世紀のドイツ人を悩ませ続けた「後進国」意識をなおも引きずっていた。ハイドンの交響曲が十八世紀ドイツ音楽史の頂点であると信じていたにもかかわらず、彼は、それによってドイツ音楽がイタリアやフランスの音楽を「追い越した」とまでは考えなかったのだ。

ところがこれに対して、ヴィーン古典派が完成の域にまで高めた器楽を、ドイツだけでなくヨーロッパ全体の音楽史の「最先端」として位置付ける歴史観が、十九世紀前半のドイツで成立する。ただしそのためにはまず、器楽を「無意味」で「無価値」な芸術と見なす伝統的音楽観がくつがえされなくてはならなかった。

ドイツでは一七五〇年代以降、「自然模倣」の原理を絶対視するシャルル・バトゥー（一七一三―八〇）の芸術理論に対抗するかたちで、器楽の美的価値を積極的に擁護する論者が次々と現れた。音楽は「自然の模写」ではなく「自然そのもの」であり、「それ自体で独自なもの」、いわば「自然の普遍的言語」であると主張したカスパー・リューツ（一七〇八―五五）や、「模倣の原理」に代えて「完全性の最も感覚的な表現の原理」に依拠することで、「明確な意味」をもたない音楽を正当に評価しようとしたヨハン・アドルフ・シュレーゲル（一七二一―九三）などが、そこに含まれる。[5]

さらに、十九世紀に入ると、そこに「歴史」や「進歩」という新たなベクトルが付け加わることで、器楽の美学はいっそうダイナミックなものに変貌を遂げる。本章で考察するヴァッケンローダーやティーク、ホフマンは、言葉（声楽）と音（器楽）の優劣という古典的主題を新たに「歴史」の問題として捉え直した。「言葉からの音（音楽）の自立」という歴史《ゲシヒテ》＝物語がそこから生み出され、器楽は声楽よりもいっそう「進歩」した「新しい」芸術であるという歴史認識――それは今日もなお根強く残っている――が登場するのだ。

本シリーズにとって重要なのは、そのように新たに成立した「進歩主義的」音楽史観が、ドイツ人のナショナル・アイデンティティに大きく作用したことである。というのも、それに依拠することで、自他ともに認める

「器楽の国」としての地位を固めつつあったドイツは、イタリアやフランスに対する「歴史的優位」を主張できたからである。すなわち進歩主義的音楽史観は、ロマン主義的な器楽の美学を支えただけでなく、音楽史における〈ドイツ〉の優位を正当化するものでもあったのだ。

本章では、十八世紀後半から十九世紀前半に至る音楽理論と音楽史の展開を考察し、そこでどのように進歩主義的歴史観が成立し、それがどのように「ドイツ的なもの」の価値付けと関係していたのかを明らかにする。

1 「ドイツ的」かつ「近代的」なものとしての和声

すでに指摘されてきたように、言葉（声）を含まない音楽のなかにより「純粋」で「独特」な美を認める発想は、十八世紀前半からすでにフランスやイギリスでも先例があり、必ずしもドイツに特有のものとは言えない[6]。だが、器楽の美を「歴史的進歩」という観点から擁護する思考は、疑いなくロマン主義の時代のドイツに起源をもつ。その萌芽は、まず十八世紀後半に「和声」の新たな意味付けとして現れた。

ここで歴史を振り返っておけば、古代の音楽には和声がなかった、という認識は、ルネサンス期以降のヨーロッパで広く共有されてきた。そのためジローラモ・メーイ（一五一九―九四）やヴィンチェンツォ・ガリレイ（一五二〇頃―九一）など古典古代に精通した音楽理論家たちは、しばしばモノディ（単旋律）を音楽の理想として掲げ、多声音楽に見られる和声や対位法を非難した。その後「最後の古代主義者」と呼ばれたジョヴァンニ・バッティスタ・ドニ（一五九五―一六四七）をもって古代音楽の優位を主張する理論家はほぼ姿を消すが、音楽における「古代的」要素としての旋律と「近代的」要素としての和声（多声）を比較する視点は、いわゆる新旧論争（古代人と近代人の比較論争）に取り込まれて、十八世紀まで残存した[7]。

さらに和声は、音楽の国民様式論のなかで、しばしば「ドイツ的」と見なされてきた要素でもあった。アタナシウス・キルヒャー（一六〇一―八〇）は、音楽の様式概念を初めて体系化した『普遍音楽』（一六五〇年）で、合唱作品に見られる「多声の様式」をドイツ音楽の大きな特徴として挙げた。[8] またシャイベは『批判的音楽家』（第十五号、一七三七年）で「ドイツ音楽はその大部分を他の国から借用している」ものの、「和声のなかに使用される思慮深さ」によって他国の音楽から確かに区別される、と述べた。[9] 「近代的」であり、かつまた「ドイツ的」――和声が内包するこれら二つの性質を一つのテーゼのなかに表現したのがヘルダーである。史上初となる「聴覚の美学」の構想として知られる彼の『批判論叢第四』（一七六九年執筆）にはこうある。

［イタリア人に比べて］ずっと冷淡で入念なドイツ人はそれ［近代の音楽］を学問へと高め、和声（die Harmonie）を新たな理解のもとで一つの高みにまでもっていった。ギリシャ音楽と近代北方の音楽（Griechische und neuere nordische Musik）以上に一つの学問［芸術］のなかで正反対となる両極を考えつくことができないくらいの高みにまでもっていったのだ。[10]

近代のドイツ音楽が和声を「学問」の域にまで高めたのとは対照的に「ギリシャの音楽では和声的な学問的技術はなく、生き生きとした表現がすべてだった」[11]とヘルダーは言う。彼によれば、これら二つの音楽は「正反対の両極」という関係にある。すなわち彼の思考のなかでは、「和声」と関連付けられながら、古代／近代という時代的対比と、ギリシャ／ドイツという地理的対比が重ね合わされているのだ。

ヘルダーがこの対比を通じて、ドイツ音楽の独自の方向性を積極的に捉えようとしていることは明らかだ。というのも、彼の同時代において古代ギリシャの芸術的遺産は――文学も音楽もすべて――フランスの古典主義者たちによって独占されており、「古代人の模倣」という点ではドイツ人はフランス人に到底かなわなかったからである。[12] 古代ギリシャ音楽とフランス音楽の類似性を彼は次のように指摘する。

ギリシャの言語とフランスの言語の関係は、両民族の音楽がもつ関係と同じであり、古代人の音楽について、彼らの言語と同様に正しい理解をもっていれば、それがわかるだろう。[13]

十七世紀以来、フランスの音楽家は古代ギリシャ悲劇を手がかりにしながら、イタリア・オペラに対抗しうるフランス独自の音楽劇を作り出してきた。その代表的成果が、ジャン＝バティスト・リュリの作曲とフィリップ・キノーの台本による「音楽悲劇」である。そして、当時そのフランス音楽の長所と見なされていた「生き生きとした表現」や「簡潔な旋律」は、古代ギリシャ音楽の特質として伝統的に理解されてきたものにほかならなかった。ギリシャ人とフランス人の音楽が「情感の音楽（Musik der Leidenschaften）」であるのに対して、ドイツ人のそれが「関係性と理性の音楽（eine Tonkunst der Verhältnisse, und der Vernunft）」[14]であることをヘルダーは認める。そのうえで彼はこう述べる。

ドイツ音楽を、最も豊かに旋律を和声に結合するような理想の探求に委ねるならば、おそらくドイツは称賛されることになるだろう。[15]

フランス人が古代ギリシャ音楽の完全な模倣を達成したとすれば、ギリシャ音楽の「正反対の極」に位置するドイツ音楽は、「近代」に特有の音楽的原理としての「和声」を入念に研究し、旋律をそこに結び付ける方法を独自に探求しなくてはならない、とヘルダーは言うのだ。

2　音楽美学の転回点としての一八〇〇年——ヘルダーの器楽擁護論

ヘルダーは『批判論叢第四』で、近代音楽の原理としての「和声」をドイツ人が「学問」の域にまで高めたことを称賛したが、これと同様の「近代主義」的姿勢が、やはり音楽という主題に即して、彼の晩年の『カリゴネー』（一八〇〇年）にも再登場する。彼はそこで「器楽の自立」という現象を歴史的に評価しようとするのである。『カリゴネー』はカントの『判断力批判』への批判として書かれた。先述のようにカントは器楽を「単なる感覚の遊び」として切り捨てたが、ヘルダーはこれに反論する。彼によると、音楽が近代を通じて次第に言葉（歌詞）や身振り（舞踊）といった他の諸芸術から切り離されて「それ自体のあり方の芸術」となったのは、音楽が「敬虔」な芸術として自己を実現するための、必然的で不可逆的な歴史の過程だった。

しかしながら、音は決して言葉や身振りから切り離されてはならない、つまりどんなに小さな音の動きにも言葉や身振りが同伴し、通訳しなくてはならない、と結論するなら、これらすべては誤解されてしまう。（略）言葉を伴わず、ただそれ自体により、それ自体において、音楽はそれ自体のあり方の芸術（Kunst *ihrer* Art）になったのである。（略）したがってあなた方は、音それ自体としての音楽を軽蔑しており、そこから何も得ることができず、言葉がなければ音楽をどうすることもできず、音楽から遠く離れていると言わざるをえない。音楽を、そのなかで「合目的的・無目的的に」生き生きとした楽器が動いている、一つの遊戯（Spiel）と見なしなさい。[16]

音楽にとって、自分の姉妹である言葉と身振りから離れて、それ自体において芸術となることがいかに困難だったかは、その遅々とした歴史の歩みに示されている。音楽を自立させ、異質な［他芸術の］援助から切り離すためには、独自の強制力をもつ手段が必要だった。（略）一体何が、自らの力を頼って自らの翼で舞い上がるほどに、音楽を持ち上げたのか。一体何が、音楽をすべての異質なもの、すなわち情景や舞踊、身振りから、さらには追随する声からさえも、切り離したのか。それは敬虔さ（Andacht）である。敬虔さとは、人間とその集団を、言葉と身振りを超えたところにまで高めるものである、というのもそのとき彼らの感情には何も存在していないからだ――ただ音（Töne）を除いては。[17]

古代ギリシャ劇に見られたように、かつては一体であった言葉と音楽と身振りは、やがて互いに切り離され、それぞれ独立したジャンルとして純化されていく。そうした芸術の「近代化」の過程を、ヘルダーは必然的で不可逆的な歴史的進歩として是認する。さらに彼は、特に音楽の「自立化」を促進した要因として「敬虔さ」を挙げる。ここには、音楽の聴取を一種の「宗教的」体験として捉える、ドイツ・ロマン主義の典型的思考法――いわゆる「芸術宗教」の思想――が読み取れる。[18]

こうしてヘルダーは、言葉や身振りからの音楽の「自立」を進歩主義的歴史観に依拠して肯定した最初の人物となった。[19]これはそれまでの哲学者や美学者――カントは言うに及ばず――には見られない、まったく新たな態度だった。ゴットホルト・エフライム・レッシング（一七二九―八一）やカントといった同時代の哲学者に比べて、ヘルダーが最新の音楽的傾向により敏感だったことも、その理由に挙げられるだろう。彼は『カリゴネー』で、「新旧の時代のイタリア人［作曲家］の他にも、ヘンデルやグルック、モーツァルトの魔法の音によって魂全体を揺り動かされないような人がいようか」[20]と書いている。ヘルダーが伝統的な音楽観と決別し、「音それ自体としての音楽」を他の諸芸術から「自立」した「それ自体のあり方の芸術」として擁護しえた背景には、十八世紀後半のドイツで器楽のジャンルが飛躍的に発展したという音楽史的状況があったことは確実である。『アドラステア』（第三巻第六号、一八〇二年）の次の一節もそれを裏付ける。

いまやどうだ。音楽は、序曲やソナタなどのなかで、いかなる他の芸術にも妨げられずに自らの翼を広げ、そしてしばしば最も高く、最も力強い飛躍を得ることができるような、自らの自由な領域（ein eignes freies Feld）を切り開いてきたのだ。[21]

『カリゴネー』や『アドラステア』が出版された一八〇〇年前後は、器楽がもつ独自の美的価値に注目する論考が相次いで登場した点で、近代音楽美学史のなかでもとりわけ注目すべき時期である。例えば、本章第4節で考察するヴァッケンローダーとティークの交響曲礼賛（『芸術の友のための芸術幻想録』）が世に出たのは一七九九年であり、またニール・ザスロー（一九三九―）が指摘したように、モーツァルトの器楽作品の受容史のうえでメルクマールとなる批評が登場したのも同年のことだった。

ザスローが注目するのは、『一般音楽時報』の一七九九年五月一日号に掲載された「ヴォルフガング・アマデウス・モーツァルトによるオーケストラのための四つの交響曲」という批評記事である。[22] これはモーツァルトの初期の交響曲（K一六二、K一八三、K一九九、K二〇二）の楽譜出版に際して書かれたものだが、そこで評者（編者のロホリッツ本人と推定される）は、「詩の助け」を借りずに「もっぱら音の言語のみ」によって着想された器楽のジャンル――当時は弦楽四重奏曲や交響曲がその代表だった――においてこそ、作曲家の才能は評価されるべきだと主張する。

モーツァルトの器楽作品、特に弦楽四重奏曲は、多くの人々が想像する以上に、彼の名声の普遍化に大きく寄与した。音楽家はこのジャンルでこそ、最も偉大な才能を示すことができる。というのも、ここで彼は完全に独力で着想し、すべての素材を自ら与えなくてはならないだけでなく、彼は［その表現手段を］もっぱら音の言語のみに限定しているからである。彼の思考はそれ自体において明確さをもち、詩の助けを必要としない。われわれドイツ人の近年の作曲家で、モーツァルト以上にはっきりと、器楽作曲の分野で音楽的才能の優位を証明したのは、ハイドンを除けば誰もいない。(23)

だがそのうえで評者は、今回新たに出版された四つの交響曲は「独創性や新しさの目立った特徴」をもたない「まったく平凡なオーケストラ交響曲」であると断じ、その理由を、それらが「明らかに若い時代の作品」であることに求める。ザスローも言うように、モーツァルトが一七七三年から七四年にかけて作曲したこれら四つの交響曲に「独創性や新しさ」が感じられないとしても、それは若い頃のモーツァルトが未熟だったからというわけでは決してなく、それから四半世紀――すなわちこの批評が書かれた一七九九年まで――のあいだに交響曲というジャンルそのものが大きな発展を遂げたからなのであるが、評者はそのことを見落としている。逆に言うなら、ヴィーン古典派はそれほど短期間のうちに器楽作品を最も主要な音楽ジャンルの座にまで押し上げ、そのことが、この批評に見られるような、器楽に対する新たな美学的認識の成立をもたらしたのだった。

ヘルダーが晩年の著作で、言葉や身振りからの音楽の自立という進歩主義的歴史観を表明し、それに基づいて「音それ自体としての音楽」である器楽の美的価値を正当化したことの意味は、こうした同時代的状況に即して理解されるべきだろう。

3　進歩主義的音楽史の成立――フォルケルの『普遍音楽史』

ヘルダーはしばしば近代ドイツの歴史哲学の父と言われるが、それは音楽史の場合を考えても同様である。『批判論叢第四』で彼が示した和声についての歴史的理解は、その後の世代の音楽史家によってさらに洗練されていくが、そのうち最も重要な成果が、第１章でもふれたフォルケルの『普遍音楽史』である。

ゲッティンゲン大学の教授として音楽理論や音楽史を講じたフォルケルは、歴史学におけるゲッティンゲン学派の影響下にあった。歴史学の教授ヨハン・クリストフ・ガッテラー（一七二七—九九）が一七六四年に「歴史学アカデミー」を設立して以降、ゲッティンゲン大学はドイツにおける「普遍史」の一大拠点となった。フォルケルの『普遍音楽史』は、同大学のヨハン・ゴットフリート・アイヒホルン（一七五二—一八二七）が編纂した叢書「ルネサンスから十八世紀末までの諸芸術と諸学問の歴史」の一環として刊行されたものだった。学問と芸術のあらゆる分野を人間の文化活動としてあまねく把握し、そのおのおのを人間精神が形成される過程の諸段階に対応付けるという、ゲッティンゲン学派の「普遍史」の方法を、フォルケルは音楽に適用したのである。[24]

フォルケルは音楽の発展を人類の言語や意識状態の発達との関連において理解し、音楽の歴史を人類学的な視座から三つの時期に区分する。

第一期は、人類が粗野な叫び声しか発することができなかった原始的段階である。[25]「未開で粗野な諸民族」のもとでは、音は「感情の道具」であり、いまだ「精神的」表現手段ではない。そこでは定まった音高と音色が存在せず、音は騒音と区別がつかない。そのため音を組織するための唯一の原理は「リズム」となる。フォルケルはこの時代を人類の「幼少期」と呼ぶが、場所によっては現在もそれが残存しており、彼はその実例として「アメリカの未開人」[26]を挙げる。

続いて第二期は、人類が「思考（Gedanken）」を獲得し、自らの感情を「語り（Rede）」を通して表現する能力を身に付けた段階である。[27]そこでは音の高さが分節されて「音階」の観念が生じ、音の組織化の原理として新たに「音の連なり」が加わる。フォルケルはこの段階を音楽——そして人類そのもの——の「青年期」と呼び、エジプトやギリシャ、ローマの古代文明がこれに該当するとしている。

そして第三期は近代にあたるが、この時代は「和声の発見（Erfindung der Harmonie）」によって特徴付けられる。[28]そこでは「言葉と音楽のアナロジー」がいっそう明確になる。フォルケルによれば「観念の言語（Ideen=Sprache）」である日常的言語に対して、音楽は「感情の普遍的言語（allgemeine Sprache der

Empfindungen）」と呼べるが、前者のなかで「論理」が果たしているのと同じ役割を、後者では「和声」が担っている。和声はいわば「音楽の論理学（Logik der Musik）」なのだ。[29] そして「論理」の獲得が思考の領域における人類の成長の証しであると考えられるなら、「和声」の発見は感情の領域でのそれに対応する。すなわち、論理が自由で多様な思考を可能にしたのと同様に、われわれは和声の法則を得ることで、相互に関連付けられた多彩な旋律を生み出し、音によってあらゆる感情を表現できるようになったのである。和声とは「そこからすべての旋律的表現が流れ出てくる源[30]」にほかならないのだ。

さらにこの第三期は、「音楽の論理学」としての和声の力によって音楽が初めて「それ自体で存立し、完全にその固有の力から作用する芸術[31]」となった時代である。フォルケルの考えでは、和声の発見には楽器、とりわけ「鍵盤楽器」の発達が不可欠だった。ピアノに代表される鍵盤楽器によって「音の集合の位置関係と秩序がより可視的かつ明確に表象[32]」されるようになったからだ。和声が存在しなかったプラトン（前四二七―前三四七）の時代（すなわち第二期）には、歌詞をもたない器楽は「意味を欠いたもの」や「旋律の濫用」として軽蔑されたが、近代に至ってそれは、和声の力に基づき、あらゆる情熱や感情を伝達することができる「感情言語」へと、すなわち「それ自体で作用する芸術」へと成長を遂げたのである。

しかしながら、和声を「旋律の源」と位置付けるフォルケルの音楽観が、同時代においてむしろ特殊であったことは留意されてよい。「和声をこうした観点から評価する識者は、きわめて少ない（もしかしたら皆無である[33]）」とフォルケル自身も認めているくらいだ。当時ヨーロッパでは、ジャン＝ジャック・ルソー（一七一二―一七七八）が説いた「旋律優位」の思想[34]が広く支持されており、ヨハン・ゲオルク・ズルツァー（一七二〇―七九）をはじめ、ドイツ語圏の美学者の多くも同様の立場をとっていた。そうした時代にあってフォルケルは、和声に関するヘルダーの歴史的認識を継承し、それをさらに深化させて、音楽史叙述の根本原理にまで仕立て上げたのである。フォルケルがヘルダーの名に直接言及した個所はないし、その著作を読んでいたという確証もないが、和声に対する歴史哲学的理解という点で両者の思考が通底していることは誰の目にも明らかだ。[35]

フォルケルが和声を、人類がようやく近代に至って獲得した偉大な精神的能力と見なし、独自の歴史哲学的視野のもとに導き入れたことは、その後の音楽理論や音楽美学の方向を決定付ける大きな出来事だった。人間の音楽的能力はリズムから旋律、そして和声へと「進歩」する、と信じて疑わないかぎりで、今日の音楽学者の多くもなおその影響圏内にあると言えよう。

4 ロマン主義的な器楽の美学の登場――ヴァッケンローダーとティーク

フォルケルが『普遍音楽史』で示した進歩主義的音楽史観は、ドイツのロマン主義を特徴付ける「器楽の美学」が成立するための直接的きっかけになった。ヴィルヘルム・ハインリヒ・ヴァッケンローダーが『芸術の友のための芸術幻想録』(一七九九年。以下、『芸術幻想録』と略記)の音楽論を書くにあたり、その『普遍音楽史』を研究したことがわかっているからだ。[36] ドイツ・ロマン主義の創始者として位置付けられるヴァッケンローダーとティークは、音楽を「感情の普遍的言語」と見なすフォルケルの音楽美学から多大な示唆を受けただけでなく、彼の歴史哲学をも独自の仕方で吸収していたのだ。

ヴァッケンローダーは「音楽に固有の内的本質と今日の器楽の心理学」(『芸術幻想録』第二部第五章)で、音楽を「今まさに完成に至った、あらゆる芸術のうちで最も若い芸術」[37]と呼んだ。近代の器楽とともに音楽は初めて「それ自体で作用する芸術」になったとするフォルケルの歴史観をふまえ、ヴァッケンローダーは、音楽をすべての芸術のなかで最も若く新しい芸術と定義するのである。そして彼によれば、「感情の言語」という「音楽に固有の内的本質」を最も完全なかたちで実現したのが、今日の「交響曲」にほかならない。

そしてもちろん私は、最後の、そして最高の、楽器の勝利をたたえないわけにはいかない。私は、あの神々しく偉大な（霊感を与えられた精神によってもたらされた）交響曲作品（Symphoniestücke）のことを言っているのだ。そこでは個々の感情が描かれるのではなく、一つの世界全体、人間の情感の劇全体が流れている。[38]

ヴァッケンローダーは交響曲のなかに偉大な「神性」の顕現を見て取った。「音楽の不思議」（『芸術幻想録』第二部第二章）で述べられるように、彼にとって音楽（器楽）は「人間を超越した仕方で人間の感情を叙述」する「天使の言語」にほかならない。[39]音楽家を題材にした彼の有名な短篇小説「音楽家ヨーゼフ・ベルクリンガーの注目すべき音楽生活」（『芸術を愛する一修道僧の真情の披瀝』、一七九七年）では、主人公のヨーゼフは「大演奏会に居合わせたとき（略）まるで教会にいるかのように敬虔の念（Andacht）をもって耳を傾けた[40]」と書かれている。ヴァッケンローダーが「恐ろしい神託のような両義的曖昧さによって、音楽芸術はまさに人間の心にとって神となる[41]」と考えていたことをふまえれば、ヨーゼフがとりわけ「多声の交響曲」を好んだというこの小説の設定はまことに必然的である。交響曲は、その表現形式が高度に複雑で難解であるがゆえに、それを聴く者に世俗的世界を超越する「疑似宗教」的体験をもたらすのだ。

他方、『芸術幻想録』の編纂者にして、もう一人の著者でもあるルートヴィヒ・ティークは、「交響曲」と題された論考（『芸術幻想録』第二部第九章）で、この新しい芸術ジャンルの成立過程とその必然性を進歩主義的歴史観に即して説明する。「私はここでは余剰の芸術［詩や台詞と結び付いた音楽］から眼を背け、もっぱら器楽についてのみ語ろうと思う[42]」と彼は宣言する。彼は、音楽を「最も若い芸術」とするヴァッケンローダーの考えに共鳴し、「われわれが所有しているような音楽は、すべての芸術のなかで最も新しいものであり（略）それはまだ真の古典時代を経験していない[43]」と言う。そのうえでティークは、言葉という「足かせ」から解放された純粋な器楽が登場してはじめて音楽は「自立的で自由な芸術」となった、という歴史《ゲシヒテ》=物語を語るのだが、その歴史《ゲシヒテ》=物語はまさにいま始まったばかりなのだ。

この芸術［声楽］は（略）いまだ足かせのついた芸術であるように思える。それはせいぜい高められた朗唱または語りにすぎず、それ以上ではない。あらゆる人間の言語、あらゆる感情の表現は、いずれもごくわずかな程度には音楽と言えるはずだから。だが器楽（Instrumentalmusik）において、この芸術は自立的で自由（unabhängig und frey）である。それは完全に自分自身によって自身の法則を定め、遊ぶように無目的に空想し、だが最高の目的を満たし、達成する。それはもっぱら自身の密かな欲求に従い、最も深遠で、最も驚異なものを自らの遊戯において表現する。完全な合唱、すなわちあらゆる技巧を駆使して作られた多声作品が声楽の勝利であるとすれば、最高の勝利、すなわち楽器による最も美しい賞賛は交響曲である。(44)

「自立的で自由」な器楽を「足かせのついた」声楽と対置するティークの論法は、第2節で見たヘルダーの『カリゴネー』に酷似する。だがヘルダーの器楽擁護論がカント美学への批判を意図していたのに対して、ティークの関心は——この論考の題名がまさに示すように——「交響曲」という最新の器楽ジャンルを音楽芸術全体のなかで正当に、しかもその最上位のものとして位置付けることにあった。(45)ティークにおいては、交響曲の礼賛という目的がまず先にあり、歴史哲学はそれをより効果的に正当化するための手段、言い換えれば「レトリック」だった。ヴァッケンローダーと同様、ティークもフォルケルの進歩主義的音楽史観に影響されていたことは間違いないが、彼の歴史観が『普遍音楽史』が提示したものに比べてはるかに単純化されているのはそのためである。確かにフォルケルは、「和声の発見」を人類がようやく近代に至って到達した段階と見なし、器楽を「それ自体で作用する芸術」として肯認したが、その際彼は「声楽からの器楽の自立」という短絡的な歴史的移行を強調しなかったし、またそもそも彼は声楽に対する器楽の美的優位を想定してはいなかった。

器楽の価値を否定もしくは軽視するカント美学が強い影響力をもっていた一七九〇年代のドイツにあって、器楽の芸術的価値を積極的に擁護しようとする論者たちは、進歩主義的歴史観——言葉や身振りからの「音楽の自立」という物語《ゲシヒテ》——のなかに大きな理論的拠り所を見出した。そしてドイツ・ロマン主義における器楽の美学と歴史哲学の結び付きは、一八一〇年代のホフマンの音楽批評のなかで――しかも反フランス主義とも一体化して――一つの完成を見ることになる（本章第6節を参照）。

5 「近代ヨーロッパ」を代表＝表象する芸術としてのドイツ器楽

言葉や身振りから解放された音の芸術としての純粋器楽は、「近代」に至ってようやく登場したわれわれにとって「最も若い芸術」である、という観念はヘルダーとフォルケルの歴史哲学によって基礎付けられ、ヴァッケンローダーとティークのロマン主義的芸術論を通じて広くドイツに浸透した。その反響は直ちに、専門的な音楽書以外にも見出されることになる。特に愛国的傾向をもつ思想家や歴史家のあいだで、この観念は「器楽の国」であるドイツの文化的優位を正当化するものとして重視された。

プロイセンの牧師で愛国者として知られたダニエル・イェーニッシュ（一七六二―一八〇四）は「普遍史」の執筆に取り組んだ歴史家でもあったが、彼がプロイセンの王立アカデミーから出版した『十八世紀の精神と特性』（第三巻、一八〇一年）の「音楽芸術の歴史」の節にはこうある。

ドイツ人は旋律の面ではイタリア人の模倣者である。だが和声を組み立てる技術を、彼らは先駆者「イタリア人」よりもさらに推し進めた。真の器楽（die wahre Instrumental-Musik）は彼らの発明の所産である。[46]

実のところこの一節は、当時ドイツでも大きな影響力を誇っていたベルギー（のちにフランスに帰化）の作曲家アンドレ＝エルネスト＝モデスト・グレトリ（一七四一―一八一三）の著作からの引用であり、イェーニッシュ自身の見解ではない。[47] むしろ彼にとっては、外国人の口からドイツの器楽に対する称賛を引き出すことが、より重要だったものと思われる。[48]

だが他方でイェーニッシュは、同書第一巻（一八〇〇年）で十八世紀芸術の精神的特性を論じる際には自らの言葉でこう語っていた。

言葉の芸術や造形芸術のなかには、われわれの音楽ほどにまったくもって近代ヨーロッパ独自（durchaus neueuropäisch=original）のものはない。そこでは天才が、いかなる古典的規範にも依拠せずに、すべてを自分自身から創造しなければならなかったのだ。（略）新しいヨーロッパ音楽（neu=europäische Tonkunst）は、はじめ教会音楽のもとで発展し、そこから次第に劇場、オペラホール、コンサートホールへと移行してきた。[49]

そして同様の見解は彼の『人類の発展の普遍史的概観』（第二巻第二部、一八〇一年）にも見出される。

新しいヨーロッパ音楽（neu=europäische Tonkunst）は、まったくもって古代人には依存せずに形成されたのであり、だから私はそれをわれわれの芸術のうちで最も独創的なもの（die originellste）と呼ぶのだ。それが自らを形成し始めてからごく短いあいだに、まるで他のすべての芸術はその傍らでカタツムリのように歩いてきたのではないかと思えるほど、新しいヨーロッパ音楽はきわめて急速な進歩（rasche Fortschritte）を遂げてきた。[50]

これらの個所でイェーニッシュが「近代ヨーロッパ独自」の音楽、あるいは「新しいヨーロッパ音楽」と呼ぶものが、言葉や身振りから独立した器楽であることは疑いの余地がない。歌曲や舞踊のための音楽、または彫刻のような造形芸術が古典古代に偉大な規範をもつのとは対照的に、器楽は古代にまったく規範をもたない、真の「近代芸術」であり、近代の「天才」はそれを「古代人」に依存せず、すべて「自分自身から創造」しなくてはならなかったのだ。ここで彼が意識しているのは言うまでもなく「新旧論争」の伝統である。

ルネサンス期のイタリアに端を発し、十七世紀末にはフランスでアカデミーを二分する論戦にまで発展した新旧論争は、古代人と近代人の学問や芸術を対比することで、両者の優劣を決しようとするものだった。[51] イェーニッシュの主張は、この論争が十八世紀末のドイツでもなお効力を失っていなかったことを裏付ける。本章第1節で見たように、ヘルダーは『批判論叢第四』で、「旋律的」な古代ギリシャ音楽と「和声的」な近代ドイツ音楽を「正反対の両極」と呼んだ。そこには近代人の立場から、古典古代の芸術の規範性を相対化しようという——またそれを通じてフランスの新古典主義者に引導を渡そうという——動機があった。またさかのぼれば、ヨハン・アドルフ・シュレーゲルやモーゼス・メンデルスゾーン（一七二九—八六）など、十八世紀のドイツでオペラの芸術的価値を積極的に擁護した理論家は、必ずと言っていいほど、新旧論争での「近代派」の立場を自ら選び取り、古典古代の規範を意識的に打破しようとした。[52] イェーニッシュは、そうしたドイツでの「近代派」の伝統のうえに立ちながら、純粋器楽という「まったく新しい芸術」を称賛する。しかも彼にとって重要なのは、それが「近代ヨーロッパ人」の独創的発明、真の近代精神の表明というだけでなく、ほかならぬ「ドイツ人の芸術」であったことだ。

イェーニッシュの歴史観のうちには、「真の器楽の発明者」である「ドイツ人」こそが「近代ヨーロッパ精神」を代表＝表象する国民である、という暗黙の含意がある。器楽、近代、ドイツ——これら三者はこうして一つのものとして折り重ねられる。器楽の美学と進歩主義的歴史観、そして——イェーニッシュの場合、まだ顕在化していないが——国民主義《ナツィオナリスムス》がこうして重なり合う。器楽を「近代芸術」の最先端を走る「最も新しい」芸術と見なす進歩主義的音楽史観が登場したことで、〈遅れてきた国民〉としてのドイツ人の劣勢は完全にくつがえされ、ドイツ人とその音楽は一躍ヨーロッパの歴史の「最前線」へと躍り出ることになった。古代から近代へという「進歩」、言葉や身振りからの音楽（器楽）の「独立」は、不可避にして不可逆的な過程と見なされるようになり、音楽の新旧論争には決定的な終止符が打たれた。もはや「古代派」の出る幕はなくなった。[53]

イェーニッシュが少なからず先駆的に示した視点は、このあと、シェリング流の歴史哲学を器楽の美学と一体化させたホフマン、およびヘーゲル流の歴史哲学を音楽史叙述の原理に組み込んだヴェントらによって、より強固な理論を獲得していく。その結果、ヘーゲル学派を代表する美学者フリードリヒ・テオドール・フィッシャー(一八〇七―八七)は、やがて『美学または美の哲学』(一八五七年)の音楽の章で次のように主張するまでに至るのだ。

音楽は近代の芸術(eine moderne Kunst)であると同時に、とりわけ本質においてゲルマン的な芸術(eine wesentlich germanische Kunst)である。というのも、音楽は和声というゲルマン的要素によってはじめて自立的芸術になり、完全な感情と情感表現の芸術になったのだから。(略)叙唱ではなく旋律が、音楽的感動を抑制し、正当に発現させるに至らない観念的高貴さではなく制約されない感覚の現れの実在性が、すなわち自己に充足することなく絶えず新たな音型や音群をつかまえ、音の結び付きをつねに増加させ増大させる詩的喚起力をもった想像力の実在性が、音楽における特殊ドイツ的なもの(das spezifisch Deutsche)なのだ。(54)

6 「進み続ける時代精神」としての音楽——E・T・A・ホフマンの音楽批評

ドイツ観念論による芸術の歴史哲学の成立

シェリングやゲオルク・ヴィルヘルム・フリードリヒ・ヘーゲル(一七七〇―一八三一)といった十九世紀前半のドイツで活躍した観念論の哲学者たちが、諸芸術ジャンルの体系的理論を弁証法的な歴史哲学と結び付けたことは美学史の常識に属する。シェリングは『芸術哲学』(一八〇二―〇五年の講義録、一八五九年公刊)で、またヘーゲルは『美学講義』(一八一七―二九年の講義録、一八三五―三八年公刊)で、それぞれの観点から芸術の歴史哲学を展開した。

観念論の歴史哲学は、人間の歴史全体を精神の弁証法的展開として捉えることをその最大の特徴とする。それは人間の自我や意識が、限定された物質的状態から精神の絶対的自由を獲得するまでの過程を、理念／現象、主観（主体）／客観（客体）、素材／形式といったさまざまなカテゴリーを弁証法的に導入して分節・叙述する。そこから哲学、芸術、宗教など、人間のありとあらゆる精神的活動領域を包含する壮大な歴史叙述が作り上げられる。そして観念論の歴史哲学がとりわけ美学や芸術理論の分野でもつ重要性は、それが諸芸術ジャンルの原理や相互関係を人間精神の歴史的発展と結び合わせて新たに体系化したことにある。和声的音楽や器楽を「近代」に特有の芸術と見なすヘルダーやフォルケル以来の音楽史観は、ここに至り、諸芸術ジャンルの歴史的展開の一翼として組み込まれることになる。

シェリングは『芸術哲学』で実在的（real）／理念的（ideal）という対概念を用いて諸芸術ジャンルを分類した。「実在的系列」に属する芸術（造形芸術）は音楽、絵画、彫刻であり、他方「理念的系列」に属する芸術（言語芸術）は抒情詩、叙事詩、劇詩である。また前者の系列の内部にも、より実在的なものが音楽、より理念的なものが絵画、さらに「両者の無差別」が彫刻という序列があり、それは後者の系列でも同様である。[55]この体系はシェリングの自然哲学を前提とすると同時に、彼独自の歴史哲学をも含意する。すなわちシェリングにおいては、実在的／理念的という対概念はそのまま古代（ギリシャ）および近代（キリスト教世界）の時代特性と重なるのだ。[56]

シェリングによれば「古代芸術（antike Kunst）と近代芸術（moderne Kunst）の区別」は「前者が単に実在的なもの、不可欠なもの、必要なものだけを表現するのに対して、後者は理念的なもの、二義的なもの、偶然的なものを、不可欠なものや必要なものと同等の資格で表現する」ことにある。[57]音楽に即して言えば、古代の「実在性」は「リズム的音楽」のなかに、そして近代の「理念性」は「和声的音楽」のなかに、それぞれ最も典型的なかたちで現れている。彼はリズムと和声を「一」と「多」の関係によって対比的に把握する。リズムが「多性における統一」の現象であるのに対して、和声は、同時に鳴り響く複数の音響を一つの全体として形成すること、

図5　E・T・A・ホフマン（1776-1822）の自画像

すなわち個々の音響を「より高次の統一」へと差し向ける現象である。古代ギリシャでは、「一」が自己自身のうちに「多」を一体化していた、つまり類（人類）がそのまま個（個人）であったために、音楽も必然的に「リズム的」となった。それに対して、「諸個人の世界」である近代キリスト教世界では、「一」は「多」を自己自身の外側に一体化しなくてはならず、「共同体的努力」は「和声的でリズムを欠いた音楽」を通じて現れざるをえなかった。シェリングは和声的音楽を「努力と憧憬の表現」と呼ぶが、それは彼が「近代」の原理と見なす「無限なもののアレゴリー」を最も理想的なかたちで実現する芸術なのである。[58]

シェリングは『芸術哲学』と同時期に著した「哲学的連関におけるダンテについて」（一八〇二年。以下、「ダンテ論」と略記）で、ダンテ・アリギエーリ（一二六五―一三二一）を「近代芸術の創始者」としてたたえながら、造形芸術――「実在的系列」の三つのジャンル――が彫刻から絵画へ、そして音楽へと移行する過程をその『神曲』（一三〇四―二一年頃）のなかに見出している。「形態の世界」として描かれる地獄篇は、いわばこの詩の「彫刻的部分」にあたり、また多様な色彩を特徴とする煉獄篇は「絵画的部分」に相当する。それに対して天国篇は「音楽的」である、と彼は言う。

いまや詩人は地球の中心を突き抜けて光の世界に到達した。冥界の暗闇のなかでは、形態だけが識別できた。煉獄では光が現れるが、まだこの光は地上的な物質とともにあり、やがて色彩が生じる。天国にあるのは光の純粋な音楽だけであり、反射は途絶える。そこで詩人は段階的に、神性そのものである無色で純粋な実体の直観へと高まっていく。（略）直観が純粋に普遍的なものへと溶解していくような状況にあっては、詩が音楽となり、形態が消滅するのは不可避である。[59]

このようにシェリングが『芸術哲学』で提示した、実在的／理念的という諸芸術ジャンルを貫く原理と古代／近代という時代特性の重ね合わせ、および「ダンテ論」で示した彫刻から絵画、そして音楽へという芸術ジャンルの段階的移行は、ドイツ・ロマン派を代表する文学者にして作曲家・音楽批評家でもあったエルンスト・テオドール・アマデウス・ホフマンによって音楽論のなかに導入されることになる。ホフマンの音楽批評家としての最大の業績は、ロマン主義的な器楽の美学を、観念論的歴史哲学と独自にかつ決定的に接合したことにある。ホフマンがヴィーン古典派の器楽作品——彼自身はそれらを「ロマン的」音楽と呼ぶ——に、とりわけベートーヴェンの交響曲のなかに「進み続ける世界精神」を見出したことは、ドイツの器楽が近代芸術の「最先端」に位置するという観念をいっそう堅固なものにした。一八三〇年代以降のドイツでは、ベートーヴェンの交響曲こそ、自分たちが全世界に向けて誇るべき「国民的芸術」であるという認識が広く浸透していくが、ホフマンの音楽批評こそがその土台を作ったのだ。[60]

「ベートーヴェンの第五交響曲」に見る歴史哲学的思考

ホフマンが『一般音楽時報』に執筆した批評「ベートーヴェンの第五交響曲」（一八一〇年七月四日および七日の二回連載）は、音楽美学史上、最もよく知られたテキストの一つだろう。彼はそこで「自立した芸術」としての器楽を「最もロマン主義的な芸術」と呼び、すべての芸術の頂点に位置付けた。

一つの自立した芸術（eine selbstständige Kunst）としての音楽が問題になるなら、そこではつねに器楽（die Instrumental-Musik）だけが考えられなければならない。それは他の芸術のあらゆる援助、あらゆる混合をはねのけ、音楽のなかでのみ認識される芸術の独自の本質を純粋に表現する。それはあらゆる芸術のなかで最もロマン主義的——唯一純粋にロマン主義的——な芸術といってよいだろう。オルフェウスのリラは冥界への扉を開いたのだった。音楽は人間に未踏の国を開示する。それは人間を取り巻く外的な物質世界とはまったく無関係な世界で、そのなかで人間は概念で説明できる感情を捨て去り、語りえないもの（das Unaussprechliche）に身を委ねるのだ。[61]

カール・ダールハウス（一九二八―八九）によれば、この一節は「ロマン主義の音楽美学の創設記録[62]」だが、いま問題にしたいのは、ホフマンの音楽美学それ自体よりも、その前提にある歴史哲学的思考である。ホフマンはベートーヴェンを「純粋にロマン主義的な（したがって真に音楽的な）作曲家」としてたたえる。ハイドンが「人間的なものをロマン主義的に把握」し、モーツァルトが「超人的なもの、不可思議なもの」を追求したのに対して、「ベートーヴェンの音楽は戦慄、恐怖、驚愕、苦痛の挺子を動かし、ロマン主義の本質である無限の憧憬（unendliche Sehnsucht）を呼び覚ます[63]」。「音楽的」と「ロマン主義的」をほぼ同義語のように用いるホフマンにとって、ベートーヴェンこそが交響曲というジャンルを「純粋にロマン主義的」な――したがってまた「純粋に音楽的」な――芸術として完成させた作曲家だった。だがすべての交響曲が「純粋にロマン主義的」なわけではない。ホフマンはある種の交響曲に対して次のような苦言を呈する。

> 言葉で説明可能な感覚、それどころか［現実世界の］出来事をさえ描写しようとする連中、すなわち彫刻（die Plastik）とは対極に位置する芸術［である音楽］を彫刻的に（plastisch）扱おうとした器楽作曲家たちが、音楽の独自の本質を知ることのなんと少なかったことか！［カール・ディッタース・フォン・］ディッタースドルフ［（一七三九―九九）］のこの種の交響曲も、最近の『三皇帝の戦い』なども、すべて滑稽な錯誤の産物として、完全なる忘却という罰を受けて当然である。[64]

ここでの批判の矛先は、いわゆる「標題的」交響曲に向けられている。ディッタースドルフは『五つの国の趣味による国民的交響曲《シンフォニア》』（一七六五年頃作曲）や、オヴィディウス（前四三―前一七）の『変身物語』を題材にした交響曲《シンフォニア》（一七八三年作曲）など、標題的交響曲を数多く残した作曲家である。[65]それらはソナタ形式の導入や四楽章構成などの面で、十九世紀以降の交響曲を先取りしていたが、標題や物語など「音楽外的」要素と不可分に結び付いていた点で、バロック的な器楽作法を継承していた。また『三皇帝の戦い』とは、ナポレオン軍がロシア＝オーストリアの連合軍を破ったアウステルリッツの三帝会戦（一八〇五年十二月）を記念して作曲された交響曲を指していると考えられる。ルイ＝エマニュエル・ジャダン（一七六八―一八五三）とジャック＝マリー・ボーヴァルレ＝シャルパンティエ（一七六六―一八三四）という二人のフランス人作曲家が、どちらも『大オーケストラのための軍事的歴史的交響曲』という同名の標題的交響曲を作曲し、ともに一八〇六年に出版しているが、ホフマンはこの両者を批判しているのだ。

これらの作品を「音楽に独自の本質」を捉え損ねた「滑稽な錯誤の産物」として非難する際に、ホフマンがそれらを「彫刻的」と形容していることに注目しよう。彫刻（Plastik）は素材が「物質的」で、表現内容が「現実描写的」である点において、素材と内容の両面で「観念的」かつ「超越的」な芸術である音楽とは完全に正反対の原理をもつ、とホフマンは考えていたわけだ。さらに、のちに「新旧の教会音楽」で明らかにされるように、シェリングと同様、ホフマンも音楽と彫刻という二つの芸術原理の対立を歴史的遠近法のもとで理解していたのだ。

古代と近代という相互に対立する両極、あるいは異教とキリスト教という両極は、芸術においては彫刻と音楽である。キリスト教は前者を否定して後者を創り、また後者に近いものとして絵画を創った。[66]

彫刻は、古典古代にその全盛期を迎えたことにも示されるように、原理的に「異教的」な芸術である。それに対して音楽は、ヨーロッパのキリスト教世界によって導かれた「近代」の精神を最もよく体現する芸術である。[67]そして世界精神が古代から近代へと歩を進めるのにしたがい、芸術もまた、より限定された物質的状態からより自由な精神的状態へと、つまり芸術ジャンルで言えば、彫刻から絵画を経て、音楽へと移行する。これがホフマンの歴史哲学の基本構図である。むろんそこには進歩主義的な歴史観が潜んでいる。

ベートーヴェンの『交響曲第五番』に対する彼の評価も、この歴史哲学を前提にしていた。現実世界の出来事を音で描写しようとする「彫刻的」交響曲は、精神が外的物質性になおも拘束されている状態を表す芸術である。それは精神の歩みに即して言えば、未熟な歴史的段階にとどまっている。それに対して、概念では捉えられないもの、言葉では語りえないものを表現し、われわれに「未踏の国を開示」するベートーヴェンの交響曲は、「最もロマン主義的」な芸術として「近代」という時代の最先端に位置するのだ。

進歩主義的歴史哲学と反フランス主義の一体化――「新旧の教会音楽」読解(一)

さらにホフマンの歴史哲学を理解するうえで最重要のテキストが、一八一四年七月に執筆され、『一般音楽時報』(同年八月三十一日から九月十四日まで三回連載)に掲載された「新旧の教会音楽」である。解放戦争が終息し、ヴィーン会議が始まろうとしていたまさにその時期にこの論考は書かれた。フランスの啓蒙思想の産物である暴力的革命によって荒廃したヨーロッパをどのように再建するのか、革命期以前の精神をどのように回復すればいいのか、そこでのホフマンの問いは、ヴィーン会議が直面することになる課題とまさに同一だった。

ホフマンはこの論文の冒頭で、ヨーロッパの芸術は現在、深刻な危機に陥っていると指摘する。そしてその原因を、この数十年、啓蒙思想にかぶれたフランス人が無信仰を蔓延させ、芸術をも深遠さと敬虔さを欠いた「軽薄」なものにしてきたことに帰している。

ここ二十年以上にわたり、空前の軽薄さ(ein Leichtsinn)があらゆる芸術活動に浸透していることは否定できない。(略)このような軽薄さ、このわれわれの上に君臨する力――ただそれだけがわれわれの活動や仕事に繁栄と力を与えるというのに――の不遜な否認、至福をもたらす敬虔さを愚弄するような軽視、これらが、きわめて長きにわたり――今では信じられないことだが――眩惑された世界から芸術と学問の規範と見なされてきた国に由来すること、それはいまや明らかだ。（略）この国の言いようのない忌まわしさは、ついには暴力的革命を引き起こし、その革命はすさんだ嵐のように地上を荒らし回ったのだ。(68)

かつての「芸術と学問の国」は、いまや芸術活動に「軽薄」を蔓延させ、ヨーロッパを荒廃させる「暴力的革命」を引き起こした「忌まわしい国」へと成り下がってしまった。前章で考察した〈フランス〉の変貌ぶりが、ここに端的に要約されている。フランス流の「機械論」や「無神論」に抗して、ドイツの「生動的形而上学」を死守すべきと説いたシェリングの思想との類似性も指摘できる。

このフランスへの激しい反感は、ナポレオン戦争によって困難な生活を強いられてきたプロイセン人であるホフマンにとって、ごく当然の感情であった。ケーニヒスベルクで生まれ育ったホフマンは、その地で法学を修めたあと、プロイセン政府の官僚としてグローガウ（ポーランド語：グウォグフ）、ベルリン、ポーゼン（同ポズナニ）、プロック（同プウォツク）を転々とし、一八〇四年十一月、一八〇四年以降は、当時南プロイセン州の首都だったワルシャワで政府参事官を務めていた。しかし〇六年十一月、ポーランド人民の解放を謳うフランス軍がワルシャワに進駐し、プロイセン政府が瓦解すると、ホフマンは職はおろか住居まで追われることになる。翌年ポーゼンを経由してフランス軍占領下のベルリンに戻った彼は、極貧生活のなか、芸術家として生きることを決意する。このあと一四年までのわずか数年間に、ホフマンはバンベルクやドレスデンの劇場で音楽監督を務めるかたわら、多くの文学作品を書き、オペラ『ウンディーネ』（一八一四年）を仕上げ、『一般音楽時報』に多くの文章を寄稿した。そしてヴィーン会議が始まった一四年九月、ホフマンはベルリンの裁判所に職を得て、官僚としての生活を再開する。このように「芸術家ホフマン」という存在自体が、フランス革命の余波によるドイツ国内の混乱の産物であった。こうした経緯をふまえれば、一見すると政治や社会情勢とは無関係と思われる彼の「ロマン主義的」音楽批評が、その根本において反フランス主義に貫かれていた、という事実もまったく驚くにはあたらない。(69)

「新旧の教会音楽」は、自身教会作曲家でもあったホフマンが、独自の視点からヨーロッパの教会音楽史を叙述したものである。音楽は「宗教的礼拝」というかたちをとったときに「その最も固有の本質の最も根本的な意義」を獲得するのであり、「教会音楽」はまさにそれにあたる、と彼は言う。[70] このように音楽の本質と起源を宗教および教会のなかに見出すホフマンにとって、音楽とは完全に「キリスト教的」芸術である。「古代＝異教」的な芸術である彫刻と、「近代＝キリスト教」的な芸術である音楽を「相互に対立する両極」と見なす――そしてその中間に「絵画」を置く――先に引用したテーゼがそこから導かれる。音楽は「きわめて純粋に人間の内的精神化（die innere Vergeistigung）から生じる芸術」であるために、「感覚的具現性（sinnliche Verleiblichung）がすべてであった古代世界の所有物とはなりえなかった」。「音楽は近代（das moderne Zeitalter）に属すると言わなければならない」のだ。[71]

ホフマンが考える近代の教会音楽の頂点は、十六世紀のジョヴァンニ・ピエルルイージ・ダ・パレストリーナ（一五二五／六―九四）の時代にある。ホフマンによれば、パレストリーナの作品にうちに聴き取れる「完全で調和的な和音」は、キリスト教徒に約束された「愛」の理念の現れ、すなわち「自然におけるすべての精神的なもの調和」の現れにほかならない。「精神共同体（Geistergemeinschaft）の似姿にして表現である和声（Harmonie）」は、キリスト教（教会）によって初めて生み出されたのだ。[72] ホフマンの歴史観はここでも、和声的音楽のなかに近代キリスト教世界の「共同体的努力」の原理を見出したシェリングのそれと類似してくる。パレストリーナは「音楽の父（Altvater der Musik）」と呼ばれるにふさわしい作曲家だが、「真にキリスト教的」な芸術家である彼にとって、作曲とは「信仰の実践」そのものだった。[73]

ホフマンが教会音楽の最盛期のうちに数える作曲家には、パレストリーナのほか、アントニオ・カルダーラ（一六三〇―一七三六）、アレッサンドロ・スカルラッティ（一六六〇―一七二五）、アレッサンドロ・マルチェッロ（一六六九―一七四七）、レオナルド・レーオらがいる。彼らは「あらゆる装飾を控えて、敬虔な素朴さのなかで誠実であろうと努めた」作曲家であり、彼らの様式上の共通点は「楽器の伴奏は伴わず、ただ声のために作曲すること、楽器を伴う場合でもせいぜいオルガンに限ること、それによってコラール風歌唱がもつ簡潔さを保つこと、歌唱が伴奏のごちゃごちゃした音型によってじゃまされないようにすること」にある。そこではキリスト教の精神と音楽の実践が最も理想的なかたちで一致しており、そのために彼らは「永遠にわれわれの規範」なのだ[74]。だがそうした時代は長くは続かなかった。ホフマンは十八世紀半ば以後、教会音楽の衰退が始まると考えている。論文の題名に含まれる「新旧」の境界もそこにある。パレストリーナは「わずかな装飾も、旋律的跳躍も伴わず」に「完全で調和的な和音」を響かせたのだが、この時期以降、教会音楽の作曲家たちは好んで「旋律的跳躍」を取り入れるようになり、そのことが「深みのある真剣さからの逸脱の第一歩」となった[75]。また楽器の伴奏の濫用も顕著となるが、その主な原因は劇場音楽からの影響にある、とホフマンは見ている。特にオペラの様式にならった「聖劇（das geistliche Drama）」――オラトリオがその典型である――が登場したことは「真の教会様式が没落する最初のきっかけとなった[76]」。「音楽は教会を出て劇場へと入り、そこで手に入れたあらゆる取るに足らない豪奢さを携えて、再び教会へと戻ってきた[77]」のだ。そしてさらに教会音楽の衰退に追い討ちをかけたのが、フランスを中心とする「啓蒙主義（Aufkläerei）」の流行である。

十八世紀後半に、ついに軟弱さと不快な甘ったるさが芸術のなかに侵入してきた。それらは、あらゆる深遠な宗教的感情を殺してしまう、いわゆる啓蒙主義と歩調を合わせて、次第に幅を利かせるようになり、ついには教会音楽からすべての真剣さと威厳を締め出してしまった[78]。

「偉大で不滅のハイドン」や「力強いモーツァルト」でさえも「この種の俗っぽく華美な軽薄さの伝染病」を免れることはできなかった。彼らが教会音楽の分野で残した作品が他のジャンルのものに比べて明らかに見劣りする――後者の『レクイエム』（一七九一年、未完）は例外とされるが――のはそのためだ、とホフマンは言う。

だがホフマンは、十八世紀以降の教会音楽を「堕落」と断じる一方で、当時のドイツで隆盛していた復古主義的な教会音楽運動——「パレストリーナへの回帰」を説くような——には与さない。「新旧の教会音楽」を、同時代の他の多くの教会音楽論から隔てるのはその点である。

ここでホフマン自身の教会作曲家としての経歴を見ておこう。彼は一八〇二年から〇五年にかけてミサとモテットをいくつか作曲している。それらはすべて消失したが、残された編成の情報からは、大規模なオーケストラ伴奏が付いた古典派様式による作品だったと推測される。だがその後〇八年に彼は、ア・カペラによる四声の合唱曲（作品三十六）を作曲した。伝統的なポリフォニー様式にならったこの作品は、過去の教会音楽の復興を目指す「セシリア運動」の理念を先取りしたものとして今日評価されている。[79] ところが彼はまもなくそうした復古主義的傾向に疑問を抱くようになったとみられ、そのためか次に作曲された『ミゼレーレ』（一八〇九年）は、再び大規模なオーケストラ伴奏付きの合唱曲に戻る。さらに次の『賛歌』（一八一三年、消失）を最後に、彼は教会音楽の創作から手を引く。

ホフマンが一度は復古主義的な教会音楽運動に関心を示しながら、やがてそこから離脱し、最終的には教会音楽というジャンル自体を顧みなくなったのはなぜか。その理由は定かではないが、ベートーヴェンの作品が彼の音楽史観を根本から変質させたからではなかったか、という可能性を本書では示唆したい。ベートーヴェンの斬新かつ高度に完成された器楽様式が、もはや時代の「進歩」に逆らうことはできないという新たな確信をホフマンに与えた、と考えられるのだ。

事実、ベートーヴェン自身も教会音楽における復古主義とは無縁であり、彼の『ミサ曲ハ長調』（一八〇七年）は、ミサ曲の伝統から大きく逸脱した革新性のゆえに聴衆や批評家から不評を買った。だがホフマンは一八一三年六月に『一般音楽時報』の誌上で、この作品の擁護を試みた。その前年、ティークが『夢の神』（第一部、一八一二年）で、登場人物エルンストの台詞を借りて、真の教会音楽の名に値するのはパレストリーナからジョヴァンニ・バッティスタ・ペルゴレージ（一七一〇―三六）に至るイタリアの巨匠たちの作品だけであり、それ以後今日までの教会音楽は総じて堕落していると主張していたが、これに対してホフマンは次のように反論する。[80]

評者は、真に敬虔でつねにしっかりと保持された様式をもった古い時代の崇高な教会歌唱に優位を認めるのにやぶさかではない。だがそれにもかかわらず評者は、音楽が近年、主に楽器の使用において獲得した豊かさを、教会のなかで――むろん華美な見せびらかしになってはならないが――上品で適切な仕方で活用できるのではないかと考えている。[81]

彼は古い「崇高」な様式の優位を認めながらも、今日の教会音楽には、近年豊かに発展している器楽作法の成果を導入してよいと主張する。もちろん彼は、ベートーヴェンの『ミサ曲ハ長調』をその成功例として想定したうえでそう言っているのだ。すでにホフマン自身も『ミゼレーレ』で復古主義を放棄していたが、一八一二年に刊行された『ミサ曲ハ長調』の楽譜を吟味することで、「進歩」への確信をいっそう深めたものと推察できる。

ホフマンが『ミサ曲ハ長調』論で見せた、この進歩主義的姿勢は、「新旧の教会音楽」では独自の歴史哲学と結び付いて再登場する。十八世紀半ば以降、教会音楽が衰退期に入ったことは疑いない。しかしだからといってわれわれは過去の様式に回帰するわけにはいかない。なぜなら、今日のわれわれがパレストリーナやレーオのように教会音楽を作曲することはそもそも不可能だからだ。

今日、一人の作曲家がパレストリーナやレーオのように書くことはまったくもって不可能であり、もっとのちのヘンデルなどのように書くこともできない――そうした時代、とりわけキリスト教がなおもまったき栄光のなかで輝いていた時代は、地上から永遠に消え去り、それとともに、あの［かつての］芸術家の神聖な

る厳粛さも消え去ってしまったように見える。(82)

われわれはかつてのイタリア人のような「高貴で簡潔な様式」でミサ曲や聖歌を作ることはもはやできない。そこには真正な対位法が廃れてしまったという技術的背景もあるが、その最大の原因は、かつての芸術家がもっていた神聖なる帰依の念を、現代のわれわれが失ってしまったことに求められる。神と人間とのあいだの親密で調和した関係は「永遠に消え去ってしまった」のだ。

ホフマンは、一方ではパレストリーナを筆頭とするルネサンス期の教会音楽が「永遠にわれわれの規範」であると言いながら、他方でそれらは、現代のわれわれにとって「永遠に失われた」ものであるとも言っている。ここには、啓蒙主義以後の徹底的に「世俗化」された時代に生を受けた者としての深い諦念が見られると同時に、われわれに残された道は「前進」しかない、という「近代人」としての強い決意が読み取れる。「支配的な世界精神(der waltende Weltgeist)はわれわれを前へ前へとどんどん押しやっていく(83)」のだから。

しかもホフマンは、他の諸芸術とは違い、音楽がこれからも「進歩」を続ける芸術であると信じていた。「絵画と音楽の二つの芸術は、時代を通じた進歩(Fort- oder Weiterschreiten)の点で異なった様相を示している(84)」と彼は言う。絵画の場合、イタリア・ルネサンスの偉大な巨匠たちが、その技法を最高の段階にまで至らしめたことは誰の目にも明らかである。デッサンや色彩法などすべての点で彼らは今日の画家を凌駕している。

しかし音楽については異なる。人間の軽薄さは、支配的精神が暗闇のなかに突き進んでいくのを止めることはできなかった。そして、あらゆる神聖なものと真なるものから切り離された人間がそのなかでうごめいていた混沌とした光景から眼を背けた、より深い洞察者だけが、精神の存在を告げるべく暗闇の奥から射してくる光に気付き、それを信じることができた。あらゆるものに生気を与える自然精神の支配を認識し、そのなかにわれわれの存在を、またわれわれの現世を超越した故郷を見出そうとする神秘的な欲求――それは学問のなかに姿を現しているが——は、音楽における予感に満ちた音のなかに予示されていた。それはいっそう多彩で完璧に、遠い国の神秘について物語ったのだ。最近の器楽がかつての巨匠たちが予想もしなかったような高みに達していることは、きわめて明白だ。また同様に、近年の演奏家が技術的な完成度の面でかつての演奏家をはるかに凌駕していることも疑いない。(85)

ルネサンス期にその進歩の頂点を極めた絵画とは異なり、音楽は今日もなお技術的進歩を続けている。そのことは特に器楽の作曲法や楽器法、演奏法において明らかだ。またそればかりではない。音楽を通じてこそわれわれは新たな時代精神を認識することができるのだ。

われわれにいま新たに開かれたこの世界は、芸術におけるあらゆる軽薄な頽廃（jede leichtsinnige Entartung）を阻止するだろう。そして人々の胸は、この新世界の最も深淵で謎に満ちた作用に向かって、音楽を通じて喜んで自らを開くだろう。(86)

「新旧の教会音楽」が書かれた当時の時代背景を思い起こそう。長きにわたった革命と戦乱の時代が終わり、ヨーロッパの秩序再建を目指してヴィーン会議が招集された時期に、この論文は出版された。「嵐はすでに去り、夜明けが近づいた」(87)とホフマンが言うのは、そうした情勢を指す。暴力的革命の元凶となった「忌まわしい」フランスの啓蒙主義は、芸術にも軽薄さと無信仰をもたらしてきたが、ようやくそれに終止符が打たれようとしている。ホフマンは、啓蒙主義の浸透によって根絶やしにされた人々の信仰心が回復される、そのような「新世界」を待望している。そしてそれを可能にする芸術こそ、「予感に満ちた音」を通じて「遠い国の神秘」を開示してくれる音楽、なかでも「最もロマン主義的」な芸術としての「器楽」にほかならない。

ホフマンにとって器楽は、この世俗化された現代にあって人々が「真実と敬虔の精神」を取り戻すための手がかりとなるはずの芸術であった。したがってそれは教会音楽のなかにも適切な仕方で取り入れられて、力を発揮しなくてはならない。ところがホフマンの見方では、最近の作曲家はヴィーン古典派の巨匠たちが発展させた器楽の技法を正しく継承できていない。

ハイドン、モーツァルト、ベートーヴェンは新たな芸術（eine neue Kunst）を展開させたが、その最初の萌芽は十八世紀の中頃に初めて現れたものである。軽薄さと無知が、そこで獲得された富を浪費してしまったこと、そしてついには贋金作りが彼らの偽造硬貨にいかにも本物らしい外見を与えようとしたこと、それはこれらの巨匠たちの責任ではない。彼らのなかでは精神がとても輝かしく現れていたのだから。(88)

教会音楽のなかで器楽の役割が増えるにしたがって、声楽が軽視される悪しき傾向が出てきたことは事実であり、その傾向は、修道院の廃止によって合唱隊が解散するといった、教会を取り巻く昨今の社会的基盤の変動によっても助長されてきた。しかし、そうであればなおさらのこと、われわれは「古き良き時代」に戻ることはできない。ハイドンやモーツァルト、ベートーヴェンが新たにもたらした器楽の技法は、教会音楽にとっては諸刃の剣だが、それが「進み続ける世界精神そのもの」であるからには、今日の作曲家はそこから目を逸らしてはならないのだ。

いまさらパレストリーナの簡潔さと偉大さに戻ることはできない、ということはすでに言われてきた。だが新たに獲得された富を、不信心なひけらかしにならずにどの程度まで教会に取り入れることができるか、という点はこれから問われることだ。（略）しかし、今日の作曲家が音楽を、現代の富の豊かさがそれに与える飾りのなかにおいてしか本質的に把握できない、ということは確かだ。多彩な楽器の輝き――それらの多くは高い天井のなかできわめて堂々と鳴り渡る――は至るところで光っている。そしてそれが進み続ける世界精神そのもの（der forttreibende Weltgeist selbst）であり、内的精神化に向かって努力する、この最新の時代の神秘的芸術に輝きを与えたものであるからには、そこから目を逸らしてはならないのではないか。[89]

われわれがパレストリーナの様式に回帰することができないのは、「支配的な世界精神はわれわれを前へ前へとどんどん押しやっていく」からにほかならない。「消え去った形象は、それらが［かつて］身体をもって生きる喜びのなかで動いていたようには、決して生き返らない[90]」のだ。しかも「近代精神」の表現である音楽が、いまなお「内的精神化」に向かって進み続けている以上、作曲家は「現代の富」である「多彩な楽器の輝き」を直視しなくてはならないのだ。

以上の考察を通じて、ホフマンの「器楽の美学」が、独自の進歩主義的歴史哲学によって支えられていたことが確認された。これまであまり注目されてこなかった「新旧の教会音楽」を、彼の他の批評とあわせて読解することの必要性も明らかにされただろう。

われわれが第1章で考察したトリーストとホフマンは、どちらもナポレオン戦争の時代を生きたプロイセン人で、なおかつ『一般音楽時報』に寄稿していたという共通点をもつ。だがここでは両者の違いにあらためて目を向けなければならない。トリーストの音楽史には見られず、ホフマンの音楽批評のなかに見出されるもの、それは進歩主義的歴史哲学、反フランス主義、そしてベートーヴェンの存在である。これは、一八〇一年からわずか十年のあいだに、音楽における「ドイツ的なもの」を取り巻く議論の枠組みが大きく変質したことを物語る。とはいえ、ホフマンの思考がいささかも「ドイツ中心主義的（deutschzentralistisch）」ではないことにも留意が必要だ。確かにホフマンは反フランス主義的態度を鮮明にしていたが、ヘルダーやフィヒテ、シェリングの場合とは異なり、彼の反フランス主義は〈ドイツ〉の卓越化へと結び付くことはなかった。「新旧の教会音楽」では中世から近代に至るキリスト教音楽史の全体が視野に入っている一方、宗派や民族の違いは問題にされていない。彼が言う「世界精神」とは、より普遍的なヨーロッパ＝キリスト教的精神を指していた。次に見るヴェントやブレンデルとは違い、ホフマンはベートーヴェンの交響曲を「ドイツ人の財産」として称賛したわけではなかった。その意味でホフマンは決して国民＝民族主義者《ナツィオナリスト》ではなかった。

だがホフマンがヨーロッパ音楽史——または芸術史全体——を「世界精神」の絶えざる「進歩」の過程と見なし、その最先端にベートーヴェンの交響曲を位置付けたことは、のちに「ドイツ中心主義的」な音楽史叙述が成立するための礎となった。本シリーズが一貫して注目してきたように、「普遍人間的」理念をしばしばそのまま「ドイツ的なもの」へと横滑りさせてしまうのが、近代ドイツのナショナル・アイデンティティの基本構造である。ホフマンのロマン主義的音楽美学もまた、そうした連関のなかに組み込まれていくのである。

7 ヨーロッパ音楽史の頂点としてのベートーヴェン——ヴェントの音楽史叙述

ベートーヴェンの交響曲を「最もロマン主義的な芸術」として称賛したホフマンは、ヴィーン楽派の器楽が今日にあって「世界精神」の進歩を担っているという歴史哲学を構築した。これを継承し、ベートーヴェンの器楽を体系的な音楽史叙述のなかに初めて位置付けたのが、ゲッティンゲン大学の哲学教授アマデウス・ヴェントである。

『芸術の主要時代について』（一八三一年。以下、『主要時代』と略記）は、ヴェントがゲッティンゲン大学で一八二九年夏学期におこなった講義に基づく。そこで彼は、音楽の専門家ではなく哲学者の立場から、ドイツ音楽史を「自由の意識における進歩」というヘーゲル的な世界史理解に依拠して捉えようと試みた。ホフマンの芸術史認識がシェリングのそれを踏襲していたとすれば、「芸術史の諸現象を理念の観点から（von dem Standpuncte der Idee）大局的に概観し、それらの内的連関を把握する」[91]ことを目指したヴェントの著作には、ヘーゲルの影響が濃厚である。またこの著作は、十八世紀ドイツ音楽史の知識の多くを三十年前に書かれたトリーストの「考察」に負っており、そのため両者を比較してその違いを捉えることがいっそう有意義となる。

ヴェントは『主要時代』の第三部に相当する「ゲルマン的芸術の時代」で、近代ドイツ音楽史を扱っている。彼はそのなかの「近代における音楽の歴史」という部で、まず十六世紀から十八世紀までのイタリア音楽史、同じくフランス音楽史を概観し、それに続き十六世紀から彼の同時代までのドイツ音楽史を三期に分けて詳述する。(92)「ドイツ音楽は今世紀に入ってようやくその全盛期を迎えた」(93)と書く彼は、イタリアとフランスに比べてドイツの音楽が「遅れてやってきた」ことを認める一方、十九世紀以降も「進歩」を続けているのはドイツ音楽だけであるという愛国的信念を隠そうとしない。ヴェントは宗教改革期から一七〇〇年頃までを第一期、バッハとヘンデル、グルックの時代を第二期、ハイドンとモーツァルト、ベートーヴェンの時代を第三期と区分して、それぞれに悟性の時代、厳格様式の時代、自由様式の時代という名称を与える。

第一期——悟性の時代（十六世紀―一七〇〇年頃）

ヴェントはドイツ音楽の第一期を「悟性の時代（Verstandesperiode）」と名付ける。この時代に「音楽芸術の機構が基礎から形成され、それによって厳格様式の時代、あるいは十八世紀前半におけるドイツ音楽の最初の開花が準備された」(94)。彼は「宗教改革（die Reformation）」をドイツ音楽史の出発点、すなわち他国にはない新たな方向性をドイツ音楽に与えた決定的な出来事として捉えている。(95)特に彼は、プロテスタント教会がモテットのような「技巧的歌唱」を発達させたことに注目する。この時代に「和声の技術と結び付いたモテット歌唱とオルガン作品が、真にプロテスタント的な教会音楽をかたちづくった」のだが、そこで育まれた「和声の知的操作」こそが、これ以降ドイツ音楽が発展するための礎となるのだ。(96)

第二期――厳格様式の時代（一七〇〇年頃―十八世紀後半）

次に「厳格様式（der strenge Styl）」の時代と呼ばれる第二期に、「リズム、和声、旋律の面で技巧的に形成された音作品（Tonspiel）が自由な精神（ein freier Geist）によって満たされることで、音楽が器楽として自立した」。ヴェントはこの「器楽の自立化」の最大の要因をオルガンやピアノといった「和音楽器」の発達に見出す。第一期には「技巧的」なものにとどまっていた音楽作品は、ここでようやく「精神と生命」を獲得する。そしてその偉業にまず先鞭を付けたのがヨハン・ゼバスティアン・バッハという「巨才」だった。(97)

ヴェントによるバッハの位置付けは、トリーストのそれとは対照的である。トリーストはバッハを「最も偉大で深奥な和声家」としてたたえながらも、彼を「技巧的和声」が一面的に支配した時代（トリーストの区分における第一期すなわち十八世紀前半）の代表者と見なしていた（第1章第5節を参照）。一方、トリーストの歴史観に従うと、この第一期の「冷たい音楽」に「精神と生命」を吹き込んだのがカール・フィリップ・エマヌエル・バッハら第二期（一七五〇―八〇年頃）の作曲家とされるが、ヴェントはまさしくこれと同じ歴史的役割をヨハン・ゼバスティアン・バッハに見出すのだ。バッハはフーガや組曲などの器楽で「最も深遠な音楽的思考を、最も崇高な感情と統合した」ばかりでなく、そのミサやモテット、カンタータ、受難曲などの教会声楽作品は、彼が「真の宗教的作曲家」であったことを証する。(98) さらにヴェントによれば、バッハは前奏曲や幻想曲で「厳格対位法の領域」を超え出て、「旋律が声部に対して優位であるような、より自由な書法」への道を開いた。その意味でバッハは第三期への移行をも予見していたのだ。

こうしたバッハ評価をめぐるトリーストとヴェントの差異は、両者の著作を隔てる年代差を考慮すればさほど驚くにはあたらない。一八〇一年から三一年までの三十年間のうちに、ドイツの音楽文化におけるバッハの重要性は飛躍的に高まった。バッハの作品はドイツの「国民的遺産」であるとフォルケルが『バッハ伝』で訴えたのは一八〇二年のことだった。またカール・マリア・フォン・ヴェーバー（一七八六―一八二六）が『学問と芸術の総合百科事典』（一八一八―八九年）に寄稿したバッハの項目（一八二一年）はその時点までにバッハが「最もドイツ的」な作曲家と見なされるに至っていたことを証している。

ゼバスティアン・バッハの独自性は、その厳格さにおいてさえ、まったくロマン的で、真にドイツ的な根源的本質をもっていた（von wahrhaft deutscher Grundwesenheit）ことであり、おそらくそれはヘンデルの少なからず古典的な偉大さとは対照をなす。(99)

ヴェーバーはヘンデルの「古典的な偉大さ」とバッハの「ロマン的な厳格さ」を対比することで、後者により「現代的」な意義を付与しようとする。また彼がこの文脈で「ロマン的」を「真にドイツ的」と言い換えていることも注目に値する。

またヴェントは、バッハの記述に付した脚注のなかで、アドルフ・ベルンハルト・マルクスが『ベルリン一般音楽時報』に寄せた『マタイ受難曲』に関する記事（一八二九年）を参照するよう読者に促している。(100)これは、フェーリクス・メンデルスゾーン（一八〇九―四七）がベルリンのジングアカデミーでおこなった同作品の歴史的再演（一八二九年三月十一日）を称賛した有名な批評記事であり、ヴェントがまさに「バッハ・ルネサンス」のただなかで『主要時代』を書いていたことがわかる。

さらにヴェントは、ヘンデルとグルックをバッハに続く第二期の代表者とするが、それは、トリーストがこの二人を自らのドイツ音楽史の叙述対象から除外したことと対照的である（第1章第4節を参照）。

第三期――自由様式の時代（十八世紀後半―十九世紀初頭）

このようにヴェントはバッハを高く評価するものの、彼が考えるドイツ音楽史の全盛期は十八世紀後半に始まる「自由様式（der freie Styl）」の時代にやってくる。「厳格様式」と「自由様式」の区分はトリースト(101)にも見られたが、ヴェントにおいて「自由様式」の語は「自由の意識における進歩」というヘーゲル的含意を新たに獲得している。ハイドン、モーツァルト、ベートーヴェンの三人によって代表される、この「自由様式」の時代は「器楽が完全なる発達を遂げ、それとともに世俗様式（室内と劇場の様式）が教会様式を凌駕した、ドイツ音楽の全盛期」である。[102] ヴェントは、その前段階としてカール・フィリップ・エマヌエル・バッハの業績にもふれているが、トリーストがその父ヨハン・ゼバスティアンよりも高く評価したこの作曲家も、ヴェントにとっては「南ドイツの巨星たち」の「準備段階」でしかない。[103] また器楽に対する声楽（歌）の優位を信じて疑わなかったトリーストとは違い、ドイツ・ロマン主義の音楽美学を完全に受け入れていたヴェントは、器楽の独自の美的価値を理解し、交響曲や協奏曲といった管弦楽作品をすべての音楽ジャンルの頂点に位置付けていた。ここでも三十年の年代差は大きい。

ヴェントはハイドンを「現在支配的なオーケストラ音楽の創始者」と呼ぶ。ハイドンは「より厳格な形式でさえも、最高度の軽やかさをもって使用」し、「自由と深遠な入念さとを統合」した作曲家であり、「その楽器が普遍的に理解可能な言語（allgemein verständliche Sprache）を話すことで、全ヨーロッパから尊敬された最初の器楽作曲家」となった、と彼は言う。[104]

モーツァルトについては、ヴェントはトリーストよりも積極的な評価をおこなう。トリーストの「国民主義的」音楽史叙述のなかでは、モーツァルトの「イタリア的才能」を適切に位置付けることは難しく、そのため彼は――世代や年齢の面でもかなり無理があるが――モーツァルトをハイドンの「前段階」として位置付け、むしろ後者を十八世紀ドイツ音楽の完成者と見なしていた。[105] これに対してヴェントは、モーツァルトをドイツ音楽の伝統の中心へと引き込んだうえで、ハイドンよりも一段高い段階に位置付ける。モーツァルトは「バッハとヘンデルのオルガンの音に育まれた、崇高な音才能（ein erhabenes Tongenie）」であり、彼のなかでは「南国の優美さ（die Anmuth des Südens）がドイツの北国の崇高な力とほの暗い真剣さ（die erhabene Kraft und der düstere Ernst des deutschen Nordens）に融け合っている」。[106] ヴェントは、モーツァルトがドイツ音楽とイタリア音楽を「融合」したことを高く評価するのだ。

そしてモーツァルトの次に「ドイツ音楽が上り詰めた最終段階」としてやってくるのがベートーヴェンだ。ヴェントが「ドイツ器楽の巨大な業績」と呼ぶところの「大交響曲（große Symphonie）」を、「詩による媒介なしに人間的特性の高みへと押し上げた」作曲家こそがベートーヴェンにほかならない[107]。ヴェントの歴史観では、ベートーヴェンの交響曲は「ドイツ音楽の最終段階」であるばかりでなく、ヨーロッパ音楽史全体の最高の到達点を指し示す。

ベートーヴェンは交響曲を、そしてそれによって純粋な器楽とオーケストラを、外国人たちがいまだなお驚嘆してやまない高みにまで引き上げ、その偉大さを通じて、ドイツの作曲家たちにこのジャンルで仕事をすることをためらわせてきた[108]。

ここでヴェントはベートーヴェンの名のもとに、ヨーロッパ音楽史における「ドイツの勝利」を宣言しているのだ[109]。ヴェントが考えるドイツ音楽の使命は「自然と人間の生命を包括する音世界」の創出にある。ドイツ音楽史の叙述に入る直前の「ドイツ音楽の原理と特性」と題された部で、彼はこう言う。

ドイツ音楽は今世紀に入ってようやくその全盛期を迎えたが、それはすでに早くから、南方の音楽とは対照的に、感覚的な美しさに対する力と内面の優位を示していた。それは思考を感覚に結び付けようと努力し、またそれを通じて内的な生命の表現のなかへとさらに深く降りていく。さらにそれは、和声的要素と器楽に力点を置くが、それらの発展を通じ、ドイツ人のもとで初めて音楽は自然と人間の生命を包括する音世界（Tonwelt）に高められたのだ[110]。

ヴェントにこうした「音世界」の着想を与えたのがベートーヴェンの標題的交響曲である『第六番「田園」』(一八〇八年)だったことは容易に推察がつく。[111] ベートーヴェンの器楽が、それ以前のハイドンやモーツァルトのものと異なる点は、彼が「個々の人間生活の感情」に立脚しただけでなく、「多様な人間的状況を外的自然の作用と結び合わせて、劇的に展開した」ことにある。彼は多彩な音響を操ることで「自然の幾千もの音を、田園生活の音や、人間性の英雄的声と統一した」のであり、そのようにしてできあがった彼の交響曲は「そのなかのすべての楽器がそれぞれの持ち場で自立した生命=生活(ein selbständiges Leben)を獲得する、偉大な世界調和(große Weltharmonie)」と呼ぶことができる。[112] ベートーヴェンの交響曲こそ、音楽という芸術の領域で「自由の意識の進歩」が上り詰めた頂点なのだ。

「ベートーヴェン以後」という問題の登場

ヴェントはベートーヴェンの交響曲をドイツ音楽史の最終段階に位置付けただけでなく、それをヨーロッパ全体の音楽史の頂点と見なした。彼は、ベートーヴェンの器楽に対する歴史哲学的評価をホフマンから継承しながら、それを体系化された歴史叙述のなかに昇華させた。だが両者の音楽史観には見逃せない相違点がある。何よりそれは、一八二七年のベートーヴェンの死という出来事が、両者を決定的に隔てていることによる。ベートーヴェンと同時代を生きたホフマンが留保なき「進歩主義者」でありえたのに対して、ヴェントにとって音楽史の進歩はベートーヴェンで止まっている。二九年に起草された『主要時代』は、ベートーヴェンの交響曲をヨーロッパ音楽史の頂点に位置付けた最初期の文献であるだけでなく、「ベートーヴェン以後」にドイツ音楽が陥った危機的状況にいち早くふれている点でも注目に値する。

ロッシーニの登場後、直ちにドイツ音楽と新イタリア音楽の戦いが勃発した。ドイツの南部は真っ先に、そして大部分が、イタリア人の甘ったるい手法に追従したが、他方で北ドイツは、彼らの偉大な巨匠たちの遺産を守りながら、性格描写におけるロッシーニの不徹底や薄っぺらさ、またその音楽における感覚的な快音の支配にきわめて頑強に抵抗した。(113)

次章で詳細に検討するように、ジョアキーノ・ロッシーニ（一七九二―一八六八）こそ、「ベートーヴェン以後」のヨーロッパの音楽界で最大の影響力を誇った作曲家であり、ドイツも直ちにその影響下に入ることになる。そのためドイツでは一八三〇年代以降、ベートーヴェンとロッシーニが頻繁に比較され、この両者の比較論争というかたちで音楽の国民様式論が再編成される。『主要時代』はその最初期のドキュメントでもあるのだ。(114)ヴェントはここで、ロッシーニと「新イタリア音楽（neuitalienische Musik）」の影響を危険視しながらも、南ドイツと北ドイツを切り分けることで、北ドイツの「安全性」を確保しようとしている。南ドイツが「甘ったるい」イタリア音楽の魅力にあっさりと屈したのに対して、北ドイツの人々――むろんヴェント自身もそこに含まれる――はそれに抵抗し、「ドイツ音楽の遺産」を守った、というわけだ。「ここ［北ドイツ］でも、旋律の力の影響を撥ね付けることはできなかったが、ロッシーニの印象を独特な方法で受け止めることで、彼の支配権をオペラの領域に留めることができた」(115)とヴェントは言う。オペラはイタリア人に譲ってもかまわないが、交響曲（器楽）はドイツ人として譲ることができない領分である、というナショナル・アイデンティティがここに鮮明に現れている。

振り返れば、トリーストも南ドイツを「イタリア音楽の植民地」と呼んで北ドイツから切り離そうとしたが、(116)ヴェントには、ヴィーン古典派の遺産――ハイドン、モーツァルト、ベートーヴェンという「南ドイツの巨星たち」の傑作――を「北ドイツ化」しようという明確な意志が新たに加わっている。ロッシーニとイタリア・オペラに支配されている南ドイツ（オーストリア）からヴィーン古典派の遺産――とりわけベートーヴェンの交響曲――を「救出」し、それを正当に継承することが北ドイツ人の使命である、というアイデンティティは、のちのヴァーグナーにおいていっそう顕著に見出されるが、(117)ヴェントはそれを先取りしていたのだ。

またヴェントが、「ベートーヴェン以後」の作曲家としてロッシーニと並んで（彼の次に）挙げるのがヴェーバーである。ヴェントは彼を「偉大な活力をもってドイツ音楽の権利を新たなものにした」人物として評価する。ヴェーバーは『魔弾の射手』（一八二一年）や『オイリアンテ』（一八二三年）といった劇音楽を通じて「民衆的なもの（das Volksmäßige）」を的確に、そして力強く表現したことで知られるが、「その名はたちまちドイツから出て、あらゆる教養ある諸国民に広まった」とヴェントは述べる。彼によれば、「オペラの登場人物を、あらゆる瞬間にそれぞれの最も固有の状況のもとで動かし（略）同時にまた彼らを民衆性《ナツィオナリテート》＝国民性のもとで把握」するヴェーバーの劇作法は、「ナポレオンの支配下で長年抑圧されていたドイツ的なもの（die deutsche Sache）の飛躍」と一体のものだった。[118] だがそのヴェーバーも、ベートーヴェンよりも一年早く一八二六年に世を去っており、ヴェントとしても彼にドイツ音楽の未来を託すことはできなかった。

しかしながらヴェントは、ロッシーニとイタリア楽派の脅威が迫っていることを認めながら、ドイツ音楽がなおも全ヨーロッパ的覇権を握っていると信じて疑わなかった。例えば、イタリア人フェルディナンド・パエール（一七七一―一八三九）はそのオペラのなかで「イタリア人の浅薄な和声をより豊かにするために、モーツァルトの器楽法を使用」しているし、またフランス人フランソワ＝アドリアン・ボイエルデュー（一七七五―一八三四）は「［フランス］国民的な快活さや元気のよさ、機知を（略）ドイツ人の輝かしい器楽法や和声的操作と統合した」と彼は主張する。[119] このようにドイツ人が高度に発達させた器楽作法は、最近のイタリアやフランスのオペラ作曲家にまで多大な影響を及ぼしているのだ。

「近代における音楽の歴史」の部を閉じるにあたり、ヴェントはこう述べる。

> ところで最近の音楽芸術のなかに見られるほど、数多くの諸民族がきわめて多彩な芸術的交流のなかにある時代は、これまでなかった。というのもいまや音楽芸術は諸民族の普遍的な芸術言語（allgemeine Kunstsprache der Völker）になったのである。[120]

かつてズルツァーやハインリヒ・クリストフ・コッホ（一七四九—一八一六）は、混合趣味がすでに全ヨーロッパ中に行き渡ったという認識から、「ヨーロッパ音楽において国民的《ナツィオナル》なものはもはや存在しない」と語ったが、(121)それとほぼ同様の主張が、今度はドイツの器楽の「世界史的勝利」という新たな歴史認識のもとで繰り返されているのだ。だが、ヴェントのこうした認識がドイツ人の「独り善がり」の幻想であった可能性も——現にズルツァーやコッホの場合にそうであったように——さらに広範な視野のもとでの検証を経ずには排除できないのである。

注

（1）前掲『判断力批判』上、二九三ページ
（2）同書二九五ページ
（3）後述する「交響曲」のなかの言葉。W・H・ヴァッケンローダー／L・ティーク『芸術に関する幻想』毛利真実訳、鳥影社・ロゴス企画、二〇〇九年、一三八ページ
（4）後述する「ベートーヴェンの第五交響曲」のなかの言葉。E. T. A. Hoffmann. "Beethoven: 5. Sinfonie." in: ders. *Sämtliche Werke*. Bd. 1. Frankfurt am Main: Deutscher Klassiker Verlag, 2003, S. 534.
（5）本シリーズ第二巻第1部第3章第1節を参照せよ。
（6）Vgl. Edward Arthur Lippman. *A History of Western Musical Aesthetics*. Lincoln & London: University of Nebraska Press, 1992, S. 83-136.
（7）新旧論争については本章注（51）も参照せよ。
（8）本シリーズ第一巻第1部第2章第3節を参照せよ。
（9）本シリーズ第二巻第1部第1章第3節を参照せよ。

（10）Johann Gottfried Herder. “Kritische Wälder oder Betrachtungen über die Wissenschaft und Kunst des Schönen: Viertes Wäldchen über Riedels Theorie der schönen Künste.”（1769）in: ders. *Werke*. Bd. 2. Frankfurt am Main: Deutscher Klassiker Verlag, 1993, S. 365.

（11）Ebd.

（12）この反フランス的かつ反古典主義的な態度こそ、ヘルダーを「民謡の発見」へと向かわせたものだった。本シリーズ第二巻第2部第4章を参照せよ。

（13）Herder. “Kritische Wälder oder Betrachtungen über die Wissenschaft und Kunst des Schönen: Viertes Wäldchen über Riedels Theorie der schönen Künste.” S. 365-366.

（14）Ebd., S. 365.

（15）Ebd., S. 366.

（16）Johann Gottfried Herder. “Kalligone. Von Kunst und Kunstrichterei. Zweiter Teil.”（1800）in: ders. *Werke*. Bd. 8. Frankfurt am Main: Deutscher Klassiker Verlag, 1998, S. 817-818.

（17）Ebd., S. 818-819.

（18）「芸術宗教」の理念を表明した最初期のドキュメントとしてしばしば言及されるのはヘルダーの「チェチーリア」（『散逸草稿集』第五巻、一七九三年）であり、そこでは「敬虔（Andacht）が音楽のすべての価値である」と説かれていた。Johann Gottfried Herder. “Zerstreute Blätter. Fünfte Sammlung.”（1793）in: ders. *Sämtliche Werke*. Bd. 16. Berlin: Weidmannsche Buchhandlung, 1887, S. 256.

（19）こうしたヘルダーの「近代主義的」で「進歩主義的」な音楽観は、本シリーズ第二巻で考察した彼の民謡論とは一見相容れない――矛盾さえする――ものでありながら、両者がそれぞれ別の角度から「ドイツ音楽」の正当化に貢献している、という事実はまことに興味深い。

（20）Herder. “Kalligone.” S. 816.

（21）Johann Gottfried Herder. “Adrastea.”（1801-04）in: ders. *Werke*. Bd. 10. Frankfurt am Main: Deutscher Klassiker Verlag, 2000, S. 543.

(22) Neal Zaslaw. *Mozart's Symphonies: Context, Performance Practice, Reception.* Oxford: Clarendon Press, 1989, S. 519.
(23) [Friedrich Rochlitz]. "Quatre Simphonies pour l'Orchestre, comp. par Wolfgang Amad. Mozart. Oeuvr. 64. Hamburg chez Günther et Böhme." *Allgemeine musikalische Zeitung.* Jg. 1, Nr. 31 (1. Mai, 1799), S. 494-495.
(24) Kümmel, a. a. O., S. 57, S. 92-93.
(25) Forkel. *Allgemeine Geschichte der Musik.* Bd. 1, S. 2-6.
(26) Ebd., S. xii.
(27) Ebd., S. 6-11.
(28) Ebd., S. 12-21.
(29) Ebd., S. 19, S. 24.
(30) Ebd., S. 25.
(31) Ebd., S. 12.
(32) Ebd., S. 16.
(33) Ebd., S. 17.
(34) ルソーは『言語起源論』（一七五五年頃執筆）で、音楽を「写生の芸術」として定義したうえで、その起源と本性は旋律にあると説き、他方、和声は「不自然」で「慣習的」な記号でしかないと主張した（ルソー『人間不平等起源論 言語起源論』原好男／竹内成明訳〔「ルソー選集」第六巻〕、白水社、一九八六年、一八六―一九二ページ）。また彼は『音楽辞典』（一七六七年）の「和声」の項目では――ラモーへの反対姿勢を鮮明にしながら――和声を「ゴシック的で野蛮な発明」と断じている（Jean-Jacques Rousseau. *Œuvres complètes.* Bd. 5. Paris: Éditions Gallimard, 1995, S. 851）。
(35) Vgl. Kümmel, a. a. O., S. 91-95.
(36) Vgl. Wilhelm Heinrich Wackenroder. *Sämtliche Werke und Briefe.* Bd. 1. Heidelberg: Carl Winter Universitätsverlag, 1991, S. 362, S. 377. 『芸術幻想録』はヴァッケンローダーの死後、友人のティークが遺稿に手を入れて出版した書物だが、実際にはティーク自身の文章も含まれており、今日では二人の共著として扱われることが多い。両者の分担範囲については最新の歴史的校訂版の解説に依拠した（Ebd., S. 371)。

（37）前掲『芸術に関する幻想』一〇一ページ

（38）同書一〇九ページ

（39）同書八八ページ

（40）W・H・ヴァッケンローダー『芸術を愛する一修道僧の真情の披瀝』江川英一訳（岩波文庫）、岩波書店、一九三九年、一七三ページ

（41）前掲『芸術に関する幻想』一一〇—一一一ページ

（42）同書一四〇ページ

（43）同書一三九ページ

（44）同書一四一ページ

（45）とはいえ、この論考でティークが唯一具体的に作品名を挙げる「交響曲」が、ゴットフリート・アウグスト・ビュルガー（一七四七—九四）がドイツ語訳したシェイクスピアの『マクベス』の上演のためにライヒャルトが作曲した随伴音楽（一七九五年）であり、今日われわれが想定するような自立的器楽作品としての交響曲ではなかったことに留意したい。Vgl. Wackenroder. *Sämtliche Werke und Briefe*. Bd. 1, S. 397.

（46）Daniel Jenisch. *Geist und Charakter des achtzehnten Jahrhunderts*. Bd. 3. Berlin: Königliche Preußische Akademische Kunst- und Buchhandlung, 1801, S. 429.

（47）Karl Spazier (Hg.). *Gretry's Versuche über die Musik*. Leipzig: Breitkopf & Härtel, 1800, S. 387. なおイェーニッシュは同書の一七九〇年版から引用しているが、本書ではこの版の存在を確認できなかった。

（48）イェーニッシュが、イタリアとドイツをヨーロッパ音楽の「二大国」として捉える認識を早々と表明していたことについては、前章注（84）でふれた。

（49）Jenisch. *Geist und Charakter des achtzehnten Jahrhunderts*. Bd. 1, S. 429-431. なおフィリップ・ラクー＝ラバルト（一九四〇—二〇〇七）はこの一節に注目しながら、イェーニッシュが明文化した近代ドイツ音楽の使命——音楽というかたちで「形而上学そのものを開示」すること——は、ヘルダーを経てヴァーグナーにまで継承されたと指摘す

る。フィリップ・ラクー＝ラバルト『虚構の音楽——ワーグナーのフィギュール』谷口博史訳（ポイエーシス叢書）、未来社、一九九六年、四七ページ

（50）Daniel Jenisch. *Universalhistorischer Ueberblick der Entwickelung des Menschengeschlechts.* Bd. 2, Abt. 2. Berlin: Voß, 1801, S. 188.

（51）新旧論争ならびに音楽史上のその意義については、本シリーズ第一巻第1部第2章第3節および第2部第2章第2節、本シリーズ第二巻第1部第2章第1節を参照せよ。

（52）シュレーゲルは「文芸の分類について」（一七五一年）でオペラを新大陸の発見になぞらえ、またメンデルスゾーンは「諸芸術の源泉と結合についての考察」（一七五七年）で「近代人のオペラ（die Oper der Neuren）」という表現を用いている。Johann Adolf Schlegel. "Von der Eintheilung der Poesie." in: Charles Batteux. *Einschränkung der schönen Künste auf einen einzigen Grundsatz.* Leipzig: Weidmannische Handlung, 1751, S. 307-308; Moses Mendelssohn. "Betrachtungen über die Quellen und Verbindungen der schönen Künste und Wissenschaften." *Bibliothek der schönen Wissenschaften und der freyen Künste.* Bd. 1, St. 2. Leipzig: Johann Gottfried Dyck, 1757, S. 261. なおドイツでは早くも十七世紀からハンブルク・オペラの理論家たちによって「古代の規範」に対する「愛国的」挑戦が始められていたことについては、本シリーズ第一巻第2部第2章を参照せよ。

（53）ただし見方によっては、絶対音楽を批判し、音楽史の進歩を転覆させようとしたヴァーグナーやブレンデルは「古代派」の末裔と言える。第5章を参照せよ。

（54）Friedrich Theodor Vischer. *Aesthetik oder Wissenschaft des Schönen.* Tl. 3, Absch. 2, H. 4. Stuttgart: Carl Mäcken, 1857, S. 1140. この引用については第5章注（84）も参照せよ。

（55）Friedrich Wilhelm Joseph von Schelling. "Philosophie der Kunst." (1802/03, 1804/05) in: ders. *Sämmtliche Werke.* Abt. 1, Bd. 5. Stuttgart & Augsburg: Cotta, 1859, S. 353-736. この著作については抄訳だが以下の日本語訳も参照できる。シェリング「芸術の哲学」小田部胤久／西村清和訳、『同一哲学と芸術哲学』（「シェリング著作集」第三巻）、伊坂青司／西村清和編、燈影舎、二〇〇六年、二〇九—三六三ページ

（56）シェリングの歴史区分は古代ギリシャとキリスト教世界の宗教的対比に基づいており、今日で言うところの「中

世」も後者に含まれるかぎりで「近代」に属する。以下も参照せよ。小田部胤久『象徴の美学』東京大学出版会、一九九五年、二二八―二三〇、三五九ページ

（57）Schelling. "Philosophie der Kunst." S. 499.

（58）Ebd., S. 414-451, S. 492-500. 古代ギリシャとキリスト教世界の対比については『大学における研究の方法についての講義』（一八〇三年）の第八講義「キリスト教の歴史的構成について」から補った。Friedrich Wilhelm Joseph von Schelling. "Vorlesungen über die Methode des akademischen Studiums." (1803) in: ders. *Sämmtliche Werke.* Abt. 1, Bd. 5. Stuttgart & Augsburg: Cotta, 1859, S. 286-295. この著作についても抄訳だが以下の日本語訳が参照できる。シェリング「学問論（大学における研究の方法についての講義）」小田部胤久／西村清和訳、前掲『同一哲学と芸術哲学』三八〇―三八二ページ。リズム的音楽と和声的音楽の対比については以下も参照せよ。前掲『象徴の美学』二五三―二五四ページ

（59）Friedrich Wilhelm Joseph von Schelling. "Ueber Dante in philosophischer Beziehung." (1802) in: ders. *Sämmtliche Werke.* Abt. 1, Bd. 5. Stuttgart & Augsburg: Cotta, 1859, S. 162.

（60）本節は、以下の拙論で展開したホフマン論を要約したものである。詳細はそれらを参照されたい。Hiroshi Yoshida. "Sur l'idée de la germanité en musique aux XVIIIe et XIXe siècles." *Horizons philosophiques.* Vol. 16, Nr. 1 (Herbst, 2005), S. 125-135; 吉田寛「E・T・A・ホフマンの音楽美学にみる歴史哲学的思考――器楽の美学はいかにして進歩的歴史観と結びついたのか」、東京大学大学院人文社会系研究科・文学部美学芸術学研究室編「美学芸術学研究」第二十号、東京大学大学院人文社会系研究科・文学部美学芸術学研究室、二〇〇二年、一五五―一九一ページ、同「ロマン主義の音楽思想にみる「ドイツ的なもの」の表象――普遍性という名のポリティーク」、シェリング年報編集委員会編「シェリング年報」第十一号、日本シェリング協会、二〇〇三年、四九―五八ページ

（61）Hoffmann. "Beethoven: 5. Sinfonie." S. 532.

（62）カール・ダールハウス『絶対音楽の理念――十九世紀音楽のよりよい理解のために』杉橋陽一訳、シンフォニア、一九八六年、六九ページ

（63）Hoffmann. "Beethoven: 5. Sinfonie." S. 534.

(64) Ebd., S. 532.

(65)『変身物語』に基づく交響曲《シンフォニア》は全十二曲が作られ、そのうち六曲が現存する。同作品はヴィーンで一七八六年に初演された。『五つの国の趣味による国民的交響曲《シンフォニア》』については、本シリーズ第二巻第1部第2章第3節を参照せよ。

(66) Hoffmann. "Alte und neue Kirchenmusik." S. 506.

(67) シェリングと同様にホフマンも、中世と近代を区別せず、広くキリスト教の時代を「近代」と見なしている。

(68) Hoffmann. "Alte und neue Kirchenmusik." S. 503-504.

(69) この時期のホフマンは、短篇小説『ドレスデンの戦場での幻想』（一八一四年二月）やエッセイ「フランスの風紀」（同年八月）など、フランスを強く非難する政治的文書を匿名で出版している。以下を参照せよ。Stephen Rumph. "A Kingdom Not of This World." *19th Century Music.* Vol. 19, Nr. 1, S. 54; 前掲「E・T・A・ホフマンの音楽美学にみる歴史哲学的思考」一七二―一七四ページ

(70) Hoffmann. "Alte und neue Kirchenmusik." S. 505.

(71) Ebd., S. 505-506.

(72) Ebd., S. 508.

(73) Ebd., S. 508-509.

(74) Ebd., S. 510-511.

(75) Ebd., S. 508, S. 510.

(76) Ebd., S. 518.

(77) Ebd., S. 518-519.

(78) Ebd., S. 522.

(79) セシリア運動は、レーゲンスブルクの司祭フランツ・クサヴァー・ヴィット（一八三四―八八）によって主導されたカトリック教会内の改革運動である。ホフマンはプロテスタント信者だったが、アントン・フリードリヒ・ユストゥス・ティボー（一七七二―一八四〇）を通じて間接的に、同運動に理論的影響を及ぼした。以下を参照せよ。福地勝美「セシリア運動に及ぼしたE・T・A・ホフマンの影響について――A・F・J・ティボーとの関連を通して」、

成城大学大学院文学研究科美学美術史専攻編「成城美学美術史」第十七・十八号、成城大学、二〇一二年、一七—四八ページ

(80) Ludwig Tieck. *Phantasus.* Bd. 1. Berlin: Realschulbuchhandlung, 1812, S. 466-472.

(81) E. T. A. Hoffmann. “Beethoven: C Dur-Messe.” in: ders. *Sämtliche Werke.* Bd. 1. Frankfurt am Main: Deutscher Klassiker Verlag, 2003, S. 721-722.

(82) Hoffmann. “Alte und neue Kirchenmusik.” S. 525.

(83) Ebd., S. 531.

(84) Ebd., S. 525.

(85) Ebd., S. 525-526.

(86) Ebd., S. 505.

(87) Ebd., S. 504.

(88) Ebd., S. 526.

(89) Ebd., S. 526-528.

(90) Ebd., S. 531.

(91) Amadeus Wendt. *Ueber die Hauptperioden der schönen Kunst.* Leipzig: Johann Ambrosius Barth, 1831, S. vii. ヴェントへのヘーゲルの影響はすでに以下で指摘されている。Kümmel, a. a. O., S. 104-105; Reimer, a. a. O., S. 24.

(92) Wendt, a. a. O., S. 282-315.

(93) Ebd., S. 282.

(94) Ebd., S. 287.

(95) ヘーゲルも『歴史哲学講義』で、宗教改革をドイツ人(ゲルマン民族)の歴史にとって決定的な出来事として位置付けている。第5章注(151)も参照せよ。

(96) Wendt, a. a. O., S. 286-287.

(97) Ebd., S. 287-288.

（98）Ebd., S. 288-289.
（99）Carl Maria von Weber. *Sämtliche Schriften*. Berlin & Leipzig: Schuster & Loeffler, 1908, S. 342.
（100）Wendt, a. a. O., S. 289, Anm. **).
（101）トリーストは、純粋音楽に対置される応用音楽を「自由様式」と呼んでいた。Triest, a. a. O., S. 261 (Nr. 16, 14. Januar). 第1章注（53）も参照せよ。
（102）Wendt, a. a. O., S. 294.
（103）Ebd., S. 294-295.
（104）Ebd., S. 296-297.
（105）Triest, a. a. O., S. 392 (Nr. 23, 4. März). 第1章第5節も参照せよ。
（106）Wendt, a. a. O., S. 299. 本シリーズ第二巻第1部第3章第2節も参照せよ。
（107）Ebd., S. 306, S. 308.
（108）Ebd., S. 309. 次章注（21）も参照せよ。
（109）なおこの引用部の後半でヴェントは、ベートーヴェンの交響曲がドイツの作曲家に抑圧をもたらしていることを指摘するが、この問題については第4章および第5章であらためて取り上げる。
（110）Wendt, a. a. O., S. 282.
（111）Vgl. Reimer, a. a. O., S. 25, Anm. 47.
（112）Wendt, a. a. O., S. 306-307.
（113）Ebd., S. 311. 次章注（48）も参照せよ。
（114）『ロッシーニの生涯と仕事』（一八二四年）という著作も残したヴェントは、この作曲家に並々ならぬ関心をもっていた。ただしこの書はスタンダール（一七八三―一八四二）の『ロッシーニの生涯』（一八二四年）の編訳であり、そこにヴェント自身の見解がどこまで反映されているかについては、研究者間でも意見の一致を見ないため、本書ではこれを考察から外した。Amadeus Wendt. *Rossini's Leben und Treiben*. Leipzig: Leopold Voß, 1824.
（115）Wendt. *Ueber die Hauptperioden der schönen Kunst*. S. 311.

(116) Triest, a. a. O., S. 277-278, Anm. **) (Nr. 17, 21. Januar). 第1章注（50）も参照せよ。

(117) ヴァーグナーはパリ時代に書いた小説「ベートーヴェン詣で」で、北ドイツとオーストリアの国民性を対置し、ベートーヴェンを「浅薄で軽薄」なヴィーンの街に囚われた孤独な存在として描いた。また『ベートーヴェン』では、カトリック教徒だったベートーヴェンを「プロテスタント化」することによって、その音楽的遺産をカトリック・ドイツ（オーストリア）の手からプロテスタント・ドイツのもとへ「奪還」しようとした。以下の拙著を参照せよ。前掲『ヴァーグナーの「ドイツ」』一〇八―一〇九ページ、二七四―二七七ページ。第5章注（101）および（178）も参照のこと。

(118) Wendt. *Ueber die Hauptperioden der schönen Kunst.* S. 311-312.

(119) Ebd., S. 304-305.

(120) Ebd., S. 315.

(121) こうしたズルツァーやコッホに見られる「ヨーロッパ意識」については、本シリーズ第二巻第2部第1章を参照せよ。

第4章　「ベートーヴェン・パラダイム」——ベートーヴェンと「ドイツ的なもの」

美学者のリディア・ゲーア（一九六〇—）は音楽の作品概念を歴史的および哲学的観点から考察した著作のなかで、「作品への忠実さ（Werktreue）」という理念が支配的となった一八〇〇年以降の音楽文化の状況を「ベートーヴェン・パラダイム（the Beethoven Paradigm）」と呼んだ。[1] 十九世紀以降、とりわけベートーヴェンの創作活動とその受容を通じて、音楽家は「天才」あるいは「神に類する存在」として市民社会のなかで特権的地位を付与され、その作品は自律的で不可侵なものとして神聖視されるようになる。その結果として、音楽文化における「作曲家」と「作品」の絶対的優位が確立され、その美学的規範性は今日にまで及んでいるわけだが、彼女はそれを「ベートーヴェン・パラダイム」という語で表現したのだ。

だが本書は、こうしたゲーアの議論を踏襲しながら、そこにもう一つの含意を付加して「ベートーヴェン・パラダイム」という語を使用することにする。その含意とは、ベートーヴェンという作曲家およびその音楽作品が、十九世紀のある時点から、音楽における「ドイツ的なもの」を代表＝表象する存在として広く認められるようになった、ということだ。前章で見たように、ヴェントによる一八二九年の音楽史講義では、ベートーヴェンの交響曲はヨーロッパ音楽史の「進歩」の頂点として位置付けられていた。この時期以降、ベートーヴェンとその作品——特に九つの交響曲——は、ヴィーン古典派器楽の代表という役割を大きく超えて、全世界に誇りうるドイツの「国民文化」となっていく。その際、特筆すべきは、音楽家という職業を離れた一人の個人（男性）としてのベートーヴェンまでも、最も理想的に「ドイツ的」な精神や態度を備えた人物として称揚されたことだ。彼の死後、その生涯や人物像を描いた伝記や評伝が数多く書かれたばかりでなく、彼を題材にした小説や演劇、さらには絵画や彫刻までもが無数に創作されたことが、それを端的に証言している。テレマンやヘンデル、バッハ、グルック、モーツァルトなど、ドイツ人が全世界に向けて誇れる音楽家はベートーヴェン以前にも存在したが、彼ほど「神格化」され「英雄視」された者は他にいない。

本章では、主に一八三〇年代以降の音楽批評や音楽史、音楽美学の言説から、ベートーヴェンとその音楽がドイツ人のナショナル・アイデンティティの構築や変容にどのような作用を及ぼしたのかを明らかにする。むろんベートーヴェン作品の受容史や、いわゆる「ベートーヴェン神話」の成立過程については多くの優れた先行研究があるので、本書はそこには立ち入らず、「ドイツ的なもの」の理念との関連に焦点を絞る。(2)

1 ドイツの「国民文化」としてのベートーヴェンの交響曲

ロベルト・シューマン(一八一〇―五六)は自らが編集する『新音楽時報』(第六年次第十一巻、一八三九年七月二日―十六日)に掲載した「オーケストラのための最近の交響曲」の冒頭でこう述べた。

ドイツ人が交響曲について語るとき、彼はベートーヴェンのことを言っているのだ。ドイツ人にとって、この二つの言葉は切り離しがたい一つのものであり、自らの喜びであり、誇りである。イタリア人にはナポリがあり、フランス人には革命があり、イギリス人には海運があるのと同じく、ドイツ人にはベートーヴェンの交響曲があるのだ。ベートーヴェンがいるから、ドイツ人は自分たちが絵画の流派をもたないことを忘れられる。彼とともにドイツ人は、ナポレオンに敗退した戦いを精神のなかで取り返したのだ。ドイツ人は彼

をシェイクスピアとさえ同等に扱う勇気をもっている。(3)

われわれドイツ人は、イタリア人やオランダ人のような絵画の伝統や、フランス人のような市民革命の歴史、またイギリス人のような広大な海外植民地をもっていない。さらに近年には、ナポレオンによって国土を蹂躙された屈辱的な経験もしてきた。だがベートーヴェンの交響曲を聴くことで、われわれはそうした劣等感をきれいさっぱりと「忘れる」ことができる。またそれだけでなく、ナポレオンに許した軍事的敗退を「精神のなかで（im Geist）取り返す」ことさえできる、とシューマンは言うのだ。ベートーヴェンの交響曲は、現実を超越する精神的・観念的世界——ヴァーグナーならば「超政治《メタポリティーク》」(4)と呼んだであろう次元——で〈ドイツの勝利〉をもたらしたのだ。ここからわかるのは、一八三〇年代末の時点で、ベートーヴェンの交響曲がドイツ人のナショナル・アイデンティティを根幹から支える「国民文化（nationale Kultur）」になっていた、ということである。

シューマンはここでベートーヴェンをウィリアム・シェイクスピア（一五六四—一六一六）と並べるが、この視点はのちにヴァーグナーに継承される。(5)ベートーヴェンを他分野の芸術家と比較した初期の例は、哲学者カール・クリスティアン・フリードリヒ・クラウゼ（一七八一—一八三二）の『音楽史からの叙述』（一八二七年）に見られる。そこでは「芸術の新たな領域と手段が開かれ、獲得されないかぎり、到達できない最高の高み」にまで音楽を導いたという理由から、ベートーヴェンは詩人ジョージ・ゴードン・バイロン（一七八八—一八二四）と並べられている。ただし絵画史では、せいぜいミケランジェロ・ブオナローティ（一四七五—一五六四）——音楽史ではハイドンが彼に比肩される——がいるくらいで、ベートーヴェンに匹敵する人物はこれまで存在しなかった、とクラウゼは言う。彼によれば、ベートーヴェンは交響曲の創作を通じて「芸術の聖域」へと踏み込んだのだ。(6)

また、ベートーヴェンの業績を背景として、「交響曲」というジャンル自体がはっきりと「ドイツ的なもの」として意識されるようになるのも、やはりこの時期からである。ロホリッツの後を継いで一八二七年から四一年まで『一般音楽時報』の編集長を務めた作曲家・批評家ゴットフリート・ヴィルヘルム・フィンク（一七八三―一八四六）は、同誌に発表した「交響曲について」（一八三五年八月、三回連載）という論考で、「交響曲の発見がわれわれドイツ人に帰される」(7)という通説を歴史的に裏付けようとした。彼によれば、十八世紀後半に新たに登場した器楽ジャンルとしての「シンフォニー」は、それ以前から存在してきた同じ名称のジャンル――オペラの序曲や協奏曲としての「シンフォニア」――から区別して「大シンフォニー（grosse Symphonie）」と呼ばれるべきである。

この「大シンフォニーという」名称、およびそれを創り出した栄誉は、もっぱらドイツ人に帰されてしかるべきであり、この栄誉がわれわれのもとから剝奪されることはないだろう。(8)

この「新たにドイツ人によって創られ、完成された大シンフォニー(9)」はハイドン、モーツァルト、ベートーヴェンという「三人の英雄(10)」の名と不可分に結び付いている。「ハイドン、モーツァルト、ベートーヴェンは交響曲に、それ自体で存立する一つの全体、また同時に器楽のなかの最上のもの、いわば楽器によるオペラとなる傾向を与えた」というホフマンの有名な言葉を引いたうえで、フィンクは「交響曲を楽器によるオペラと呼ぶドイツ的思考（der teutsche Gedanke）はすばらしい」として彼をたたえる。(11)フィンクによれば、「大シンフォニー」という音楽ジャンルそのものに劣らず、その美的価値を明るみに出す批評や理論も「ドイツ的」と呼ばれなくてはならない。

そして交響曲を「最もドイツ的」な音楽ジャンルと見なす考えは、八年後に同じく『一般音楽時報』誌上で、美学者アウグスト・カーレルト（一八〇七―六四）によっていっそうの確信をもって表明される。

交響曲の領域は長らく反論の余地なくドイツ人のものである。ドイツ人は器楽の領域全体を支配している国民だが、その領域で交響曲は最も高貴な位置を占めている。フランス人やイタリア人はどんなに頑張っても、ドイツ人が作り出した、この音による夢の世界（Traumwelt der Töne）を理解できない。[12]

前章で考察したように、ヘーゲル的歴史哲学を音楽史叙述に導入したヴェントは、ベートーヴェンの交響曲を、ドイツを含めたヨーロッパ全体の音楽史の「進歩」の頂点――と同時に終着点――として位置付けていた。こうした歴史観はアドルフ・ベルンハルト・マルクスやブレンデルにも引き継がれ、彼らの音楽史叙述を通じて、ベートーヴェンの交響曲は「最も精神的」で「最も進歩的」な芸術としての地位を確固たるものとする。

こうしてベートーヴェンの交響曲は、折しも十九世紀前半のドイツで発展を見たロマン主義的音楽美学と進歩主義的歴史哲学によって強力に援護され、「最もドイツ的な音楽」と見なされるに至った。それは、ドイツ人が諸外国に自信をもって誇れるというだけでなく、ヨーロッパ文化のなかでのドイツの絶対的優位を保証するという点でも、決定的な「国民文化」となったのだ。

また見方を変えれば、そもそも〈音楽〉という芸術がドイツの「国民芸術（nationale Kunst）」として内外に広く認められたことにも、ベートーヴェンの貢献が大きかったと言えるだろう。先のシューマンの発言は、そうした観点からも注目に値する。のちにトーマス・マン（一八七五―一九五五）は、音楽を「最もドイツ的な芸術」[13]と呼んだが、そうした観念は、ちょうどこの時期にベートーヴェンという作曲家とともにもたらされたのだ。音楽、ドイツ、そしてベートーヴェン――これらが不可分の「三位一体」であることを、次のヴァーグナーの言ほど雄弁に語るものはないだろう。

今日重要なことは、この音楽家ベートーヴェンについて、彼があらゆる民族に通じる最も純粋な言葉（die reinste Sprache aller Völker）で語ったがゆえに、ドイツ精神（der deutsche Geist）は彼を通して人間精神を深い恥辱から救い出した、ということを証明することだ。（略）われわれの文明は、とりわけそれが芸術的人間をも規定する限りは、われわれの音楽の精神（der Geist unsrer Musik）、すなわちベートーヴェンが流行の束縛から解放してくれた音楽の精神からのみ、新たに魂を吹き込まれうると考えられる。[14]

さらにベートーヴェンという音楽家が、十九世紀ドイツの文化と社会のなかでいかに特別な地位を占めていたかは、音楽以外の領域に彼が及ぼした多種多様な影響を一瞥するだけで直ちに理解できる。芸術家ベートーヴェンの生涯はエルンスト・オルトレップ（一八〇〇—六四）の詩「ハイドン、モーツァルト、ベートーヴェン」（『詩集』一八三一年）やフランツ・グリルパルツァー（一七九一—一八七二）の詩「遍歴の情景」（一八四四年）にインスピレーションを与えた。[15] またジギスムント・ヴィーゼ（一八〇〇—六四）はその名も『ベートーヴェン』（一八三六年）という三幕の戯曲を書いたが、これはフーゴ・ミュラー（一八三一—八二）の『アデライーデ』（一八六八年）などに代表される一連の「ベートーヴェン劇」の先駆けとなった。[16] ヴァーグナーの小説「ベートーヴェン詣で」（一八四〇年）[17] もこの系譜上に位置する。

また解放戦争後のドイツでは「国民的記念碑（Nationaldenkmal）」が盛んに建立されたが、ベートーヴェンの

図６　エルンスト・ユリウス・ヘーネルによるボンのベートーヴェン記念碑（1845年）。アロイス・ヴェーバーによると推定される石版画（1850年頃）

図７　カスパー・フォン・ツムブッシュ（1830－1915）によるヴィーンのベートーヴェン記念碑（1880年）。1920年頃撮影された写真

「英雄化」はこの動向とも軌を一にしていた。まず彼の生地ボンで銅像の建設計画が持ち上がり、一八四〇年にコンペティションがおこなわれ、そこで優勝したドレスデンの彫刻家エルンスト・ユリウス・ヘーネル（一八一一―九一）による銅像が四五年に完成した。さらにハイリゲンシュタット（一八六三年）、ヴィーン（一八八〇年）など、彼に縁のある地に次々と記念像が建てられた。それらの記念像の建立を通じてベートーヴェンは、女神ゲルマニーアや古代ゲルマン民族の英雄アルミニウス（前一七頃―二一頃）、また新しいところではアルブレヒト・デューラー（一四七一―一五二八）やマルティン・ルター（一四八三―一五四六）、シラーらと肩を並べる「民族の英雄」として「神格化」されたのである。これほどまでに英雄視された作曲家は、ドイツでさえ、後にも先にもベートーヴェンただ一人くらいだが、世界的に見てもこれは稀有な事例と言っていいだろう。(18)

2 「抑圧者」としてのベートーヴェン

だがこうした「神格化」は、「抑圧者」としてのベートーヴェンをも同時に生み出すことになった。ベートーヴェンの九つの交響曲がドイツ人が誇る「国民文化」として公認されていくにつれて、それらは、彼以後の作曲家たちにとって超克困難な「絶対的規範」としての機能をも持ち始めたのである。

作曲技法の観点から見たとき、ベートーヴェンの交響曲の独自性は以下の三点にまとめられる。個々の楽章内および複数楽章間で大胆かつ斬新に形式設計をおこない、徹底した動機労作と循環的統一性を施したこと（特に『第五番』）、最終楽章に、先行する三楽章を総括し最終的解決を与える役割を課したこと（特に『第三番』『第五番』『第九番』）、そして歌詞と声の導入によってジャンル自体を再定義したこと（『第九番』）、である。(19) ここからベートーヴェンの九つの交響曲は、「革新性」と「規範性」を同時に兼ね備えたものとして、次世代の交響曲作曲家たちの前に立ちはだかることになった。その抑圧はベルリオーズやメンデルスゾーンに始まり、シューマン、ヴァーグナー、ブラームスを経て、果てはグスタフ・マーラー（一八六〇—一九一一）にまで及んだ。交響曲というジャンルにわずかでも関わった十九世紀の作曲家のうち、「ベートーヴェンの抑圧」を受けなかった者は誰一人としていない、と言っていいだろう。[20]

ヴェントが『芸術の主要時代について』で、ベートーヴェンの交響曲をドイツ音楽史の最終段階として位置付けた際、同時に、彼の交響曲が「その偉大さを通じて、ドイツの作曲家たちにこのジャンルで仕事をすることをためらわせてきた[21]」と指摘していたことを思い出そう（前章第7節を参照）。実はヴェントは、同様の指摘をベートーヴェンの生前からすでにおこなってきた。彼は「ドイツ音楽の現状について」という一八二二年——『交響曲第九番』が登場する二年前——の論考で、早くも「ベートーヴェンの巨大な作品群は、この分野［交響曲］での後継者を威嚇している（abschrecken）ように見える[22]」と書いていた。

さらにベートーヴェンが世を去った一八二七年以降、彼が残した九つの作品はいっそう重みを増してドイツの作曲家たちにのしかかることになる。プラハの哲学者イグナーツ・ヤイテレス（一七八三—一八四三）の『美学事典』（第二巻、一八三七年）の「交響曲」の項目には、「九人のミューズと比較可能なベートーヴェンの九つの傑作のあとでは、交響曲を一つ書くことは途方もない冒険となった[23]」と記されている。すでにこの時点で、それらが超克困難な絶対的規範と見られていたことがわかる。ヤイテレスはそこで「ベートーヴェン以後」の交響曲の創作状況にもふれているが、なかでも注目すべきは「パリのベルリオーズ」に対する評価である。ヤイテレスは、『幻想交響曲』（一八三〇年）や『イタリアのハロルド』（一八三四年）に代表されるベルリオーズの標題的交響曲が、ベートーヴェンの同種の試み——『交響曲第三番「英雄」』（一八〇四年）や同『第六番「田園」』（一八〇八年）——を前進させたものであることを認めながらも、それらは「メロドラマ的なもの」に近づいており、その結果「音楽のより重要な長所、すなわち誰もがその個性に応じて指し示すことができる、その普遍性（Allgemeinheit）が失われている」と指摘する。標題的交響曲は「純粋な音楽（die reine Musik）を進歩させるものとは考えられない」と彼は言う。[24] ここからは、当時のドイツで交響曲が単に最大規模の器楽曲であるだけでなく、まさに「絶対音楽」――ヴァーグナーがこの語を創出するのはもう少し先だが――の進歩を担うジャンルと見なされていたことがわかる。

こうした状況下で、「ベートーヴェン以後」の世代のドイツの作曲家たちは、こぞって交響曲を「回避」し、場合によっては、それに代わる新たなジャンルを創出することで音楽史の進歩を「延命」させる戦略に打って出た。フランツ・リスト（一八一一―一八八六）の「交響詩（symphonische Dichtung）」やヴァーグナーの「楽劇（Drama）」がその典型例である（次章第3節を参照せよ）。リストもヴァーグナーも、ベートーヴェンの交響曲を「絶対的規範」としてつねに強く意識しながら、従来の器楽の枠を打破する新たなジャンルを創出することで、「ベートーヴェン以後」の音楽の歴史を一歩先に進めようとしたのだった(25)。

一方でドイツ人が誇る「国民文化」、他方で乗り越えがたい「絶対的規範」――ベートーヴェンの交響曲のそうした二面性は、矛盾するどころか、むしろ相互に強く補完し合っていた。「国民的英雄」と「大いなる抑圧者」が同一人物のなかに「二重化」されたことが、「ベートーヴェン・パラダイム」をいっそう強固にしたのだ。

3　「ベートーヴェン以後」と歴史の空白――音楽史の終焉？

十九世紀前半のドイツでベートーヴェンの音楽が「進歩」の観念と強く結び付いていたことは、すでに繰り返し述べてきた。だがそれは同時に、ベートーヴェンの死をもって音楽史の進歩が「停止」することを意味してもいた。音楽批評家・理論家ヨハン・クリスティアン・ローベ（一七九七―一八八一）は、その名も「進歩（Fortschritt）」と題された『一般音楽時報』誌上の記事（一八四八年一月二十六日および二月二日の二回連載）で、「われわれはドイツの音楽においてベートーヴェンを超えるほんのわずかの進歩も、まだ手にしていない(26)」と書いているが、彼の死から二十年もの歳月が経過した一八四八年に至ってなお、そう言われていたことは驚きである。またヴァーグナー派の音楽史家・音楽批評家カール・フランツ・ブレンデルも同様のことを『現在の音楽と未来の総合芸術』（一八五四年）で述べている。いわく「ベートーヴェン以後の最良の作曲家たちは交響曲、弦楽四重奏曲、序曲において多くの美しいものを表現してきた」ものの、「ベートーヴェンによる到達を超える進歩はいままで根本的になされてこなかったし、それは不可能だった、ということを認めないわけにいかない」[27]と。

　十九世紀半ばのドイツでベートーヴェンが担っていた歴史的役割を理解するうえで、アドルフ・ベルンハルト・マルクスの『十九世紀の音楽』（一八五五年）はこのうえない手がかりを提供してくれる。マルクスはこの書でヨーロッパ音楽史を三期に区分する。第一期は旋律や対位法、和声といった音楽の形式原理が芽生え、「結晶のような音の組み立て」が登場した時代である。オルランド・ディ・ラッソ（一五三二―九四）やパレストリーナ、グレゴリオ・アレグリ（一五八二―一六五二）の名がここで挙げられる。なおヨハン・ゼバスティアン・バッハは「古い対位法を継承しながら、それをまったく別のものに変えた」という点で次の時代への橋渡し役と見なされる[28]。そしてバッハの音楽に「生命の色」を与えたのが、第二期のハイドンとモーツァルトである。マルクスは彼らの音楽を「魂の芸術（Kunst der Seele）」と呼ぶ。ここで音楽は「自らを共感的に音および音の技術《クンスト》=芸術に転化する、魂の気分の内的生命」となる[29]。それはさらに「精神の音楽（Musik des Geistes）」へと発展し、ここに至って「音楽は感覚的なものから浮かび上がり、精神の領域に入る」[30]。これが第三期にして、ヨーロッパ音楽史に見る「精神の進歩」[31]の最終段階である。マルクスは「進歩」を作品の形式と内容の両面から捉えるが、そのいずれにおいても頂点にあるのがベートーヴェンの『交響曲第九番』である。この作品が達成した「詩的理念（die poetische Idee）の面での器楽の拡大的発展」[32]は、その後のベルリオーズの標題的交響曲によっても凌駕されることはなかった。「音楽家にとって最終的で疑いなく決定的な進歩（der letzte streitlos feststehende Fortschritt）はベートーヴェンの名と結び付いている」[33]のであり、彼こそが「すべての後継者がただ付き従うことができる」[34]人物なのだ。『交響曲第九番』が音楽を「詩的理念」の域にまで高めた、というマルクスの歴史認識はむろん、この作品が最終楽章で合唱を導入したことを根拠にしている。彼によれば、この作品でベートーヴェンが達成した「進歩」とは、「明確な表象、つまり観念（Idee）へと昇華させることで、器楽に精神を吹き込んだこと（die Durchgeistung der Instrumentalmusik）」にほかならない。[35] ヴァーグナーと同様、マルクスにおいても、ベートーヴェンの交響曲がその最終段階――最後の交響曲の最後の楽章――で言葉（歌詞）を取り入れたことが、きわめて重大な歴史的意義をもっていた。十九世紀を通じて賛否両論が絶えなかった――その詳細は次章で考察する――『交響曲第九番』は、その特異性ゆえに、初演から優に三十年が経過した一八五〇年代半ばに至ってなお、音楽史の「最前線」を走り続けていたのだ。

一方、強い歴史意識をもつ作曲家は、『交響曲第九番』が音楽史を「停滞」させていることをより早い時点から自覚していた。シューマンがその典型である。彼は「ベルリオーズの交響曲」（『新音楽時報』第二年次第三巻、一八三五年七月三日から八月十四日まで六回連載）でこう書いていた。

ベートーヴェンの『第九交響曲』は、外面的に言えば、現存する器楽作品のなかで最大のものであって、これ以後は［交響曲の］量も目的も汲み尽くされてしまったように思われた。[36]

そして「ダヴィッド同盟員の批評帳」（一八三四年以前）では、これに対応する歴史認識が語られている。シューマンはそこで、モーツァルトの「美しい芸術」の時代および彼を継承したベートーヴェンの時代を「忘れがたい」ものとして回顧しながら、現状を次のように分析する。

その後、カール・マリア・フォン・ヴェーバーと幾人かの外国人が王座に上った。しかしこれらの人々もやがてまた退いてしまうと、諸国民はますます昏迷の淵に深入りするばかりで、古典的ともロマン的ともつかない情けない半眠状態（ein unbequemer klassisch=romantischer Halbschlaf）に落ち込んでしまった。[37]

ベートーヴェンは自らの創作の歩みのなかで、古典主義からロマン主義への歴史的移行を決然と実行したのだが、彼の死後、音楽史はたちまち進路を見失い、「半眠状態」に陥ってしまった、とシューマンは言うのだ。ここからは、ヴェーバー（一八二六年）、ベートーヴェン（一八二七年）、そしてシューベルト（一八二八年）と、三人の大作曲家を立て続けに失ったドイツの音楽界が、いわば「歴史の終焉」とでも呼ぶべき停滞感に覆われていた様子が理解できる。(38)

一八三〇年代のドイツの音楽界に蔓延していたこのような「歴史の終焉」意識を、風刺的に映し出している興味深い音楽作品として、ルイ・シュポーア（一七八四―一八五九）の『交響曲第六番「四つの異なる時代区分の様式と趣味による歴史的交響曲」』（一八三九年。以下、『歴史的交響曲』と略記）がある。この作品は全四楽章を通して、百二十年間にわたる音楽の歴史的変遷を描いた標題的交響曲――一種の「メタ交響曲」――であり、各楽章はそれぞれ「バッハ―ヘンデルの時代、一七二〇年」「ハイドン―モーツァルトの時代、一七八〇年」「ベートーヴェンの時代、一八一〇年」「最新の時代、一八四〇年」と題されている。

第一楽章は序曲風の導入部（ラルゴ・グラーヴェ）に続き、四声のフーガによる主部が展開される（アレグロ・モデラート）（譜例1）。フーガの主題（譜例2）はバッハの『平均律クラヴィーア曲集』（一七二二年）第一巻第一曲（ハ長調、BWV八四六）（譜例3）から取られている。シュポーアはフォルケルやロホリッツ、ツェルターらとの交流を通じて早くからバッハに注目しており、この曲を作った時点で『平均律クラヴィーア曲集』を知っていたことが確認されている。これに続く八分の十二拍子の部分（パストラーレ）は、リズムと旋律の点でヘンデルの『メサイヤ』（一七四一年）のデュエット「主は羊飼いのごとくその群を養い」と類似する。

第二楽章（ラルゲット）は、古典派の作曲法を象徴するようにソナタ形式で構成されている（譜例4）。また新たにクラリネットが追加され、オーケストラの進化が表現される。この楽章は、ハイドンよりもモーツァルトに依拠するところが大きく、ソナタ形式の主題として初めに提示されるエシャペ（跳躍進行によって次の和声構成音に入る装飾的旋律音）を含む動機（譜例5）は、モーツァルトの『交響曲第三十九番』（一七八八年、K五四三）の緩徐楽章（第二楽章）に現れる音型を真似たものである（譜例6）。また途中にはやはりモーツァルトの『交響曲第三十八番「プラハ」』（一七八六年、K五〇四）から取ったと思しき素材も登場する。

そして「ベートーヴェンの時代」と銘打たれた第三楽章（スケルツォ）では、さらに三台のティンパニとホルンが追加される（譜例7）。周知のようにティンパニは、ベートーヴェンの交響曲を象徴する楽器である。一八一二年にゴータからヴィーンに居を移したシュポーアは、そこでベートーヴェンと親交を結び、一三年十二月には彼の『交響曲第七番』の初演にヴァイオリン奏者として参加したが、この楽章で使用されるティンパニはその『交響曲第七番』と同じく長五度（ト—ニ）と短六度（ト—変ホ）で調律される（譜例8）。またこの楽章は全四楽章のなかで唯一短調（ト短調）だが、これはベートーヴェンの短調への傾倒を示唆する。さらに再現部のあとにくるコーダも、彼の様式を意識的に模倣している。

さてこの交響曲で最も注目すべき楽章は、フィナーレとなる「最新の時代」である（譜例9）。この楽章ではさらにピッコロ、トロンボーン、トランペットといった管楽器や、トライアングル、シンバルなどの打楽器が追加され、オーケストラは最大かつ最新の規模にまで拡大される。シュポーアは『歴史的交響曲』を作曲する数カ月前（一八三九年一月）に、『かつてと今（Sonst und Jetzt）』という、やはり自らの歴史意識を表現したヴァイオリンとオーケストラのための二楽章のコンチェルティーノを仕上げていたが、その第二楽章——すなわち「現在」を表象する——の楽想が、この最終楽章で再び用いられる。だがここではその楽想に、フランス風のグランド・オペラ様式——それは当時ドイツでも大きな影響力をもっていた——を思わせる派手で騒々しく、かつ空虚なオーケストレーションが施されることになる。冒頭で響くトゥッティのフォルティッシモによる減七の和音は、当時のフランス・オペラ界を代表する作曲家ダニエル゠フランソワ゠エスプリ・オーベール（一七八二—一八七一）による『ポルティチの唖娘』（一八二八年初演）の序曲のパロディーと解釈できる（譜例10）。つまりこの楽章は、「最新の時代」の騒々しく軽薄な音楽的状況をシュポーアがユーモラスに批判したものであり、そのために、『歴史的交響曲』は全体として「退行的」な歴史観の表明となっている。先述のシューマンの批評と同じく、こ

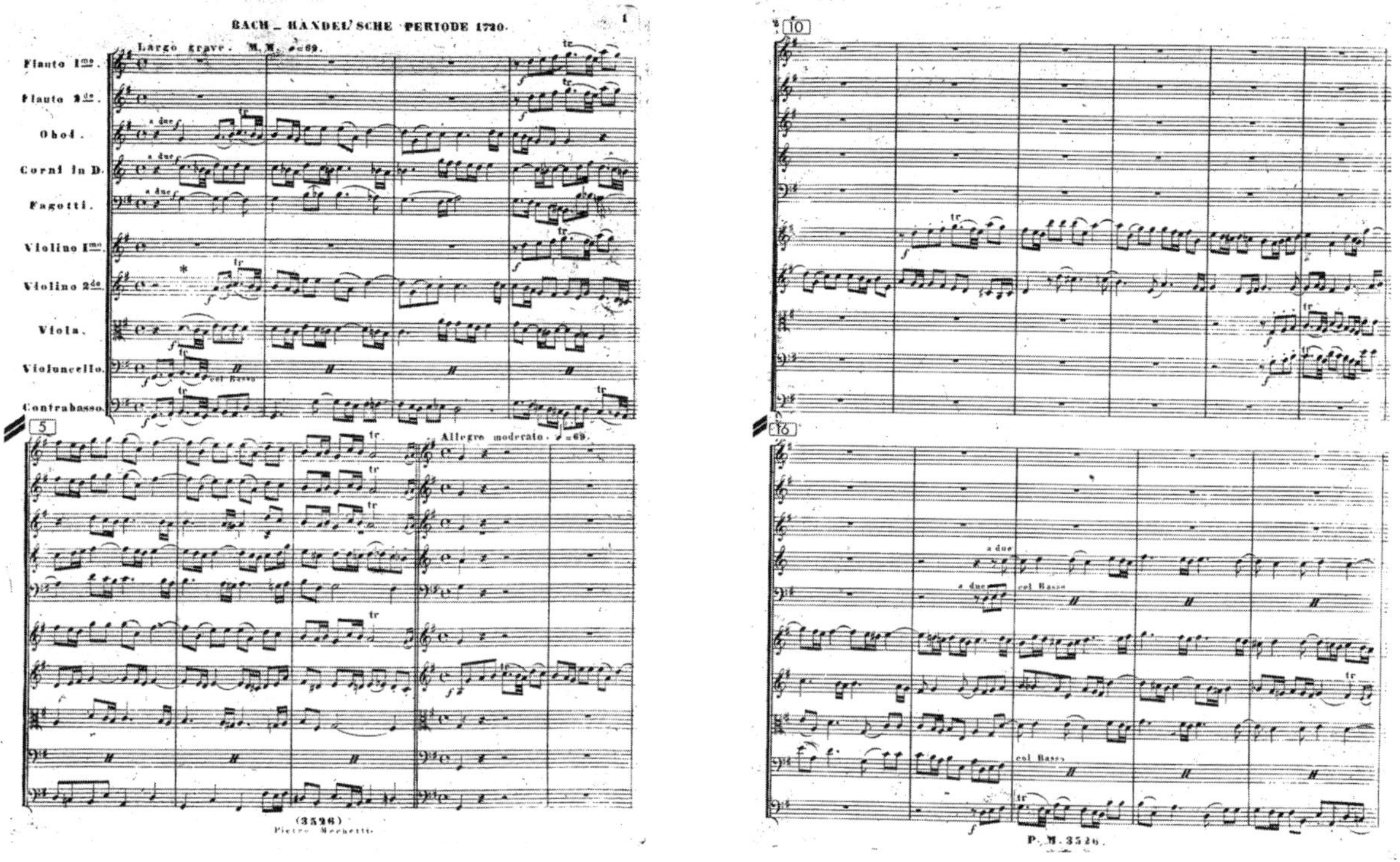

譜例1　ルイ・シュポーア『歴史的交響曲』から第1楽章「バッハーヘンデルの時代、1720年」(Louis Spohr. "Symphony in G major, Op. 116, Historische Symphonie." in: Joshua Berrett (Hg.). *The Symphony,* 1720-1840. Series C, Volume IX, Score 2. New York & London: Garland, 1980, S. 189-190.)

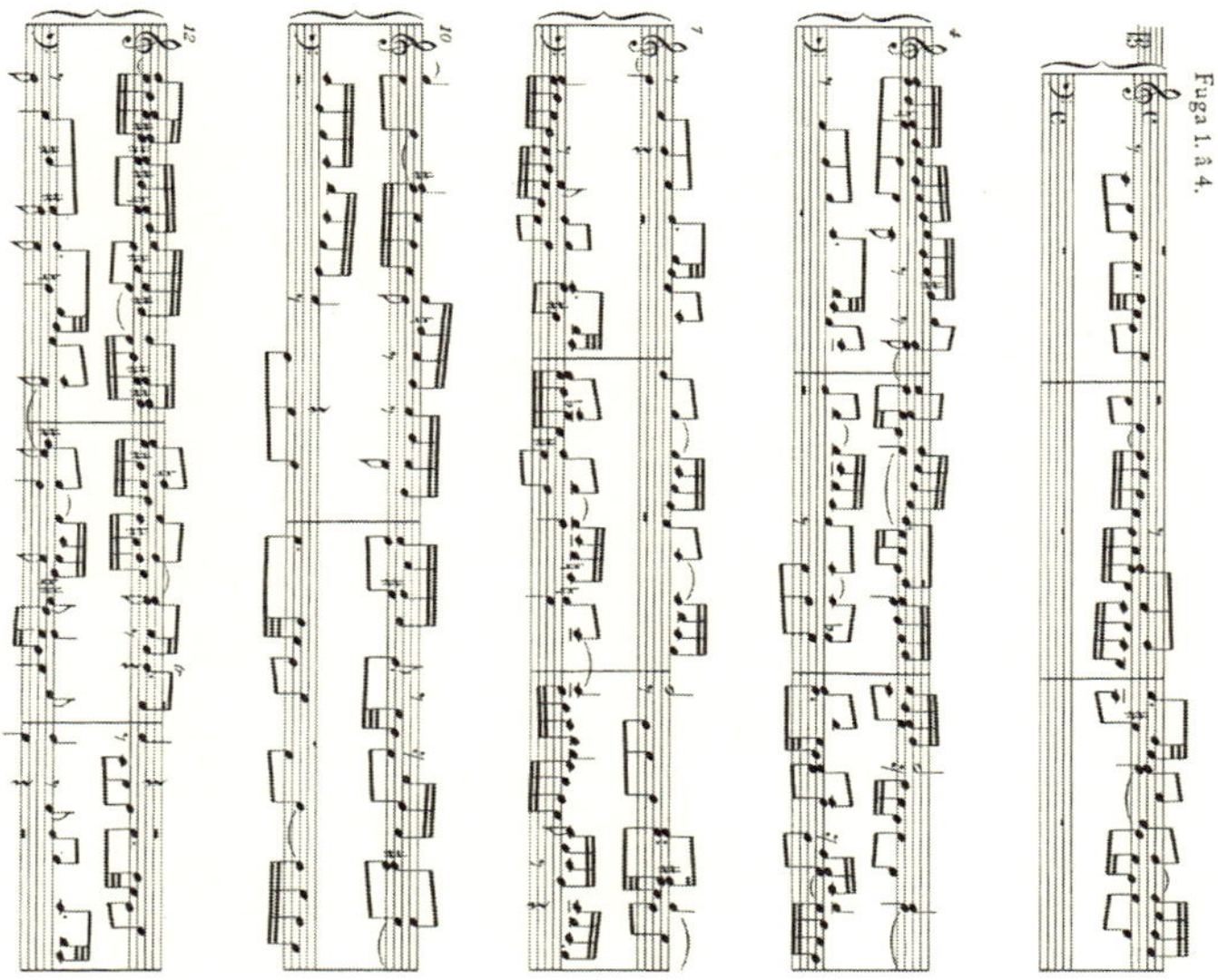

譜例3　ヨハン・ゼバスティアン・バッハ『平均律クラヴィーア曲集』第１巻第１曲（ハ長調、BWV846）から「フーガ」（Johann Sebastian Bach. *Neue Ausgabe sämtlicher Werke*. Serie V, Band 6.1. Kassel: Bärenreiter, 1989, S. 4.）

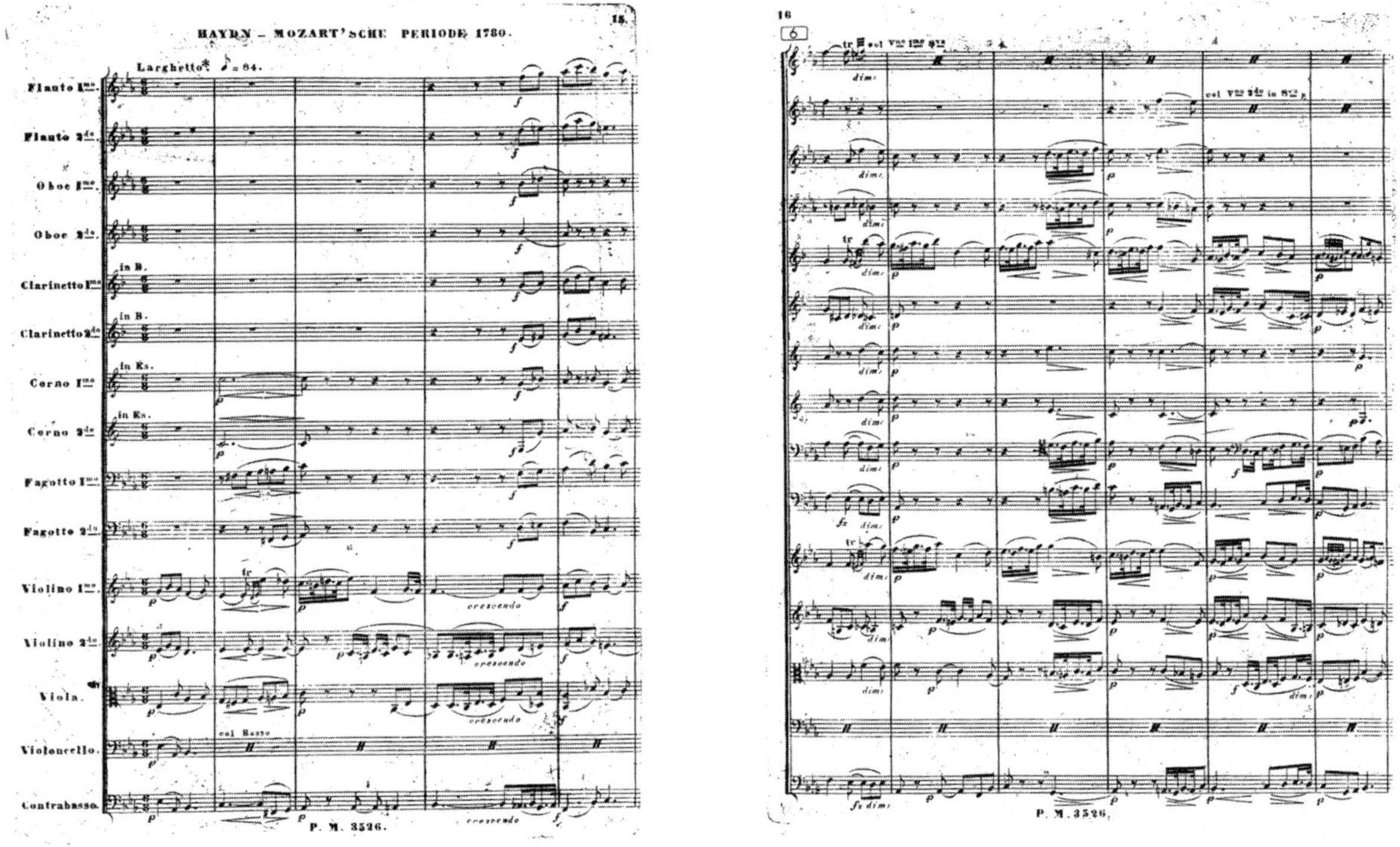

譜例４　『歴史的交響曲』から第２楽章「ハイドン－モーツァルトの時代、1780年」（Spohr. “Symphony in G major, Op. 116, Historische Symphonie.” S. 203-204.）

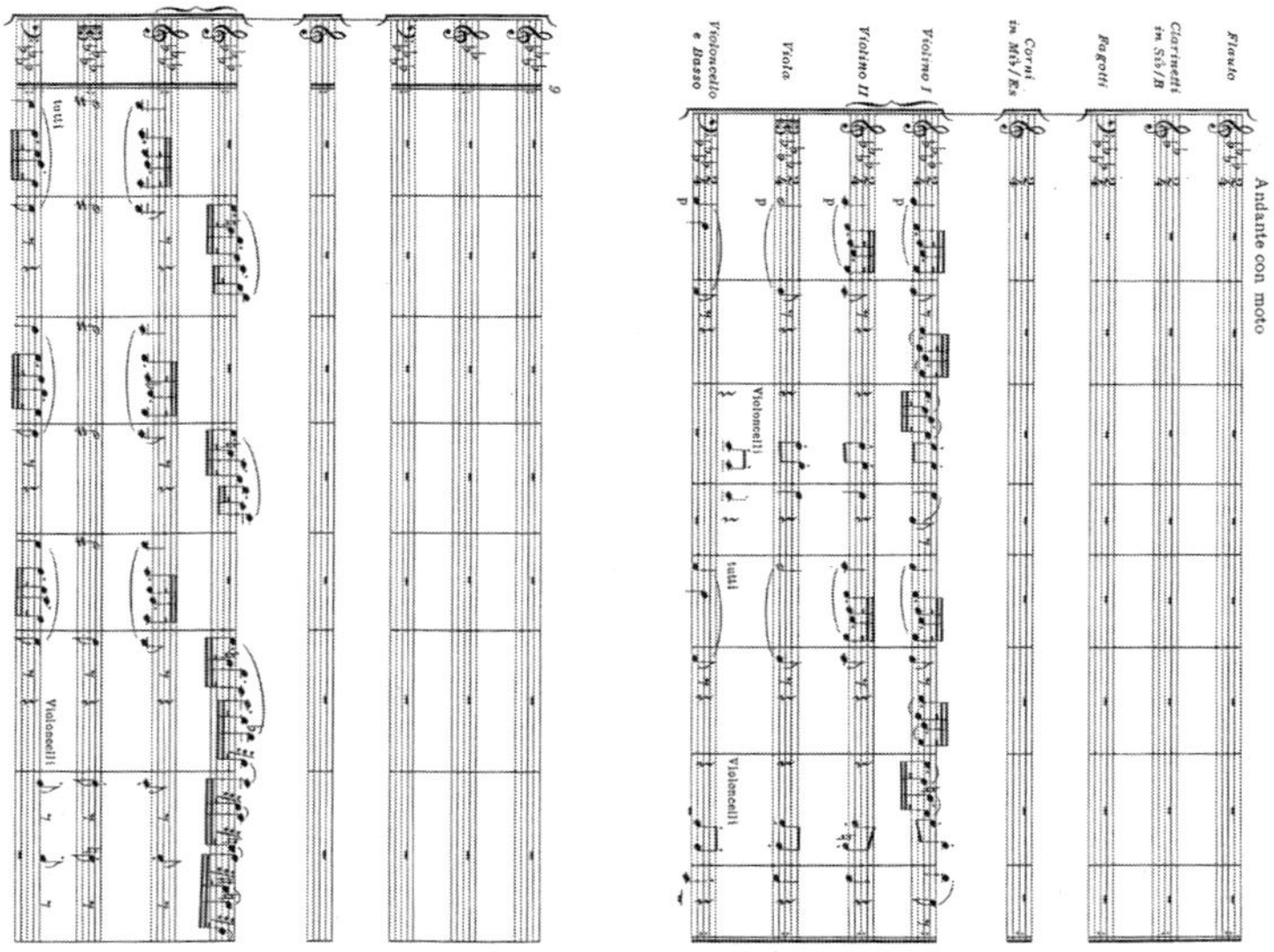

譜例6　ヴォルフガング・アマデウス・モーツァルト『交響曲第39番』第２楽章の第１主題（Wolfgang Amadeus Mozart. *Neue Ausgabe sämtlicher Werke*. Serie IV, Werkgruppe 11, Band 9. Kassel: Bärenreiter, 1957, S. 24.）

譜例７　『歴史的交響曲』から第３楽章「ベートーヴェンの時代、1810年」（Spohr. “Symphony in G major, Op. 116, Historische Symphonie.” S. 223-224.）

の交響曲もまた、音楽史の進歩はベートーヴェンの時代で終わった、という「歴史の終焉」意識の産物だったのだ。[39]

　だがシュポーアがこの作品で表現した「退行的」歴史観は、特に若い世代の作曲家から猛反発を受けた。彼よりも二十六歳下のシューマンはこの作品をライプツィヒで聴き、「一八四一年一月七日の第十一回定期演奏会」(『新音楽時報』第八年次第十四巻、一八四一年二月十二日)でこう書いている。

譜例２　『歴史的交響曲』第１楽章のフーガ主題

譜例５　『歴史的交響曲』第２楽章の主題（第三小節に跳躍動機を含む）

譜例８　『歴史的交響曲』第３楽章の冒頭部

譜例10　『歴史的交響曲』第４楽章の冒頭部

譜例9　『歴史的交響曲』から第4楽章「最新の時代、1840年」（Spohr. “Symphony in G major, Op. 116, Historische Symphonie.” S. 247-248.）

これ『歴史的交響曲』の最終楽章」はわれわれが確かにしばしばオーベール、マイヤベーアなどに聴くような喧噪と言える。しかしもっと良いもの、もっと品位があるもの、そうした［悪しき］諸影響を無効にするようなものもまたたくさん存在しているのだから、われわれはこの最終楽章の辛辣な意図を認めることはできない。(40)

現代にも優れた作品が数多く存在するのに、それらをすべて無視し、最終楽章をあえて軽薄な「喧噪」に仕立てたシュポーアの「辛辣な意図」をシューマンは非難するのだ。シュポーアはこのシューマンの反応を気に病み、メンデルスゾーンに自作の批評を求めたが、彼もまた最終楽章への不満を伝えてきた。さらに作曲家・音楽理論家のモーリッツ・ハウプトマン（一七九二―一八六八）も、知人の音楽家フランツ・ハウザー（一七九四―一八七〇）に宛てた書簡（一八四〇年四月三日付）で、最終楽章について「新ロマン主義のつもりだろうが、とても不快で、俗物的な方法で奇抜たらんとしているだけだ」と言い放っている。(41)

メンデルスゾーンやシューマンら、「ベートーヴェン以後」の交響曲の可能性を模索していた作曲家たちがシュポーアの『歴史的交響曲』に憤慨したのは、この作品が「退行的」歴史観を表明していたからというばかりではなく、それが「ベートーヴェンの抑圧」を免れていた、言い換えれば、交響曲というジャンル――「最もドイツ的」な音楽――の規範性と歴史性を直視しなかったからでもあった。先に取り上げた「ベルリオーズの交響曲」でシューマンは、フェルディナント・リース（一七八四―一八三八）やフランツ・シューベルト（一七九七―一八二八）、ヤン・カリヴォダ（一八〇一―六六）、メンデルスゾーンといった交響曲作家に交えてシュポーアの名も挙げ、「彼らのうちで誰一人として（略）［交響曲の］古い形式にあえて何か本質的な変更を加えた者はいない」と述べていた。(42) シューマンから見れば、シュポーアが「量産」しているような標題的交響曲は「ベートーヴェン以後の交響曲」のうちには数えられないのだ。「ベートーヴェンのあとで交響曲の計画は不可能だ」という音楽界の雰囲気は「ある程度、真実」である。[43] シューベルトのハ長調交響曲の総譜を自らが「発見」したことを報じた批評（『新音楽時報』第七年次第十二巻、一八四〇年三月十日）で、彼はそう認める。

このように一八三〇年代のドイツにおいて、ベートーヴェンの交響曲が乗り越えがたい規範として「聖典化」されていくのと軌を一にして、近代音楽史のうえでおそらく初めて「歴史の終焉」という問題が表面化した。次節で見る「ベートーヴェン―ロッシーニ論争」は、まさにそこで生じた一種の「歴史の空白」を背景として登場してくる。

4 「ベートーヴェン―ロッシーニ論争」の展開

「ベートーヴェンとロッシーニの時代」——キーゼヴェッターの音楽史観

ヴィーンの音楽理論家・音楽史家ラファエル・ゲオルク・キーゼヴェッターの『ヨーロッパ・西洋の音楽あるいはわれわれの今日の音楽の歴史』（一八三四年）の最終章は「ベートーヴェンとロッシーニの時代、一八〇〇年から一八三二年」という題をもつ。キーゼヴェッターは「確かに後者［ロッシーニ］は十年ほど遅れて登場し、前者［ベートーヴェン］はこの世での歩みをすでに終えているが」と断ったうえで、この二人の作曲家をもってヨーロッパ音楽史の最新の時代を代表させる根拠を次のように説明する。

一方が、かつてのヴィーン楽派の最も誇らしい弟子として、その器楽作品において比類なき輝きを放っているのに対して、もう一方の最高度に鮮やかで表現力に満ちたオペラは、楽器および歌の技法のあらゆる手段を使い、圧倒的な影響力をもちながら、同時代の人々から全員一致の称賛を勝ち取ったのだ。[44]

キーゼヴェッターはこの書で、十八世紀以来の「普遍音楽史」の伝統（第1章第1節を参照）に依拠し、サン＝タマンのフクバルドゥス（八四〇頃―九三〇）から彼の同時代に至るまでのヨーロッパ音楽史を、国や地域の偏りを可能なかぎり排して――すなわち「国民主義的」音楽史とは対照的なアプローチで――叙述している。「ベートーヴェンとロッシーニの時代」という最終章の題名にも、そのことが示されている。ところがこの書は、指揮者・批評家のイグナツ・フォン・モーゼル（一七七二―一八四四）をはじめとするヴィーンの愛国主義的音楽家たちから厳しく非難された。[45] 彼らからすれば、ロッシーニのオペラを、「最も偉大なドイツ音楽」であるはずのベートーヴェンの器楽と並べて称賛するなど、到底許されることではなかったのだ。

　ロッシーニのオペラは一八二〇年代以降、イタリア国内だけでなく、フランスやドイツ、イギリスでも大きな人気を獲得した。ヴィーンでは、二二年四月から七月にかけてケルントナートーア劇場で彼の作品の連続上演祭が開催され、ナポリの一座に同行した作曲家自身も人々から熱烈に歓迎された。彼がベートーヴェンと会見したという後述する逸話も、この時生まれたものだった。折しもドイツでは、一八二〇年代後半に巨匠たち（ヴェーバー、ベートーヴェン、シューベルト）が相次いで世を去ったためもあり、音楽界におけるロッシーニの存在感がそれまで以上に大きくなり、愛国主義的傾向をもつ音楽家や批評家はそれに対して強い警戒心を抱くようになる。ホフマンは早くも一八二一年のオペラ論で「きわめて控えめに言っても、軽薄で、真の芸術の名に値しないロッシーニが、偉大な「オペラの」原理をひっくり返してしまった[46]」と嘆いていた。彼によれば、グルックが「真剣なドイツ的精神の深み」から作り上げた「真正な悲劇的オペラ」の伝統は、「ロッシーニとその一味のグロテスクな跳躍進行と無意味な装飾音、でこぼこしたヴァイオリンのパッセージ、不快なトリル」が蔓延する今日、深刻な危機に瀕している。ドイツの芸術がこれまで育んできた「真実と真剣さ」は、いまやロッシーニの「堕落し

図8　ラファエル・ゲオルク・キーゼヴェッター（1733-1850）。ファウスティン・ヘル（1834-49年頃活躍）のリトグラフ（1841年）

た趣味（jener entartete Geschmack）」に取って代わられつつある、と彼は警告する。[47]また前章で見たように、ヴェントは二九年の講義で、「ロッシーニの登場後、直ちにドイツ音楽と新イタリア音楽の戦いが勃発した」と記していた。[48]これらは、ベートーヴェンが確固たるものとして打ち立てたドイツ音楽の優位をロッシーニとその一派が脅かしている、という時代認識を示唆するが、ドイツでの「ロッシーニ問題」は一八三〇年代以降、いっそうその深刻さを増す。

シューマンは自身の著作全集の「序文」（一八五四年）で、一八三〇年代前半のドイツの音楽界を次のように振り返っている。

その当時［一八三三年］のドイツの音楽的状況が好ましいものであったとはとても言えない。舞台には相変わらずロッシーニが君臨していた。（略）しかもベートーヴェン、ヴェーバー、シューベルトがわれわれのもとで生きていた時代からまだわずか数年しかたっていないのに、である。[49]

ここでシューマンは、ベートーヴェンやシューベルトが世を去ってからメンデルスゾーンやフレデリック・ショパン（一八一〇—四九）が登場するまでの「空白期間」として一八三三年当時を回想しているが、まさにこの時期を指して、キーゼヴェッターは「ベートーヴェンとロッシーニの時代」と呼んだのだった。シュポーアが『歴史的交響曲』の最終楽章で皮肉を込めて描いた「最新の時代」も、おおむねこの時期に重なる。すなわち、世代や立場によって反応の仕方はさまざまだったとはいえ、ドイツの音楽家や批評家、歴史家の多くが一八三〇年代という時代を、バッハからベートーヴェンまでの「偉大なドイツ音楽」の伝統が「イタリア人」ロッシーニによって破壊されつつあるという、文字どおり「国民的危機」の時代として経験したのである。

ショーペンハウアーとヘーゲルのロッシーニ評価——「絶対音楽」の原型としてのロッシーニ？

当時のドイツにおけるロッシーニの影響力を知るためには、むしろ音楽関係者以外から証言を得るほうがいいだろう。ここでは、アルトゥール・ショーペンハウアー（一七八八―一八六〇）とヘーゲルという二人の哲学者を例に挙げるが、彼らの著作のなかでロッシーニは、のちの時代の読者には奇異に思えるほど重要な位置を占めている。

ショーペンハウアーは『意志と表象としての世界』（第一部、一八一九年）で、われわれは世界の根底にある動的な「意志（Wille）」を、ただ芸術を通してのみ認識可能であると説いた。そのなかでも、とりわけ特権的役割が与えられているのが、「最上にして最も高貴な芸術」[50]としての音楽である。

> 音楽は他のすべての芸術からはまったく離れている。われわれが音楽のなかに認めるのは、世界における存在の何らかの理念の模造でも反復でもない。それにもかかわらず、音楽はきわめて偉大でたいそうすばらしい芸術であり、人間の最も内的な部分にとても強くはたらきかける。それは最も内的な部分において、直観的な世界そのものの明瞭さをも凌ぐほど明瞭な、まったく普遍的な言語（eine ganz allgemeine Sprache）として、そっくりそのまましかも心から理解されるのである。（略）そのため音楽は、決して他の諸芸術のように理念の模像ではなく、意志そのものの模像なのである。（略）音楽の効果が他の諸芸術のそれよりもはるかに力強く、迫力があるのも、まさしくこのためである。というのも、これらの諸芸術はただ影について語るだけだが、音楽は本質について語るからである[51]。

図9　アルトゥール・ショーペンハウアー（1788-1860）。ルートヴィヒ・ジギスムント・ルール（1794-1887）による油彩画（1818年頃）

われわれは建築のうちに光と重力の理念を、庭園のうちに植物の理念を、絵画や彫刻のうちに人間の理念を、そして文学のうちに高次の人間性の理念を、それぞれ認識することができる。理念とは、世界の意志が「直接的かつ十全に客観化されたもの」である。ところが音楽には対応する理念がない。というのも音楽は、本来は「絶対に表象不可能」であるはずの世界の意志そのものをわれわれに伝える唯一の芸術だからだ。

そしてショーペンハウアーが、「音楽に固有の普遍性」を最も「純粋」に実現した作曲家として挙げる人物こそ、ロッシーニにほかならない。

もっぱら音楽に固有であるこの普遍性こそ、そのきわめて厳密な規定性にもかかわらず、音楽に高い価値を与える。(略)したがって、音楽がはなはだしく言語に密着することを試み、出来事に従って形を変えることを試みるならば、音楽は自分のものではない言語を話そうと努めていることになる。こういう過ちからロッシーニほど純粋に身を守った人は誰もいない。彼の音楽はその固有の言葉をきわめて明瞭に、純粋に語っており、そのためにそれは言語をまったく必要としないのだから、楽器だけで演奏されても十分にその効果を上げるのである。[52]

ここでショーペンハウアーが称賛するのは、ロッシーニのオペラのなかの器楽(序曲等)ではなく、アリア(歌)そのものである。ロッシーニの歌は、言葉(歌詞)が主導的役割を担わず、「楽器だけで演奏」されても十分な表現効果を上げるという点で、「言語をまったく必要としない」音楽、言い換えればそれ自身の「固有の言葉」を「純粋に語る」音楽である。ここにはのちにハンスリックが展開することになる「絶対音楽」の美学が予示されている。ハンスリックは『音楽美について』で「長めのレチタティーヴォを歌詞を取り去って演奏してみよ、そのうえでその音楽的価値と意義を検討せよ」と述べたが、まさしく同じ見地から、ショーペンハウアーはロッシーニのアリアを「純粋で絶対的な音楽」として聴いたのだ。[53] ただしハンスリックにおいては「純粋器楽」以外にはありえなかった「絶対音楽」のモデルを――少なからず驚くべきことに――ショーペンハウアーはロッシーニのオペラに見出したのだった。[54]

図10 ゲオルク・ヴィルヘルム・フリードリヒ・ヘーゲル（1770-1831）。ユリウス・ルートヴィヒ・ゼッバース（1804-43）のリトグラフに基づくラザールス・ゴットリープ・シヒリング（1812-63）の鉄版画（1828年以降）

他方ヘーゲルは、ショーペンハウアーとは対照的に、音楽が言葉から離れて「自立的」芸術に向かう同時代の傾向に警鐘を鳴らした。ヘーゲルは『美学講義』で、「自立的音楽」すなわち歌詞を伴わない「独奏音楽」が音楽としては純粋で、より高次の段階にあることを認めながらも、芸術としての理想を、彼が言うところの「伴奏音楽」すなわち歌詞を伴う声楽のなかに見た。美を「理念の感覚的な現れ」[55]と定義する彼にとって、芸術とは「精神の最も包括的な真理」を表現する使命を「宗教および哲学との共通の円環」のなかで分有し、しかしながら宗教や哲学とは違い、その精神的真理を「感覚的に提示」するものである。[56]したがって音楽も、そうした芸術の一部門であるからには——いくら「ロマン主義的」ジャンルに属すとはいえ——その内容として「思想や感情」を欠いてはならず、作曲家は器楽の作曲に際しても「多少なりとも規定された内容の表出と音楽的構造の両面」に等しく注意を向けなくてはならない。[57]また声楽の場合、歌詞（言葉）に従属するのは音楽芸術として不適切だが、かといって歌詞の内容から離れて「自立的」になることも許されない。

> このように［歌詞と］絡み合う時にも、音楽はそうした奉仕的役割に堕してはならない。（略）しかしまた他面において音楽は、最近の大多数のイタリア人作曲家のあいだで流行となっているように、歌詞の内容による規定を足かせと見なして、そこから完全に脱却し、独奏音楽（die selbständige Musik）の域に迫ろうとしてもならない。反対にこの芸術［の本分］は、語られた言葉、状況、行為などの意味を十分に満たし、この内的な生から魂のこもった表現を見つけ出し、音楽的に形成することにある。[58]

ここで言われる「イタリア人作曲家」のなかにロッシーニが含まれるだろうことは——当時の読者にも、今日のわれわれにも——想像に難くないが、驚くべきことにヘーゲルは、わざわざロッシーニを名指ししたうえで、その「擁護」を試みている。

そして今もなおロッシーニと最近のイタリア楽派について「ルソーおよびグルックの時代と」同様に賛否両論が対立している。反対派は特にロッシーニの音楽を空疎な耳のくすぐりとして非難する。しかし彼の旋律により深く聴き入れば、この音楽はむしろ逆にきわめて情感豊かで、精神性に富み、心情に迫りくる［ことがわかる］。とりわけ厳格でドイツ的な音楽の理解に好まれるような性格描写には欠けるところがあるとしても、である。ただしもちろんロッシーニがあまりにしばしば歌詞に忠実でなくなり、自由な旋律をもってすべてを飛び越えてしまうことは否定できないが。(59)

ヘーゲルは、ショーペンハウアーと同様、ロッシーニの音楽が「絶対音楽」——彼自身の用語では「独奏音楽」——に接近する傾向を察知していたが、ショーペンハウアーとは違い、その傾向を否定的に捉える。しかしここでより注目すべきは、当時ドイツ人の多くが「空疎な耳のくすぐり」として「非難」していたロッシーニの音楽を、彼がわざわざ「情感豊かで、精神性に富み、心情に迫りくる」ものとして称賛していることだ。これは一見意外な印象を与えるが、その根拠は単純である。この評価は彼自身の実体験によって裏付けられていた。ロッシーニは彼が生涯を通じて最も深く傾倒した作曲家だったのである。

一八二四年九月にヘーゲルはイタリア・オペラを観ることを目的にヴィーンを訪れている。「イタリア・オペラと帰路に払うためのお金が続くかぎり、私はヴィーンにいるつもりです！」(60)——ヴィーンから妻に宛てた最初の手紙（九月二十一日付）で彼はそう述べている。最大の目玉はロッシーニ・オペラの連続上演であり、彼は二週間の滞在のうちに『セビーリャの理髪師』（一八一六年）、『オテッロ』（一八一六年）、『マティルデ・ディ・シャブラン』（一八二一年）、『ゼルミーラ』（一八二二年）の四作品の上演（いずれもケルントナートーア劇場）に臨席した。(61) そのうち『セビーリャの理髪師』について、彼は「ロッシーニの『フィガロ』はモーツァルトの『結婚』

よりもはるかに私を満足させます」、「これが聴けるならヴィーンを立ち去りたくありません(62)」とやはり妻に書き送っている。

このヴィーン滞在中のヘーゲルの手紙においては、歌手の名前とその技量への言及が際立っている。彼にとってオペラ劇場とは、作曲家による作品やその演出を鑑賞するための場というよりも、歌手の声（喉）を聴くための場であった。

> どうしてロッシーニの音楽がドイツ、とりわけベルリンでは軽蔑されているのか、いまや完全に理解できます。図解書が婦人たちのためだけに、鵞鳥のレバーペーストがグルメの舌のためだけにあるのと同じく、イタリア・オペラはもっぱらイタリア人の喉（italienische Kehlen）のために作られているからです。それはそれ自体としての音楽［作品］ではなく、それ自体のための歌であり、すべてはイタリア人の喉のために作られているのです。――それ自体で価値をもつ音楽はヴァイオリンでもピアノでも同じように演奏できますが、ロッシーニの音楽は歌われたときにだけ意味をもちます(63)。

オペラ歌手は「芸術家、つまりオペラに音楽を付けた人物と同じように優れた作曲家(64)」と言える。そのことをヘーゲルが理解できたのは、ベルリンからはるばるヴィーンまで足を運び、「エリートはみなイタリア人(65)」であるこの街の劇場文化を肌で経験したからこそだった。生涯イタリアの地を踏むことがなかったヘーゲルにとって、このヴィーン旅行が唯一にして最大の「イタリア体験」だったと言えよう。

そしてこのヴィーンでの体験は、『美学講義』でロッシーニが言及されるもう一つの個所にも影響を及ぼしている。ヘーゲルは「芸術的演奏」を論じる際、ロッシーニがしばしば「歌手まかせ」で楽に創作したと非難されることに対して、反論を試みる。

ロッシーニは歌手にとって楽な作曲をしたという評価は、ただ一面において正当であるにとどまる。他面、彼がしばしば歌手に対して彼らの独立した音楽的才能の活動を要求している点では、彼らに困難な課題を課したともいえるのだ。だがこの才能が実際に非凡なものであるなら、これに基づいて成立する作品はまったく独自の魅力を持つことになる。われわれは芸術作品に接するにとどまらず、現実の芸術的な生産そのものに立ち会うことになるのだ[66]。

この一節はこれまで美学研究者から、ヘーゲルが「再生芸術」における作品とその上演（音楽ならば演奏）の関係を整合的に捉えることに失敗している証拠として読まれてきた[67]。だがそのことは必ずしも否定的に理解されるべきではなく、むしろ、彼の美学の体系的整合性を危うくするほどに強烈だった「イタリア体験」の痕跡と見なされるべきだろう。

ヘーゲルのテキストとしては例外的と言っていいだろうが、『美学講義』の音楽の章では、ドイツ民族やプロテスタンティズム（『歴史哲学講義』のような）あるいはプロイセン国家（『法の哲学』のような）に有利に作用する議論は影を潜めている。それもおそらくは彼のロッシーニ評価と少なからず関係していたものと考えられる。それどころか彼は、「生まれつき旋律的表出の天分に恵まれ」た「歌の民族（ein Volk des Gesanges）」と彼が呼ぶイタリア人に、この芸術での優位を首尾一貫して認めている[68]。彼は「才能と天分」を扱った節で、音楽と国民性について次のように述べている。

> 諸々の芸術は多かれ少なかれ国民的（nationell）であり、一つの民族（ein Volk）の自然的側面とつながっている。例えば、イタリア人は歌と旋律をほとんど自然に［生まれつき］持っているが、それに対して北方の民族（die nordischen Völker）のもとでは、音楽とオペラは——彼らがそれらの育成に力を入れて大きな成果をあげたものの——オレンジの木と同じく完全に土着（einheimisch）のものとはならなかった[69]。

ドイツ人がいかに音楽とオペラの育成に熱を上げようが、それらは結局のところ、イタリアからの「輸入品」の域を出ず、「土着」の芸術としてドイツに「根付く」ことはない。これが一八二〇年代のドイツ人、しかもしばしばドイツ国民主義《ナツィオナリスムス》との蜜月が指摘されてきた哲学者ヘーゲルの発言であることは大いに驚きである。ただしその驚きは、彼とロッシーニの関係を知らない場合のみに限られるのだが。

「解釈モデル」としてのベートーヴェン―ロッシーニ論争

ショーペンハウアーとヘーゲルの芸術哲学のなかでロッシーニのオペラはきわめて本質的な位置を占めていた。当時のドイツでロッシーニはそれほどの存在感をもっていたのだ。キーゼヴェッターは一八三四年の著作で、音楽史の最新の時代を「ベートーヴェンとロッシーニの時代」と名付けたが、以後この二人の作曲家はさまざまな場面で比較対照されるようになる。ここではそれを「ベートーヴェン―ロッシーニ論争」と呼ぶ。本書がこの論争に注目するのは[70]、それが単に二人の音楽家の理解に寄与するだけでなく、一つの「解釈モデル（ein hermeneutisches Modell）」として、この時代の美学的パラダイムを読み解くための手がかりともなるからだ。

一八二〇年代から三〇年代にかけてのドイツで、音楽関係者以外も巻き込みながら、あれほど「ロッシーニ主義（Rossinismus）」が真剣に議論されたのはなぜだったのか。批評家・文化史家ヴィルヘルム・ハインリヒ・リール（一八二三―九七）は『音楽の個性人たち』（第二巻、一八六〇年）でそう自問し、次のように答えている。

> ドイツ人の彼［ロッシーニ］に対する戦いは、イタリア［ローマン］的軽薄さに対するドイツ的真剣さの道徳的戦い（ein sittlicher Kampf deutschen Ernstes wider wälschen Leichtsinn）だった。純粋な美学的立場からは、しばしば不公正で一面的で不器用に遂行されたが、それは倫理的に（moralisch）名誉の戦いだったのであり、その根本では、かつていかなる民族もゲルマン民族（das germanische Volk）以上に誠実には保持する術を知

らなかった芸術の純粋さや高貴さ、神聖さのための戦いだった。(71)

ここで言われる「純粋な美学的立場」とは、音楽作品の価値や意義を「音の形式」へと還元して理解する立場――ハンスリックがその典型――を指す。ヘーゲル美学の影響下にあったリールは、そうしたいわば「カント的」な芸術観を退け、芸術作品を「時代精神」との結び付きのなかで歴史的に理解する「芸術史的（kunstgeschichtlich）」方法を信条とした。リールによれば、ロッシーニの音楽をいくら「純粋に美学的に」分析しても、その「芸術史的」意義を理解することはできない。ロッシーニのオペラがドイツで激しい賛否両論を喚起した理由は、むしろ「倫理的」問題として考察されなければならないのだ。すなわち、当時ドイツ人の多くがロッシーニを拒絶したのは、「ドイツ的真剣さ」を「イタリア的軽薄さ」から守ろうとする「道徳的」動機からだった。彼らはそうすることで、それまで「ゲルマン民族」だけが保持してきた「芸術の純粋さや高貴さ、神聖さ」を堅持しようとしたのだ。

このリールの発言は、ベートーヴェン―ロッシーニ論争がまさに一つの「解釈モデル」として読み解かれるべきであることを示す。それは「純粋な美学的」性格をもったものというより、「ゲルマン民族」が自らの権威や美徳を守るための政治的・倫理的な言論闘争の場だったのだ。具体的には、この論争でのベートーヴェンとロッシーニの対立は、器楽／声楽あるいは交響曲／オペラといった音楽美学的カテゴリーと結び付いていただけでなく、北方／南方あるいはドイツ／イタリアといった地理的・国民的カテゴリー、さらには理性／感覚、真実／見せかけ、あるいは真剣／軽薄といった哲学的・道徳的な対概念とも重なり合っていた。

われわれは「解釈モデル」としてのベートーヴェン―ロッシーニ論争の見取り図を、ブレーメンの音楽教育家・著述家ヴィルヘルム・クリスティアン・ミュラー（一七五二―一八三一）の『音楽芸術の学問への美学的歴史的導入』（全二巻、一八三〇年）から得ることができる。この概説的・入門的書物は、音楽美学史のうえではほとんど無名だが、音楽における「ドイツ的なもの」をめぐる当時の一般的認識を知るためには格好の資料となる。

ミュラーはこの書の第三部「十九世紀の第一四半世紀の音楽的状況――主にドイツにおける態勢」で、一八〇〇年から二五年までの四半世紀を「音楽芸術の最高点あるいは黄金時代」と呼ぶ一方、「すでにわれわれは根本的な意味で音楽的発展の終焉におり、金メッキ、真鍮の時代に移行している」と言う。[72]

> 哲学的・美学的素養がある観察者はわかっているが、ベートーヴェンでさえも器楽で、そして彼の敵対者のロッシーニは声楽で、いずれもやりすぎたことにより、現代の流行趣味の黄鉄鉱のような眩い見かけと単なる金メッキに基礎を与えてきた。[73]

ミュラーがここで「音楽的発展の終焉」の原因を、ベートーヴェンとロッシーニ双方の「やりすぎ」に帰していることは興味深い。そのうえで彼は「[現代の]音楽美学には主に二つの対極が存在する」[74]として、それを次のように定式化する。

> 一方の党派は、ドイツ的（die deutsche）と名付けることができるもので、昔ながらの堅固で規範に則った知的な方法により忠実であり、もう一方の党派に熱心に反対している。そのもう一方の党派は、入念さよりも、外的で感覚的な快を追求し、これはイタリア［ローマン］的（die wälsche）と呼ばれてしかるべきものである。[75]

図11　ヴィルヘルム・クリスティアン・ミュラー（1752-1831）

「ドイツ的党派」と「イタリア的党派」を区別するのは、作品の「内容」ではなく――前者にも俗受けする作品があり、後者にも高貴な作品があるから――むしろその手法、すなわち「入念で内的な真実（Wahrheit）の手法」と「浅薄で外的な見せかけ（Schein）の手法」の違いである。[76] 例えば歌曲を作る際、前者は「歌詞と音楽を、耳と心だけでなく理性をも充足させる新たな統一体のなかに融合させる」が、それに対して後者は「歌詞の内容を十分に顧慮せず、歌に適した音節と、耳に快く驚かせるような装飾のための心地よい旋律[77]」へと向かう。また同様のことは聴衆の感性についても言える。「冗談よりも真剣さが受け入れられる北方の諸都市の音楽愛好家は、南方の人々に比べて、うわべだけの飾りに眩惑されることは少ない」が、他方イタリアでは、あるいはドイツでも「ヴィーンやミュンヘンなどイタリアに近い諸都市」では、「言語の快音に慣れたヘスペリア的な耳が、優雅に漂うロッシーニ的旋律を好む」のだ。[78] ここでミュラーがドイツの南北差にふれていることにも留意しておきたい。地理的にも文化的にもイタリアに近く、また宗教的にもローマ・カトリックが優勢な南ドイツの諸都市は、むしろ「イタリア的党派」の一部として理解すべきなのだ。

ミュラーは『一般音楽時報』(一八二七年五月二十三日)にベートーヴェンの追悼文を書いた人物としても知られるが、彼はそのなかで、幼少期から柔軟で愛想よく社交的な性格を育んだモーツァルト——彼はどちらかと言えば「イタリア的党派」に属する——と対比しながら、ベートーヴェンが若い頃から「沈思黙考」を好み「孤独のなかであらゆる生活の必要を忘却した」音楽家であったことを強調していた。[79] ベートーヴェンのこのような気質は、ミュラーがこの書で定義する「ドイツ的党派」の特徴にそのまままつながっている。

またミュラーによれば、こうしたドイツとイタリアの「美学的」傾向の違いは、双方の地域の地理的・風土的特性からも説明できる。「南ではもっぱら感覚的世界(die sensitive Sphäre)の軽快で明るく暖かい空気が流れ、人々は青い空の下、わずかなイチジクや栗の実で生活の必要を満たすことができる」のに対して「北の知的世界(die intelligente Sphäre)では太陽の灼熱に代わって霧が立ち込め、人々はときには肉、ときには牛乳、あるいはワインや水をそのつど必要とする」と彼は述べる。[80] さらにその違いは、双方の民族の精神的発達段階とも密接に関係する。

> 南方、特にイタリアでは古代の幼児世界の名残がいまだに見られ、そこではより外的な感覚（der äussere Sinn）の充足のみが求められ、ロッシーニの作品がそうであるように（略）単なる音響と音の刺激で満ち足りる。そのため、われわれ［ドイツ人］の若者たちも、この軽薄な音の遊びにことさら執着しているのだ。人としての成熟度がより高い北方、特にドイツでは、音も含めたすべてのものが悟性と心情に関連付けられる。[81]

こうしてミュラーは「ドイツ的党派」と「イタリア的党派」の美学的傾向の対立を、幼児と大人の違いになぞらえたうえで、人類の精神的発達史にまで結び付ける。そこでは「個」としての人間の進歩と「類」としてのそれとが相同的に把握されている。ベルント・シュポンホイアー（一九四八―）も指摘するように、こうした擬似‐人類学的歴史観こそが、十九世紀ドイツの音楽史叙述――フォルケルからアドルフ・ベルンハルト・マルクスに至るまで――を大きく特徴付けている。[82]「美学的に形成《ビルデン》＝教育されておらず（略）単なる感覚刺激に支配されている」[83]かぎりで、ドイツ人の若者と同様、イタリア人はいまだ精神的に「幼児」の段階にあるのだ。

さらにミュラーはこの書で、十九世紀後半のドイツの音楽美学で最重要の論点となる形式主義批判（次章で詳述）を先取りしている。彼によれば、イタリア的党派は「音のいっそう高度な意義」を軽視して、「単なる音響と音の刺激」を追求し、ロッシーニの軽薄な作品に見られるような「ひらひらした音のアラベスク（flatternde Tonarabasken）」に満足する。[84]それに対して「われわれドイツ人は、単なる形式や色彩、音の遊び（ein blosses Spiel der Formen, Farben und Töne）ではなく、理念と明確な性格を響かせること（Anklänge von Ideen und bestimmten Charakteren）を求める」[85]。ドイツ人は「純粋な音楽的作品」である器楽においても「楽器が情感を歌い、感情を表現しなくてはならない」と考えるのだ。[86]すなわちミュラーの見方に従えば、あらゆる音楽作品から「感情」や「観念」を切り捨て、その芸術的価値を「音の形式」に限定するような美的態度――のちにハンスリックが説くような――は、まったく「ドイツ的」ではなく、それどころか単に「イタリア的」である。ハンスリックが音楽美の理想的比喩とする「アラベスク」[87]は、ミュラーにとってはロッシーニの作風と一体化した「イタリア的なもの」の代名詞にほかならないのだ。

このようにミュラーは『音楽芸術の学問への美学的歴史的導入』で、ベートーヴェンとロッシーニの対比を土台として、そのうえにドイツ的党派とイタリア的党派の音楽美学的対立を定式化し、さらにそこに理性／感覚、知性／感性、真実／見せかけ、真剣／軽薄、内面／外見、成人／幼児といったさまざまな対概念をつなぎ合わせた。ベートーヴェンとロッシーニの比較論争は、音楽における「ドイツ的なもの」と「イタリア的なもの」の理念を新たな装いのもとで再結晶させただけでなく、音楽美学的思考を根本から規定する哲学的・道徳的諸概念をあらためて分節し直したのである。

ヴィーンでの邂逅の神話化

ベートーヴェン―ロッシーニ論争の「解釈モデル」としての機能を理解するうえで避けて通ることができないのが、ヴィーンでの両者の邂逅の逸話である。ロッシーニが自作の連続上演祭に立ち会うために一八二二年三月から七月までヴィーンを訪れたことは史実だが、このとき彼がベートーヴェンと会ったことを裏付ける確たる証拠はない。それにもかかわらず、このときの両者の出会いは想像力を強く刺激する「神話」として、音楽家や批評家、愛好家のあいだで長く語り継がれてきた。例えばシューマンは「ロッシーニ、ベートーヴェンを訪ねる」（一八三五年）という題の隠喩的アフォリスムを書いている。

> ロッシーニ、ベートーヴェンを訪ねる――蝶が鷲に出会った。鷲はうっかり翼を動かしたら蝶を押しつぶしてしまうので、道を譲ってやった。[88]

ここでの「蝶（Schmetterling）」がロッシーニを、そして「鷲（Adler）」がベートーヴェンを指すことは自明だろう。シューマンはしばしばイタリア音楽を「蝶」に喩えた[89]。そして言うまでもなく「鷲」は、カール大帝（在位：七六八―八一四年）の時代から神聖ローマ帝国の紋章に描かれてきた――のちにはドイツ帝国の国旗にも印される――ドイツの国家的シンボルである。その「鷲」は「蝶」に「道を譲った」のだが、それは「鷲」が気圧されたり怯んだりしたからではなく、か弱い「蝶」をつぶさないようにという強者の配慮からであった、というのだ。これは一つの「歴史観」の表明となっている。シューマンは、ヴィーンでの両者の邂逅の逸話に想像的解釈を施すことで、「ベートーヴェン以後」の音楽史の主導権をドイツ人の側へと引き戻そうとしたのだ。

　このシューマンのアフォリスムは、一八三〇年代半ばにすでに、ベートーヴェンとロッシーニの邂逅の逸話がかなり広い範囲で知られていたことを物語る。だが彼がどのようなかたちで、そしてどこまで詳細にそれを知っていたかは不明である。というのも、その邂逅についてのもっとも確実な証拠とされるロッシーニ自身の発言が、当時はまだ存在しなかったからである。

　一八五五年にイタリアからフランスに戻ったロッシーニは、パリ郊外のパッシーに邸宅を構え、そこを終生の地と定めた。その地で余生を送るロッシーニを、ドイツからも多くの音楽家や批評家が訪問した。五五年九月には作曲家・指揮者フェルディナント・ヒラー（一八一一―八五）、六〇年三月にはヴァーグナー、そして六七年五月にはハンスリックが彼のもとを訪れている。そのとき彼らが決まってロッシーニに尋ねたのが――それがかえって「神話」を補強してしまったのだが――ベートーヴェンとの関係である。その問いに対するロッシーニの一貫した答えは、一八二二年のヴィーン滞在時に、ベートーヴェンの友人にして詩人・台本作家のイタリア人ジュゼッペ・カルパーニ（一七五一―一八二五）の紹介で彼に会うことができた、というものだった。しかしながら面会の詳細に関するロッシーニの証言には多分に揺らぎがある。ベートーヴェンの耳の病がひどく、しかも自分がドイツ語を解さなかったために会話はほとんど成立しなかったが、会えただけで

図12　ルートヴィヒ・ヴァン・ベートーヴェン（1770-1827）。ヨーゼフ・カール・シュティーラー（1781-1858）による油彩画（1820年）

図13　ジョアキーノ・ロッシーニ（1792-1868）。フランチェスコ・アイエツ（1791-1882）による油彩画（1870年）。『未来の音楽』と題された総譜を手にしている

うれしかった、というのがヒラーが書き留めたロッシーニの回想である。[90] だがこれはベートーヴェン側の資料と食い違う。当時ベートーヴェンの評伝として最も信頼されたアントン・フェーリクス・シンドラー（一七九五―一八六四）の『ベートーヴェン伝』（初版、一八四〇年）は、第三版（一八六〇年）で初めてこの邂逅に言及したが、そこでは、楽譜出版者ドメニコ・アルタリア（一七五五―一八四二）が仲介したロッシーニの二度の面談の申し出を、気乗りのしないベートーヴェンが二度とも断った、と記されていた。[91] そこでハンスリックは、この矛盾を直接ロッシーニに問いただした。ロッシーニは即座に伝記作家の記述を否定し、短時間ではあったがベートーヴェンは自分たちを丁重にもてなしてくれた、とハンスリックに語ったとされる。[92] またヴァーグナーの訪問については、彼に同行したベルギー人音楽家エドモン・ミショット（一八三〇―一九一四）がのちに随想録（一九〇六年）を刊行しており、ロッシーニとの会話の様子もそこに詳細に記されている。その際ロッシーニは、カルパーニの紹介でベートーヴェンに会えたことをあらためて語ったという。さらに同書には、のちに多くの音楽愛好家が知るところとなる――文字どおり「神話化」される――ロッシーニへのベートーヴェンの賛辞が初めて書き記された。

> おお、あなたが『セビーリャの理髪師』を作ったロッシーニですか！　あなたに祝意を表します。あれは見事なオペラ・ブッファです。喜びとともに読ませていただきましたし、私自身も楽しみました。イタリア・オペラがあるかぎり、あの作品はいつまでも上演されることでしょう。オペラ・ブッファ以外に手を染めてはなりません。他のジャンルで成功しようなどと思ったら、あなたの運命をねじ曲げることになりますよ。[93]

ところが当のヴァーグナー自身は、パリのロッシーニを訪問する以前から、ベートーヴェンとロッシーニの邂逅にはとりわけ強い関心を抱き、そこに独特な歴史哲学的意義を見出していた。それは、ロッシーニがヴィーンのベートーヴェンの部屋を訪ねた日をもって「オペラの歴史は終わった」というものであった。彼の『オペラとドラマ』（一八五一年）にはこうある。

ヨーロッパ中から崇拝され、贅沢三昧の限りを尽くしながら微笑を振りまいていたロッシーニが、世間を嫌って独り閉じこもり、半ば狂人扱いされていた偏屈なベートーヴェンを表敬訪問するのが礼儀にかなったことだと思った――ベートーヴェンはこれに答礼しなかった――その日に、真のオペラの歴史は終わったのである。この好色なイタリアの息子の淫らに動き回る目は、理解しがたい相手の、苦悩に打ちひしがれ、憧れにやつれ――それでもなお死をも恐れぬ勇気をたたえた眼差しが発する尋常ならざる輝きにわれ知らず見入ったとき、一体何を認めたのであろうか？　見た者を滅ぼさずにはいないこの恐るべきもじゃもじゃ頭のメデューサは、ロッシーニに向かってかぶりを振ったであろうか？――少なくとも確かなのは、ロッシーニをもってオペラが死んだということである。(94)

ヴァーグナーによれば、ロッシーニのアリアは「オペラの全体的組織」から切り離された「剝き出しで耳に心地よい、絶対的に旋律的な旋律」という意味で「絶対旋律（absolute Melodie）」と呼ばれるのがふさわしい。むろんこの呼称には――彼がつねに批判の対象とする「絶対音楽」と同じく――否定的含意がある。本来、旋律（音楽）と歌詞（言葉）の不可分な一体として創作されるべきオペラを、ロッシーニはアリアという「根本的に絶対音楽的な芸術形式」に還元してしまった、と彼は指摘する。こうして「ロッシーニ以来、オペラの歴史は本質的に単なるオペラ旋律（Opernmelodie）の歴史になり果てた」のであり、われわれは「ロッシーニをもって本来の意味におけるオペラの歴史は終わりを告げた」と言わざるをえないのだ。(95)

ベートーヴェンとロッシーニの邂逅にヴァーグナーが施す想像的解釈が、シューマンのものと大きく異なることに注意したい。シューマンのアフォリスムでは、「鷲＝ベートーヴェン」が「蝶＝ロッシーニ」に自らすすんで「道を譲った」とされていた。これに対してヴァーグナーは、世俗的栄華の極みにあったロッシーニが「もじゃもじゃ頭のメデューサ」の眼光に見入られてその場で石化し、息の根を止められた、という新たな解釈を提起する。ロッシーニという作曲家、および「絶対旋律」としてのオペラは、いずれも一八二二年にヴィーンのベートーヴェンの部屋で「死んだ」というのがヴァーグナーの歴史観だった。そしてやがて、ロッシーニが命を絶ったその同じ部屋で、「絶対音楽」の限界を打破する『交響曲第九番』が誕生することになるのだ。[96] 自らの創作理念を正当化するためにヴァーグナーがはたらかせる歴史的想像力の徹底した首尾一貫ぶりには、驚かざるをえない。

政治的解釈――「革命家ベートーヴェン」対「反動家ロッシーニ」

さて次に「解釈モデル」としてのベートーヴェン―ロッシーニ論争の政治的含意に目を向けよう。音楽史の外に目を移しても、この論争が「三月前期（Vormärz）」[97] と呼ばれる時期に最高潮に達したことには必然性があった。一八三〇年代から四〇年代にかけてのドイツに蔓延した「ベートーヴェン以後」の音楽史の停滞感――あるいは退行感――は、革命の終息と反動的体制の到来という当時のヨーロッパの政治的動向と歩調をそろえていたのだ。

例えばシリングは『現代または近代の音楽の歴史』（一八四一年）で、ベートーヴェンを「自由と解放」の理念の主唱者として位置付けている。「世界と諸民族の普遍史との関連において」という副題をもつこの書は、音楽とその変化を、政治的事件や文化的変遷一般と関連付けて考察した音楽史の草分けと言われてきた。[98] シリングはそこで、近代以前の「前史」と近代以降の「本史」をそれぞれ五つの時期に分け、初期キリスト教会から執筆当時までのヨーロッパ音楽史を叙述する。ここで問題にするのはそのうち「本史」の第四期だが、それは「最近の歴史、あるいはベートーヴェンとロッシーニに至るまでの十九世紀音楽（一八〇〇―一八三〇）」[99] と題されている。

シリングによると、ベートーヴェンは「眠りから覚めようとしていた世界」の、とりわけ「すべての人間と民族を震撼させた、最後から二番目のフランス革命［いわゆる大革命］の衝撃によって、千年も続く神聖ローマ帝国の安寧な旧体制から抜け出ようとしていたドイツ」[100]の歴史的状況に呼応した芸術家だった。彼は「ベートーヴェンがもっぱら器楽で仕事をした」ことを確認したうえで、その音楽の最大の特徴は「遊戯の豊かさ（Spielreichthum）に可能なかぎり力点を置くこと」にあると言う。[101]この「遊戯の豊かさ」こそが、ベートーヴェンの音型や和音、旋律、そして転調のすべてにわたって、それまでの音楽史上に類を見ないほどの広がりと力強さ、多彩さを与えているのだが、それは作曲家が「時代の精神的導管に深く沈潜した」ことで可能になったものだった。すなわち「この無限に崇高で偉大な遊戯の豊かさ」は、いわば「諸民族と諸階級、諸個人の自由と解放の理念（Ideen von Freiheit und Emancipation）が、音において理想化された像」なのだ。[102]ベートーヴェンの音楽は、「大衆自身が近代性の精神を生活のなかで理解し始めている」状況を映し出す、まさに「時代精神の記号」と言えるのだ。[103]

だが、ベートーヴェンの音楽が体現する自由と解放の理念はいまや挫折した、というのがシリングの歴史認識だった。彼はその理由として、ヴィーン体制のもとで国家主権が強化され、政府や政治家が人間の価値や市民の名誉を見誤っていること、芸術が「公共性」を失い、音楽文化も一般大衆の生活から乖離し、一部の特権階級の独占物になりつつあること、そして最後に「イタリアの支配の再興」を挙げている。[104]

ヴェントやミュラー、キーゼヴェッターの音楽史観を知る者なら容易に推察がつくように、シリングが「イタリアの支配の再興」の節で「［イタリア音楽の］勝利行進の先陣」として槍玉にあげるのは、他でもないロッシーニである。「甘美で刺激的な旋律で自らのオペラをしつらえるだけ」のロッシーニは、器楽の分野でフランス人やドイツ人が積み上げてきた「進歩」を台無しにしてしまった。彼の音楽によってヨーロッパの人々のなかに「かつての退行の気分がよみがえった」[105]。「現実主義のロッシーニ」は、芸術の面でも人格の面でも「想像力」をまったくもたずに「金銭の思考」の束縛のなかに閉じ込められていたが、それは一八三〇年当時のヨーロッパの

「時代の傾向」に合致していた。[106] つまり「イタリアの支配の再興」は、単に芸術様式上の要因によるものではなく、そこに「時代風潮（Zeitstimmung）との内的共感」[107]が加わって生み出されたものなのだ。

以上が『現代または近代の音楽の歴史』の「本史」第四期で叙述される歴史の概略である。フランス七月革命を重大視したシリングは、このあとに第五期として「最新の歴史、あるいは直近のフランスの革命から今日までの音楽（一八三〇—一八四〇）」[108]を付け加えている。だがこれは、わずか十ページにも満たない、いかにも取って付けたような部分であり、彼のなかで音楽史は実質的に一八三〇年で終わっていると言わざるをえない。

シリングが強調した、自由と解放の理念の主導者としての「革命的」ベートーヴェン像は、一八三〇年代から四〇年代にかけてのドイツに広く浸透していたものだった。当時の音楽批評家や愛好家の多くは、ベートーヴェンの作品を——それが純粋器楽であっても——作曲家自身の思想や人生経験と関連付けて「詩的」あるいは「標題的」に解釈することを好んだ。ナポレオンに献呈しようと考えて『交響曲第三番』を作曲したベートーヴェンが、ナポレオンの皇帝即位の報に接して激怒し、「ボナパルト」という題が書かれていた総譜の表紙を破り捨てた、という今日まで知られる逸話も、彼の親友フランツ・ゲアハルト・ヴェーゲラー（一七六五—一八四八）と弟子フェルディナント・リースによる『ベートーヴェンに関する伝記的覚え書き』（一八三八年）を情報源として、この時期に広まったものである。[109]

さらに「革命家」としてのベートーヴェンは、ブレンデルの『イタリア、ドイツおよびフランスにおける音楽の歴史』（一八五二年。以下、『音楽史』と略記）のなかに最も典型的な姿で描かれることになる。「ベートーヴェンは、革命によって呼び起こされた新たな精神の作曲家であり、彼は自由や平等、そして諸民族や諸階級、諸個人の解放といった新たな理念の作曲家である」[110]とブレンデルは言う。彼は「民衆《フォルク》」との関係に即して、ハイドン、モーツァルト、ベートーヴェンの三人をこう対比する。

ハイドンは民衆《フォルク》＝庶民出身の人物であり、自らの領分を超えたところにあえて出ようとはしない。一方、もっぱら芸術家であったモーツァルトにとって、この［民衆との］関係は後退する。彼はきわめて粗悪なものにも、きわめて高貴なものにも、同じように接近している。彼の純粋に芸術的な立場はそれ以外のあらゆる視点を排除するのだ。これに対して、ベートーヴェンは民衆の側の意識（Bewusstsein auf die Seite des Volkes）をもって登場する。彼のなかでは芸術的貴族主義と同様に、社会的貴族主義もまた克服されている。[111]

ヨハン・フリードリヒ・ライヒャルト（一七五二―一八一四）が「ハイドンは園亭をこしらえ、モーツァルトはそのうえに城を作り、ベートーヴェンはさらにそこに教会を建てた[112]」と書いて以来、慣用的表現として好まれてきたヴィーン古典派の「三段階」の達成を、ブレンデルは「貴族主義（Aristokratie）」の克服と「民衆《フォルク》」への接近という歴史《ゲシヒテ》＝物語として新たに変奏する。「ドイツ」という語は本来、「単に〈民〉なるもの」を指す、というフィヒテからヴァーグナーに継承される観点――ブレンデルもそれを内面化していたとみて間違いない――に依拠すれば、「革命家」ベートーヴェンは「最も民衆的」な作曲家であるがゆえに、「最もドイツ的」な作曲家と呼ばれるべきなのだ（第2章第1節を参照）。

それに対して他方のロッシーニはどうか。ブレンデルは、シリングよりもいっそう鮮明に、ロッシーニを「反動家」として描き出す。彼は『音楽史』で「ロッシーニは王政復古期（die Restauration）すなわち一八一五年から一八三〇年までの作曲家であった[113]」と主張するが、これが単なる年代の一致にとどまらない意味をもつことは、次の引用からも明らかだ。

> ヨーロッパは長年にわたる深刻な混乱によって疲れ果てていた。そのために休息が必要とされ、気楽な生活の楽しみが求められた。この気分を表現したのがロッシーニの作品だった。うっとりさせるような旋律の数々ときわめて印象深いリズムによって、彼はこうした精神傾向を表現し、その足場を固めたのだ。そこに、すなわち感覚の刺激と耳のくすぐり（Sinnenreiz und Ohrenkitzel）に向けられたもののなかに、ロッシーニの

重要性と同時にその大きな欠陥がある。[114]

ブレンデルはロッシーニの音楽を、王政復古期の反動的なヨーロッパを覆った退行的で快楽的な気分の象徴と見なしている。「感覚の刺激」と「耳のくすぐり」をロッシーニの「大きな欠陥」として挙げる彼の主張には、音楽における「イタリア的なもの」を感覚的快楽に結び付ける、この時代の典型的思考法——ベートーヴェン―ロッシーニ論争がもたらしたパラダイム——が指摘できる。

だがブレンデルの音楽史観に従えば、ヨーロッパ音楽におけるロッシーニの優勢は、一八三〇年以降、ベートーヴェンに鼓舞されて「新たな精神観（eine neue Anschauung der Geister）」[115]が登場するまでの「ごく短い期間」の現象にすぎなかった。つまり他の多くの音楽史家とは逆に、しかも年代的観点からは奇妙にも、ブレンデルは「ロッシーニの時代」の次に「ベートーヴェンの時代」を置くのだ（次章第6節を参照）。ベートーヴェンは一八二七年に世を去っていたはずなのに、どうしてそのような歴史叙述が可能なのか。この直ちに生じうる疑義に対してブレンデルが用意する答えはこうだ。生前、特に晩年のベートーヴェンは、ヴィーンでも一部の「堅実な芸術愛好家」からしか評価されておらず、真の意味での「彼の時代」はその死後にようやく訪れたからだ、と。

彼の作品に対する、世間一般のより広範な理解は、ドイツの他の場所でも「ヴィーンと同様に」ようやく一八三〇年以降、すなわち彼が代表した「民衆的・革命的」傾向が諸国民の生活のなかで、より決定的な重要性をもつようになってから確立されたものであり、それに対して、一八二〇年から三〇年に至る惨めな時代［王政復古期］は断固として彼に敵対的だった。[116]

一八四一年に刊行されたシリングの音楽史が「七月革命以後」も視野に入れながら、実質的には一八三〇年で叙述を閉じていたのとは違い、一八五〇年代に音楽史を書いたブレンデルは、一八三〇年から同時代までを「一つの時代」として明確に描き出さなければならなかった。そこで彼が講じた方策が、「ベートーヴェンの精神」をその死後にまで「延命」させることとだった。

一八三〇年に起きたフランス七月革命は、ヨーロッパ全土を揺るがした。七月二十七日にパリで市民革命が勃発すると、シャルル十世（在位：一八二四―三〇年）は退位を余儀なくされ、十六世紀から続いたブルボン王朝は廃された。オーストリア外相メッテルニヒの主導のもと、フランス革命以前の支配体制の復活を図り、国民主義的・自由主義的運動を抑圧してきたヴィーン体制は、ここに綻びを見せ始める。八月にはブリュッセルで革命の気運に乗じた市民の反乱が起こり、これが端緒となってベルギーがオランダ（ネーデルラント連合王国）からの独立を宣言した（ベルギー独立革命）。それに続き、ワルシャワではロシアの支配に抵抗するポーランドの愛国主義者が蜂起し（十一月蜂起）、ハプスブルク帝国支配下のハンガリーでも独立運動が発生した。そして革命は直ちにドイツの諸邦国にも波及した。ザクセン王国、ハノーファー王国、ヘッセン選帝侯国、ブラウンシュヴァイク公国といった北部・中部の中小諸邦国では、自由主義的市民層を中心として憲法制定を求める運動が一八三〇年のうちに起こり、それらの諸邦国は三三年までに新憲法を制定して立憲君主国となった。「革命家ベートーヴェン」がその音楽を通じて提唱した「自由や平等、そして諸民族や諸階級、諸個人の解放といった新たな理念」は「ようやく一八三〇年以降」になってからドイツの人々に理解され始めた、というブレンデルの主張は、こうした歴史的根拠に基づいていた。

一方、「反動家」ロッシーニは七月革命によって実際に直接的な打撃をこうむった。彼は一八二四年にパリのイタリア劇場の監督に就任し、翌年にはシャルル十世の戴冠を祝したオペラ『ランスへの旅』を同劇場で披露した（一八二五年六月十九日）。これが機縁となって、彼はシャルル十世から手厚い庇護を受けることになる。ロッシーニが「王政復古期の作曲家」と呼ばれた最大の理由は、このフランス王との強い結び付きにある。ところがシャルル十世が七月革命で王位を追われると、旧体制下での契約はすべて履行停止となり、ロッシーニが王から内約を受けていた年金の給付は撤回され、その給付の条件であった、パリのオペラ座で二年に一つ新作を上演するという契約も破棄された。[117] こうして、革命の前年にオペラ座で上演された『ギヨーム・テル』（一八二九年）が結果的にロッシーニの最後のオペラとなる。七月革命によって王政復古期が幕を下ろすとともに、ロッシーニのオペラ作曲家としての人生も終わりを迎えたのだ。

「反動家」ロッシーニに対して、ブレンデルよりもさらに手厳しい批判をおこなったのがヴァーグナーである。彼が『オペラとドラマ』でロッシーニを「絶対旋律」の音楽家と呼んだことは先述したが、「絶対（absolut）」という語にはもう一つ重要な政治的含意があった。それはヴィーン体制下でメッテルニヒが復活させようとした「絶対王政（absolute Monarchie）」である。

ジョアキーノ・ロッシーニは、事実上オペラの唯一の内容をなす豪華さとその徹底した展開を代表する者として、グルックの教条主義的な革命原理に抵抗して成功を収めたが、これは彼の偉大なる庇護者メッテルニヒ侯爵が（略）このような国家制度の枠内で（略）人間的なものと理性的なものを確立しようとした自由主義革命家たちの教条的原理に抗したのに匹敵する。メッテルニヒはごく当然のことながら国家を絶対王政の下でしか理解できなかったが、ロッシーニもそれに劣らず徹底して、オペラをもっぱら絶対旋律の支配下にあるものとして理解したのであった。二人ともこう言ったのである。「国家とオペラが欲しければ、ここにある国家とオペラを取りたまえ――これしかないのだから！」と。[118]

メッテルニヒがロッシーニの「庇護者」と呼ばれているのは、彼からの委嘱を受けたロッシーニが、ヴェローナ会議（一八二二年十月―十二月）の開催を祝するカンタータ『神聖同盟』（一八二二年）を作曲しているからだろう。ヴァーグナーは「絶対旋律」と化したロッシーニのオペラを、反動的な「絶対王政」の芸術上の対応物と捉えたうえで、そのいずれをも時代錯誤の産物と見なす。彼は――ここではベートーヴェンの代わりに――グルックを「革命家」と呼び、ロッシーニに対置するが、それはグルックの「オペラ改革」を彼が高く評価していたからである。彼によれば、グルックは、オペラ劇場の主導権を歌手（ヴィルトゥオーゾ）から作曲家のもとへと取り戻し、台本や演出まで含めた劇の全体を統括するという、本来のオペラ作曲家のあり方を回復した人物だった[119]。グルックは「人間的なものと理性的なものを確立しようとした自由主義革命家たち」と比較されるべきだが、その理由は、彼がオペラの本質を考え抜いたうえで、従来の通念や制度を完全にひっくり返したからである。ロッシーニが「ただの反動家（nur Reaktionär）」であるのに対し、「われわれはグルックとその後継者たちを（略）一定の方法と主義に基づいた革命家（Revolutionäre）と見なさねばならない[120]」と彼が言うのはそのためだ。

ヴァーグナーの楽劇の根幹にあった「総合芸術」の理念は、近代化の過程でそれぞれ自立した別個の芸術ジャンルとされてきた詩、音楽、舞踊の三者の「根源的な協同」を取り戻すと同時に、近代的な国家や文明のなかで同様に寸断されてきた「純粋に人間的な普遍共同性」およびその担い手となるべき「民衆《フォルク》」を芸術を通して再生させるという、「大いなる人間革命」の試みでもあった。彼が古代ギリシャ劇を理想とした理由は、それが詩、音楽、舞踊の「三位一体」の協同であったからというだけでなく、「すべての民衆《フォルク》」が劇場に臨席した古代ギリシャでは——ペリクレス（前四九五頃—前四二九）の直接民主制のもとでは劇場入場料は国庫負担とされた——劇《ドラマ》は「民衆の意識の最も深く、最も高貴なものの表現」であり、それはギリシャ人にとって「国民そのもの」でさえあったからだ[121]。絶対音楽（ロッシーニ）と絶対王政（メッテルニヒ）は、「革命」によって打破すべき最大の仮想敵として、ヴァーグナーのなかで完全に一体化していたのである。

美学的パラダイムとしての「ベートーヴェン対ロッシーニ」

このように一八三〇年代以降、数多くの論者がそれぞれの動機と文脈において展開したベートーヴェンとロッシーニの比較論争は、音楽における「ドイツ的なもの」と「イタリア的なもの」の理念を、より具体的かつ根本的に再定義した。ベートーヴェン—ロッシーニ論争のなかで、両者の対立は、交響曲／オペラ、器楽／声楽、和声／旋律など音楽的・美学的二分法と重ね合わされただけでなく、理性／感覚、知性／快楽、真剣／軽薄といった哲学的・道徳的対概念、あるいはまた革命／反動という政治的対立とも結び付けられた。つまりこの論争は、二人の作曲家の音楽的評価にのみ関わるものではなく、ドイツとイタリアの文化や国民性をめぐる愛国的言論闘争——リールによれば「ゲルマン的」美徳を守るための「道徳的戦い」——の場として、きわめて広範な機能と影響をもったのだ。

ではこの論争にイタリア人はどのように関与していたのか。本節の最後にそれを確認しておこう。ロッシーニの擁護者として知られたカルパーニは、早くも一八一八年に次のように書いていた。

これまですでに二つの音楽様式が闘技場に入り、陣地を争ってきた。［一方は］イタリア的で古風（italiano antico）で、規則正しく、歌に基礎を置き、まったく旋律的な音楽であり、［他方は］ドイツ的でロマン的（tedesco romantico）で、歌に乏しく、和音が過剰で、詰め込みすぎで、難解で、気紛れで、「健全に育まれたすべての耳を麻痺させる」ような音楽である。(122)

この文章は、ドイツ人の読者にロッシーニのオペラの価値を説くことを主目的に書かれたものであり、(123) ベートーヴェンとの比較を主題としたものではなかったが、そこには彼の名前も何度か登場する。以下はそのうちの一つである。

ドイツの楽派が求める音楽は（略）おおげさな楽想と、とても奇妙でつねにわざとらしく、また聴く者を攻撃するような和音に満ちた転調からなる織物のようであり、したがって計算（il calcolo）の味方かもしれないが、鼓膜（il timpano）には敵である。（略）それは一言で言えば、ベートーヴェンの『フィデリオ』のようなものであり、猛烈なフリュギア的旋法に、細々として不十分なリュディア的音程がつねに附随しているようなものであり、器楽化された朗唱がときおり輝き出ることがあっても、音楽の要求に応じて歌があり方を欲するような、音楽的なオペラ（opera in musica）とは言えない。[124]

カルパーニは、ドイツの音楽家は「その知覚と享受に際して、感覚があまりにわずかしか関与しないような不自然な美（un bello artificiale）、または合意によって示し合わせた美（un bello di convenzione）」を生み出すだけだと指摘し、それは結局のところ「音楽的誤謬（una musicale eresia）」でしかないと批判する。[125]

これに対してロッシーニのオペラはまったく異なる。カルパーニは一八二二年の公開書簡で、ロッシーニの音楽の特徴として前人未踏の新しさ、心を打つ独創的な着想、綿密に作られた歌、きわめて的確な表現、音楽についての深い見識の五点を挙げ[126]、そのうえで次のように述べる。

彼の協力者は快楽（il piacere）であり、その同盟者は自然（la natura）である。退屈、苦労、冷淡な厳格さを彼は克服しようとする。[127]

注目すべきは、「自然」の力を借りて「感覚」に訴えかけ、聴く者に「快楽」をもたらすロッシーニの音楽が、ドイツの「難解」で「思弁的」な音楽よりも優位にある、と主張するカルパーニが、のちにドイツで展開するベートーヴェン―ロッシーニ論争と――優劣関係が反転しているだけで――同一の思考の枠組みに準拠していることだ。それは次の一文からいっそう明らかとなる。

ロッシーニは聴衆のアイドル（l'idolo degli orecchi）にして、劇場経営者の星、音楽業者の大黒柱、みんなの大好きなごちそうであり、ヨーロッパの端から端まで、すべての音楽愛好家の集まりでの話題である。[128]

この「賛辞」は、のちに多くのドイツ人が口にすることになるロッシーニ批判をそのまま「反転」させたものにほかならない。大衆受け（「聴衆のアイドル」）や商業的成功（「音楽業者の大黒柱」）、あるいは感覚的快楽（「ごちそう」）——これらはいずれもミュラーやシリング、ブレンデル、ヴァーグナーらが、ロッシーニとイタリア・オペラを否定するために持ち出す論点になるが、カルパーニはむしろそれらをロッシーニの称賛すべき点として積極的に押し出しているのだ。

こうしたイタリア人によるロッシーニ評価の内実を考え合わせるなら、本章で考察してきたベートーヴェン—ロッシーニ論争は、まさにこの時代のヨーロッパ——少なくともドイツとイタリア——で一つの「美学的パラダイム」を形成していた、と言える。すなわちこの論争は、ベートーヴェンとロッシーニのいずれかを支持するかどうかにかかわらず、音楽について考え、語ろうとするすべての人々が、それぞれの立場を超えて共有し、自分でも気付かないうちにそれに準拠してしまうような価値体系の枠組みを生み出したのだ。

そしてベートーヴェン—ロッシーニ論争およびそれに随伴したドイツ音楽とイタリア音楽の優劣論争の結果、ヨーロッパ音楽は——少なくとも言説や理論のうえでは——完全にドイツとイタリアによって二分されることになる。第2章第5節でも取り上げたマッツィーニの一八三六年の発言は、その帰結として読むことができる。再度引用しよう。

今日では、これらの要素［旋律と和声］のどちらか片方を主軸とする二つの傾向に対応して、二つの楽派、二つの陣営、もっとはっきり言えば二つの異なった地域、すなわち北と南（il nord e il mezzo giorno）、ドイツ音楽とイタリア音楽（la musica germanica e l'italiana）がある。これら二つの音楽の根本的発想から独立し、それ自体で存在しているようなその他の音楽を、私は知らないし、他の誰かが——たとえ祖国愛によって惑わされたとしても——それを発見できるとも思えない。(129)

ヨーロッパ音楽にはドイツ音楽とイタリア音楽以外の楽派は存在しない、という今日のわれわれにはいささか極端にも聞こえるこの主張は、マッツィーニが、まさにベートーヴェン―ロッシーニ論争が生み出した美学的パラダイムに準拠して思考していたことを示している。だがそれだけではなく、さらに興味深いのは、そのうえで彼がこの二つの楽派の「統合」という展望を語ることである。

マッツィーニは音楽の二大要素である旋律と和声が、それぞれ個人と社会を表象すると考えていた。いわく「旋律と和声（la melodia e l'armonia）は［音楽を］生み出す二つの要素である。前者は個人（*l'Individualità*）を表現し、後者は社会的思考（il pensiero *sociale*）を表現する」[130]と。そこから彼は、「旋律的」で「世俗的」なイタリア音楽と、「和声的」で「神的」なドイツ音楽が「統一」されるときに、真の「ヨーロッパ音楽」が生まれるだろうと予言する。

このように二つの楽派は、分け隔てられた、互いを嫉妬するライバルとして進み、一方は北で、他方は南で好まれることになる。そしてわれわれが提唱する音楽――それはまさにヨーロッパ音楽（la musica europea）なのだが――は、これら二つの楽派が一つに溶け合い、一つの社会的目的（un intento sociale）に向けられたときにはじめて生まれるだろう。統一の意識のなかで一致団結して、今日二つの世界［ドイツとイタリア］を形成している二つの要素が、一つのものに生気を与えるために結合してはじめて、である。ドイツ楽派を特徴付ける信仰の神聖さ（la santità della fede）は、イタリア楽派のなかで揺れ動く行為の力（la potenza d'azione）を祝福するだろう。そして音楽の表現は、二つの根本的要素を再び引き受けるだろう。その二つとは、個人と世界の思考であり、神と人である。[131]

だがマッツィーニの愛国主義者としての本領が発揮されるのは、ここからである。彼は「新たな音楽的統合の主導権は、イタリアからやってくるだろう」と信じて疑わなかった。それはなぜか。

なぜなら、誰が何と言おうと、そしてイタリア人自身――少なくともその大多数――が今日それを否定しようとも、すべての、あるいはほとんどの偉大なものの起源（i principii delle grandi cose）はイタリアから現れるはずだからだ。[132]

彼によれば、分裂したヨーロッパ音楽に再び「統一」をもたらすことは、「イタリアの使命（la missione italiana）」にして「イタリアの運命（i fati italiani）」である。[133] よって目下の課題は「イタリア楽派（una scuola italiana）を永続させたり再生させたりすることではなく、イタリアから一つのヨーロッパ音楽の楽派（una scuola musicale europea）の土台を引き出すこと」[134] にほかならない。

十八世紀のドイツで隆盛を極めた「混合趣味」の思想（本シリーズ第二巻を参照）が、時と場所を移して、ここに再び登場する。ヘルダー流の民衆《フォルク》=民族の理念が浸透して以来、ドイツではまったく注目されなくなった「混合」というモチーフが、十九世紀イタリアの愛国主義者の言説のなかで再浮上してくるのだ。「折衷」や「混合」のうちに自国の文化的アイデンティティを見出すのは、「遅れ」を自覚する「後進国」側の常套的戦略である。十七世紀にはフランス人が、十八世紀にはドイツ人が、そして十九世紀にはこうしてイタリア人が、自国の「遅れ」を取り戻そうと、諸国民の音楽様式の「混合」に希望を託したのだった。「混合趣味」の理念そのものは、決して「ドイツ的」でもなければ、「フランス的」でもまた「イタリア的」でもない。それは、どこか一つの国民に帰属するのではなく、それぞれの時代の文化的・地政学的条件に応じて絶えずその帰属先を変化させる、ということをここであらためて確認しておこう。

そして、そのように「ヨーロッパ音楽の統一」を希求するマッツィーニにとって、「あまりにイタリア的」なロッシーニは批判の対象でしかなかった。ロッシーニはイタリア楽派の原理にばかり固執して、ドイツ楽派の特徴である「神聖なもの」や「超俗的なもの」を取り入れようとしなかった、と彼は非難する。「ロッシーニは、イタリア楽派の古くからの特徴を変えたり破壊したりせず、それどころかそれを再聖別（riconsacrare）

した」[135]。したがってロッシーニ、およびその影響下にある今日のイタリア楽派が「ヨーロッパの統合（la sintesi europea）」[136]を実現することは決してありえない。マッツィーニが「今日私は、ロッシーニおよび彼が代表する音楽的時代からの解放を求める」[137]と宣言するのはそのためだ。イタリアの愛国主義者がつねにロッシーニを支持したわけではない、という事実は留意されてよい。

だがそれでもマッツィーニの「ヨーロッパ音楽の統一」の夢は、ベートーヴェン―ロッシーニ論争がもたらした美学的パラダイムによって完全に構造化されている。というのもそれは、本節が考察してきた美学的・哲学的・道徳的・政治的二分法に全面的に準拠して、音楽における「イタリア的なもの」と「ドイツ的なもの」の理念を分節しているからである。そしてすべての二元論的思考がそうであるように、このパラダイムは〈外〉の存在を許さない。「外部」は想像されることとさえない。すなわち、前世紀までずっとイタリア音楽の最大の対抗相手として認められてきたフランス音楽は、そこではもはや占めるべき位置をもたないのだ。

注

（1）Lydia Goehr. *The Imaginary Museum of Musical Works.* Oxford: Clarendon Press, 1992, S. 205-242.

（2）「ベートーヴェン神話」については以下を参照せよ。Tia DeNora. *Beethoven and the Construction of Genius.* Berkeley: University of California Press, 1995; Mark Evan Bonds. *After Beethoven.* Cambridge, Mass.: Harvard University Press, 1996; Kristin Marta Knittel. "The Construction of Beethoven." in: Jim Samson（Hg.）. *The Cambridge History of Nineteenth-Century Music.* Cambridge: Cambridge University Press, 2001, S. 118-150. また日本語で読めるものとしては以下が重要である。渡辺裕『聴衆の誕生――ポスト・モダン時代の音楽文化』（中公文庫）、中央公論新社、二〇一二年、六一―七四ページ、平野昭「ベートーヴェン神話の形成とその背景」、大宮真琴／谷村晃／前田昭雄監修『鳴り響く思想――現代のベートーヴェン像』所収、東京書籍、一九九四年、三七四―四〇五ページ、西原稔『「楽聖」ベートーヴェンの誕生――近代国家がもとめた音楽』（平凡社選書）、平凡社、二〇〇〇年

（3）Robert Schumann. “Neue Sinfonien für Orchester.” (1839) in: ders. *Gesammelte Schriften über Musik und Musiker.* 5. Aufl., Bd. 1. Leipzig: Breitkopf & Härtel, 1914, S. 424. 以下も参照せよ。Celia Applegate. “What Is German Music?” *German Studies Review.* Sonderheft: German Identity (Winter, 1992), S. 21.

（4）ヴァーグナーの「超政治（Metapolitik）」の概念については以下の拙著を参照せよ。前掲『ヴァーグナーの「ドイツ」』二一―二三ページ

（5）ヴァーグナーは『未来の芸術作品』（一八四九年）で、シェイクスピアを「民衆の最も親密かつ最も真実な本性に基づいて劇《ドラマ》を詩作した」詩人として称賛し、彼とベートーヴェンを「二人のプロメテウス」と呼んだ。さらに『ベートーヴェン』では、シェイクスピアは「覚醒の中でなお夢を見続けるベートーヴェン」と見なされなくてはならず、「この両者はともに同一の本質を目指して浸透し合う」と主張されるまでに至る。以下の拙著を参照せよ。前掲『ヴァーグナーの「ドイツ」』一五一―一五三、二七四ページ

（6）Karl Christian Friedrich Krause. *Darstellungen aus der Geschichte der Musik.* Göttingen: Dieterich, 1827, S. 221-224. なおこの書は一八二七年三月にゲッティンゲンで書かれた序文をもつが、その時点で著者はまだベートーヴェンの死（同月二十六日）を知らなかったようだ。

（7）Gottfried Wilheim Fink. “Ueber die Symphonie, als Beitrag zur Geschichte und Aesthetik derselben.” *Allgemeine musikalische Zeitung.* Jg. 37, Nr. 31 (5. August, 1835), S. 505.

（8）Ebd., S. 511.

（9）Ebd.

（10）Ebd., S. 561 (Nr. 34, 26. August).

（11）Ebd., S. 557, S. 559. なおこのホフマンの言葉は、やはり『一般音楽時報』（一八〇九年五月十七日）に掲載された彼の批評――フリードリヒ・ヴィット（一七七〇―一八三六）の『交響曲第五番』を論じたもの――から、フィンクによる若干の修正を経て引用されたものである。Vgl. E. T. A. Hoffmann. “Witt: 5. Sinfonie.” in: ders. *Sämtliche Werke.* Bd. 1. Frankfurt am Main: Deutscher Klassiker Verlag, 2003, S. 513.

（12）August Kahlert. “Felix Mendelssohn-Barthordy: Symphonie. No. 3.” *Allgemeine musikalische Zeitung.* Jg. 34, Nr.

19 (10. Mai, 1843), S. 341.

（13）マンのこの発言については本シリーズ第一巻序章第1節を参照せよ。

（14）Richard Wagner. “Beethoven.”（1870）in: ders. *Sämtliche Schriften und Dichtungen*. 6. Aufl., Bd. 9. Leipzig: Breitkopf & Härtel/C. F. W. Siegel (R. Linnemann), o. J [1912], S. 84, S. 123. 以下の拙著も参照せよ。前掲『ヴァーグナーの「ドイツ」』二八三ページ

（15）Ernst Ortlepp. “Haydn, Mozart und Beethoven.” in: ders. *Gedichte*. Leipzig: Friedrich Fleischer, 1831, S. 30-32; Franz Grillparzer. “Wanderscene.” (1844) in: ders. *Sämtliche Werke in zwanzig Bänden*. Bd. 2. Stuttgart: Cotta, 1892, S. 66. なおグリルパルツァーはベートーヴェン本人とも親交が厚かった人物で、彼の追悼文（一八二七年）を書いたほか、「ベートーヴェンの思い出」（一八四四／四五年）という評伝的エッセイも残している。

（16）Sigismund Wiese. “Beethoven.” in: ders. *Drei Dramen*. Leipzig: F. A. Brockhaus, 1836, S. 193-267; Hugo Müller. *Adelaide: Genrebild mit Gesang in einem Akt*. Berlin: Bittner, 1868.

（17）ヴァーグナーの「ベートーヴェン詣で」については以下の拙著を参照せよ。前掲『ヴァーグナーの「ドイツ」』一〇六―一一三ページ

（18）クリスティアン・ホーネマン（一七六五―一八四四）やヨーゼフ・カール・シュティーラー（一七八一―一八五八）が作曲家の生前に描いたものから、十九世紀末のマックス・クリンガー（一八五七―一九二〇）やフリードリヒ・ゲゼルシャップ（一八三五―九八）の作品に至る、ベートーヴェンの肖像画の歴史的変遷にも彼の「英雄化」の過程が明瞭に見て取れる。以下を参照せよ。前掲『聴衆の誕生』四四―五七ページ

（19）Bonds, a. a. O., S. 20-21.

（20）シューマンを事例にして、ベートーヴェンの交響曲がのちの世代に与えた「抑圧」を考察した以下の拙論を参照せよ。吉田寛「歴史の空白とジャンルの闘争――シューマンと《ベートーヴェン以後》のドイツ音楽」、「思想」二〇一〇年第十二号、岩波書店、二七―四八ページ。また以下も参照せよ。Bonds, a. a. O.

（21）Wendt. *Ueber die Hauptperioden der schönen Kunst*. S. 309. 前章注（108）も参照せよ。

（22）Amadeus Wendt. “Über den Zustand der Musik in Deutschland.” *Allgemeine musikalische Zeitung, mit besonderer*

Rücksicht auf den österreichischen Kaiserstaat. Jg. 6, Nr. 96 (30. November, 1822), S. 762.

(23) Ignaz Jeitteles. *Aesthetisches Lexikon.* Bd. 2. Wien: Carl Gerold, 1837, S. 363.

(24) Ebd.

(25) 妻コジマの日記によると、ヴァーグナーは一八七八年十一月十九日、彼女に次のように語ったという。「交響曲を書きたいんだ。書けるのならね。着想が無いわけじゃないんだ。交響曲の古い形式に戻りたいと思う。中間楽章としてアンダンテをもつ、一部形式のものだ。四楽章の交響曲は、ベートーヴェンの後、もはや誰にも書くことはできない。何をやっても真似になってしまうから。例えばもしも大きなスケルツォを書いたりしたらね」。第二回バイロイト音楽祭を前に『パルジファル』の作曲の真っ最中だったはずのヴァーグナーが、交響曲のことを思案し、なおもベートーヴェンの影に怯えていたとは、まことに驚くべきではないか。「ベートーヴェンの抑圧」はそれほどまでに大きかったのだ。以下の拙著も参照のこと。前掲『ヴァーグナーの「ドイツ」』一三八ページ

(26) Johann Christian Lobe. "Fortschritt." *Allgemeine musikalische Zeitung.* Jg. 50, Nr. 5 (2. Februar, 1848), S. 66.

(27) Franz Brendel. *Die Musik der Gegenwart und die Gesammtkunst der Zukunft.* Leipzig: Bruno Hinze, 1854, S. 13. この書については次章でも考察する。

(28) Adolf Bernhard Marx. *Die Musik des neunzehnten Jahrhunderts und ihre Pflege.* Leipzig: Breitkopf & Härtel, 1855, S. 71.

(29) Ebd., S. 68.

(30) Ebd., S. 91.

(31) Ebd., S. 192.

(32) Ebd., S. 161.

(33) Ebd., S. 149.

(34) Ebd., S. 161.

(35) Ebd., S. 149.

(36) Robert Schumann. "Sinfonie von H. Berlioz." (1835) in: ders. *Gesammelte Schriften über Musik und Musiker.* Bd. 1,

S. 70.

(37) Robert Schumann. "Aus den kritischen Büchern der Davidsbündler." (vor 1834) in: ders. *Gesammelte Schriften über Musik und Musiker.* Bd. 1, S. 9.

(38) なおハイネはすでにゲーテの生前から「ゲーテの揺籃に始まり、その柩に終わるであろう芸術時代の終焉」(「パリの絵画展」一八三一年)を予言しており、シューマンの批評もそれを意識していたと考えて間違いない。また芸術の黄金時代を古典古代に見出し、芸術の「過去的性格」を説いたヘーゲルの『美学講義』が一八三〇年代後半に公刊されたことも、ドイツの人々が「芸術の終焉」問題にふれる大きなきっかけになった。本節で考察する「音楽史の終焉」意識も、そうした時代背景のもとで理解される必要がある。以下も参照。前掲「歴史の空白とジャンルの闘争」三二―三三ページ

(39) シュポーアは、セシリア協会を設立(一八二二年)して、パレストリーナからバッハ、ヘンデルに至る古い合唱作品の復活上演に力を入れるなど、レトロスペクティヴな実践活動をおこなった音楽家だった。

(40) Robert Schumann. "Elftes Abonnementkonzert, den 7. Januar 1841." (1841) in: ders. *Gesammelte Schriften über Musik und Musiker.* Bd. 2, S. 51.

(41) Vgl. Ebd., S. 442.

(42) Schumann. "Sinfonie von H. Berlioz." S. 70.

(43) Robert Schumann. "Die C=dur=Sinfonie von Franz Schubert." (1840) in: ders. *Gesammelte Schriften über Musik und Musiker.* Bd. 1, S. 461. 今日「ザ・グレート」という標題で知られるシューベルトのハ長調交響曲は、シューマンがその総譜を発見した時点では「第七番」だった。そのためこの批評も初出時には「シューベルトの第七交響曲」と題されていた。シューマンは、このシューベルト最後の交響曲が「ベートーヴェン以後」の作品であるにもかかわらず、「ベートーヴェンの交響曲に対する完全な独立性」をもつこと、とくにベートーヴェンの後期様式に見られる「奇妙な形式と極端な諸関係」の模倣を避けていることに驚嘆し、自らが交響曲を創作するうえでの福音と見なした。彼自身の最初の交響曲(『第一番「春」』)は一八四一年二月に完成する。

(44) Raphael Georg Kiesewetter. *Geschichte der europäisch-abendländischen oder unsrer heutigen Musik.* Leipzig:

Breitkopf & Härtel, 1834, S. 97.

（45）Vgl. Kier, a. a. O., S. 118.

（46）E. T. A. Hoffmann. "Nachträgliche Bemerkungen über Spontini's Opera Olympia."（1821）in: ders. *Sämtliche Werke*. Bd. 5. Frankfurt am Main: Deutscher Klassiker Verlag, 1992, S. 624.

（47）Ebd., S. 621, S. 624-625.

（48）Wendt. *Ueber die Hauptperioden der schönen Kunst*. S. 311. 前章注（113）も参照せよ。

（49）Robert Schumann. "Einleitendes."（1854）in: ders. *Gesammelte Schriften über Musik und Musiker*. Bd. 1, S. 1.

（50）一八一四年の草稿に見られる言葉。Arthur Schopenhauer. *Der handschriftliche Nachlaß*. Bd. 1. Frankfurt am Main: Waldemar Kramer, 1966. S. 210.

（51）Arthur Schopenhauer. "Die Welt als Wille und Vorstellung. Erster Band."（1819）in: ders. *Sämtliche Werke*. Bd. 2. Wiesbaden: F. A. Brockhaus, 1965, S. 302-304.

（52）Ebd., S. 309.

（53）Eduard Hanslick. *Vom Musikalisch-Schönen*. Mainz: Schott, 1990, S. 65, S. 52. この書については次章で詳しく取り上げる。

（54）カルパーニは一八一八年にはすでに、ショーペンハウアーやヘーゲルに先駆けて、ロッシーニのオペラに「耳（l'orecchio）がその王国である」ような「それ自体で成立する芸術」を見出していた。これは同時に――これまであまり指摘されてこなかったことだが――「絶対音楽」の美学がイタリアに一つの源泉をもつことを示唆してもいる。Giuseppe Carpani. "Lettera di Giuseppe Carpani all'anonimo autore dell'articolo sul Tancredi di Rossini, inserito nel No. 7 della Gazzetta di Berlino 1818." *Biblioteca italiana*. Bd. 10（April, 1818）, S. 14. Vgl. Bernd Sponheuer. *Musik als Kunst und Nicht-Kunst*. Kassel: Bärenreiter, 1987, S. 17, Anm. 55.

（55）ヘーゲル『美学』第一巻の中、竹内敏雄訳、岩波書店、一九六〇年、三三〇ページ

（56）ヘーゲル『美学』第一巻の上、竹内敏雄訳、岩波書店、一九五六年、三五―三六ページ。次章注（142）も参照せよ。

（57）前掲『美学』第三巻の中、二〇一〇ページ

（58）同書一九八七―一九八八ページ
（59）同書二〇〇三ページ。次章注（87）も参照せよ。
（60）Georg Wilhelm Friedrich Hegel. *Briefe von und an Hegel*. Bd. 3. Hamburg: Felix Meiner, 1954, S. 55.
（61）この滞在中ヘーゲルは、ロッシーニ以外のイタリア・オペラ作品として、サヴェリオ・メルカダンテ（一七九五―一八七〇）の『ドラリーチェ』（一八二四年）やモーツァルトの『フィガロの結婚』（一七八六年）も同劇場で観ている。以下を参照のこと。石川伊織「旅の日のヘーゲル――美学体系と音楽体験：一八二四年九月ヴィーン」、県立新潟女子短期大学紀要委員会編「県立新潟女子短期大学研究紀要」第四十五集、県立新潟女子短期大学、二〇〇八年、二二三―二四一ページ
（62）Hegel. *Briefe von und an Hegel*. Bd. 3, S. 64-65.
（63）Ebd., S. 64.
（64）Ebd., S. 56.
（65）Ebd., S. 57.
（66）前掲『美学』第三巻の中、二〇一三―二〇一四ページ
（67）竹内敏雄（一九〇五―八二）はこの節に付した訳注で、ヘーゲルが「ひろくは再生芸術一般に関する美学上の緊要な問題（略）に対する省察を欠いている」（同書二〇九六ページ）と指摘している。
（68）同書一九九〇、一九六六ページ。なおヘーゲルは、音楽におけるイタリア人の優位の根拠を主としてその言語のうちに見る。ドイツ語が「とかく単調で空虚で創意に乏しい響き」をもつのに対して、「南方の諸言語、特にイタリア語は、さまざまな動きを持ったリズムや旋律の流露を豊かに展開させる」ことができ、「すでにこの点にドイツ音楽とイタリア音楽の本質的相違がある」と彼は言う（同書一九六一ページ）。
（69）ヘーゲル『美学』第一巻の下、竹内敏雄訳、岩波書店、一九六二年、七二四ページ
（70）「解釈モデル」については、ダールハウスとシュポンホイアーから多大な示唆を得た。前者は『絶対音楽の理念』（一九七八年）で、ホフマンの「彫刻的／音楽的」という対概念を、そこからロマン主義の音楽美学を構成するあらゆるカテゴリー――古代／近代、異教／キリスト教、自然／人工、リズム／和声、声楽／器楽といった――が導き出

される「解釈モデル」として読解した。さらに後者は『芸術および非芸術としての音楽』（一九八七年）で、そうした「解釈モデル」の一つとしてベートーヴェン—ロッシーニ論争を捉え直した。前掲『絶対音楽の理念』七〇—七一ページ、Sponheuer, a. a. O., S. 19.

(71) Wilhelm Heinrich Riehl. *Musikalische Charakterköpfe.* Bd. 2. Stuttgart: J. G. Cotta, 1860, S. 41.

(72) Wilhelm Christian Müller. *Aesthetisch-historische Einleitungen in die Wissenschaft der Tonkunst.* Tl. 2. Leipzig: Breitkopf & Härtel, 1830, S. 340.

(73) Ebd.

(74) Ebd., S. 346.

(75) Ebd., S. 347.

(76) Ebd.

(77) Ebd., S. 347-348.

(78) Ebd., S. 348.

(79) Wilhelm Christian Müller. "Etwas über Ludwig van Beethoven." *Allgemeine musikalische Zeitung.* Jg. 29, Nr. 21 (23. Mai, 1827), S. 346.

(80) Müller. *Aesthetisch-historische Einleitungen in die Wissenschaft der Tonkunst.* Tl. 2, S. 348.

(81) Ebd., S. 349.

(82) Sponheuer, a. a. O., S. 22, Anm. 95.

(83) Müller. *Aesthetisch-historische Einleitungen in die Wissenschaft der Tonkunst.* Tl. 2, S. 355.

(84) Ebd., S. 349-350.

(85) Ebd., S. 361-362. 次章注（86）も参照せよ。

(86) Ebd., S. 358, S. 362.

(87) Hanslick. *Vom Musikalisch-Schönen.* S. 75, S. 78, S. 81.

(88) Robert Schumann. "Rossinis Besuch bei Beethoven." (1835) in: ders. *Gesammelte Schriften über Musik und Musiker.*

Bd. 1, S. 128.

（89）例えば「熱狂的手紙」や、隠喩的アフォリスム「イタリア的とドイツ的」（どちらも一八三五年）を見よ。Ebd., S. 118, S. 128.

（90）Ferdinand Hiller. *Aus dem Tonleben unserer Zeit.* Bd. 2. Leipzig: Hermann Mendelssohn, 1868, S. 49.

（91）Anton Schindler. *Biographie von Ludwig van Beethoven.* 3., neu bearbeitete und vermehrte Auflage. Bd. 2. Münster: Aschendorff, 1860, S. 178-179.

（92）Eduard Hanslick. "Musikalische Briefe aus Paris."（1867）in: ders. *Aus dem Concertsaal.* Wien: Wilhelm Braumüller, 1870, S. 526-527. ハンスリックのロッシーニ訪問に関する記事は『ノイエ・フライエ・プレッセ』（一八六七年七月二十一日）が初出である。またこの訪問については後年に出版されたハンスリックの自伝にも記載がある。Eduard Hanslick. *Aus meinem Leben.*（1894）Kassel: Bärenreiter, 1987, S. 256-257.

（93）Edmond Michotte. *La visite de R. Wagner à Rossini*（*Paris 1860*）. Paris: Librairie Fischbacher, 1906, S. 27.

（94）リヒャルト・ワーグナー『オペラとドラマ』杉谷恭一／谷本慎介訳（「ワーグナー著作集」第三巻）、第三文明社、一九九三年、六九―七〇ページ

（95）同書六三、五八、七三、六八ページ。以下の拙著も参照せよ。前掲『ヴァーグナーの「ドイツ」』一四二―一四三ページ

（96）この物語《ゲシ》＝歴史《ヒテ》を描いたのが、小説「ベートーヴェン詣で」である。そのなかで、中部ドイツのL（ライプツィヒを暗示する）という街出身の青年R（リヒャルトを示唆する）は、はるばるヴィーンまで赴き、崇拝するベートーヴェンの部屋を訪ね、その口から直に『交響曲第九番』の構想を打ち明けられる。以下も参照せよ。同書一〇六―一一三ページ

（97）「三月前期」とは三月革命（一八四八年）前夜の時代を指すドイツ史の用語で、その始点にはフランス七月革命が起こった一八三〇年がおかれることが多い。

（98）Gustav Schilling. *Geschichte der heutigen oder modernen Musik.* Karlsruhe: Christian Theodor Groos, 1841. 以下も参照せよ。前掲『音楽史の哲学』一七二―一七五、三九二、四一六―四一七ページ

(99) Schilling. *Geschichte der heutigen oder modernen Musik.* S. 702-807.
(100) Ebd., S. 724.
(101) Ebd., S. 725, S. 727.
(102) Ebd., S. 728-729.
(103) Ebd., S. 726, S. 728.
(104) Ebd., S. 730-748.
(105) Ebd., S. 744-745.
(106) Ebd., S. 747-748.
(107) Ebd., S. 745.
(108) Ebd., S. 808-816.
(109) Franz Gerhard Wegeler & Ferdinand Ries. *Biographische Notizen über Ludwig van Beethoven.* Coblenz: K. Bädeker, 1838, S. 78-79. この伝記が「ベートーヴェン神話」の成立過程で果たした役割については以下も参照せよ。前掲「ベートーヴェン神話の形成とその背景」三八〇―三八二ページ
(110) Franz Brendel. *Geschichte der Musik in Italien, Deutschland und Frankreich.* Leipzig: Bruno Hinze, 1852, S. 355. この書の改訂の過程および本書で使用する版については次章注(109)を参照せよ。
(111) Ebd., S. 357-358.
(112) ライヒャルトは『ヴィーンからの親書』(第一巻、一八一〇年)に収録された第十四の手紙(一八〇八年十二月十六日付)で、この三人の弦楽四重奏曲を比較しながらそう述べた。Johann Friedrich Reichardt. *Vertraute Briefe geschrieben auf einer Reise nach Wien und den Oesterreichischen Staaten zu Ende des Jahres 1808 und zu Anfang 1809.* Bd. 1. Amsterdam: Kunst- und Industrie-Comtoir, 1810, S. 232.
(113) Brendel. *Geschichte der Musik in Italien, Deutschland und Frankreich.* (1852) S. 452.
(114) Ebd.
(115) Ebd.

（116）Ebd., S. 336. 次章注（169）も参照せよ。

（117）ただし年金については裁判の末、一八三六年にロッシーニが権利を回復している。

（118）前掲『オペラとドラマ』六八ページ。以下の拙著も参照せよ。前掲『ヴァーグナーの「ドイツ」』一六六ページ

（119）前掲『オペラとドラマ』三八―三九ページ

（120）同書六八ページ

（121）ヴァーグナーはこうした考えを『芸術と革命』および『未来の芸術作品』を通じて展開した。以下の拙著を参照せよ。前掲『ヴァーグナーの「ドイツ」』一二一―一二六、一〇二、九八―九九ページ

（122）Carpani. "Lettera di Giuseppe Carpani." S. 10.

（123）この文章は、カルパーニが「『ベルリン新聞』一八一八年第七号に掲載された、ロッシーニの『タンクレーディ』[（一八一三年）] に関する記事の匿名の著者」に宛てた公開書簡のかたちを取る。その宛先となった『ベルリン新聞』の記事の詳細は不明だが、ロッシーニとその作品への否定的評価を含んでいたものと推測できる。この公開書簡はヴェントの手で直ちにドイツ語に翻訳され、彼が編集する『ライプツィヒ芸術新聞』に掲載（一八一八年）されたあと、彼の『ロッシーニの生涯と仕事』（一八二四年）に再録された。Amadeus Wendt. *Rossini's Leben und Treiben.* Leipzig: Leopold Voß, 1824, S. 316-333.

（124）Carpani. "Lettera di Giuseppe Carpani." S. 12-14.

（125）Ebd., S. 14.

（126）Giuseppe Carpani. "Intorno alla musica di Gioachino Rossini." *Biblioteca italiana.* Bd. 26 (Juni, 1822), S. 295-298. この書簡も、その一部がヴェントによって翻訳されて『ロッシーニの生涯と仕事』に収録された。Wendt. *Rossini's Leben und Treiben.* S. 333-353.

（127）Carpani. "Intorno alla musica di Gioachino Rossini." S. 304-305.

（128）Ebd., S. 303-304.

（129）Mazzini. "Filosofia della musica." S. 94. 第2章注（91）も参照せよ。

（130）Ebd., S. 93.

(131) Ebd., S. 102.
(132) Ebd., S. 91.
(133) Ebd., S. 103.
(134) Ebd., S. 105.
(135) Ebd., S. 97.
(136) Ebd., S. 104.
(137) Ebd., S. 105.

第5章　絶対音楽の美学と〈ドイツ〉の分裂

——音楽美学に見る南北ドイツの文化闘争

1　「絶対音楽」の美学はどこまで「ドイツ的」なのか？

フランスの音楽学者ジュール・コンバリュ（一八五九—一九一六）は、ドイツの音楽雑誌『ペータース音楽年報』に寄せた論文「フランス音楽へのドイツ音楽の影響」（一八九五年）で、フランス人がドイツ音楽から教わった最大のものは「純粋音楽」の概念であると言っている。

ドイツ人は、われわれの音楽家たちの思考を詩人の思考（la pensée d'un poète）の監督下に置くという隷属の鎖を断ち切った。彼らはわれわれを純粋音楽の概念（la conception de la musique pure）にまで高め、音楽において思考すること（penser en musique）を教えたのである。それがJ・S・バッハやハイドン、ベートーヴェン、メンデルスゾーン、シューマンら、偉大な音楽家たちの教育的影響であった。（略）私は、古代の叙情詩人たちが知らなかった、この思考の新たな様式を創ったのはドイツ人だと信じている。そしてそれを創ることで、ドイツ人は人間精神を有機的に豊かにし、フランスの才能にそれを教えることで、フランスに最も高度な音楽の概念を広めたのだ。ヴィクトル・クーザン［（一七九二—一八六七）］がシェリングとヘーゲルの体系をフランスに紹介したときに彼らの哲学がした以上に、ドイツ人はフーガと交響曲を通じて、フランスの才能をいっそう根本的に修正したのである。(1)

ドイツ人の「フーガと交響曲」は「純粋音楽」の概念、つまり「音楽において思考すること」を教えた点で、ドイツ観念論の哲学よりもはるかに強大な影響をフランス人の精神に及ぼした、とコンバリュは言う。彼が用いる「純粋音楽」の語がドイツ語の「絶対音楽（absolute Musik）」のフランス語訳であることからも明らかなように、「音楽において思考すること」を人間精神の最も高度な営みと考えるコンバリュは、ハンスリックを起源とするドイツの形式主義的音楽美学の伝統を受け継いでいる。(2) 彼はのちに『音楽の法則と進化』（一九〇七年）で、そうした「音楽的思考（la «pensée musicale»）」は、特に「偉大な近代の交響曲作家たち（バッハとヘンデルの時代からベートーヴェンにいたる）に見出される」(3)と書く。「真の音楽、それは交響曲である」と断言し、「ドイツ人は、バッハ、ヘンデル、ベートーヴェン、ヴェーバー、シューマンを生み出してきたのだから、音楽の王（les rois de la musique）と見なされてよい」と主張するコンバリュの音楽観(4)は、フランス人のものとにわかには信じられないほど「ドイツ中心主義的」である。

われわれが知る最も音楽的な国（le pays le plus musical）、そしてそこでは詩とロマン主義と作曲と形而上学の領域が不分明な境界のもとで接していた国——すなわちドイツ——では、哲学者や芸術家は、「音楽的思考」という言葉こそ用いなかったが、われわれの定義を含みつつそれを凌駕する、一つの定義を音楽に与えた。(5)

他方でコンバリュは、ドイツ音楽の覇権がポスト・ヴァーグナーの時代に入り揺らぎつつあるという認識ももっていたのだが、それでも彼のこうした発言は、「最も音楽的な国」としてのドイツ、とりわけその「絶対音楽」の思想を前にしたフランス人の全面的な「敗北宣言」のように聞こえる。古典派からロマン派に至る器楽創作の隆盛を背景にして十九世紀ドイツで成立した「絶対音楽の美学」は、音楽的芸術作品を理解するための新たな認識の枠組み――「音楽的思考」への立脚というパラダイム――を提示することで、音楽芸術とその理論におけるドイツ人ならびにドイツ語の優位をいっそう強固なものにした。実際、十九世紀末までにヨーロッパの多くの国々がドイツ音楽の軍門に降っていたのであり、コンバリュの発言は確かに突出しているにせよ、その一端にすぎない。

　しかしながら、その絶対音楽の美学にも本シリーズが一貫して注目してきた〈捻れた〉等号関係――「ドイツ性」と「普遍性」の同一化――が典型的なかたちで潜んでいることを見逃してはならない。言語や民族の違いを超えて「普遍的に理解可能」であるはずの音楽作品が、そしてまさにそうした特権的芸術として音楽を定義する美学理論が、それ自体において「ドイツ的」であるとはいったいどういうことなのか。一九九〇年代以降、実証主義批判を掲げて台頭したいわゆる「新音楽学（New Musicology）」が英語圏を中心に展開するなかで、音楽の意味と価値を「作品それ自体」に限定する絶対音楽の美学は、しばしば批判の矢面に立たされてきた(6)。だが本来われわれに課されているのは、その美学理論の弱点を外から突くことではなく、その理論の核心にあるこのパラドキシカルな〈捻れ〉の構造を内から解きほぐすことであるはずだ。

　したがってここでのわれわれの問いは、絶対音楽の美学ははたして本当に「ドイツ的」と呼べるのか、もし呼べるとしても、それはどこまで、そしてどのように「ドイツ的」なのか、というかたちで定式化される。言い換えれば、絶対音楽の美学は十九世紀のドイツという時代と場所にどれほど不可分に密着していたのか、ということを歴史的に検証しなくてはならないのだ。

　実はこの問いは『ケンブリッジ十九世紀音楽史』（二〇〇一年）の編者ジム・サムソン（一九四六―）によって、すでに一度問われている。彼は、その編著に収録した自らの論文「ネイションとナショナリズム」で、「有機的成長」の観念と結び付いた「絶対音楽」の美学が、ドイツのナショナル・アイデンティティの形成過程で決定的役割を担ったことを指摘する。

> ドイツのイメージを創出するためのこうした過去と自然の詩化（ヘルダーの「民族精神」など）は、多くの観念論的思考がそれをめぐって集積された歴史主義と有機体論（historicism and organicism）によって補強された。これら二つの原理は、有機的成長という生物学的比喩のなかで完全に融合して、文化的統一体としてのネイションの概念、そして同時に、より大きなナショナル・アイデンティティ（the larger national identity）の中心としての音楽——「絶対音楽（absolute music）」である——の概念を作り出すことに貢献した。さらにこのような音楽の求心性は、「一般人」と哲学者をドイツに特有の仕方で統合した。（略）イタリアの場合よりもはるかに顕著に、ドイツでのナショナリズムは諸理念のなかに、より正確には、諸理念と感情の結合のなかに位置を占めたが、音楽はまさにその結合にとっての特権的モデルとして機能したのだった。絶対音楽はドイツ精神の統一性（the unity of German spirit）を表象しただけではない。それは表現できないものを表現し、言葉にならないものを実現し、ドイツ・ロマン主義の核心にあった憧憬と内面性の感覚をまとめ上げたのだ。[7]

ここでサムソンは、これまで社会的・政治的次元とはまったく無関係だと信じられてきた——それどころか、そのことを本質的定義の一つとしてきた——「絶対音楽」が、それ自体「ドイツ精神の統一性」という「ナショナルな理念」を表象していた、と指摘するにとどまらず、まさにそれを通じて十九世紀のドイツ人は「より大きなナショナル・アイデンティティ」を獲得したのだ、というきわめて斬新な見方を提起している。これは、十九世紀ドイツの国民国家形成《ネイション・ビルディング》の過程で音楽が果たした役割を重視するシリア・アップルゲート（一九五九—）の議論を、さらに一歩先に進めたものと言える。[8]

事実、絶対音楽の美学を生み出した十九世紀前半のドイツは政治体制、領土、宗教、経済といったさまざまな面で、相変わらずの深刻な分裂状態のうちにあった。経済学者フリードリヒ・リスト（一七八九―一八四六）は一八一九年、ドイツ連邦議会に宛てた請願書のなかで「ハンブルクからオーストリア、ベルリンからスイスに向けて通商をおこなうためには十の国（zehn Staaten）を横切り、十の関税制度を学び、十度通過関税を支払わなければならない」[9]と書き、諸邦国の分立状態がドイツ全体の経済発展を大きく妨げていると主張した。ヴィーン会議の結果、一八一五年六月に発足した「ドイツ連邦（der Deutsche Bund）」は三十九の諸邦の集合体だったが、そこにはホルシュタイン（デンマーク人）、シュレジエン（ポーランド人）、ベーメン（チェコ人）、メーレン（モラヴィア人）、ティロル（イタリア人）、ケルンテンおよびクライン（スロヴェニア人）など、ドイツ語以外を話す人々の居住地が数多く含まれていた。[10]また逆に、東西プロイセンやポーゼン[11]――これらはプロイセン王国の一部ではあった――あるいはスイスやハンガリーの一部のように、ドイツ連邦の境界外にもドイツ語を話す人々が住む地域がいくつも存在した。当時「ドイツ」なるものを地理的・政治的に表象＝代表する唯一の枠組みであったはずのドイツ連邦も、ドイツ人の「国民国家（Nationalstaat）」の礎には到底なりえなかった。

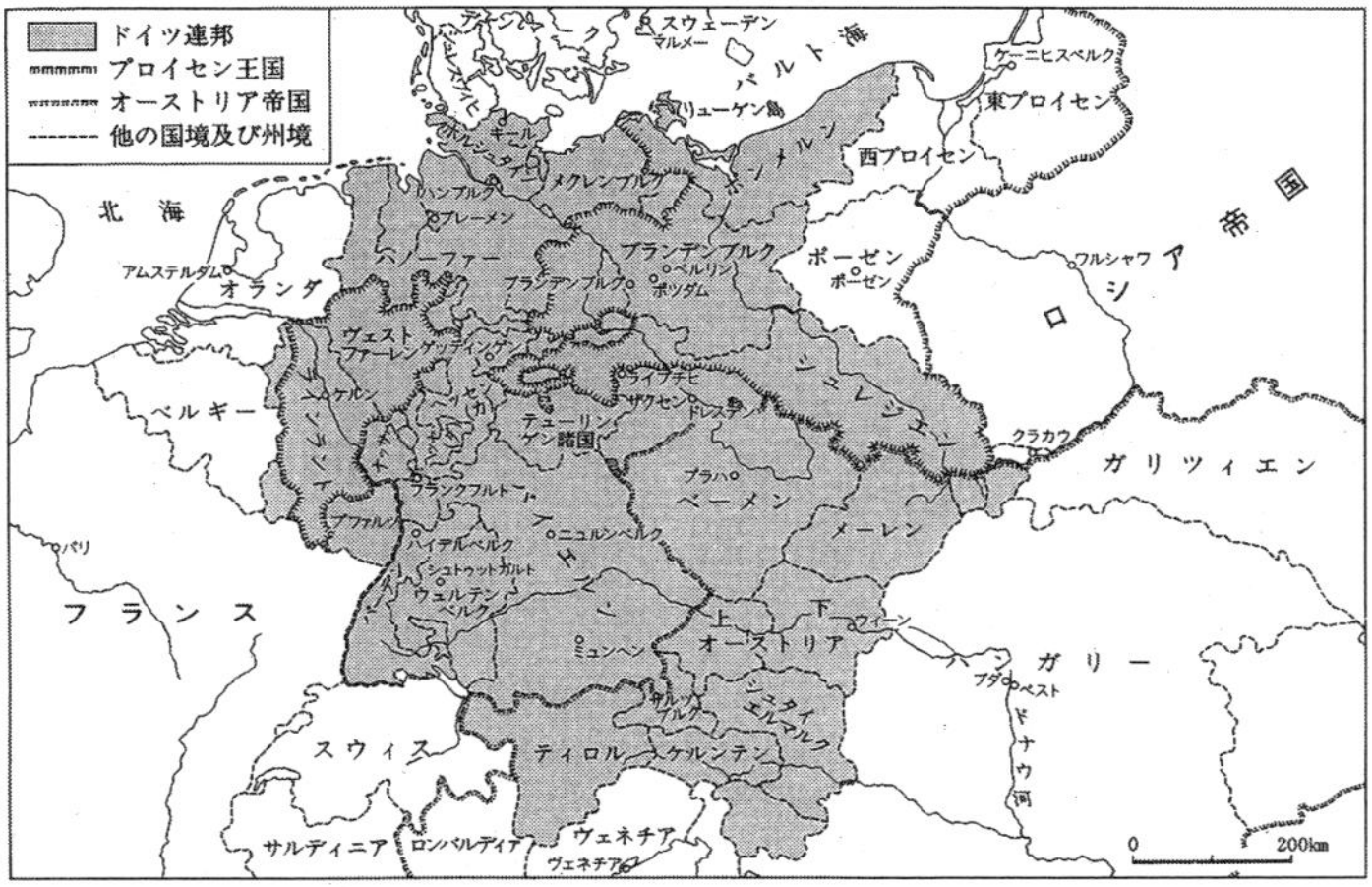

地図８　ドイツ連邦（1848年頃）
（出典：林健太郎『ドイツ革命史――1848・49年』山川出版社、1990年、266ページ）

　だがそうした状況だからこそ、〈音楽〉という芸術が、そのなかでも特に言語によらず理念と感情を直接表現する「絶対音楽」が「ドイツ」の精神的一体性を表象する「特権的モデル」としての機能を果たした、というサムソンの説は、きわめて示唆的であり、また本シリーズのこれまでの考察の結果とも合致する。

　音楽を「感情の普遍的言語」と呼んで日常的言語から区別し、ドイツの器楽が「普遍的音楽」の「最良の手本」であると考えたフォルケルは、民族《フォルク》＝民衆の理想的モデルをも音楽のなかに見出した。彼によれば「一人の人間と民族全体」の関係は「一つのフーガと一つのアリア（旋律）」のそれに等しい。したがって、一個人ではなく「民族全体」の特性を叙述して後世に伝えるのが歴史家の仕事である、と彼は言う。[12] 器楽を共同体のモデルとするこのフォルケルの思想は、ロマン主義者に受け継がれた。ヴァッケンローダーは『芸術幻想録』の「音楽の不思議」で「音楽は、われわれの感情のきわめて多彩で反抗的な心の動きを、同一の美しい和音へと連れ戻す（略）唯一の芸術」であり、それによってわれわれは「人間の最も野性的な混雑のなかにも、美しい結合（ein schöner Zusammenhang）を見出す」と書いた。[13] またバイエルンのギムナジウム教師・著述家ヨハン・ミヒャエル・フィッシャーは『音楽的展望』（一八五九年）で、古典派のソナタと交響曲を構成する楽章数、および完全和音（三和音と主音のオクターヴ）の音数から四という数字を導き出し、それを「人間の感情傾向の四和音の象徴」として重視した。第一楽章と主音は元気のよさ、第二楽章と三度音は心の温かさ、第三楽章と五度音は激しさをそれぞれ表し、最後に第四楽章と主音のオクターヴは、初めの楽章と音を同一の、しかし新たな感情のなかへと高める、というわけだ。彼によれば「一般的に音楽の使命は、精神生活の活動を感覚的に美しい形式（sinnlich schöne Form）のなかに顕現させること」だが、その音楽を通じて——利益重視で物質的な時代の趨勢に逆らって——気質と人間性を涵養することこそが「ドイツの国民性の優位点」なのである。[14] さらにこうした伝統は二十世紀にまで及ぶ。第1章第5節で考察したように、ベッカーは第一次世界大戦末期におこなった講演で、交響曲を「音楽的な民衆集結」と定義し、その「共同体形成の力」にあらためて人々の注意を向けた。

　また音楽が「語りえないもの」（ホフマン）を表現しうる唯一の芸術として、近代ドイツ人に、現実世界での分裂状態を乗り越えるような「より大きなナショナル・アイデンティティ」を提供してきたことも、本シリーズが考察してきたとおりである。第2章第3節で取り上げたアルントの愛国歌「ドイツ人の祖国とは何か？」が、さまざまな地名を列挙しながら、最後の合唱部でその都度必ず「おお否！ ドイツ人の祖国はもっと大きくなければならない」と打ち消していたことを思い出してもよい。〈ドイツ〉という枠組みは、まさにフィヒテが言う「内的国境」としてのみ想像可能だった。そして最も内的で精神的な芸術としての音楽、概念や物質の世界に拘束されず、鳴り響きながらあらゆる空間を満たしていく「絶対音楽」――ドイツ語の「絶対（absolut）」という形容詞は「解放する」を意味するラテン語の動詞に由来する――こそが、「もっと大きなドイツ」の理念を最も完全に表象する感覚的現象だったのだ。

しかしながら、近代ドイツのナショナル・アイデンティティと音楽の関係を主題としてきた本シリーズの最終章では、絶対音楽を「ドイツ精神の統一性」の表象と見なすサムソンの議論をもう一段、掘り下げなくてはならない。彼は「絶対音楽」の存在を過度に「絶対視」している点で、他の多くの音楽学者と同じ陥穽にはまっていると言わざるをえないからだ。

まず確認すべきは、十九世紀のドイツで「絶対音楽の美学」は、今日そう信じられているほど「主流」ではなかった、という事実だ。そのマニフェストと目されるハンスリックの『音楽美について』が「音楽美学の修正の試み」という副題をもっていたこと、そしてそれが同時代ドイツの音楽家や批評家から賛同以上に大きな批判や反発を招いたことを思い起こせば十分だろう。われわれはむしろ、絶対音楽をもって「ドイツ的なもの」の代表＝表象とする見方には、少なからず後世からのバイアスがかかっているのではないか、と一度は疑ってみなくてはならない。

さらに直視しなくてはならないのは、絶対音楽の美学が、その敵対者たちからしばしば「非ドイツ的」として攻撃されていたという現実である（本章第5節を参照）。音楽における形式美への志向を「ローマン的」と呼び、より内面的で精神的な「ゲルマン的」音楽観と対置したブレンデル。また、哲学や心理学における形式主義の傾向全般を「南方の国であるオーストリア」に帰し、「ハンスリックの気質は（略）ヴィーン的・南方的な美感情に還元されてよい」と指摘したアルトゥール・ザイドル（一八六三—一九二八）。むろん彼らの主張の背後には、絶対音楽の限界を超克する「総合芸術作品」としての楽劇《ドラマ》に〈ドイツ〉の未来を託そうとするヴァーグナーの音楽観が響いていた。

よってわれわれの問いは、ここで振り出しに戻されてしまう。絶対音楽の美学が「南方的」で「ローマン的」であり、その対極に位置するはずのヴァーグナーの音楽美学こそが「ドイツ的」であるとするなら、コンバリュからサムソンに至る多くの音楽学者が自明としてきた前提が完全にくつがえってしまわないだろうか。われわれは、絶対音楽（ハンスリック）と楽劇（ヴァーグナー）のどちらを真に「ドイツ的」な音楽と考えればいいのか。あるいはそのいずれもが不十分にしか「ドイツ的」ではないのか。だとすれば、互いに対立するそうした複数の〈ドイツ〉の理念は、それぞれいったい何を表象＝代表していたのか。

絶対音楽の美学そのもののドイツ性をめぐるこれらの問いは、これまでいかなる研究者からも提起されてこなかった[15]。本章ではハンスリックの音楽美学と音楽批評、および当時彼と対立していたヴァーグナー派の音楽論——ヴァーグナー本人に加えて、ブレンデルやザイドルの著作——を読解し、これらの問いにアプローチしたい[16]。その過程で明らかにされるのは、ハンスリックとヴァーグナー派の音楽美学のどちらが「真にドイツ的」なのか、という明快で一義的な解答ではなく、より複雑で弁証法的な現実的状況、すなわち十九世紀後半にドイツ統一戦争によって国土が南北に分断されるのに伴って生じた〈ドイツ〉の理念そのものの分裂である。結論を見越して言えば、ヴァーグナー派が「ドイツ音楽」のなかに「ゲルマン民族」の精神的基盤を追求したのに対して、ハンスリックが理想とした「ドイツ音楽」は他の諸民族をも包容する「普遍人間的」で「国際的」な芸術だった。前者がプロイセン的な「国民国家」としての〈ドイツ〉の理念を代弁していたとすれば、後者はオーストリア＝ハプスブルク的な「多民族国家（帝国）」としての〈ドイツ〉を表象＝代表していたと言える。すなわち両者が奏でた鋭い不協和音は、亀裂が入りかけた〈ドイツ〉が発する軋みの音にほかならなかったのだ。

2　ハンスリックの音楽美学に見る〈ドイツ〉と〈イタリア〉

プラハに生まれ育ちヴィーンで活躍した音楽批評家・美学者エドゥアルト・ハンスリックはその主著『音楽美について』（初版、一八五四年。以下、『音楽美論』と略記）で、ヴァッケンローダーやティーク、ホフマンらロマン主義者から受け継いだ器楽の美学を、ヨハン・フリードリヒ・ヘルバルト（一七七六―一八四一）やロベルト・フォン・ツィンマーマン（一八二四―九八）らが当時展開していた「形式主義」の哲学と結び付けて新たに定式化した人物として知られる。彼はその際、ヴァーグナーが否定的に用いた「絶対音楽（absolute Musik）」の概念を肯定的に意味付け直し、自らの美学理論に導入した。「器楽（die Instrumentalmusik）ができないことについては、音楽ができるとは決して言えない。というのも、それだけが純粋で絶対的な音楽（reine, absolute Tonkunst）だからだ」[17]。これが『音楽美論』の中核をなすテーゼである。

ハンスリックが器楽を「純粋で絶対的な音楽」と呼ぶ一方、オペラや声楽曲を「音楽の境界」の外へ追いやった背景には、それらが音楽という芸術ジャンルの「自立的美（selbstständiges Schöne）」や「音楽に特有のもの（das "Specifisch-Musikalische"）」を損ねるからという美学的根拠[18]の他に、当時のドイツ――とりわけ彼の本拠地であるヴィーン――で流行していたイタリア・オペラが聴衆の趣味を「堕落」させていたからという道徳的理由があった。彼の批評活動がいかに強く「イタリア批判」によって動機付けられていたかは、初期の批評である「ヴィーンの自由音楽」（『ヴィーン新聞』一八四八年九月三日）からもうかがい知れる。

図14　エドゥアルト・ハンスリック（1825-1904）。自伝『わが生涯より』に掲載された、40歳当時の写真
（出典：Eduard Hanslick. *Aus meinem Leben.* Bd. 1. Berlin: Allgemeiner Verein für Deutsche Litteratur, 1894.）

私の目の前にある無数の歌曲や合唱曲、行進曲は、どんなに辛辣な批評にもできないほど明瞭に、イタリア・オペラ（das Italienische Opernwesen）がヴィーンの音楽にもたらした災いを物語っている。ヴィーン以上にイタリア・オペラ（die Wälsche Oper）を愛好し保護するドイツの都市は存在しないから、ヴィーン以上にそれにとらわれ苦しめられる都市もまた存在しない。イタリア・オペラは［ヴィーンの］聴衆と作曲家に浅薄さと軽薄さをもたらしてきた。[19]

ヴィーン三月革命の混乱の最中に書かれたこの批評で、ハンスリックは「新しい自由」を祝うべく「国歌（Nationallied）」を制定する必要性を説いた。そこには若き批評家の強い愛国意識が読み取れる。現在われわれはドイツの「真の国歌」と呼べるような歌曲や行進曲をもたないが、それは長年にわたるイタリア・オペラの支配によって、ヴィーンの人々の音楽的趣味がすっかり「軽薄」になってしまったからだ、と彼は言う。そこから彼は「三月十三日［ヴィーン革命勃発の日］は一つのマルセイエーズを求めている。ドイツのマルセイエーズを！」[20]と叫ぶのだ。

「三月前期」のヴィーンで、イタリア・オペラは貴族階級に独占された宮廷文化の象徴だった。ハンスリックはのちに自伝『わが生涯より』（一八九四年）のなかで三月革命当時を振り返り、「なにしろイタリア・オペラは特権階級の芸術的贅沢品であり、宮廷や貴族階級、金持ちの音楽と見なされていたのだ」[21]と書いている。したがって、ヴィーン三月革命が勃発するや否や、直ちに宮廷オペラ劇場からイタリア人歌手たちが追い出されたのはきわめて当然の成り行きだった。「イタリア人歌手に対する抗議行動は（略）国民《ナツィオナル》＝民族的であると同時に民主的《デモクラティッシュ》な運動であった」[22]。すなわちハンスリックのオペラ批判には、美学的意図に加えて、貴族的趣味の拒否という明瞭な政治的含意があったのだ。[23]

さらにハンスリックのオペラ批判がイタリアの国民性《ナツィオナリテート》に対する彼の否定的評価と一体だったことを示す批評

に、「ドニゼッティへの葬儀の花輪」(『ヴィーン新聞』一八四八年九月二十四日)がある。この批評は同年四月に没したガエターノ・ドニゼッティ(一七九七―一八四八)への追悼記事として書かれたにもかかわらず、彼はそこで「ロッシーニ楽派の明確な末裔」であるドニゼッティの「道徳的堕落(die moralische Corruption)」を厳しく非難する。[24] 彼によれば、この「堕落」の理由は二つある。第一にドニゼッティが「イタリアのすべての劇場からの数えきれないほどの注文」に応えるべく、「職人的慌ただしさ(die handwerksmäßige Eile)」のなかで仕事をしなくてはならなかったこと。第二が「彼の国民性および気質と密接に結び付いた軽薄さ(Leichtsinn)」であり、そのためにドニゼッティは「音楽を単なる快適な娯楽(angenehme Unterhaltung)の手段として捉え、そのように扱った」のであった。[25] このようにハンスリックの批判の矛先は、音楽を「快適な娯楽」以上のものと見なさないイタリア人の「軽薄な国民性と気質」だけでなく、作曲家の才能を「職人的慌ただしさ」のなかで摩耗させてしまうイタリアのオペラ劇場の体制――彼が「工場オペラ(Fabrikopern)」と呼んで揶揄するような――にまで及んでいる。またこうしたイタリア音楽観が、必ずしもハンスリック独自の見解ではなく、前章で考察したベートーヴェン―ロッシーニ論争の美学的パラダイムに多かれ少なかれ準拠したものであることは、あらためて指摘するまでもあるまい。

それでは、ハンスリックが残した唯一の理論的著作である『音楽美論』ではドイツとイタリアはどのように扱われているのか。あらかじめ確認しておくと、『音楽美論』には――少なくとも表面上は――ドイツ音楽や音楽における「ドイツ的なもの」の理念に肩入れするような国民=民族主義的《ナツィオナリスティッシュ》な論調は見当たらない。そのことは、彼の音楽批評の読者には多少意外かもしれないが、この書が「普遍妥当性」や「客観性」を備えた「学術書」として構想されたことを考慮すれば、むしろ当然とも言える。[26] この書の冒頭でハンスリックは、「美の探求」は「永続的なもの、客観的なもの、変化せずに「普遍的に」妥当するもの」を研究する点で「近代的学問」の一部門であり、したがってそこでは「形而上的原理」に代わって「帰納的な自然科学的方法」が導入されなければならない、と宣言する。[27] そして音楽の場合、そうした「客観的」で「普遍妥当的」な美の基盤となりうるものは、「響きつつ動く形式」[28] としての音の「運動（Bewegung）」[29] をおいて他にはない。これまで一般にそう信じられてきたのとは違い、音楽は「感情の内容」を表現することはできない。音楽が表現するのは、ただ感情の「力動的なもの（das Dynamische）」だけであり、それは「物理的過程の運動」を「再構成」したものにすぎない。こうした運動は、感情の「一つの契機」であって「感情そのもの」ではない。[30] このように厳密に「科学的」であることを志向する『音楽美論』の議論に、著者自身の国民《ナツィオナル》=民族的な心情や価値観が入り込む余地はない。

しかしそれにもかかわらず、『音楽美論』にはドイツやイタリアの音楽的国民性《ナツィオナリテート》について不意に言及される個所がいくつかあることも見逃してはならない。主として作曲法を論じる文脈に現れるそれらの言及は、ハンスリックがおそらくは無自覚に準拠していた国民=民族主義《ナツィオナリスムス》のパラダイムを明るみに出す。

まず最初に注目すべきは、「精神的労働」としての作曲を問題にした次の個所である。これは音楽の「美的享受」と「病的享受」の区別を主題とする第五章に登場する。

> この随伴［音楽作品の精神的追跡］は、複雑な作曲では精神的労働（die geistige Arbeit）にまで高まることができる。いかに多くの個人が、そしてまたいかに多くの国民が、これに従事することがきわめて難しいことか。イタリア人のあいだでは上声の独占的支配が見られるが、その主たる根拠はこの民族の精神的怠惰（die geistige Bequemlichkeit dieses Volks）にある。彼らにとって［作品への］持続的浸透は手の届かないところにある。ところがこのような浸透力をもって、北方人（der Nordländer）は和声や対位法の絡まり合った技巧的布地を編むことを好むのである。[31]

イタリア音楽に見られる「上声の独占的支配」とは、作曲に際して、旋律や歌唱的要素が優位にあることを意味する。これに対して「北方人」の作曲は、和声や対位法の「技巧」をその本質とする、とハンスリックは言う。

こうした作曲法におけるイタリアとドイツの対比には十八世紀以来の伝統があり、それ自体としてはとくに新しくはない。[32] だがその一方、ハンスリックの主張にはいくつかの独自性があることも認めないわけにはいかない。「上声の独占的支配」をイタリア人の「精神的怠惰」の現れとして否定的に解している点、そのうえで、「自然」よりも「人為=技巧《クンスト》」を重視する立場から「ドイツ的」な作曲法を正当化している点、少なくともこの二点がそうである。

一点目は、『音楽美論』に見られる〈イタリア〉の表象が、十九世紀前半にベートーヴェンとロッシーニの比較論争を経て成立した美学的パラダイムに依拠していることを示唆する。ハンスリックは第三章で「音楽の哲学的基礎付け」を論じるにあたり、次のように述べている。

> これまで多くの音楽学者が、作曲の精神的内実について考える際、和声と対位法的伴奏に優位性を付与してきた。（略）旋律は天才の直感（Eingebung des Genies）であり、感覚や感情の担い手であると見なされた（この点についてはイタリア人が称賛にあずかってきた）。他方、旋律とは対照的に和声は、確固たる内実の担い手であり、学びうるもの、熟考の所産と考えられた。[33]

むろん「旋律的」なイタリア様式と「和声的」なドイツ様式の対比は、それまでも一般的だった。作曲法における「着想」（主題旋律の発見）をイタリア人の領分とする一方で、「彫琢」（主題の労作と展開）をドイツ人の得意分野と見なしたシャイベ[34]も、ほぼ同様のことを考えていたと言える。ところが、一つ前の引用もあわせて考えれば、ハンスリックの音楽美学的思考における〈イタリア〉と〈ドイツ〉の対比は、旋律と和声（または対位法）という作曲技法上の対立を含意するだけでなく、感覚／精神、自然／技術=技巧《クンスト》という哲学的対概念、そしてさらには怠惰／労働という道徳的対概念までをも包摂した、一つの大きな価値体系を構成していることが明らかだ。それこそが、われわれが前章で考察した美学的パラダイムであり、それは十八世紀にはありえなかった。

また二点目からは、ハンスリック自身の美学的立場がいっそう鮮明となる。ここでもシャイベとの比較が有効だ。フランス新古典主義芸術理論の影響下にあったシャイベにとって、「自然」こそが芸術美の最上の規範だった。その強い愛国意識にもかかわらず、「技巧＝人為《クンスト》」に偏りがちなドイツ音楽に対する彼の評価がアンビバレントなものとならざるをえなかったのもそのためだった。[35] これに対し、ハンスリックにおいて「自然」と「人為＝技巧《クンスト》」の序列は完全に逆転している。『音楽美論』第六章は「音楽芸術の自然に対する関係」と題されているが、彼はそこで「音楽には自然美（Naturschönes）がない」[36] ことを証明しようとした。その際彼は、それ以前の長い哲学的・美学的伝統のなかでもっぱら否定的に捉えられてきた「人為的（künstlich）」の概念に、新たな肯定的価値を与えようとする。

もしわれわれの音組織を「人為的なもの（ein "künstliches"）」と呼ぶとしても、この語は勝手気ままで陳腐な発明というたちの悪い意味で用いられているのではない。この語は「創られたもの（das Erschaffene）」に対置される「自ら成れるもの（ein Gewordenes）」を意味するにすぎない。[37]

「人為的なもの」とは「自ら成れるもの」である、という独特な定義の背後には、同時代の言語学からの示唆があったものと推測される。音楽の形式を「内側から自らを形成する精神」[38] として捉えるハンスリックの形式主義的音楽美学は、ダールハウスも指摘したとおり、ヴィルヘルム・フォン・フンボルトの言語観――とりわけその「内的形式」の観念――を受け継いでいる。[39] ハンスリックはこの引用に続けて、「言語は自由な人間的発明である」というヤーコプ・グリム（一七八五―一八六三）の『言語の起源について』（一八五二年）の一節を引き、「まさに言語は、音楽と同じ意味で、一つの人為的所産（ein künstliches Erzeugniß）である」と主張する。[40] 音楽はもはや、純然たる「自然」の所産とは見なされないのだ。[41]

このように音楽を徹頭徹尾「人為的なもの」と見なすハンスリックにとって、自然の感情や天才的直感がもたらす「旋律」の美——いわば「イタリア的」音楽美——はさほど重要ではない。彼がそれ以上に重視するのは、作曲家がその旋律をいかに巧みに「主題」として処理し、それに「和声」を付け、一つの音楽作品全体にまで「展開」していくか、という「労作＝労働（Arbeit）」の美であった。そのうえで彼は、主題となる旋律そのものの「内実」ではなく、その「有機的発展」の可能性に関心を向けることこそが「ドイツ的」な作曲法である、と考えていた。音楽における「内容」と「形式」の概念を論じた『音楽美論』第七章で、彼はこう述べる。

作品全体を作り出した精神はすでに主題（das Thema）のなかに啓示されている。ベートーヴェンが序曲『レオノーレ』［（一八〇五—〇七年）］をあのように始め、メンデルスゾーンが序曲『フィンガルの洞窟』［（一八三〇年）］をこのように始めるとき、いずれの音楽家も、それから先の展開部（die weitere Durchführung）の音を一つも知ることなしに、自分がいまどのような宮殿の前に立っているのかを予見しているはずだ。ところがこれに対し、ドニゼッティの『ファウスト』［（一八三二年）］やヴェルディの『ルイザ・ミラー』［（一八四九年）］の序曲のような主題がわれわれに聞こえるとき、内面にそれ以上浸透してくるものはなく、われわれはただの居酒屋にいるにすぎないと確信する。ドイツでは理論においても実践においても、主題の内実（das thematische Gehalt）よりも音楽的展開（die musikalische Durchführung）のほうに優位な価値が置かれるのだ。[42]

ここで問題とされているのは、主題旋律と作品全体の「有機的」関係である。ハンスリックにとって主題は、単なる音の連続ではなく、いわば「音楽的ミクロコスモス」、すなわち「自立的で、美的にはそれ以上分割できない音楽的思考単位」を意味する。作曲とは、そうした主題が「まるで一つのつぼみから豊かな花が開くように、有機的に見通しがきく漸進性（organisch übersichtliche Allmäligkeit）のなかで自らを展開する」ことで、「すべての音楽的形態（das ganze Tongebild）」が生成する過程にほかならない。[43]主題のこうした有機的自己展開は一種の

「自立的公理（das selbstständige Axiom）」であるから、「主題のなかに（明白であれ、隠されたかたちであれ）存在しないものは、のちに有機的に発展することはできない」のだ。[44]

またハンスリックが、わざわざベートーヴェンやメンデルスゾーンの「序曲」を——彼らの交響曲や協奏曲ではなく——引き合いに出しているのは、同じジャンルを対比することでイタリアに対するドイツの優位をより明確にしようという意図からだろう。イタリア・オペラの序曲とは異なり、彼らの演奏会用序曲では、主題が有機的に自己展開することで楽曲の全体が生成されていく。したがって、そこで建てられる「宮殿」の壮大さは、その主題を聴いただけで容易に予感される、と彼は説明する。それに対して、ドニゼッティやジュゼッペ・ヴェルディ（一八一三―一九〇一）の序曲の主題は、その後に展開されるべき「音楽的思考」を一切含まない。そこから建ち上がる音楽的建造物は、せいぜい一時の快楽をもたらす低俗な「居酒屋」程度にすぎない。[45]

そしてハンスリックによれば、主題がもつ「交響的な力と多産性」の点で、ベートーヴェンを凌ぐ作曲家はいまだ現れていない。彼は続けてこう述べる。

われわれの時代がベートーヴェンの管弦楽作品以上のものを提示できないのは、おそらく展開の技術よりも、主題の交響的な力と多産性（die symphonische Kraft und Fruchtbarkeit der Themen）に問題があるのだろう。わずかな資産をどれくらい懸命に運用するかで、利発な家長の能力は決まる。侯爵たる者、気前よく贈り物をしなくてはならないからだ。国家経済（die Nationalökonomie）においてと同様、音楽においても、ただ通過させるだけ（die bloße Durchfuhr）では誰も裕福にならないのだ。[46]

前章で考察した「ベートーヴェン以後」の問題に、ハンスリックもまた直面していたことがここからわかる。ベートーヴェンの器楽作品の主題がもつ「多産性」は、振り返るなら、早くもホフマンが一八一〇年にその批評「ベートーヴェンの第五交響曲」のなかで指摘していた。ホフマンはこの交響曲の第一楽章を例に取り、冒頭部で提示される「わずか二小節から成り立つ主要楽想」が「多様な形態を取りながら繰り返し出現する」ことで、やがて「全体の精巧な織物のなかにすっかり編み込まれていく」過程を分析したのだった。(47) またハンスリック自身も『音楽美論』第二章で、ベートーヴェンのバレエ音楽『プロメテウスの創造物』（一八〇一年初演）序曲の第一主題を「音の運動（die Bewegung der Töne）」の観点から分析し、この主題では「旋律、リズム、和声の間の多彩な対応が、シンメトリックで、しかも変化に富んだ音像を生み出し、それがさまざまな楽器の音色や音強の交代によってさらに豊かな光と陰を得ることになる」と高く評価している。(48)

さらにもう一点ここで注目したいのは、ハンスリックが作曲法を「国家経済」の比喩で説明していることだ。旋律を「ただ通過させるだけ」では「誰も裕福にはならない」と彼は言う。旋律の美を耳に流れるままに、味わっているだけでは「音楽的利潤」は生じない。われわれは主題となる旋律をそれ自体として味わうかわりに、ただそれを将来の再利用に備えていくつかの基本的単位（動機）へと分節し、それに「労作《アルバイト》＝仕事」を施すことで――すなわち主題旋律を「原資」として経済活動のなかに再投入することで――はじめて大きな「展開」を得ることができる。「主題労作（thematische Arbeit）」を本質とする「ドイツ的」作曲法とは、いわば「資本主義的」なのだ。(49)

3　ハンスリックにおける「ベートーヴェン以後」の問題

ベートーヴェンの管弦楽作品以上のものは今日でも現れていないという『音楽美論』の主張は、当時の歴史的状況を客観的に捉えたものというより、むしろハンスリック自身の批評家としての立場を鮮明に映し出す状況認識として理解されなくてはならない。というのも、この書が出版された一八五〇年代半ば――ドイツ・ロマン主義音楽の最盛期にあたる――には、すでに多くの音楽家が古典派が確立した器楽的ジャンルを継承しながら、独自に発展させる試みをおこなっていたからだ。

例えばリストは、標題音楽の新たなジャンルとして「交響詩（symphonische Dichtung）」を創出した。交響詩とは、標題的性格――その多くは文学や絵画に基づく――をもつ一楽章形式の交響曲であり、伝統的な演奏会用序曲の発展形と見ることもできる。『人、山の上で聞きしこと』（一八四九年）や『タッソー、悲劇と勝利』（一八四九年）などがその初期の作例だが、前者はヴィクトル・ユーゴー（一八〇二―八五）の詩集『秋の葉』（一八三一年）の一編、後者はゲーテの同名の戯曲（一七九〇年）に基づいている。また『前奏曲（レ・プレリュード）』（一八四八―五四年）は、アルフォンス・ド・ラマルティーヌ（一七九〇―一八六九年）の同名の詩（一八二〇年）を、その構成や気分を忠実に再現するように音楽化したものである。一方ヴァーグナーは、ベートーヴェンが最後の交響曲の最後の楽章――『第九番』の第四楽章――で声（言葉）を導入したことを重視し、そこに特別な歴史哲学的意義を見出した。彼は『交響曲第九番』のなかに、楽器の限界と声（言葉）の到来という歴史＝物語《ゲシヒテ》を聴き取り、「絶対音楽」の時代はもはや過ぎ去り、いまや「総合芸術作品」としての「劇《ドラマ》」の時代が幕を開けたという独自の歴史認識をそこから構築した。彼は『未来の芸術作品』や『オペラとドラマ』といった理論的著作を通じて、自らが構想する「劇《ドラマ》」の理念がベートーヴェンの交響曲の正当な発展形であることを説いた。[50] リストやヴァーグナーが、交響曲や協奏曲といった古典的器楽ジャンルに取って代わるべき新たなジャンル概念を打ち出したのは、彼らがベートーヴェンの遺産を強く意識しながら、その「抑圧」から逃れようとした結果だった。そうすることで彼らは、音楽史を「ベートーヴェン以後」の段階へと推し進めようとしたのだった。

だがそれに対してハンスリックは、一八三〇年代から四〇年代にかけてドイツの音楽界を覆っていた「歴史の終焉」意識（第4章第3節を参照）を、五〇年代に至ってなお持ち続けていた。これはひとえに彼が音楽における「新しいジャンル」の発明に否定的だったことに起因する。彼はリストやヴァーグナーの試みをまったく評価しなかった。ハンスリックが積極的に評価することができた「最新」の音楽家は、せいぜいシューマンまでだった。[51] 彼はシューマンの『交響曲第四番』（初版一八四一年、改訂版五一年）がヴィーンで初演された際の演奏会評

（『プレッセ』一八五七年四月二日）で、その前年に世を去っていたこの作曲家について次のように述べている。

最近、耳を傾けるに値する論調は、「老化した人々と真新しい人々、または石頭の古典主義とぼさぼさ頭の音楽の新ロマン主義！」の党派争いのなかで、いかにシューマンが一つの盾――その庇護のもとで良い新しさ（das gute Neue）のための戦いがなされるような――の役割を果たしてきたかを正当にも強調している。実際、「古いものへの尊敬」と並んで「新しいものの正当性」を認めようとする者たちも、みなすすんで、シューマンという御旗のまわりに集まっている。（略）音楽は諸芸術のなかで、最も速い進度でその独自の形態が消費されるジャンルであり、それらの形態は次々と新たなものによって取って代わられていく。確かに音楽は、今日もベートーヴェンのもとで立ち止まることはできない。だがそれは、音楽がまったく違う素材や形式を、つまり過去のすべてを無化するような予測できない新たな構築物を必要としているからではない。そうではなく、ベートーヴェン作品の不滅の味わいに並び立つためには、想像力はまったく新しい刺激を求め、精神は新鮮な課題を求める、ということなのだ。音楽は、新しいジャンル（neue Gattungen）よりも新しい人物（neue Individuen）を必要としているのだ。[52]

この批評でハンスリックは、「シューマンをいわゆる「未来音楽家」（die sogenannten "Zukunftsmusiker"）の一人として、ヴァーグナーやリスト、および彼らの弟子たちと一括りにするという重大な誤解[53]」を解くことを試みる。そしてその際、彼は独自の進歩主義的歴史観を表明している。ヴァーグナーやリストが「未来音楽」と称して「新しいジャンル」を打ち出したことは、音楽史の伝統の「無化」でしかない、と批判し、それに対してシューマンは「彼の交響曲、三重奏曲、四重奏曲などにおいて、既存の形式であっても、いかに新たな内容の豊かさで満たすことができるか[54]」を証明した、と彼は言う。ハンスリックは、シューマンが交響曲や協奏曲、弦楽四重奏曲といった古典的な器楽ジャンルで勝負したことを、「良い新しさ」を生み出すために必要な姿勢として高く評価するのである。

4　「絶対音楽の救世主」としてのブラームス

やがて、ハンスリックが一八五七年のシューマン評のなかで切望していた「新しい人物」が、彼の前に姿を現す。ヨハネス・ブラームス（一八三三―九七）である。ブラームスは、交響詩やオペラには一切手を出さず、交響曲や協奏曲、五重奏曲、四重奏曲など、ベートーヴェンを継承する古典的器楽ジャンルを中心に創作をおこなった点で、まさにハンスリックにとって理想的な「未来の音楽家」だった。

ハンスリックが最初にブラームスを論じたのは、一八六二年にヴィーンを初めて訪れたブラームスが滞在中に開催した演奏会の批評（『プレッセ』一八六二年十二月三日）だったが、そこで彼は、自らが『音楽美論』で展開した理論の実践者として、この若きピアニスト兼作曲家を熱烈に迎え入れた。彼はブラームスをシューマンと比較する。

意義深いのは、いや最も興味深いのは、ブラームスがすでにここにいるということだ。その音楽の形式と特性の面で、彼はまずもってシューマンを彷彿させる。むろん形式的模倣というより内的類縁性という意味でだ。(55)

ブラームスは「旋律的着想の豊かさと美しさの点ではシューマンにはるかに凌駕されている」ものの、「純粋な形象的造形（rein figurale Gestaltung）の豊かさ」においては決して彼にひけを取らない、と称賛しながら、ハンスリックは読者に次のように問いかける。

ブラームスのなかで、着想の独創性と旋律的な力は、彼の和声的・対位法的な技巧の高度な開花と果たして歩調を同じくするだろうか。（略）それは未来に、しかもすぐ先の未来に明らかになるにちがいない。(56)

なるほどブラームスの「旋律的着想」の能力はまだ未知数かもしれないが、彼の「並外れた形式構成力（eine ungewöhnliche formenbildende Kraft）」は現時点ですでに完成の域に達している。ハンスリックにとってはそれが重要だった。『音楽美論』でも言われていたように、和声と対位法による形式構成力こそが「ドイツ的」な音楽的才能――主題旋律の着想の面ではイタリア人にかなわない――だからだ。またハンスリックによれば、ブラームスは「カノンとフーガの才気あふれる近代化」という課題をシューマンから引き継いだのだが、「この両者の創造が拠って立つ共通の源は、ゼバスティアン・バッハである」(57)。むろんここには、シューマンを仲立ちとしてブラームスをバッハと結び付けることで、この若き作曲家をドイツ音楽の最も正統な継承者に指名しようという意図がある。

とはいえ、この批評が書かれた時点では、ブラームスの大規模な管弦楽作品はまだ姿を現していなかった(58)。ハンス・フォン・ビューロー（一八三〇―九四）が「ベートーヴェンの第十番」と呼んで絶賛した『交響曲第一番』が完成するのは、これより十年以上も先のことである。ハンスリックが臨席した演奏会の曲目も、ブラームス自身のピアノ演奏による室内楽作品が中心だった。だがそのなかで彼を最も驚かせたのが変奏曲だった。

すでにブラームスの最初の変奏曲（シューマンの主題による）において、並外れた形式構成力がはたらいていた。それに続く、自作主題による変奏曲、およびハンガリーの旋律による変奏曲も、およそ同じ高みにあった。［だが］いまやブラームスは『ヘンデルの主題による二十五の変奏曲』［（一八六一年）］をもって、それらすべてを凌駕した。変奏曲形式（die Variationen-Form）のなかに、ブラームスの才能はこれまで最も幸運な結果を見出している。この形式は、とりわけ形象的造形の豊かさと雰囲気の統一を要求するが、それこそがブラームスの最も決定的な長所にほかならない[59]。

「主題のなかに存在しないものは、のちに有機的に発展することはできない[60]」――ハンスリックが『音楽美論』で示したこのテーゼをより厳格に満たす楽曲形式は、主題―展開モデルに基礎を置き、相対的に自由度が高い――そのため十九世紀を通じて次第に「拡張」されていく――ソナタ形式よりも、むしろ主題とその変奏だけによって楽曲全体が構築される変奏曲形式である。ハンスリックはブラームスを通じてそのことを再認識したのだ。

「変奏曲作曲家」との異名を取るブラームスは、ピアノのための変奏曲を七つ作曲し、そのうちの一つである『ハイドンの主題による変奏曲』には、四手（二台）によるピアノ版のほか、管弦楽版も存在する（どちらも一八七三年）。また彼は交響曲にもパッサカリア形式を導入する[61]など、器楽的「変奏」の可能性を極限まで汲み尽くした作曲家として知られる。のちにアルノルト・シェーンベルク（一八七四―一九五一）が、ブラームスの作品

図15　シェーンベルクによるブラームス『弦楽四重奏曲第２番』第２楽章の分析
（出典：Arnold Schoenberg. *Style and Idea.* Berkeley & California: University of California Press, 1975, S. 430.）

に「節制、それでいて豊か」な「発展的変奏（developing variation）」の原理を見出し、それを自らの音列技法を理論化する際の大きな示唆としたことは有名だが、[62]まさに「変奏」こそがブラームスの作曲技法の根幹であった。彼は、懇意にしていたヴァイオリン奏者・指揮者のヨーゼフ・ヨアヒム（一八三一―一九〇七）への手紙（一八五六年六月）で次のように語っている。

私はときおり、変奏曲形式（die Variationenform）のことを考えます。そしてそれはより厳密で純粋に保たれなければならないと思います。昔の人たちは主題のバス音、そして本来の主題を一貫して厳密に保持しました。ベートーヴェンにおいては旋律、和声、そしてリズムがとても美しく変奏されています。しかし近年の作曲家（私たちもです！）はむしろ（うまい表現が見つかりませんが）主題の上を引っ掻き回してばかりいます。私たちは旋律を臆病なくらい維持しており、それを自由に取り扱っていませんし、そこから何も新しいものを作り出していません。しかしそれだからといって旋律が聴き取れるわけではありません。[63]

ここでブラームスが言わんとしているのは、主題のバス音を厳密に保持したうえで上声部の旋律を大胆に変化させるほうが、その逆よりも――和声的な関連付けのおかげで――結果的に主題旋律がはるかに聴き取りやすくなる、ということである。最近の作曲家は主題旋律の「表面」ばかり――「主題の上」という表現はこれを指す――を操作したがるが、ベートーヴェンのように主題の根底をなす和声進行を基礎にして変奏をおこなうならば、その変奏された旋律は表面的にはまったく「新しいもの」であるにもかかわらず、主題との関連のなかでおのずとはっきり「聴き取られる」はずである。ブラームスはそうした考えから、主題旋律そのものではなく、その和声に基づいて変奏せよ、というのだ。実際これは、ブラームスの変奏曲の基本原理となっている。彼が書いた変奏のうち、主題となる旋律の原型を残したもの（いわゆる装飾変奏）は全体のわずか五分の一程度であり、多くの変奏では主題との旋律的関係が隠されている。そのかわり、それらの変奏は、主題の和声進行をそのまま保持したり、転回したうえで対位法的に処理したり、あるいは全体を移調したりすることで、主題旋律との和声的次元での同一性を維持しているのである。

ブラームスを知る以前のハンスリックは、変奏曲というジャンルをまったく重視していなかった。当時のヴィーンの演奏会文化では、変奏曲がヴィルトゥオーゾの即興能力と超絶技巧を披露するのに適した娯楽的で軽薄なジャンルと見られていたことも、その理由としてあっただろう。自分の演奏を好きなだけ、好きなように盛り上げ、しかもいつでも好きなときに終えることができる、という点でも、変奏曲の形式はヴィルトゥオーゾの演奏会にうってつけだった。[64]

だがブラームスとの出会いが、変奏曲に対するハンスリックの認識を一変させた。優れた作曲家によって入念に作り込まれるならば、変奏曲は「没対象的な形式の遊び（gegenstandsloses Formspiel）」[65]という音楽美の本質を最も理想的に表現するジャンルになりうることを、ブラームスは彼に気付かせたのだ。彼はピョートル・イリイチ・チャイコフスキー（一八四〇—九三）の幻想序曲『ロメオとジュリエット』（一八七〇年）とブラームスの『ハイドンの主題による変奏曲』がともに上演された演奏会の批評（一八七六年）で、これほど「大きな対立」が示される機会はめったにないと言って、両作品の違いを次のように説明する。

前者［『ロメオとジュリエット』］は標題音楽だが、それは周知の題材であるにもかかわらず、いったいどれがどの個所を「意味する（bedeuten）」のか、われわれを絶えず悩ませ続ける。他方、後者［『ハイドンの主題による変奏曲』］は純粋な音楽的思考と形式（das rein musikalische Denken und Formen）であり、それ自体に依拠し、それ自体を通じて理解可能な音楽美である。[66]

ここでハンスリックは『音楽美論』での議論に沿って、音楽による対象描写の不完全性と、それ自体における音楽美の完全性を対比している。『音楽美論』によれば、「描写の真実性」の原理は、音楽の「自立的美

(selbstständige Schönheit)」と両立しえないどころか、それとは「正反対の関係」にある。[67] しかも彼によれば、音楽によって人物の行為や自然の情景などを描写することは、そもそも不可能でさえある。その証拠に、シェイクスピアの『ロメオとジュリエット』は「周知の題材」であるにもかかわらず、チャイコフスキーのこの標題的序曲のどこがどのようにそれを「意味」するのか、聴衆はさっぱりわからないではないか。「チャイコフスキーの『ロメオ』序曲の尊大な膨張ぶりは、まるでリストの「交響詩」の型を彷彿させる」[68]と彼は批判する。それに対して、ブラームスの『ハイドンの主題による変奏曲』は「純粋な音楽的思考と形式」から成立しており、音楽作品の「外側」にある知識や経験の助けを借りることなく、完全に「内側」から理解される。それどころかこの変奏曲では、初めに提示される主題のなかに、その後の展開のすべてがあらかじめ内包されている。「作曲とは形式的な美の法則（formelle Schönheitsgesetze）に従うものである以上、その経過は恣意的で無計画な彷徨ではなく、まるで一つのつぼみから豊かな花が開くように、有機的に見通しがきく漸進性のなかで自らを展開することである[69]」と『音楽美論』では述べられていたが、そうした「形式的な美の法則」を最も理想的なかたちで実現した作品こそ、ブラームスの変奏曲だったわけである。

5　ヴァーグナー派によるハンスリック批判——形式主義・ユダヤ性・イタリア性

一方、ハンスリックの『音楽美論』に対して、その出版直後から批判が相次いだことを忘れてはならない。まずは哲学者ヘルマン・ロッツェ（一八一七—八一）が書評（『ゲッティンゲン教養新聞』一八五五年七月五日および七日の二回連載）で、著者は「感情（Gefühl）の美学的意義」をあまりに軽視しすぎていると非難した。[70] 次いで音楽批評家ローベが「エドゥアルト・ハンスリックの『音楽美論』に抗して」（一八五七年）という綿密な反論を提出し、感情美学の立場から、この書への全面的対決を宣言した。[71] またハンスリックと同じくプラハ出身の音楽史家アウグスト・ヴィルヘルム・アンブロースは『詩と音楽の境界』（一八五五年）で、音楽美を「アラベスク」の比喩で語ったハンスリックを暗に指しながら、形式主義者を次のように批判する。

君たち形式哲学者、「響くアラベスク」の［支持］者たちには、精神（der Geist）は姿を現さない。というのも君たちはそれを信じていないか、もしくは解剖学者の粗暴なメスでもって有機的組織を切り刻み、それを見つけ出そうとするからである。(72)

ハンスリックが音楽と詩（文学）とのあいだに厳格なジャンルの境界線を引いたのに対し、アンブロースは「すべての芸術の命霊を形づくるのはポエジー（Poesie）であり（略）このポエジーがやがて個々の独立した芸術としてわれわれの前に姿を現す(73)」と断言する。「特殊音楽的」な美の様相を捉えようとしたハンスリックとは対照的に、彼は「個々の芸術［ジャンル］は、同一の光線のプリズム的屈折［の所産］でしかない(74)」と考えるのだ。

このアンブロースの批判は、当時のドイツで『音楽美論』がどのように読解——あるいは誤解——されたかを示す典型的なものである。ハンスリックはのちに自伝で、自分は音楽を「魂がこもった形式（beseelte Form）」と呼んだはずなのに、敵対者たちはそれを「空虚な形式（leere Form）」と曲解し、あたかも自分が「器楽の無内容性（die »Inhaltlosigkeit« der Instrumentalmusik）」を主張しているかのような不当な非難に曝された、と振り返っている。(75)彼の形式主義的音楽美学は、音楽の「精神的内実」を一切認めない過激な思想として人々に受け止められたのである。

ヴァーグナーとその支持者たちによるハンスリック批判も、基本的にはこうした形式主義批判の延長線上で展開されたものだった。しかしそこでは新たに「民族的《ナツィオナル》」な含意が付け加わる。彼らはハンスリックの形式主義的音楽美学を「非ドイツ的」なもの——「ユダヤ的」とも「イタリア的」とも言われるが——として攻撃したのだ。

ヴァーグナーのハンスリック批判――「ユダヤ的なもの」としての形式主義

ヴァーグナーの形式主義批判は、かの悪名高い論文「音楽におけるユダヤ性」（『新音楽時報』第十七年次第三十三巻、一八五〇年九月三日および六日の二回連載）に登場する。彼はそこでメンデルスゾーンやジャコモ・マイヤベーア（一七九一―一八六四）――後者は「高名なオペラ作曲家」として実名は伏されるが――を例に挙げ、ユダヤ系音楽家が覇権を握ったことでドイツの音楽文化がすっかり堕落してしまったと嘆く。さらに彼の主張は、ユダヤ人の容貌や喋り方、歌い方が醜悪で滑稽であり、彼らが芸術の分野でできることはせいぜい「単なる口真似や模倣」にすぎないと、ユダヤ人の生来の芸術的才能を否定するにまで至る。彼によれば「ユダヤ人の発言は、その時々の気分次第で、また芸術の外にある利害に踊らされて、ころころ変わる」が、それは次のような理由からだ。

> というのもユダヤ人は、何か確実なことや必要なこと、または実際的なことを言おうとするのではなく、自らの存在を誇示するために口を開くのであり、そこでは「何を（Was）」「話すか」はどうでもよくなり、そうなるとおのずと「いかに（Wie）」「話すか」だけが関心事として残ることになる。（略）望むと望むまいとにかかわらず、ユダヤ人はこの根源［自民族の出自］から創造するしかない。しかし彼がそこから引き出せるのは「いかに（Wie）」だけであって「何を（Was）」ではない。ユダヤ人は固有の芸術をもったことがなく、芸術を可能にする内実（Gehalt）を伴った生活体験もない。[76]

自民族の「固有の芸術」をもったことがないユダヤ人は、芸術の内容――何を表現するか――にまったく関心を払わず、形式やスタイル――いかに表現するか――だけに固執する、という指摘である。ヴァーグナーは形式主義と「ユダヤ的なもの」の本質を重ね合わせたうえで、それらを同時に批判するのだ。

「音楽におけるユダヤ性」は改訂のうえ序文と後記が付されて——そして初版時の偽名ではなく著者の実名を冠して——単行本として一八六九年に再版されるが、新たに書かれた後記のなかでヴァーグナーは、ハンスリックを直に名指して、その「音楽的ユダヤ主義」を攻撃した。[77] 彼が言うには、自分の音楽作品や著作がジャーナリズムや教養人から敵視されているのは、ひとえに「あるヴィーンの法学者[78]」のせいである。

彼は偉大な音楽の友にして、ヘーゲルの弁証法の識者でもあるらしいが、何より彼が——巧妙に隠してはいるが——ユダヤ出自（jüdische Abkunft）であることによって、そうした状況が特に容易に実現可能になった。（略）彼はいまや『音楽美』についての本を書き、そのなかで音楽的ユダヤ主義（das Musikjudentum）の広範なもくろみを達成するための優れた手腕を発揮した。ほどなく彼は、とても繊細な哲学的精神に由来するかのように見える、きわめて巧妙な弁証法的形式を用いて、ヴィーンの全知識人を騙し、あたかも彼らのなかから現実に一人の予言者が現れたかのように信じ込ませることに成功した。[79]

ヴァーグナーは、ハンスリックが母方にユダヤ系の血筋をもつことに目をつけ、その形式主義的音楽美学を彼に敵対する「音楽的ユダヤ主義」の陰謀の一端として解釈する。また彼にとっては、そもそもジャーナリズム自体が「ユダヤ的なもの」の象徴だった。[80] そして彼は、ハンスリックの「ユダヤ的」な形式主義的音楽美学が「ドイツ的」美学と「人種的」に相容れないにもかかわらず、ドイツで大きな影響力をもっていることに危惧を表明する。

先述したヴィーンのハンスリック博士の「音楽美」についての小冊子——それは明確な意図［ユダヤ主義］をもって書かれたのだが——は、瞬く間に大きな名声を得た。その結果、従順にして完全に金髪のドイツ人美学者（ein gutartiger, durchaus blonder deutscher Ästhetiker）であるフィッシャー氏が、彼の偉大な体系のなかに「音楽」の記述を加えるにあたり（略）この高名なヴィーンの音楽美学者と手を結んだということを、誰も責めるわけにはいかないだろう。[81]

ここで言われる「偉大な体系」とは、フリードリヒ・テオドール・フィッシャーの主著『美学または美の哲学』（一八四六―五八年）を指すものと考えられる。音楽の分野には疎かったフィッシャーがハンスリックに協力を求めたことは致し方ないにせよ、それによって「音楽的ユダヤ美（die musikalische Judenschönheit）が、純血種のゲルマン的美学体系（ein vollblutig germanisches System der Ästhetik）の真ん中に座を占めてしまった」[82]とヴァーグナーは指摘する。ドイツは内側から「ユダヤ的なもの」によって侵食されている、という彼に取り憑いていた強迫観念が典型的なかたちでここに現れている。[83]ただし実際には『美学または美の哲学』に形式主義的傾向はほとんど見られず――ハンスリックの分担執筆も確認できない――むしろこの著作はヴァーグナーの音楽観との親近性を強く示す。フィッシャーはそこで「ドイツ音楽は抽象的形式（die abstracte Form）の束縛をつねに乗り越えていく」[84]と述べている。そして、「抽象的形式」ではなく、「制約されない感覚の現れ」と「詩的喚起力をもった想像力」こそが「音楽における特殊ドイツ的なもの」だと考えていた点で――ヴァーグナーの杞憂をよそに――フィッシャーは疑いなく「ゲルマン的」美学者だったのだ。

ブレンデルの美学的二分法――「イタリア的なもの」としての形式主義

ヴァーグナーの形式主義批判の姿勢は、彼の支持者たちにそのまま引き継がれる。前章でも考察したカール・フランツ・ブレンデルは『新音楽時報』の編集者――「音楽におけるユダヤ性」を同誌に掲載したのは彼だ――にして、ヴァーグナーの理論的擁護者であった。彼は『イタリア、ドイツおよびフランスにおける音楽の歴史』でドイツ中心主義的な音楽史観を構築する際、音楽における「ゲルマン的（ドイツ的）なもの」と「ローマン的（イタリア的）なもの」を対比し、「形式美」へと向かう傾向を後者に結び付けた。

ゲルマン的要素とローマン的要素（das germanische und romantische Element）は、ゲルマン系とローマン系の諸言語にも明らかなように、ヨーロッパ文化のなかで最も傑出したものである。ゲルマン的要素は主観的・反省的・瞑想的なものであり、ローマン的要素は外を希求する、感覚的なものである。前者は夢想的で想像力に満ち、形をもたない（gestaltlos）ものであるのに対し、後者は可視的で、明確に区切られた輪郭のなかに出現するもの、彫塑的なものである。前者はドイツ音楽の、後者はイタリア音楽の特性である。イタリア人が生活のあらゆる局面で自然とより近しい関係を生きているのに対して、ドイツ人はよりいっそう思考に自らを委ねるが、これは音楽のなかでも観察できる。前者のより精神的な感情においては精神的力が、イタリア人の感情においては感覚的力が支配権を握る。前者のより精神的な感情は、芸術のなかで性格描写への希求として現れ、後者のより感覚的な感情は、外面的美と形式完成（äussere Schönheit und Formvollendung）への希求として現れる。(85)

音楽の形式性への志向を「イタリア的」と見なす考えは、前章第4節で考察したミュラーの著作にも見られた。彼はすでに一八三〇年にベートーヴェンとロッシーニを対比する文脈で、イタリア音楽が「単なる形式や色彩、音の遊び」に向かうのと対照的に、「われわれドイツ人は（略）理念と明確な性格の響きを求める」と言っていた。(86)またヘーゲルも、ロッシーニの音楽を擁護しながらも、それが「厳格でドイツ的な音楽理解」が好むような「性格描写」を欠くことを認めていた。(87)しかし、音楽における「ドイツ的なもの」と「イタリア的なもの」をめぐるブレンデルの思考は、ヘーゲルやミュラーの場合よりも、いっそう体系的かつ徹底的に分節されており、それはベートーヴェン―ロッシーニ論争を経て確立された美学的二分法の一つの完成形であるといっても過言ではない。それはおおむね次のように整理できる。

ドイツ的（ゲルマン的）／イタリア的（ローマン的）
内面的・主観的／表面的・外形的
精神的／感覚的
無形的／輪郭的・彫塑的
性格的な美／形式的な美
思弁的／自然的

この定式化に従えば、ハンスリックが説く音楽美——「響きつつ動く形式」の美——は「イタリア的」ということにならざるをえない。彼は『音楽美論』で、アラベスクや万華鏡と類比させて音楽美を定義したが、ヴァーグナー派の見方では、本来、最も主観的で内面的な感覚器官であるはずの聴覚（耳）のための芸術を、そのように「可視的」なものとして把握すること自体が「イタリア的」な倒錯にほかならないのだ。

ザイドルの音楽的崇高論——「ドイツ的なもの」としての崇高

またヴァーグナー派の美学の中心的概念である「崇高（Erhabenheit）」も、音楽のなかに「可視的」な「形式美」を把握することの拒否と結び付いていた。ヴァーグナーは『ベートーヴェン』（一八七〇年）で、「美」と「崇高」を対立する二つの美学的カテゴリーとして提示した。[88]「美（Schönheit）」という概念はその語源において「見る（Schauen）」という行為と関係する。[89]したがって「美」とは本来、造形芸術の視覚的な「形式」——すなわち「見かけ（Schein）」

図16　アルトゥール・ザイドル（1863-1928）。『芸術と文化』（1902年）に掲載された写真
（出典：Arthur Seidl. *Kunst und Kultur.* Berlin und Leipzig: Schuster & Loeffler, 1902.）

――を判定するための美学的カテゴリーであり、それを音楽に適用するのは不当である。つまり音楽について「形式」の「美」を語ることは、二重に誤っている、というわけだ。

音楽は彫塑的形式（die plastischen Formen）をもって外的現象につながるように見えるが、これら音楽の形式から音楽の告知的性格に対するまったく無意味で倒錯的な要求が取り出されてきたことを、われわれは見る。これはすでに述べたようにもっぱら造形芸術の判断に由来する見解が音楽に転用されたからである。（略）その結果、人々は音楽から造形芸術の作品の場合と類似した作用を、言い換えれば、美しい形式への快の刺激（die Erregung des Gefallens an schönen Formen）を要求したのだった。(90)

「美学者たち」が「音楽を建築と比較」したり、音楽に「概観的性格」を与えたりすることは「誤った判断」しか生んでこなかった、とヴァーグナーは言うが、そこでの批判対象にハンスリックが含まれていることに疑念の余地はない。

これに対してヴァーグナーが持ち出すのが「崇高」である。「音楽は（略）それ自体ではただ崇高というカテゴリー（die Kategorie des Erhabenen）によってのみ判定されうる。というのも音楽は、われわれを満たすや否や、無限界性の意識がもちうる最高の歓喜を引き起こすからである」(91)。さらに彼によれば、ドイツ国民にとってのベートーヴェンの重要性も、まさにこの「崇高」という概念に即して理解される。

なぜなら彼こそが、単なる快の芸術（die bloße gefällige Kunst）へと引き下げられた音楽を、その最も独自的な本質から崇高な使命の高み（die Höhe ihres erhabenen Berufes）にまで引き上げて、われわれにこの芸術への理解を啓示した者だからである。（略）そしてもっぱらここにこそ偉大なベートーヴェンのドイツ国民に対する関係が基礎付けられる。(92)

そしてまた「ベートーヴェンを通して音楽が成し遂げた芸術史上の進歩」も、まさしくこうして芸術を「美」の領域から「崇高」の領域へと飛躍させたことのうちにある、とヴァーグナーは考える。ベートーヴェンが『交響曲第九番』の最終楽章で「神々しく甘美で純粋無垢な人間的旋律」を伴う声楽（合唱）を導入したことに、彼は次のような歴史哲学的意義を見出す。

こうした能力を得たことで、音楽は感性的に美なるものの領域（das Gebiet des ästhetisch Schönen）をはるかに超えて、まったくの崇高さの次元（die Sphäre des durchaus Erhabenen）へと入り、伝統的または因習的な諸形式による拘束から解放されたのである。[93]

ヴァーグナーが提唱した「美」と「崇高」の区別、そしてまた「ドイツ的なもの」としての「崇高」概念の称揚は、彼の支持者たちに受け継がれ、さらなる理論的洗練を経る。なかでも最も重要なのが、文筆家・劇作家アルトゥール・ザイドルの『音楽的崇高について（Vom Musikalisch-Erhabenen）』という著作である。ヴァーグナーが没して四年後の一八八七年、ライプツィヒ大学に博士論文として提出されたこの著作は、その題名が示すように、ハンスリックの『音楽美について（Vom Musikalisch-Schönen）』への真っ向からの挑戦であった。

ザイドルはこの書で、ヴァーグナーがベートーヴェンの様式に見出した崇高の精神をドイツ音楽の中心的理念として据えるべく、崇高概念の由来と意義を哲学史・美学史的にたどり直した。ヴァーグナーやブレンデルと同様、ザイドルも音楽の「形式美」を「南方的」で「ローマン的」と見なし、「ゲルマン的」な音楽観と対置するが、その際、彼は形式主義という哲学的傾向そのものに「非ドイツ的」というレッテルを貼る。

実際のところ、北方のゲルマン的精神（der nördliche germanische Geist）は偏愛をもって精神的内容

（geistiger Inhalt）に固執しないだろうか。そしてそれに対して、ローマン人（der Romane）は、あらゆる芸術の考察に際し、感覚的に美しい形式（die sinnlich-schöne Form）をはるかに好まないだろうか。すでに［フェルディナント・］ハント［（一七八六―一八五二）］が『音楽芸術の美学』（ライプツィヒ、一八三七年）でこう説くように。すなわち「イタリア人がしばしば形式的美に充足し、その範囲を逸脱しない音楽だけあれば十分に満足してきたのに対して、ドイツ人は性格的表現や理念的な魂の充溢を求める」と。そしてついには、ヘルバルト的形式主義（der Herbart'sche Formalismus）が、より南方の国（ein südlicheres Land）であるオーストリアの諸大学で大きな支持を得た一方で、その敵手であるヘーゲル的観念論（der Hegel'sche Idealismus）およびその学派が、ドイツの北部すなわちプロイセンで（im Norden Deutschlands, in Preussen）ほとんど国家哲学（die Staatsphilosophie）にまで顕揚されることができたのは、いったい何によるのか。[94]

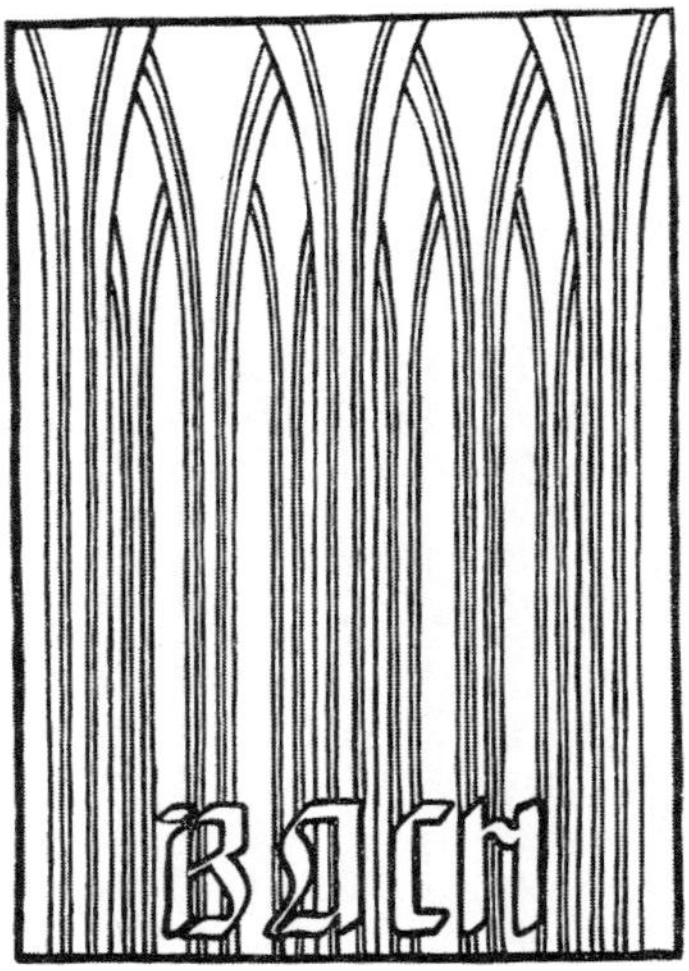

図17　バッハの「数学的崇高」の表現としてザイドルが例示する絵画。ハインリヒ・ヘーニヒ（1873-1957）の作（出典：Arthur Seidl. *Vom Musikalisch-Erhabenen.* 2. Auflage. Leipzig: Christian Friedrich Kahnt Nachfolger, 1907, S. 247.）

ヨハン・フリードリヒ・ヘルバルトは教育学の創始者として知られる哲学者・心理学者であり、彼が『教育学講義概略』（一八三五年）で提唱した心理学に基づく教授法――明瞭・連合・系統・方法の四段階からなる――は形式的段階理論として知られる。[95] 彼自身は北ドイツで活動したが、ザイドルの指摘どおり、その理論はオーストリアを中心とする南ドイツでいっそう大きな反響を呼んだ。例えば、彼の形式主義的心理学を美学の領域に導入したのは、フランツ・ゼラフィン・エクスナー（一八〇二―五三）やロベルト・フォン・ツィンマーマンといったプラハの哲学者たちだった。プラハ出身で、青年期の学問的研鑽をプラハ大学で積んだハンスリックもこの系譜に連なる。特にツィンマーマンは、プラハ大学時代からのハンスリックの友人として、彼の美学思想の形成に多大な影響を与えた。ツィンマーマンは『音楽美論』が公刊されると直ちに『オーストリア文学芸術新聞』に好意的書評[96]を発表し、形式主義的音楽美学を擁護する構えを見せた。またハンスリックは批評家業のかたわら、一八五六年にヴィーン大学の私講師（「音楽の歴史と美学」）となり、七〇年に正教授職に就いたあと、九五年に定年退職するまで同大学で教鞭を執った。ザイドルが形式主義を「南方の国であるオーストリアの諸大学」の思想と呼ぶことには、こうした根拠があった。

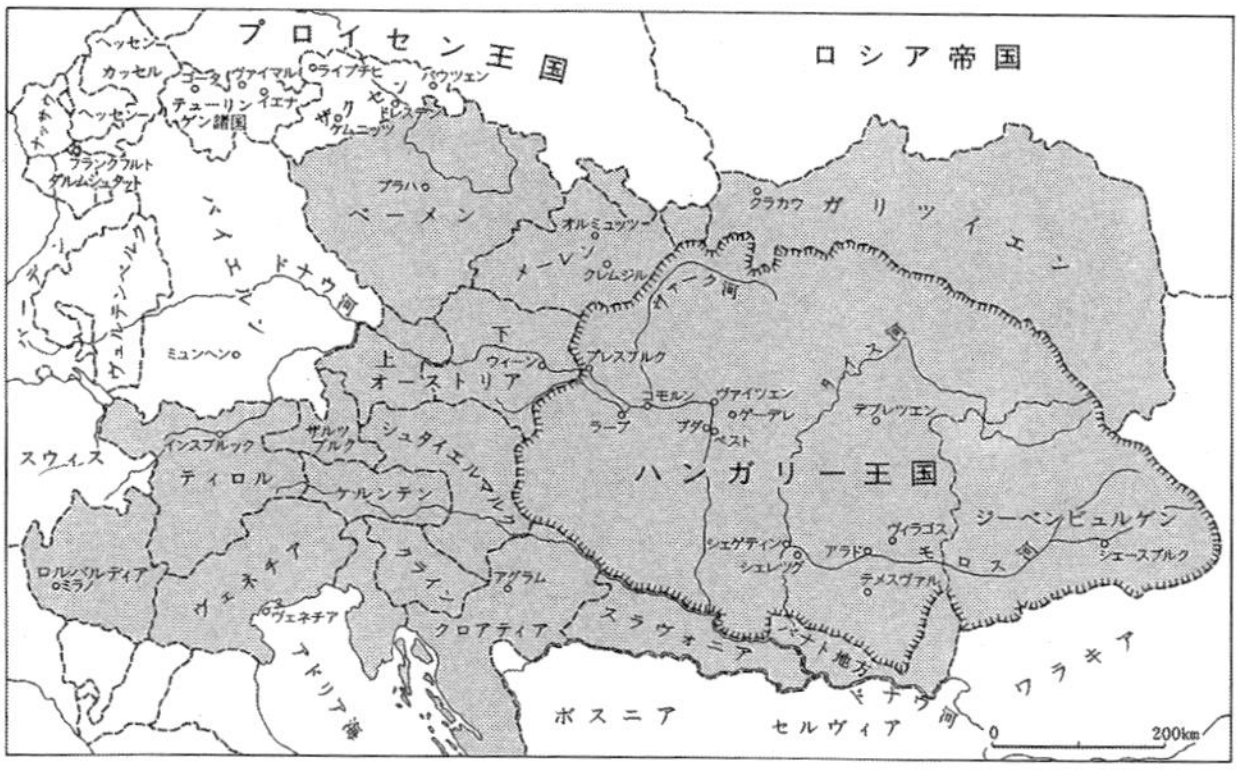

地図9　オーストリア帝国（1848年頃）
（出典：前掲『ドイツ革命史』267ページ）

したがって――私は強く確信するのだが――ハンスリックが音楽芸術においてもやはり形式理念（Formidee）への一面的偏向をもつことは、彼のもとで薄暗く灯っているヴィーン的・南方的な美の感情（Wienerisch-südliches Schönheitsgefühl）に帰されるはずである。[97]

ドイツ人（ゲルマン人）が芸術に対して「精神的内容」や「性格的表現」を求めるのとは違い、ローマン人（イタリア人）は「感覚的」で「形式的」な美を好む、というザイドルの主張はおおむねミュラーやブレンデルの議論をなぞったものだが、「より南方の国であるオーストリア」を「ドイツの北部すなわちプロイセン」と対置し、前者を「イタリア」と一括りにする点で一歩先に進んでいる。

ヴァーグナーの生地ライプツィヒがヴァーグナー派の一大牙城――ブレンデルやザイドルもそこを本拠地とした――だったとすれば、オーストリア＝ハプスブルク帝国の首都ヴィーンは彼らにとって最大の「鬼門」だった。もともと聴衆が保守的で、しかも反ヴァーグナー派の筆頭であるハンスリックが音楽界で大きな力を握っていたヴィーンは、ドイツ語圏のなかでヴァーグナー作品の受容が最も遅れた都市として知られる。

地理的・文化的にイタリアに近く、さらに宗教の面でもドイツ語圏におけるローマ・カトリックの一大中心地だったヴィーンは、十九世紀後半にしばしば――多くの場合、軽蔑の意味合いで――「ドイツのイタリア」と呼ばれていた。「ヴィーン人はイタリアの聴衆をドイツに連れてきたようなものであり、オーストリアはまったくもってドイツのイタリア（das Italien Deutschlands）である」(98)――ハンスリック自身がヴィーンの演奏会文化への不満をそのようにあらわにしている。また本章第2節で論じたように、ハンスリックのオペラ批判は、宮廷文化が栄えたヴィーンを伝統的に支配してきたイタリア趣味への抵抗と表裏一体だった。彼が『音楽美論』で、音楽を単なる感覚的快として聴くことを「病的享受」として退け、それに対して「純粋観照」に基づく「美的享受」の必要性を説いたのも、依然としてイタリア・オペラに支配されていたヴィーンの演奏会文化のなかで「ドイツ的」な音楽趣味を死守しようとしたためだった。(99) だがそれにもかかわらず、ザイドルは「北ドイツ人」として、ハンスリックの形式主義的音楽美学そのものが「イタリア的」な芸術感覚の表現であり、「ドイツ的」な美の精神とは相反する、と言い切るのだ。

こうして形式主義的美学が隆盛するオーストリア（ヴィーン）を「ドイツ」から切り離して「イタリア化」しようとするザイドルの議論に、ドイツ統一をめぐる当時の政治的情勢が大きく影を落としていることは明白である。後述するように、普墺戦争（一八六六年）に敗北し、ドイツ統一の主導権をプロイセンに明け渡したオーストリアは、それまでの「大ドイツ主義」を放棄し、一多民族国家としての再出発を強いられた。それに対して、一八七一年にプロイセンを盟主として新たに成立した「ドイツ帝国」は、プロテスタントを「国教」とするドイツ人の「国民国家（Nationalstaat）」を目指した。その結果、新生ドイツ帝国内では、カトリック系ドイツ人が少数民族や社会主義者と並んで「帝国の敵」と目され、政府から厳しく弾圧された。[100] それまでカトリック国家のバイエルン王国――その国王ルートヴィヒ二世（在位：一八六四―八六年）が彼のパトロンだった――に自らの芸術的・政治的野望を託してきたヴァーグナーも、普墺戦争を境として、次第に「ドイツ的なもの」の理念を「プロテスタント精神」のうえに重ね合わせていく。[101]

『音楽的崇高について』は一九〇七年に第二版が出されたが、その際ザイドルは、先の引用部の「ドイツの北部すなわちプロイセンで」という個所を「ドイツの北部、なかでもプロテスタントのプロイセンで（im Norden Deutschlands, dem protestantischen Preussen zumal）」[102] と改変している。これによって南北ドイツの宗派的対立がより明確にされることになった。彼はハンスリック（形式主義）とヴァーグナー派（ヘーゲル的観念論）の音楽美学上の対立を、プロテスタントとカトリックの宗派的対立、さらにはその背景にあるドイツ（プロイセン）とオーストリアの国家的・政治的対立の一変奏として見ていたのだ。ハンスリックの「音楽美」の概念を「イタリア的・南方的」として退け、それに代わってヴァーグナーから引き継いだ「音楽的崇高」の概念を〈ドイツ〉の根幹に据えようとしたザイドルの思考は、ドイツ統一戦争を経て再構築された、一八八〇年代のドイツ人（厳密には北ドイツ人）のナショナル・アイデンティティのありよう――プロイセン＝プロテスタント的なドイツ・ナショナリズム――を明瞭に映し出しているのである。

6　ブレンデルの音楽史叙述――「絶対音楽」の時代から「総合芸術」の時代へ

ヴァーグナーの音楽史観に見る『交響曲第九番』の位置付け

さて「絶対音楽」の問題へと戻ろう。本章が主題とする「絶対音楽」の概念が、形式主義と並び、ハンスリックとヴァーグナー派の理論的対立を理解するための最大の鍵であることは言うまでもない。両者の対立は、音楽美学上の立場の相違であったばかりでなく、「ドイツ音楽」の未来を交響曲（器楽）に託すのか、それとも楽劇（総合芸術）に託すのか、という二つの相異なる歴史観の衝突でもあった。

そもそも「絶対音楽」の語を最初に用いたのがヴァーグナー自身であることを確認しておこう。彼は一八四六年四月にドレスデンでベートーヴェンの『交響曲第九番』（一八二四年初演）を指揮したが、その際、演奏会場で配布する曲目解説も自ら執筆した。それによると、ベートーヴェンがこの交響曲の最終楽章に合唱を導入した理由は、それまでの三楽章が「純粋器楽」として保持してきた「無限で未規定な表現」を「放棄」し、「人間の言葉によってのみ表明される一つの決断」に到達するためだった。問題の語はこの文脈で登場する。

> この巨匠が、人間の言葉と声の到来を十分に待ち望まれた必然的なものとすべく、畏敬の念を起こさせるような低弦のレチタティーヴォによってそれを準備したさまは、実に驚くべきものである。このレチタティーヴォは、絶対音楽の限界（die Schranken der absoluten Musik）をほとんどすでに打ち破りながら、決断を迫るかのように、その力強く感情豊かな語りをもって他の楽器を押し留めるのだ。[103]

すなわちヴァーグナーは、「絶対音楽」の表現が「限界」に行き着いたとき「人間の言葉と声」[104]が必然的に到来し、その限界を打ち破る、という一つの物語《ゲシヒテ》＝歴史を『交響曲第九番』のなかに聴き取ったのだ。そしてここであわせて読まれるべきは、『芸術と革命』（一八四九年）のために書かれた次の断片だろう。

> 音楽の歴史：＝キリスト教的表現：「言葉がもはや前進することができないところに音楽がはじまる」＝ベートーヴェン、『第九交響曲』はその反対を証明する：「音楽がもはや前進することができないところに言葉がはじまる」――言葉は音より高いところに位置する。[105]

音楽史の進歩をめぐるヴァーグナー独自の見解と、そこで『交響曲第九番』がもつ象徴的意義がここにはっきりと示されている。音楽は言葉では「語りえないもの」を表現する芸術である、という――ホフマンが定式化した――ロマン主義的テーゼをヴァーグナーは転倒させる。そしてそれによって彼は、ヘルダーやフォルケル以来の進歩主義的音楽史観、つまり「声楽（声）からの器楽（楽器）の自立」という物語=歴史《ゲシヒテ》を反転させるのである。交響曲の創作を通して「絶対音楽」を限界まで推し進めたベートーヴェンが、最後の交響曲の、しかもその最後の楽章で声楽（言葉）を導入せざるをえなかった。ヴァーグナーはここに音楽史の決定的転回点を見出す。そこから彼は、ベートーヴェンの『交響曲第九番』をもって交響曲（絶対音楽）の時代は終焉を迎え、代わって「総合芸術」としての「楽劇」の時代が新たに幕を開けた、という独自の歴史観を構築する。そしてそれが全面的に展開された著作こそ『未来の芸術作品』（一八四九年）だった。[106]

　すでに見たように、ヴァーグナーの「絶対音楽」批判は少なからず政治的含意をもっていた（前章第4節を参照）。彼は『オペラとドラマ』でロッシーニの「絶対旋律」を批判する際、「絶対王政」の復活をもくろんだメッテルニヒを引き合いに出して、両者がともに「自由主義革命家たち」を抑圧してきたと指摘していた。ドイツ語の「絶対（absolut）」という形容詞は、ラテン語の動詞「absolvere（解放する、分離する）」に由来するが、ヴァーグナーにとってこの語は、本来不可分の一体であるはずのものが不自然に切り離されるという否定的含意をもっていた。絶対王政が社会の諸階層を分離し、互いに遠ざけ、民衆《フォルク》からその本来の権利を剥奪しているのとまったく同様に、絶対音楽は、芸術の起源――古代ギリシャの抒情詩や劇――においては「三位一体」であったはずの詩と音楽と舞踊を不当に切り離している、というのがヴァーグナーの見方である。したがって、両者はどちらも「革命」によって打破されなければならない。「完全な未来の芸術作品」とは「共通普遍の劇《ドラマ》」であり、それを作り出す「未来の芸術家」とは「民衆《フォルク》」である。これが『未来の芸術作品』の結論だった。[107]そしてヴァーグナーの歴史観に従うなら、絶対王政が二度の「革命」――七月革命（一八三〇年）と二月革命および三月革命（一八四八年）――を通じて崩壊に導かれたのと同様に、しかもそれに先んじて、絶対音楽の時代は「革命家」ベートーヴェンによって終止符が打たれていたのだった。「絶対旋律」としてのオペラの歴史は、ロッシーニがヴィーンでベートーヴェンの部屋を訪ねた日——真偽は不明だが一八二二年の出来事——をもって終わった、と『オペラとドラマ』は言う。そして小説「ベートーヴェン詣で」で語られていたように、やがてその同じベートーヴェンの部屋で、若き日のヴァーグナー自身——音楽家を志す青年Rという設定だ——の立ち会いのもと、「総合芸術」の時代の幕開けを告げる『交響曲第九番』が誕生するのだ。[108]

ヘーゲル主義の立場から見た『交響曲第九番』の歴史的評価

ベートーヴェンの『交響曲第九番』とともに「絶対音楽」の時代は終焉を迎え、音楽史は新たに「総合芸術」の時代へと突入したとするヴァーグナーの歴史観は、彼の支持者たちにそのまま受け入れられた。それを最も体系的な音楽史叙述のかたちに仕上げたのが、ブレンデルだった。

カール・フランツ・ブレンデルの『イタリア、ドイツおよびフランスにおける音楽の歴史』（以下、『音楽史』と略記）は、一八五二年に初版が刊行され、著者の生前に四版を重ねた。[109] 十九世紀のドイツ中心主義的音楽史叙述の完成形ともいうべきこの著作は、ヘーゲルの芸術の歴史哲学を土台としながら、そこに、ベートーヴェン—ロッシーニ論争を経て確立された「ドイツ的なもの」の理念や、ヴァーグナーの音楽史観を取り込んだものになっている。

ブレンデルは『音楽史』第二版で、ヘーゲルを「歴史一般の歩みについてと同様、芸術の歩みについても、われわれがきわめて深い洞察を負う研究者」[110]と呼んでいるが、彼は早くからこの哲学者が歴史の分野で残した業績に注目してきた。シューマンが『新音楽時報』から去ったあと、同誌の編集を引き継いだブレンデルは、自らが編集した最初の号（一八四五年一月一日）の「序文」で、ヘーゲルを「人間世界と歴史の発展をこれまで最も深く洞察した研究者」としてたたえ、その思想を「音楽史において立証」することを自身の使命として引き受けた。[111] 彼はそれくらい筋金入りのヘーゲル主義者だった。なるほど「ヘーゲルは音楽をまったく理解していなかった」

ために、この分野では「過ち」を犯しもしたが、彼が「ここ［音楽の分野］でもやはりきわめて偉大な洞察をおこない、今後さらに活用されてよい諸規定を打ち立てた」ことは再評価されなければならない[112]。ブレンデルは、ヴェント（第3章第7節を参照）の試みを引き継ぎ、ヘーゲルの歴史哲学の業績を音楽史の分野で最大限に活用することを目指すのだ。

周知のようにヘーゲルは『美学講義』で、内容（理念）と形式（現象）の弁証法的展開に即して、芸術の歴史を三期に区分した。それに従えば、芸術の歴史は、外的な形式と素材の物質性が優位にある「象徴的芸術」の時代に始まり、理念と形式の理想的融合を特徴とする「古典的芸術」の時代を経て、理念が形式を超え出て精神の内面へと回帰する「ロマン的芸術」の時代へと向かう。そしてこの三つの芸術形式は、芸術の歴史的展開のメルクマールであると同時に、そのジャンルの区分にも対応している。すなわちヘーゲルは「象徴的芸術」の代表的ジャンルとして建築を、「古典的芸術」として彫刻を、そして「ロマン的芸術」として絵画、音楽、詩を挙げる。こうしたヘーゲルの芸術史の哲学を、ブレンデルは次のように要約する。

諸芸術もまた、その歴史的歩みのなかで外的なものから内的なものへの進歩を示す。固く、空間を満たす物質、すなわち外的なものの優位から精神の深みへと下りていくのであり、そうすることで精神はますます自らに適した形態をまとって現れることになる。（略）詩は最上位の、そして建築は最下位の芸術である。というのも、後者では精神はなお素材のなかに沈潜しているが、前者の場合、素材が気化し、精神のなかに溶け込んでいるからだ。彫刻、絵画、音楽はいわばこの両極のあいだに位置し、それらを仲介する[113]。

図18　カール・フランツ・ブレンデル（1811-68）。フリードリヒ・マネッケ撮影の写真

「主観的内面性の領域」こそが「音楽の独壇場」であると説いたヘーゲル[114]にならい、ブレンデルは「音楽は情感の芸術（die Kunst des Gemüths）であり、それ自体で魂の最奥の深みを表現する」[115]と言う。むろんこの主張は、「感情の表現」は音楽の内容ではないとして、一切の「感情美学」を否定したハンスリックの見解と真っ向から衝突する。そして音楽をそのように定義するブレンデルにおいては必然的に――これもヘーゲルの場合と同様――詩は音楽よりも上位の芸術として位置付けられる。

しかしながら音楽、特に純粋な器楽は、自らの内容を表象の明確さへともっていくことができず、せいぜい精神を魂のその時々の気分のなかで出現させることができるくらいである。このことは音楽の限界、あるいはその主要な欠点として指摘しなければならない。そしてそのために音楽は、芸術分野の最高位という栄誉を詩に譲り渡さなくてはならないのだ。そう、いっそう普遍的なかたちで感情の深みと思考の明晰さを統一し、精神を最も完全な仕方で開示することができる詩に。[116]

ハンスリックの見解では、純粋器楽は一切の「感情」を――明確なそれも曖昧なそれも――表現しないが、それ自体が「一つの高められた言語」であり、その自立的形式美の点で詩や文学以上の芸術的価値をもつ。ゆえに、音楽が言語へと「身を高める」という表現は誤りであり、正確にはむしろ反対に、音楽が言語へと「身を低める」と言わなければならない。[117]『音楽美論』の主旨は、音楽と他の諸芸術の「境界」を正確に画定し、「特殊音楽的なもの（Specifisch-Musikalisches）」[118]を定義することにあった。「器楽ができないことについては、音楽ができるとは決して言えない」[119]として、彼が自らの考察対象を器楽に限定したのもそのためだった。「詩芸術との統合は、音楽の力（Macht）を拡大するかもしれないが、音楽の境界（Gränzen）を拡げることにはならない」[120]というのが彼の基本的見解だった。

ところがブレンデルはそうは考えない。ヴァーグナーと同じく、彼にとって音楽芸術の「境界」は「守る」べきものではなく、むしろ「打ち破る」べきものである。先述のようにハンスリックは、交響曲や協奏曲、弦楽四重奏曲といった伝統的な器楽ジャンルの内側で創作したシューマンやブラームスを高く評価する一方、ヴァーグナーやリストのように「新しいジャンル」を発明することを認めなかった（本章第３節および第４節を参照）。これに対して、ブレンデルは後者の方向性を全面的に支持する。彼もヴァーグナー同様、純粋器楽の「限界」を認識し、その限界は言葉（詩）の力を借りて打破されなければならない、と考えるのである。

ブレンデルはここでもヴァーグナーにならい、ベートーヴェンの『交響曲第九番』の第四楽章に「純粋器楽」の限界を克服する契機を見出す。それを彼は「器楽の自己溶解（Selbstauflösung der Instrumentalmusik）」[121]と呼ぶ。この表現には、『交響曲第九番』による「純粋器楽」の超克は、音楽史の内側から生じた必然的帰結だった、という進歩主義的歴史観が込められている。

［『交響曲第九番』の］きっかけが何であったか、もう一つの状況についてもふれておかなくてはならない。それは言葉と純粋器楽の結合（die Verbindung der Worte mit der reinen Instrumentalmusik）である。いまやこの結合は完全に正当化される。この結合は、器楽の歴史の歩みのうちに、とりわけベートーヴェンのもとで、必然性を与えられる。器楽は未規定なものから規定されたものへと進歩する（fortschreiten）のだ。[122]

ブレンデルによれば、『交響曲第九番』は「人類の福音」にして「言うまでもなく少数の者にしか理解されない未来の宗教（die Religion der Zukunft）」である。[123]この作品には「一人の人間がそこに向かって飛躍することができる、最も高貴なものと最もすばらしいものが備わっている」。[124]ヴァーグナーは『未来の芸術作品』で『交響曲第九番』を「未来の芸術の人間的な福音」と呼んだが、[125]ブレンデルの主張がそれをふまえていることはほぼ疑いない。

ドイツ音楽史の三つの時代——崇高、美、没落

ここで、ブレンデルの音楽史におけるベートーヴェンの位置をより明確にするため、彼の歴史叙述の全体像を把握しておきたい[126]。またそこには、ドイツ音楽が他のヨーロッパ諸国の音楽とどのような関係をもつのか、という考察も含まれる。

ブレンデルはヨーロッパ音楽の歴史を区分するにあたり、ヘーゲルの名高い「象徴的―古典的―ロマン的」の三区分には依拠せずに、彼が「すべての芸術ジャンルに共通して認められる抽象的推移」として挙げる三つの様式の区別——すなわち「厳格な（streng）」様式、「理想的な（ideal）」様式、「快適な（angenehm）」様式——に着目し、それを独自に修正したうえで採用する[127]。

ブレンデルが考えるヨーロッパ音楽史の第一期は、十六世紀におけるパレストリーナとその後継者たちの時代である。この時代には、造形芸術と同様に音楽でも「感覚的、技術的な側面」が十分に成熟しておらず、「精神」は「険しい崇高さ（schroffe Erhabenheit）」のなかに自らを現すしかなかった[128]。そこでは「音楽の創造は、人間の声という最も単純な素材のうえに限定されていて、楽器の豊かな意義はまだ認識されていなかった[129]」。ブレンデルはこの第一期を「崇高な様式（der erhabene Styl）[130]」の時代と名付ける。それは教会音楽の全盛期でもある。

第一段階では偉大さと崇高さ、深さと真剣さがいくぶんの堅さと険しさに結び付いている。その堅さと険しさが、ここではその最も完全な形象をまとって支配的に現れてくる。芸術的精神は、それが担っている、より高度な内容のなかに完全に沈み込んでいて、そのため教会芸術が自らの発展の頂点を形成する[131]。

これに対して第二期は「人間のむき出しの形態がその全体性において精神の表現手段となった[132]」時代であり、ブレンデルはこれを「美しい様式（der schöne Styl）[133]」の時代と呼ぶ。むろんそれは、ヘーゲルが言う「古典的」

芸術形式、すなわち「理想的」な美の時代に対応する。十七世紀と十八世紀を包括するこの時期には、世俗的な日常生活が「かつての宗教的な高貴さ」の位置を占めるようになり、音楽の分野でも「あらゆる素材が精神に受け入れられ、精神によって満たされる」[134]。

十七世紀と十八世紀に至って、劇場は変化し、オペラがあらゆる創造力を自らの領域に集め始め、教会音楽はその新たな登場物［オペラ］に応じて姿を変え、世俗化する。独唱が優位になり、楽器が自らを解放する。[135]

この第二期に芸術は、世俗的で人間的なものとしての自らの精神的内容を十全に表現する芸術的手段を獲得した。その手段こそがオペラや器楽だった。これらの新しい世俗的音楽ジャンルでは、「精神的なもの」と「素材的なもの」、および「内的なもの」と「外的なもの」が「完全な調和のもとで結合」しており、かつての「崇高さ」は後退している。[136]

第二期はそうした崇高さを単に背景としてのみ保持し、それに伴い、厳格な教会主義や偉大さ、高貴さを喪失した。この時期は自らの中心点を世俗的なものに見出し、その偉大さは——それによりこの時期はすべての先行する時代を凌ぐのだが——純粋に人間的なものの表象、および生命の無限の多様性の表象となる。[137]

ブレンデルは、この第二期が「芸術史の主要分岐点[138]」をなすと考える。というのも、それに続く第三期——すなわち十九世紀——に芸術は「没落」するからだ。「没落の時代（die Zeit des Verfalls）は今世紀に始まる[139]」。彼によれば、この時期の芸術は「感覚的側面」や「現象の側面」を重視するあまり、「精神的意義（geistige Bedeutung）」を置き去りにし、「陳腐さ」のなかに沈み込んでしまった。[140]

造形芸術の分野では、この第三期に肖像画や自然の模倣が支配権を握ったが、それと同様に音楽も、最近ではますます、芸術の素材的要素や技術的要素、あるいはその偶然的要素に身を委ねて、また歌や楽器におけるヴィルトゥオーゾの発達にうつつを抜かして楽器の本性に順応し、終わる。[141]

この時期をもって音楽が「終わる（enden）」というブレンデルの表現は、言うまでもなくヘーゲルの「芸術の終焉」論を意識したものである。ロッシーニの歌が言葉から離れて「独奏音楽」に近づくことに警鐘を鳴らしたヘーゲル（前章第4節を参照）と同様、ブレンデルもまた音楽の過度の「自立化」を問題視する。なぜならそうした傾向は、精神（芸術の内容）と素材（芸術の形式）が「完全に調和」した「美しい様式」からの転落であるばかりでなく、「精神の最も包括的な真理」を「感覚的に呈示」するという「芸術の使命」の放棄でもあるからだ。[142]

内的なもののなかで作用する精神はますます消滅し、着想はもっぱら外面性に規定されて出現するようになる。当初はまったく存在しなかった器楽伴奏が優位に立ち、内的なものを圧倒する。精神的内容について言えば、平凡な日常的気分――病的あるいは精神的に無価値とまでは言わなくとも――だけが表現されるようになる。[143]

さて以上のようなヨーロッパ音楽史の三期の区分を土台にして、ブレンデルはドイツ音楽史についても同様な区分を試みる。それは崇高、美、没落という様式的推移の面ではヨーロッパ音楽の三つの時代と重なるが、年代の点では必ずしも一致しない。

ドイツ音楽の第一期はイタリア音楽のそれに先んじて始まった、とブレンデルは考えている。「ドイツ音楽の最初の飛躍は、イタリア音楽と同じ時期（それよりも少し早いだけで）にあたる」。[144]イタリアではパレストリーナが「最初の偉大な中心点」だったが、ドイツ音楽史でそれに相当するのはルターをおいて他にはいない、と彼は言う。ここには、後述するブレンデルのプロテスタンティズムがはっきりと現れている。ブレンデルのドイツ音楽史の叙述は、一貫してイタリアとの比較のもとでなされる。彼はまず最初に、「崇高な様式」を特徴とする第一期はイタリアよりもドイツにおいて「はるかに包括的」だったと述べる。

> だがイタリアとは違って、ここ［ドイツ］では崇高な様式の時代は、時間的拡がりの面だけでなく、内的形態の観点から見ても、はるかに包括的だった。そしてわれわれは、この時期がドイツではバッハとヘンデルまで続くと考えざるをえない。(145)

ブレンデルによれば、バッハとヘンデルは第一期の「最後の代表者」である。イタリアでは「崇高な様式」の時代がほぼ十六世紀に重なるのに対して、ドイツではそれは実に十八世紀半ばまで続くのだ。そのため、続く第二期は、ドイツでは「前世紀半ばに始まる」(146)ことになる。そしてこの「美しい様式」の時代を代表するドイツの音楽家は、グルックやハイドン、モーツァルトである。

> いまやわれわれの音楽はその第二期に入り、オペラが古典的完成に至った。芸術的熱狂がそれまでの宗教的高揚を押しのけ、芸術家が純粋に世俗的な内容によって満たされるのにわれわれは気付く。足枷は解かれた。（略）いまやドイツでは、思慮深さと崇高さの後を継いで、きわめて高度な音楽的美（die höchste musikalische Schönheit）の出現が可能になった。われわれは十七世紀イタリアと同じ劇をもつ。しかしわれわれの音楽劇は（略）いっそうよくまとめられ、密度の高いものになった。というのもドイツはそこでイタリアの先行作例を利用することができたからだ。(147)

ブレンデルは、ドイツ音楽における「美しい様式」の時代がイタリアに大きく遅れて到来したことが、かえってドイツ人には有利にはたらいた、と言っているのだ。〈遅れてきた国民〉としての立場を逆手に取るという――十八世紀のシャイベやクヴァンツにさかのぼる――愛国的戦略が、かたちを変えてここに再登場する。

そしてブレンデルはここからドイツの南北問題に立ち入る。ドイツ音楽の第一期が北ドイツで始まったのに対して、第二期がオーストリアを中心とする南ドイツで開花したことについて、彼はこう説明する。

かつては北ドイツ(Norddeutschland)がもっぱらわれわれの音楽の中心地であったとすれば、われわれは――きわめて意義深いことだ――同じものがいまや南に(im Süden)故郷を見出すことを知る。かつての深遠な精神の創造物(tiefgeistige Schöpfungen)の土壌は、北ドイツ以外にはありえなかった。しかしながら、かつての圧倒的な悟性の力とは対照的に、心情(das Herz)あるいは情感(das Gemüth)が自らを解放し、芸術が世俗的なもののなかにその中心を見出し、また想像力と感情(Phantasie und Empfindung)がよりいっそう発露するためには、オーストリアが適切な土壌だった。グルック、ハイドン、モーツァルトがこの第二期の代表者であり、加えて最も近代的な芸術ジャンル(diese modernste Kunstgattung)である器楽が誕生した。(148)

ブレンデルがいくらプロテスタンティズムを奉じる「小ドイツ主義者」であろうとも、さすがに第二期のドイツ音楽の中心地――近代的器楽の生誕地――がカトリック・ドイツの首都ヴィーンであることを認めないわけにはいかない。「悟性の力」――この概念はヴェントに由来する――と結び付いた「深遠な精神の創造物」である「崇高な様式」が、プロテスタント圏の北ドイツからしか生まれえなかったのとは対照的に、「世俗的」内容で満たされた「想像力と感情」の芸術としての「美しい様式」は、カトリック圏の南ドイツを唯一の故郷とするのである。

しかしだからこそ、第二期はドイツ音楽にとって真に理想的な時代ではない、とブレンデルは考えるのだ。この時代にオペラと器楽が完成したことを認めながらも、ブレンデルはその歴史的意義を限定しようとする。彼の議論はこのあと、カトリックとプロテスタントの文化や世界観の比較へと向かうが、それは南ドイツではなく北ドイツこそがドイツ音楽の真の担い手であることを証明するためである。

イタリア音楽の開花は「古い時代」の産物であり、パレストリーナの登場は「カトリック教会における復古主義」に対応していた、とブレンデルは言う。パレストリーナの創作は、宗教改革に敵対した教皇たちが「古来の厳格さと人生の真剣さへの入り口を唐突に作り出そうとした」ことと軌を一にしていたのだ[149]。他方、ドイツは宗教改革を通じて「新たな時代を開き、進歩的精神の担い手（der Träger des fortschreitenden Geistes）となった[150]」。彼はここでもヘーゲル[151]にならい、宗教改革をまさに「近代」の幕開けを告げる出来事、すなわち主体的な精神が自由を獲得し、真の自己に到達するための歴史的段階と見なすのだ。

> プロテスタンティズムとともに個人は、この完結した世界［カトリック的世界］から抜け出し、自分自身で立ち上がる。個人がそれ自体で完成した一つの全体、一つの世界そのものとなる。（略）ドイツの領域《ライヒ》=帝国は未来だが、その最初の自立的出現とともに、われわれはすでに無限の精神世界への展望を手にする。したがって、カトリシズムが依然としてキリスト教の最も表面的で感覚的な現れであるのに対して、またその中心地イタリアでは古代精神（antiker Geist）がさまざまに影響を残し、そのため感覚的要素がその名残として際立っているのに対して、ドイツでは舞台はすべて行為と筋書きであり、すべての創造物は精神である[152]。

ドイツ・プロテスタンティズムが「近代精神」を表象=代表するのとは対照的に、カトリシズムがなおも支配するイタリアには「古代精神」が根強く残っている、というわけだ。「古代の幼児世界の名残」がいまだに見られるイタリアでは「より外的な感覚の充足」だけが求められ、「単なる音響と音の刺激」からなるロッシーニの作品はその現れだ、とミュラーも『音楽芸術の学問への美学的歴史的導入』で言っていた（第4章第4節を参照）。

同様のことをブレンデルは新旧キリスト教の相違に重ね合わせて説明するのである。カトリックのイタリアでは「教会の権威」が「個人の従属」を生むのに対して、プロテスタントのドイツでは「はるかに大きな個性の豊かさ」が見られ、そのため「ドイツの芸術は（略）大きさと全体の単一性のなかにも、無限に大きな多様性の像をもたらす」[153]。またカトリックでは「司祭と平信徒の区別」が「本質的」であり、それが「カトリックの教会音楽にいくらか秘教的性格を与えている」が、「プロテスタントの信条」は「すべての人が等しく真理を分かち合い、すべての人が共同体に迎え入れられる」ことにある。ブレンデルによれば、まさしくこの信条こそがドイツの音楽に「民衆的」性格を付与している。

カトリシズムが生み出す区別の抹消が、われわれの芸術に少なからず民衆的性格（etwas Populäres）を付与している。そこ［イタリア］では音楽は天から響き下りてくるが、ここ［ドイツ］では音楽は民衆の歌謡［民謡］（Gesang der Völker）として大地から天に上っていくのだ。[154]

比喩的とはいえ、ここでブレンデルがドイツ音楽の本質を「民謡」のなかに見出していることは大いに注目に値する。ルターを起源とするドイツ・プロテスタントの精神はまさに「民衆《フォルク》」精神そのものであり、したがって「民衆の歌謡」としての民謡こそが「最もドイツ的」な音楽である、という思想がここにある。

十八世紀後半にヘルダーがドイツの民族精神《フォルクスガイスト》の基盤として「発見」した民謡《フォルクスリート》（本シリーズ第二巻を参照）は、十九世紀にはプロテスタンティズムとの結託を見た[155]。例えば、当時のプロイセンの代表的歴史家ヨハン・グスタフ・ドロイゼン（一八〇八―一八八四）は『解放戦争に関する講義』（一八四六年）でこう述べている。

イタリアの教会音楽が世俗的なものを切り捨て（略）世俗と教会の旧弊な誤った二分法を更新したのに対して、ドイツでは宗教改革がとりわけ民衆の歌（Volkslied）を教会に導入し、会衆の合唱［コラール］（der

> Choral der Gemeinde）はドイツ音楽という芸術、すなわち最もドイツ的な芸術（die deutscheste Kunst）が、そこに巻き付いてよじ上るための幹となった[156]。

「民衆性」をドイツ音楽の本質と見なすブレンデルの思想が、この時代のプロテスタント・ドイツで広く共有されたものであったことがここからもわかる。そして「ドイツをプロテスタンティズムと同一視」するブレンデルにとって、カトリック・ドイツとその音楽は「ドイツ音楽史」のせいぜい周縁部――あるいはほとんど外部――に位置するにすぎない。

> 私はドイツをプロテスタンティズムと同一視するが、それはわれわれのもとにカトリックの芸術が存在しなかったと言いたいためではない。ただ、前者の芸術こそが進歩的精神の担い手であり、ドイツの芸術はつねに――特に第一期においてそうだが――圧倒的なプロテスタント的性格（ein überwiegend protestantischer Charakter）を示していた、と言いたいだけなのだ。ここ数世紀間に出現したすべての高貴な精神生活は総じてプロテスタント的原理に根ざしているが、それというのも、カトリシズムは後者［プロテスタンティズム］の登場によってその歴史的使命（seine geschichtliche Mission）を終えたからである[157]。

このように進歩主義と一体化したプロテスタンティズムの立場をとるブレンデルから見て、オーストリアを盟主とするカトリック・ドイツが主導したドイツ音楽の第二期――器楽を完成させた「美しい様式」の時代――は、ドイツ音楽史の全盛期とは到底言えず、むしろ大いなる「逸脱」の時代にほかならない。そこでは、悟性や深遠な精神といった「ドイツ的」芸術原理ではなく、音響的刺激や外的感覚など「カトリック的」で「イタリア的」な原理が優勢だったからだ。ともにヘーゲルの影響下で進歩主義的音楽史観を構築した点では同じだったが、ヴィーン古典派による器楽の完成をもってドイツ音楽史の頂点と見なしたヴェントとブレンデルとの最大の違いはここにある。

ドイツ音楽の「救世主」としてのベートーヴェン

ブレンデルによれば、ヨーロッパ音楽史と同様、ドイツ音楽史でも「美しい様式」(第二期)から「没落」(第三期)への移行が見られる。ドイツ音楽が第二期に「ドイツ的」すなわち「プロテスタント的」な性格を失ったことが、第三期における「没落」の原因となった、と彼は考える。

ドイツ音楽の第三期は、ブレンデルが「ロッシーニの時代」または「王政復古期」と呼ぶ一八一五年から三〇年までの時期とほぼ重なる。[158] ヴァーグナーのアナロジーを思い起こせば、それは「絶対王政」の時代であったと同時に「絶対音楽」の時代でもあったから、ブレンデルの「絶対音楽」批判の意図は明らかだ。[159]

この第三期の問題は、ブレンデルの次著『現在の音楽と未来の総合芸術』(一八五四年)でさらに詳しく論じられる。彼はそこで、十八世紀後半に「オペラが(略)芸術作品としてより高度な意義をもって登場」し、また「器楽が(略)他のすべての芸術とのつながりを断ち、最高度の純粋性のもとで現れた」ことは、やがて「これらの分離された諸領域が、一面的で病的な閉鎖性に陥り、最後には枯渇し退化する」結果を招いた、と指摘する。[160] 彼によると「音楽的形式主義(der musikalische Formalismus)」[161] もまさにこの時期の産物である。政治や宗教への従属から解放され、高度に自立的な芸術となったことで、音楽は皮肉にも「民衆《フォルク》」から切り離され、その結果として「もっぱらそれ自体で存立する世界を形成」する「知識階級の縄張り」へと成り下がってしまった、というわけだ。[162]

この孤立化(Isolirung)は、近年かなり急速に顕著になっている民衆《フォルク》との断絶を直接にもたらした。かつての宗派的区分の害悪がようやく消えたと思ったら、いまや新たな断絶がいっそう強固になってしまった。教養のそうした排他性は(略)民衆を完全に蚊帳の外に置く。だから今後われわれは、一方ではこの精神的世界を、他方ではそこから完全に取り残され、自らを放置している民衆を視野に入れようではないか。[163]

音楽が自立性を獲得し、高度な専門的知識を要求する芸術になった途端、それはもっぱら「社会の上層階級」の欲求を満たす「贅沢品」と化してしまった。またそのため、音楽の「批評」でも「一方に識者の考え、他方に公衆の判断（das Urtheil des Publikums）」という分裂が生じるに至った。[164] ティークやホフマン、そしてハンスリックにとって音楽の「自立化」は、芸術の近代的進歩の指標としてまさしく「絶対的」価値をもっていたが、ブレンデルにとってそれは、社会のなかでの音楽の「孤立化」――知識人や批評家による芸術の独占――という深刻な危機的事態を意味した。むろんここにもヴァーグナーの思想――「未来の芸術家とは民衆《フォルク》である」とする――が響いている。この書でブレンデルは、ヴァーグナーの楽劇こそがこうした「孤立化」を解消する「未来の総合芸術」になるだろうという期待を表明する。なぜならそれは、音楽と詩、舞踊という「分離された」諸芸術を再統合するばかりでなく、芸術家と批評家、そして民衆のあいだを隔てる社会的断絶を乗り越えようという「革命的」挑戦でもあるからだ。[165] すなわちブレンデルの歴史観では、ヴァーグナーのおかげで「われわれの時代は、単なる没落の時代では終わらず、同時に一つの新時代の生誕地ともなる[166]」のだ。

さて『音楽史』での「没落」期の問題に戻ろう。この書でブレンデルは、ドイツ音楽を「没落」から救い出す「救世主」としての役割をベートーヴェンに与える。第三期のドイツ音楽は、イタリア音楽の影響のもと「外的な美や形式的完成」を求める傾向を強め、その結果、ドイツ的な「精神性の優位」は失われ、音楽は「陳腐さ」のなかに沈み込んでしまった。[167] だがそうした「没落」状態からドイツ精神を救い出したのがベートーヴェンの音楽だった、とブレンデルは言う。つまり、イタリア音楽やその影響下にあるヨーロッパ諸国の音楽が確かにこの第三期をもって「終わる」のに対して、ドイツ音楽だけはベートーヴェンのおかげで「没落の時代を通り抜け」、さらに前進することができたのだ。

ドイツの圧倒的な精神的傾向が理由となって、ドイツ音楽は、先述した崇高な様式と美しい様式の段階だけでなく、ついには没落の時代をも通り抜けた。イタリアが現在、感覚性のなかに沈んでいるのとは違い、ドイツ音楽は、その反対に――ベートーヴェンによって――新たな偉大な飛躍（ein neuer grosser Schwung）を獲得し、未来の芸術に向けて新たな偉大な展望（eine neue grosse Perspective）を開いた。この圧倒的な精神的性質は、ドイツの芸術が陳腐さのなかに一時沈み込むことがあっても、つねにそれをそこから引き上げてきた。(168)

ヘーゲルから芸術史の三期区分や「芸術の終焉」といった観念を摂取しながらも、ヨーロッパ諸国の音楽のなかでドイツ音楽だけはベートーヴェンによって「新たな偉大な飛躍」が与えられたことで、「没落」を乗り越え、「未来の芸術」への「新たな偉大な展望」を開くことができた、とするブレンデルの独特なドイツ中心主義的音楽史観がこうして成立する。

そこでの転換点は一八三〇年である。この年、フランスで起きた七月革命によってヴィーン体制は崩壊の兆しを見せ、「反動家」ロッシーニもシャルル十世の庇護を失い、オペラ作曲家としての経歴を閉じる（前章第4節を参照）。一八二〇年代（王政復古期）のヨーロッパが「革命家」ベートーヴェンに「断固として敵対的」だったのに対して、三〇年以降、ベートーヴェンの音楽が表現する自由や平等、諸民族や諸個人の解放といった理念が「諸国民の生活のなかで、より決定的な重要性をもつ」ようになり、その結果、ベートーヴェンの作品はヴィーン以外のドイツの地域でも「世間一般のより広範な理解」を獲得し始めた、とブレンデルは言う。(169) 彼の歴史観に従えば、第二期を代表するモーツァルトが「普遍的な高み」に押し上げたドイツ音楽を、再度「国民的なもの《ナツィオナル》」または「祖国的なもの」へと「回帰」させたのがベートーヴェンだった。ブレンデルは、ベートーヴェンがドイツ音楽に与えた「新たな飛躍」を別の個所ではこう説明する。

イタリアで音楽が感覚性のなかに沈んだとき、ドイツはベートーヴェンのなかで新たな最高の飛躍（ein neuer, höchster Aufschwung）を得ることができた。そしていまやその主体性は、自らの内実の完全な豊かさを開花させている。ドイツの芸術はベートーヴェンのなかで精神への回帰（die Rückwendung zum Geist）を、それによって同時に、より厳密な意味での祖国的なもの（das Vaterländische）への回帰を遂げた。[170]

そして『音楽史』の第二版では、この引用部のあとに以下の文章が追加され、ブレンデルの考えがいっそう明確になる。

かつて国民的《ナツィオナル》なものは、世俗的領域のなかで（略）より一面的で限定された契機として効力をもっていたにすぎなかったが、それはいまやモーツァルトの偉業を通じて引き上げられ、この通過点を超えて、もっぱら支配的なもの、正当なものにまで高められた。かつての普遍的な高み（die universelle Höhe）は打ち捨てられ、国民的《ナツィオナル》なものへのいっそう深い沈思、内実の力と偉大さ、そして十九世紀の精神的努力へのこうした共感によって、新たな頂点が極められたのだ。[171]

このモーツァルトからベートーヴェンへの歴史的移行——ドイツ音楽が果たした「飛躍」——はブレンデルによれば、三つの観点から説明される。第一の達成は個人と民衆の解放である。「ハイドンとモーツァルトが現存のあらゆる権力、および国家や教会と依然として一体だった」のに対して、「ベートーヴェンはいっそう自らのなかで完結し、自身に固有の世界を拡げていく、解放された、自らを打ち立てる主体」である。[172] ここからベートーヴェンは、モーツァルトがなおもとらわれていた「社会的・芸術的な貴族主義」を「民衆＝民族《フォルク》の側に立つという意識」をもって克服したのだった。[173] また第二の達成は、先の引用でもふれられていた「国民的《ナツィオナル》なもの」への回帰である。これは、ベートーヴェンが芸術の基盤を「民衆＝民族《フォルク》」の側に移したことの必然的帰結でもあった。

ブレンデルによれば「ドイツの本来性は主観的・精神的要素の優位にある」にもかかわらず、モーツァルトの「美しい様式」はそこから離れてしまった。

> だがわれわれの芸術は、崇高な様式の時代から美しい様式の時代への歩みを完遂し、モーツァルトにおいてその頂点に上り詰めたことで、同時にまた、国民的《ナツィオナル》な枠からいよいよもって逸脱し、この主観的・精神的基盤（dieser subjectiv-geistige Boden）を離れて、イタリアの感覚性（die Sinnlichkeit Italiens）によって自らを補完することになった。[174]

ブレンデルは、モーツァルトが「一つの世界音楽」を作り出したことを「ドイツの世界史的使命」の実現として称賛する一方で、それをドイツ音楽史における「逸脱」と見なすのだ。[175] しかしベートーヴェンの登場によって「いまやドイツ音楽は再び精神的領域へと回帰し、根源的に国民的《ナツィオナル》ではない諸要素から自らを引き離した」[176]。ドイツの芸術が「進歩的精神の担い手」たりうるのは、それが「プロテスタント的性格」をもつかぎりにおいてである。[177] そう信じるブレンデルにとって、オーストリアは「ドイツ」ではなく、ザルツブルクで生まれ、ヴィーンの宮廷で活躍したモーツァルトも真の意味での「ドイツ人」ではなかったのだ。

ドイツ音楽は第二期に「プロテスタント的性格」を喪失したが、「国民的《ナツィオナル》なもの」へと回帰したベートーヴェンとともに、第三期には再びそれを取り戻す。これが第三の達成である。このプロテスタント精神の回復が、個人と民衆の解放という第一の達成と不可分に結び付いていることは言うまでもない。ヴァーグナーと同様、ブレンデルは、ベートーヴェンがドイツのカトリック圏出身——彼が生まれ育ったボンは十六世紀以来ケルン大司教の居住地だった——のカトリック教徒だったという事実には目をつぶり、彼の精神と業績を「プロテスタント化」しようともくろむのだ。[178]

民衆的なもの、祖国的なもの、そしてプロテスタント精神——第二期のドイツ音楽家（グルック、ハイドン、モーツァルト）が見失っていたこれら三つのものをベートーヴェンは再び取り戻した。それによって「モーツァルトが彼の時代に埋没したのと対照的に、ベートーヴェンは無限の未来への視野を開いた」[179]。だからこそベートーヴェンは「ゼバスティアン・バッハと並び、特殊ドイツ的領域（speciell deutsches Gebiet）における最高の人物」[180]と呼ばれるに値するのだ。

7　絶対音楽の美学とオーストリアのナショナル・アイデンティティ

ハンスリックの『交響曲第九番』評価——絶対音楽からの逸脱

さてハンスリックへと視点を戻そう。ヴァーグナーやブレンデルがベートーヴェンを、ドイツ音楽を「没落」から救い出し「未来の芸術」への展望を開いた作曲家と見なした最大の根拠は、彼の『交響曲第九番』が「絶対音楽」の限界を乗り越えて声（言葉）を導入したことにあった。ヴァーグナー派の見解に従えば、絶対音楽（純粋器楽）はもっぱら「感覚的」な「形式美」に関わる点で「イタリア的」な芸術であるのに対し、「精神的意義」と「詩的想像力」を重視する「特殊ドイツ的」音楽は、言葉と結び付かなくてはならない。ブレンデルは『音楽史』の第二版で『『第九交響曲』をもって——厳密なそして原理的な意味で——最後の交響曲が書かれたとヴァーグナーは言う」[181]と書いているが、この作品の最終楽章で器楽は「自己溶解」し、言葉と結合した「総合芸術」へと「進歩」を遂げた、というのが彼らの音楽史観だった。

それではこれに対して、ハンスリックはベートーヴェンの『交響曲第九番』をどのように理解し、評価していたのか。この作品が上演されたヴィーン楽友協会の演奏会についての批評（『ヴィーン新聞』一八五四年三月八日）で、彼は『『第九交響曲』ほど、音楽的・美学的諸原理について批判的論議を激しく呼び起こした音楽作品はない」として次のように述べる。

「意図」の偉大さや抽象的課題の精神的意義を何よりも重視する音楽家たちは、『第九交響曲』をあらゆる音楽の頂点に位置付ける。これに対して、美(die Schönheit)といぅすでに乗り越えられたかに見える立場をなお堅持し、純粋な感性的要求(rein ästhetische Forderungen)のために戦っている少数派は、彼らの驚嘆のなかにいくぶんかの限定を加える。[182]

ハンスリックによれば、『交響曲第九番』はいわば「精神的分水嶺」であり、この作品に対する判断や評価はそれぞれの音楽家や批評家の立場によって正反対に分かれる。すなわち一方には、作曲家の「意図」や作品の「精神的意義」を重視する立場があり、他方には、音楽作品の美を「純粋に感性的」に理解しようとする立場がある。むろんハンスリック自身が後者の立場に与することは言うまでもない。彼は前者の代表として批評家アルフレート・ユリウス・ベッヒャー(一八〇三—四八)を、そして後者の代表として「固陋な頭」を名乗る批評家——のちに神学者ダーフィト・フリードリヒ・シュトラウス(一八〇八—七四)と判明する——および心理学者カール・グスタフ・カルス(一七八九—一八六九)を挙げている。こうした名前からは当時のドイツで『交響曲第九番』の解釈と評価が、音楽や芸術の関係者にとどまらず、きわめて多彩な人々の関心を集めていた様子がうかがえる。ただしどういう理由からか、明らかに前者の陣営に属しているはずのヴァーグナーやブレンデルの名にハンスリックはあえて言及しない。

そのうえでハンスリックは、後者すなわち「純粋に感性的」な立場から見れば、「最終楽章の音楽を——その天才的独自性にかかわらず——美しくない(unschön)と見なすことも不可能ではない[183]」と主張し、その根拠をシュトラウスに依拠してこう説明する。

彼[「固陋な頭」を名乗る批評家]は、複数楽章からなる器楽作品の出口を合唱のなかに見出すことの美的な不気味さ（die ästhetische Ungeheuerlichkeit）を明らかにし、ベートーヴェンを彫刻家と比較して、一つの彫像の脚や胴や胸や手を無色の大理石で仕上げておきながら、その頭を彩色するようなものだ、と言っている。繊細な耳をもつ聴き手はみな、最終楽章で声が入ってくるところで、これと同じ不快感を克服しなくてはならないはずだ。なぜならここで芸術作品が一気にその重心を移し変えるので、「聴き手は危うくひっくり返りそうになる」からだ。(184)

最終楽章が合唱で終わる器楽作品は、いわば頭部だけを彩色した大理石の彫刻のごとき「美的な不気味さ」をもっている。このシュトラウスの批判にハンスリックは完全に賛同する。『交響曲第九番』が「美しくない」のは、それが交響曲というジャンルの「固有の原理」から逸脱しているからにほかならない。

だが「固陋な頭」というシュトラウスの筆名、および「少数派」というハンスリックの言葉にも示されるように、「純粋な感性的要求」から『交響曲第九番』の評価に限定を加える後者の立場は、当時のドイツでは完全に劣勢に置かれていた。芸術の「精神的意義」を重んじるヘーゲル美学が多大な影響力を誇っていたことに加え、ベートーヴェンの九つの交響曲がドイツの「国民文化」として完全に「聖典化」されていたこの時代にあって、「天才」ベートーヴェンが九番目の交響曲に合唱――しかもその歌詞は「国民的詩人」のシラーによる――を導入したことの芸術的意図に疑念を呈するのは困難だった。

ブラームスによる「逸脱」の修正――絶対音楽への回帰

ヴァーグナーやブレンデルが『交響曲第九番』を「絶対音楽の限界」を打破した記念碑的作品と見なしたのとは対照的に、ハンスリックはこれを音楽史の「正当な進歩」からの「逸脱」と見なす。そして彼の考えでは、ベートーヴェンがその最後の交響曲で「逸脱」させてしまった「絶対音楽」の歩みを、正しい道へと再び連れ戻すことこそがブラームスの使命なのだ。彼はブラームスの『運命の歌』を論じた批評（一八七二年）で『交響曲第九番』を引き合いに出しながら、興味深い比較をおこなう。

［『運命の歌』の終結部で］ブラームスは感動的で誰にでも理解できる仕方で、この思考の歩みを、純粋な器楽を通じて、たった一つの言葉も加えることなく遂行する。こうして器楽がここで補完と完成のために加わり、言葉ではもはや把握できないものを語る。すなわちこれは、ベートーヴェンの『第九交響曲』における逆の経過［器楽から声楽へという］への注目すべき対立作品（ein merkwürdiges Gegenstück）になっているのだ。(185)

『運命の歌』（一八七一年）は『ドイツ・レクイエム』（一八六八年）や『勝利の歌』（一八七一年）と並び、ブラームスが得意とした管弦楽による伴奏付きの合唱曲である。だがこの作品の最大の特徴は、合唱が終わったあとに、三十小節（演奏時間にして二分半）に及ぶ器楽のみによる後奏（アダージョ）が付されていることである。ハンスリックもこれに着目し、独自の視点からこの作品の歴史的評価を試みた。合唱の終了後に器楽が始まる『運命の歌』は、器楽のあとに合唱が始まる『交響曲第九番』への「対立作品」となっている、と彼は言う。ヴァーグナーが「音楽がもはや前進することができないところに言葉がはじまる」(186)というテーゼを掲げ、『交響曲第九番』の最終楽章の構成を正当化したのに対し、ハンスリックは、器楽は「言葉ではもはや把握できないもの」を語るというホフマン由来のロマン主義的テーゼに立ち返り、『運命の歌』が『交響曲第九番』の経過を「反転」させたことを歓迎するのだ。ベートーヴェンが『交響曲第九番』で「逸脱」させてしまったドイツ音楽史の歩みを、再び「絶対音楽」の領域へと引き戻すことがブラームスの使命ならば、『運命の歌』はまさにその象徴的作品なのである。

ハンスリックが一八六〇年代以降、ブラームスにドイツ音楽の未来を託すようになった経緯は本章第4節で考察したが、彼がブラームスに期待したのは、ベートーヴェンが完成させたドイツ器楽の作法を正しく継承する

「絶対音楽」の巨匠としての役割だった。そのためもあり、ハンスリックはブラームスを論じた批評のなかで、たびたびベートーヴェンを引き合いに出した。ヴァーグナー派と同様、ハンスリックにとっても、ベートーヴェンは音楽史の「未来」を指し示す最も重要な作曲家だった。ただしハンスリックは「ベートーヴェン以後」の音楽史の歩みを、ヴァーグナー派とはまったく別の方向に構想していた。『運命の歌』の批評からもそれは明らかだ。

ブラームスがベートーヴェンの存在を意識するあまり、交響曲というジャンルになかなか手を出せなかったことはよく知られる。最初の交響曲に取り組んでいた一八七〇年代初頭に、彼が友人のヘルマン・レーヴィ（一八三九―一九〇〇）に語ったとされる「どうして交響曲など書けましょうか！　あのような巨人（ベートーヴェン）の足音に付きまとわれるということがどういうことか、あなたにはわからないでしょう」という言葉はとりわけ有名だが、ハンスリックこそ間違いなく、そのブラームスの交響曲を最も待ち望んでいた人物だった。ブラームスの交響曲が完成した暁には、『交響曲第九番』によって「逸脱」してしまった音楽史の歩みが、誰の目にも明らかなかたちで、再び正しい道――すなわち「絶対音楽」の進歩という――に引き戻されるに違いない、と彼は期待したのだ。

ハンスリックがブラームスの交響曲をいかに待望していたかは、『ピアノ協奏曲第一番』（一八五八年完成）を論じた批評（一八七四年）からもうかがえる。彼はこの協奏曲が「むしろ一つの交響曲である」と断言し、これを『交響曲第九番』と入念に比較検討する。

ブラームスの協奏曲［『ピアノ協奏曲第一番』］の第一楽章では、『第九交響曲』の雷がごろごろと鳴っている。この楽章はまるであの力強い創造物［第九交響曲］の自由な改作のように響く。（略）ニ短調という調性や、低いニ音のうえでのティンパニの雷鳴、その他多くの点で両者は共通しているだけでなく、全体の偉大な悲劇的性格も同じである。（略）ニ短調協奏曲はむしろ一つの交響曲、すなわち最大の規模で構築され、

あらゆる慣習的パッセージ作法から自由な、ピアノ伴奏付きの交響曲である。(188)

『交響曲第九番』がハンスリックの音楽批評にとってきわめて大きな参照点となっていたことが、ここからも読み取れる。先述したように、彼はこの作品の「交響曲」としての美的価値には少なからず懐疑的だったとはいえ、その歴史的意義をヴァーグナーやブレンデルに劣らず重視していたのだ。

さらにハンスリックは、ブラームスの三重奏曲や四重奏曲の多くと同様に、このピアノ協奏曲も「ブラームスとベートーヴェンのあいだの内的親縁性（die innere Verwandtschaft）」を明示すると言う。そのうえで彼はブラームスを今度はシューベルトと比較する。

疑いなくブラームスは、フランツ・シューベルトと並び、ベートーヴェンの精神の最も直接的な発露である。だがシューベルトが（略）ベートーヴェンのなかの柔和なもの、女性的なものを独立的に発展させたのに対して、ブラームスは男性的側面、悲劇的側面、すなわち巨匠のゲルマン的要素（das germanische Element）に依拠している。（略）ブラームスの偉大な作品のなかでは、ベートーヴェンの創造物に内的必然性の特徴を刻み込んでいる統率力と強力な思考の論理が、いっそう支配的である。(189)

こうしてハンスリックによれば、ブラームスの器楽作品こそがベートーヴェンの精神の「ゲルマン的要素」――男性的にして悲劇的という――を直接に受け継いだ、今日における最も「ドイツ的」な音楽だということになる。なおこれは、彼が「ゲルマン的精神」を公然と語った稀有な――ほとんど例外的とも言える――個所でもある。

ブラームスをベートーヴェンの唯一の正統的後継者と見なすハンスリックの姿勢は、一八七六年にようやく完成した『交響曲第一番』のヴィーン初演（一八七六年十二月十七日）を取り上げた批評でも一貫している。そこではベートーヴェンの「後期様式」との関係に主眼が置かれる。

メンデルスゾーンもシューマンも、彼らの交響曲のなかで後期ベートーヴェンに直結していない。つまりわれわれはベートーヴェンの第三期を前提としなくても、それらを十分に考察可能である。メンデルスゾーンとシューマンの交響曲は、むしろハイドンやモーツァルトの世界観へと戻り、これらをさらに展開したものと言えるだろう。それに対して、ブラームスの弦楽四重奏曲と交響曲はベートーヴェンの後期［第三期］を抜きにしては考えられない。ブラームスは生まれつき彼に親和した、この表象の世界［ベートーヴェンの後期様式］に入り込み、そのなかを生きた。彼は模倣はしないが、彼が自らの内面から作り出すものは［ベートーヴェンと］同じように感じ取られるものなのだ。[190]

『交響曲第一番』はベートーヴェンの後期様式に「直結」している点で、シューマンやメンデルスゾーンの交響曲よりもはるかに大きな歴史的意義をもつ。われわれがこれを「国民が誇れる一つの財産[191]」と呼べるのは、「ブラームスがこの作品のフィナーレでやってみせたほど、ベートーヴェンの後期様式に接近した作曲家はいない[192]」からだ。ハンスリックがブラームスを、この時代に至ってなお否定的評価から抜けられなかったベートーヴェンの後期様式——しばしば「不明瞭で、混乱し、恣意的[193]」と見なされた——にあえて結び付けたのは、それによって初めて、ブラームスがベートーヴェンの「真の後継者」であることを正当に立証できるからだった。

「国民楽派」批判とドヴォルザーク賛——絶対音楽の美学がはらむ〈捻れ〉

とはいえ、注意したいのは、ハンスリックがベートーヴェンからブラームスに至るドイツの「絶対音楽」の伝統に固執したのは、国民＝民族主義的《ナツィオナリスティッシュ》な動機からというより、むしろ、それが国や地域、民族を超えて理解可能な「普遍人間的」芸術であるという信念からだったことだ。

本章第2節で考察したように、ハンスリックは『音楽美論』で、音楽作品の「響きつつ動く形式」のなかに「客観的」で「普遍妥当的」な美の基盤を措定した。彼はそのような音楽の形式を「一つの高められた言語」と呼んだ。それは「われわれがそれを話して理解するが、しかし翻訳はできないような一つの言語」、言い換えれば「翻訳不能な原初的言語（Ursprache）」である。[194] 言うまでもなくこの考え方は、音楽（器楽）を日常的言語とは異なる「普遍的言語」として理解する十八世紀以来の音楽美学的伝統――リューツやフォルケルにさかのぼる――のうえにある。ただしハンスリックは、ドイツ楽派の器楽作品を理想的モデルとしながらも、明らかに国民=民族主義者《ナツィオナリスト》とは異なる――むしろそれとは正反対の――立場から「絶対音楽」の美学を構想した。というのも、絶対音楽が「普遍妥当的」で「翻訳不能」な言語であるためには、それは決して「ドイツ的」であってはならないからだ。「絶対音楽（absolute Musik）」がその名のとおり「解放された（absolut）」音楽であるならば、いかなる時代と場所の刻印も帯びてはならないはずだからだ。ハンスリックの『音楽美論』が、音の協和と類縁性の原理に生理学的基盤を与えたヘルマン・フォン・ヘルムホルツ（一八二一―九四）の『音感覚論』（一八六三年）と相互に影響し合っていたという事実は、この点を考えるうえで大いに示唆的である。[195]

だがここにある〈捻れ〉を見逃すわけにはいかない。「ドイツ的なもの」こそが「普遍的」であるという、近代ドイツのナショナル・アイデンティティを貫いてきた――ゆえに本シリーズが一貫して着目してきた――〈捻れた〉等号関係がやはりここにも見出される。ハンスリックにおけるこの〈捻れ〉の正体を見極めるのが、本章に残された最後の課題である。

この問題を解く鍵は、ハンスリックの「国民楽派」批判にある。彼が批評家として十九世紀後半の東欧諸国に続々と登場した「国民楽派（die nationale Schule）」を一貫して批判したことの意義は、これまで十分に理解されてこなかった。周知のように、国民楽派の作曲家は、器楽作品に民族的《ナツィオナル》な歌謡旋律やリズムを積極的に取り入れたわけだが、ハンスリックの見方では、それは音楽という芸術の本質である「普遍人間的」な表現可能性の自己否定にほかならなかった。

例えば、ペテルブルク音楽院の創設者にしてロシア国民楽派を代表する作曲家アントン・ルビンシテイン（一八二九―九四）の『ピアノ五重奏曲』（ト短調、一八七六年）についての批評（一八七七年）で、ハンスリックは「最後の両楽章［第三楽章と第四楽章］は木の生えないステップのように不毛に広がり、終楽章でのロシア民謡作品［の引用］は事態をいっそう不愉快にしているだけだ」[196]とこれを酷評している。「普遍的」言語であることを最大の特長とする器楽のなかに、わざわざ民族的要素を導入することを彼は許さない。本章第4節で考察したチャイコフスキーの『ロメオとジュリエット』についての批評でも、ハンスリックは「若きロシア全体がそうであるように――確かにそこでもルビンシテインは半ば時代遅れの古典主義者として通っているが――チャイコフスキーも言うまでもなく未来音楽家（Zukunftsmusiker）である」[197]と述べていた。彼はロシア国民楽派を総じて、ドイツ音楽の伝統を無化する「未来音楽家」――ヴァーグナー派に貼られたレッテルだ――の一味として危険視していたのだ。

だがこれとは好対照に、ハンスリックが大いに称賛した東欧の作曲家としてアントニン・ドヴォルザーク（一八四一―一九〇四）がいる。彼の最初のドヴォルザーク論は『スラブ狂詩曲第三番』（一八七八年）を取り上げた演奏会評（一八七九年）だったが、そこで彼は、このチェコ出身の作曲家がドイツの器楽的伝統を正しく継承していることを大いに喜んだ。

普墺戦争の結果、一八六七年にいわゆる「和協」によってオーストリア＝ハンガリー帝国（二重君主国）が成立すると、ハンガリーとは対照的に依然オーストリアの支配下に残されたボヘミア（ドイツ語：ベーメン）では、チェコ人による民族独立の気運が生じ、帝国内には政治的緊張が高まった。そのせいもあってか、チェコ国民楽派の旗手であるドヴォルザークの音楽はオーストリアの聴衆から敬遠され、『スラブ狂詩曲』もベルリンやブレスラウで上演されたあとに、ようやくヴィーンで初演された。そうしたなかハンスリックはこの批評で、ドヴォルザークの才能を認めたのはブラームスやヴィルヘルム・タウベルト（一八一一―九一）、ヨアヒムといった「ドイツの権威」であることを強調し、彼の音楽を「民族的＝チェコ的党派（die national=czechische Partei）」の芸術

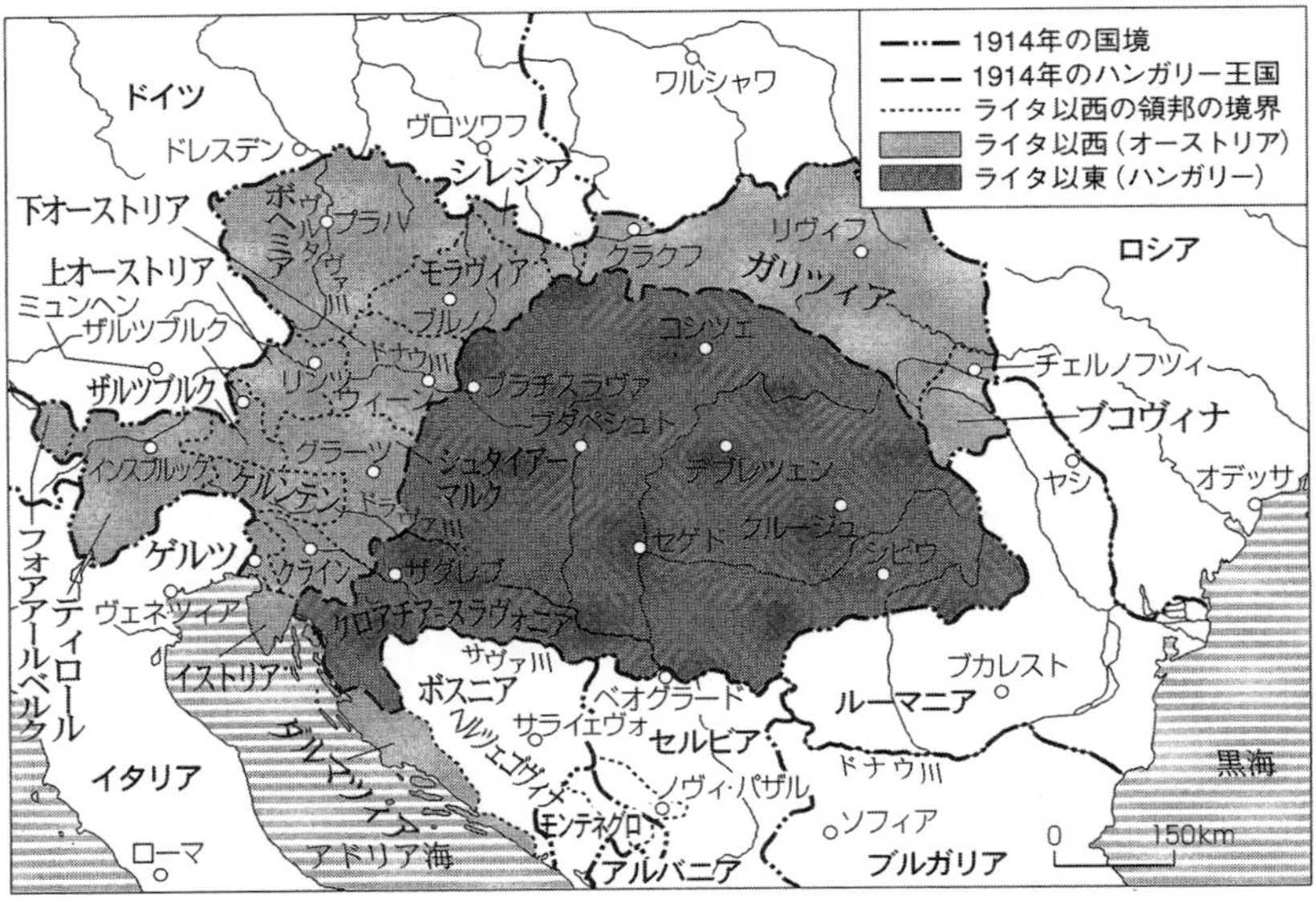

地図10　オーストリア＝ハンガリー帝国（二重君主国）の行政区分（1867—1914年）
（出典：前掲『ドナウ・ヨーロッパ史』221ページ

上の対応物と見なすヴィーンの聴衆の偏見を正そうと試みる。(198)

> プラハからドヴォルザークのために何らプロパガンダがおこなわれていないのは確かだ。（略）ドヴォルザークの『狂詩曲』に対する若干のヴィーン人の評価のなかに感じられる民族的反感や政治的敵意（die nationale Antipathie und politische Gegnerschaft）は、仮に純粋に芸術的な問いかけのなかでそうした視点が許されるとしても、ここでは正当性を欠いている。(199)

同じ批評のなかでハンスリックは、ドヴォルザークの出世作である『スラブ舞曲』（第一集、一八七八年）にふれて「われわれがここで問題にすべきは完成された芸術的労作（vollendet künstlerische Arbeiten）であって、民族的な響き（nationale Anklänge）から気まぐれに寄せ集められたパスティッチォではない(200)」と言っている。ドヴォルザークの作品の真価は「民族的な響き」にではなく、「芸術的労作」としての完成度の高さにこそある、と彼はヴィーンの聴衆に訴えるのだ。また彼が『スラブ狂詩曲』の主題は民族的旋律（National=Melodien）ではなく、作曲家の自由な着想（freie Erfindung）である」と主張するのも、同じ動機からである。そのうえで彼は「ドヴォルザークの庶民性と感覚的魅力は、またそのいくぶん溶け出るような、ゆるやかにまとめられた形式の心地よい広がりも、シューベルトを想起させる」[201]と述べる。ドヴォルザークの音楽のなかの「民族的＝チェコ的」要素をあえて否定し、彼の作風をヴィーン古典派の器楽的伝統へと結び付けようとするハンスリックの意図は明らかだ。

ハンスリックの最初のドヴォルザーク論は、この作曲家が近い将来、「国民楽派」とのつながりを断ち切って「第二のベートーヴェン」へと変身することを願いながら閉じられる。

もちろんいまは、ドヴォルザークから第二のベートーヴェンが現れるに違いないなどと主張する人は誰もいないだろう。はたして彼の豊かな才能が、きわめて多彩な形象化のなかでの完全な熟練にまで達するかどうか、そしてより偏狭な民族的着想圏（der engere nationale Ideenkreis）から絶対的で普遍的な芸術（absolute allgemeine Kunst）の高みへと飛躍するかどうか、われわれにはまだわからない。[202]

実際ドヴォルザークはこのあと、ハンスリックの期待に応えるかのように、「絶対的で普遍的」な器楽作法を獲得していく。彼は一八八一年に管弦楽曲のための小品集『伝説曲』を作曲し、それをハンスリックに献呈した。そのハンスリックは、この作品が――彼が『音楽美論』[203]であれほど非難した――標題音楽であるにもかかわらず絶賛した。

ドヴォルザークは音符で絵を描く（malen）には、あまりにも真正な音楽家でありすぎた。彼は聴き手の想像力を詩的標題に結び付けることはしない。それどころか彼は――われわれにとってはまったくもって満足だが――個々の題名を蔑視してさえいる。[204]

『伝説曲』は確かに標題をもつものの、「そこで何が語られているかは、むろん誰も言うことができない。だが驚嘆すべきもの、童話的なものがそこで主役を演じていることは、誰でも感じ取れる」とハンスリックは言う。ここで彼は珍しく、音楽の「性格的表現」を認めているが、それでもやはり『音楽美論』以来の形式主義的姿勢は一貫している。というのも、彼はこの管弦楽曲を、その標題との結び付きからではなく、あくまでも「和声と対位法の技法＝芸術《クンスト》の巨匠」の作品という形式的・技術的観点から評価しているからだ。換言すれば、『伝説曲』は標題音楽として「失敗」しているがゆえに称賛に値する、とハンスリックは考えるのだ。

さらにハンスリックは、この批評でもドヴォルザークの音楽の「民族的性格」を否定し、それをドイツ器楽の正当な伝統のなかに位置付けようとする。

ドヴォルザークは固有の美を創るために民族的な響き（die nationalen Anklänge）を必要としない、ということを彼の『伝説曲』は示す。彼はそこでシューマンとブラームスの言語を話しているのだ。[205]

「絶対音楽」のパラダイムを生み出したドイツ楽派の器楽、すなわちヴィーン古典派——ハイドン、モーツァルト、ベートーヴェン——がその基礎を確立し、シューベルト、メンデルスゾーン、シューマンを経てブラームスが完成させた「純粋器楽」は、民族や言語の違いを超えて、すべての人に理解されうる「普遍人間的」芸術であるとハンスリックは確信していた。[206] 民族的《ナツィオナル》な旋律やリズムを強調する「国民楽派」の作曲家たちを彼が批判したのは、音楽の最も固有にして最大の特長であるそうした「普遍性」や「国際性」を、彼らが自らすすんで犠牲にしているからにほかならない。本シリーズが一貫して注目してきた「ドイツ性」と「普遍性」の同一化の論理——〈捻れた〉等号関係——が、ハンスリックにおいては、最も洗練されたかたちで、きわめて効果的に機能しているのだ。二十世紀以降、世界中に広まる「ドイツ音楽にナショナリズムはない」という言説、およびこれと表裏一体をなす「ドイツ音楽は国境を超える」という言説[207]の確かな起源がここにある。

そして、絶対音楽の美学がはらむ〈捻れ〉を最も極端なかたちで――したがってその限界も同時に露呈させながら――示すのが、ドヴォルザークの『ピアノ五重奏曲』（イ長調、作品八一、一八八七年）についてのハンスリックの批評（一八九〇年）である。ハンスリックのドヴォルザーク賛として名高いその演奏会評で、彼は『ピアノ五重奏曲』を「ドヴォルザークの最も美しい作品」として絶賛し、その根拠をこう述べる。

これぞ真のドヴォルザークだ。独創的で、直接に感じられ、みずみずしく歌い出される。『スラブ狂詩曲』での粗野な激しさや唐突でどぎつい対照とは彼はとっくに手を切った。同様にスラブ的性格（der slavische Charakter）の過度な押し出しとももはや手を切っている。『イ長調［ピアノ］五重奏曲』を含め、彼の最近の作品は、自由な想像力のなかにも、楽想の論理的展開と形式の統一、最終的には真の国際的様式（ein echt internationaler Stil）を示している。そのなかで作曲家の祖国は、はかない魅力的な響きとしてほのめかされるにすぎない。ドヴォルザークの作品は疑いなく、彼のロシアやノルウェーの同志たちの作品に比べ、より普遍妥当的（allgemeingiltig）で普遍人間的（allgemeinmenschlich）である。彼らがみなそこに起源をもつところのドイツ楽派（die deutsche Schule）をドヴォルザークはまったく否定しない。ベートーヴェン、シューベルト、ブラームスが彼の唯一の模範なのだ。[208]

ここで注意しなくてはならないのは、この『ピアノ五重奏曲』が実際には随所でボヘミア（スラブ）の民族的旋律やリズムを使用していることだ。それは「ドゥムカ」（ウクライナの民謡形式）と題された第二楽章、および「フリアント」（ボヘミアの民族舞曲）という副題をもつ第三楽章（スケルツォ）に特に顕著である。ところがハンスリックは、そうした民族的モチーフの多用にはあえて目をつぶり、この作品が「楽想の論理的展開と形式を統一」したことを最大限に評価する。この作品でスラブ的要素は「はかない魅力的な響き」として「ほのめかされる」にすぎず、むしろその真価は「ドイツ楽派」がこれまで育て上げてきた「普遍妥当的で普遍人間的」な語法を用いて「真の国際的様式」を実現した点にこそある、と彼は言うのだ。

だが、ドヴォルザークを「ドイツ楽派」の正統な後継者に指名するために『ピアノ五重奏曲』のボヘミア(スラブ)的要素をすべて切り捨てようとするハンスリックのこの批評は、明らかに破綻していると言わざるをえない。一八八〇年代の愛国主義的創作活動——序曲『わが故郷』(一八八二年)や劇的序曲『フス教徒』(一八八三年)など——を通じて、この批評が書かれた時点までに、ドヴォルザークはすっかり自他ともに認めるチェコ国民楽派の代表的作曲家となっていた。いくらハンスリックの姿勢が一貫していたとはいえ、この時期のドヴォルザークの作品を「民族的なもの《ナツィオナル》」から完全に切り離し、純然たる「絶対音楽」として解釈することにはさすがに無理があった。そして彼自身も実はそのことを自覚していたはずなのだ。

ここからわれわれの考察は、なぜハンスリックが無理を承知であえてそのような主張をおこなったのか、という問題の解明へと向かわなければならない。そしてそれは、十九世紀後半のヴィーンという場所で、絶対音楽の美学がいかなる文化的・社会的使命を負っていたのかを問うことに等しい。

オーストリアの「共通語」としてのドイツ音楽——絶対音楽の文化的・社会的機能

東欧諸国の「国民楽派」に対し、ハンスリックがもっぱら否定的に反応したことを前節で確認したが、一八八〇年代以降のドイツとオーストリアの音楽的状況も、彼にとっては決して望ましいものではなかった。世紀末の足音が迫るヴィーンで、批評家としてのハンスリックは急速に「老化」しつつあった。一例を挙げよう。シューベルト以来、久しぶりにヴィーンが生んだ歌曲作家として期待された、シュタイアーマルク州ヴィンディッシュグレーツ出身のフーゴ・ヴォルフ(一八六〇—一九〇三)は、一八八四年から八七年にかけて『ヴィーン・サロン新聞』で音楽批評家としても筆をふるった。そこで彼はヴァーグナーやリスト、アントン・ブルックナー(一八二四—九六)を擁護する一方、ハンスリックとブラームスを批判した。反ヴァーグナー派の最後の砦だったヴィーンにも、こうしてヴァーグナー派の勢いが迫りつつあったのだ。またリヒャルト・シュトラウス（一八六四―一九四九）が、交響詩と楽劇の分野でヴァーグナーとリストの後継者として新たに頭角を現し始めたのも一八八〇年代のことである。ブラームスの登場に救われて、何とか世紀後半まで命脈を保ってきたハンスリックの「絶対音楽」の理念が、いまや歴史的限界を迎えつつあることは誰の目にも明白だった。

そうした窮地にあってハンスリックが、ブラームスに次ぐ「絶対音楽」の新たな才能として目をつけたのがチェコ人のドヴォルザークだった。彼がドヴォルザークの「国民楽派」としての顔をあえて無視し、ドイツ楽派の器楽の正統な継承者として担ぎ上げた背景には、それに代わるべき「ドイツ人」作曲家の不在という、やむをえない事情があったのだ。

しかしながら、ドイツの「国民文化」である――少なくともかつては確かにそうだった――はずのヴィーン古典派（特にベートーヴェン）の器楽作法が、いまやチェコ人の作曲家によって最も正しく継承されている、というハンスリックの直面していた事態は、実は当時のオーストリアの文化的・社会的状況の縮図とも言えた。

一八六六年の普墺戦争の敗北は、オーストリアに大きな政治的転換を強いた。この戦争の結果、ドイツ連邦は解体し、オーストリアはドイツ統一問題に干渉しないことを約束させられた。翌年にはプロイセン国王を首長とする「北ドイツ連邦（der Norddeutsche Bund）」が新たに発足し、「小ドイツ主義」による国家統一の道が開けた。[209]これによってオーストリアは中部ヨーロッパでの影響力を失い、それまで国是としてきた「大ドイツ主義」によるドイツ統一の道を最終的に断念し、中欧から東欧に跨るドナウ川沿岸領域を中心的版図とする「多民族国家」として再出発することを余儀なくされた。[210]

オーストリア政府は一八六七年に、ハンガリーの支配層であるマジャール人貴族との「和協（アウスグライヒ）」に踏み切り、ハンガリー王国の独立を認め、ここにオーストリア＝ハンガリー帝国（二重君主国）（一八六七―一九一八）が成立した。この和協は、オーストリアのドイツ人支配層が、帝国内のスラヴ系諸民族（チェコ人、ポーランド人、セルビア人など）のナショナリズム（独立運動）を抑えるために、非スラヴ系で、ドイツ人に次い

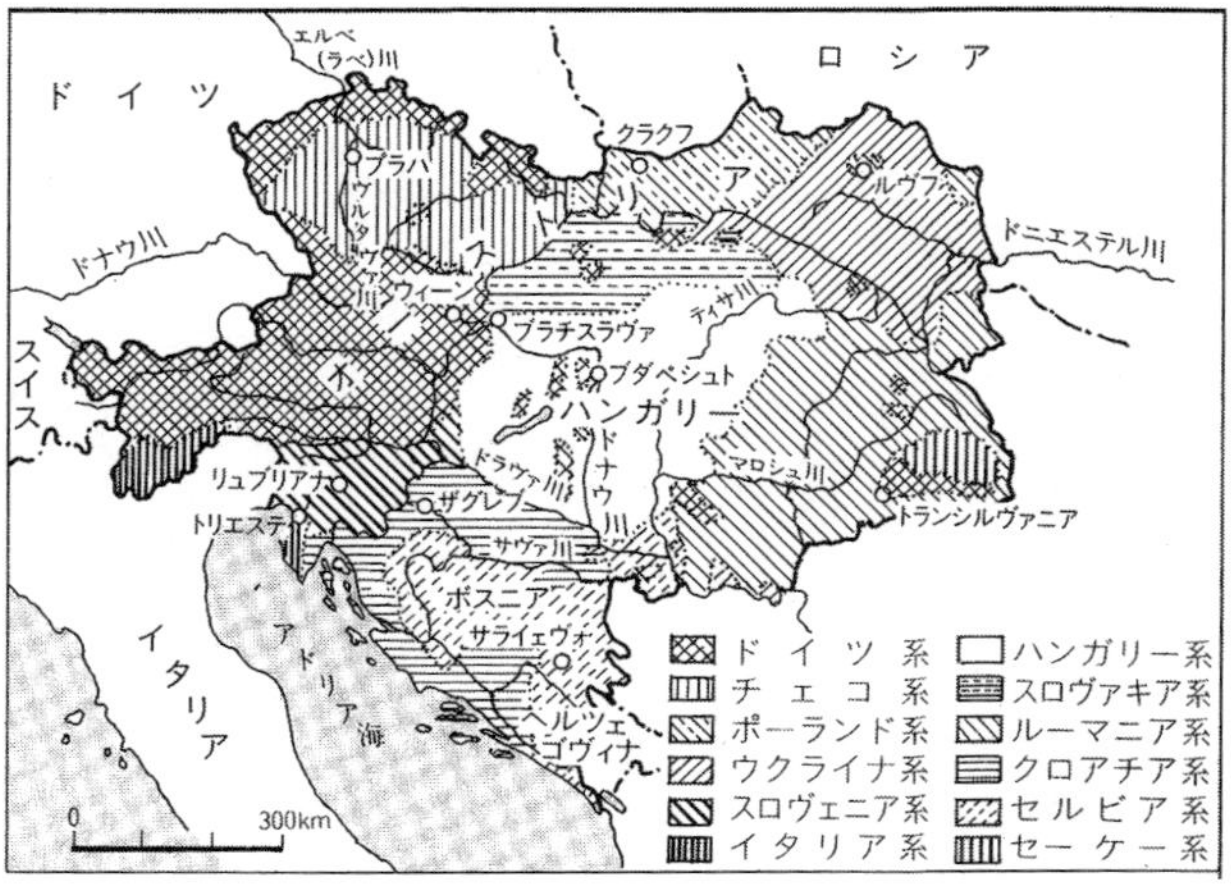

地図11　ハプスブルク帝国の民族分布
（出典：大津留厚『ハプスブルク帝国』〔「世界史リブレット」30〕、山川出版社、1996年、10ページ）

で帝国内第二の多数派民族であるマジャール人に歩み寄った結果だった(211)。

そして一八七一年には、プロイセン国王ヴィルヘルム一世（在位：一八六一―一八八年、ドイツ皇帝：一八七一―一八八年）を皇帝とする「ドイツ帝国（das Deutsche Reich）」が、北ドイツ連邦を母体として、バイエルンやヴュルテンベルクなど南ドイツのカトリック系諸邦国をも併合するかたちで成立した。これ以後、国家名としての〈ドイツ〉は、もっぱらこの「ドイツ帝国」を指すようになり、オーストリアは「帝国」の名を冠しながらも、ドイツ人の「国民国家的（nationalstaatlich）」統一体から排除された東欧の一国家の座へと転落する。

このように一八六〇年代以降のオーストリアは、文字どおり「凋落する帝国」だった。むろん帝国の政治的・経済的支配層は依然としてドイツ系住民であり、そのためドイツ語はオーストリア帝国の共通語としての地位を保った。だが帝国内のスラブ系諸民族のうちにナショナリズムの気運が高まるなか、ドイツ語とドイツ文化の支配力は相対的に低下していった。例えばチェコ人はマジャール人並みの独立性を求め、一八八〇年にはベーメン（ボヘミア）とメーレン（モラヴィア）の両州で、法廷や行政機関がドイツ語とチェコ語を併用することが認められた。こうした情勢のなか、中流以上のドイツ系住民が大多数を占めるヴィーンの演奏会の聴衆が、ドヴォルザークをチェコ・ナショナリズムのデマゴーグ――ハンスリックの言葉を借りれば「民族的＝チェコ的党派」――と見なして敬遠したのも無理はなかった。

　ところがハンスリックは、そうした「民族的反感や政治的敵意」を退けて、あえてドヴォルザークを「ドイツ楽派」の正統な後継者として指名したのだった。彼がドヴォルザークの器楽語法を「普遍妥当的で普遍人間的」な「真の国際的様式」と呼んでいたことを思い出そう。つまり彼は、ヴィーン古典派とその後のドイツの巨匠たちが育て上げてきた器楽作法は、「ドイツ人」だけによって独占されるべき「国民文化」では決してなく、ドイツ語がそうであるように、オーストリア帝国内の諸民族がそれを通じて互いを理解し合える「共通語」としての性格をもつと考えていたのだ。

　彼は一八八〇年に、チェコ国民楽派の創始者ベドルジハ・スメタナ（一八二四―八四）の『弦楽四重奏曲第一番「わが生涯より」』（一八七六年）を次のように評している。

> この四重奏曲で民族的要素（das nationale Element）はごくわずかしかない。だからわれわれは、チェコの音楽においても依然としてドイツ語（Deutsch）が「国内の習慣語（die “landesübliche Sprache”）」であると知り、安心する。ベートーヴェンが、そして次にはメンデルスゾーンが、スメタナの模範である。ボヘミア民謡調に響くのは、わずかにフィナーレの主題だけである。[212]

「凋落する帝国」の首都で批評活動をするハンスリックの社会的・政治的立場が、これほどはっきりと表明された一節は他にないだろう。ドヴォルザーク論の場合と同様、彼はここでもやはりスメタナの弦楽四重奏曲に見られる「民族的要素」にはあえて目をつぶり、ベートーヴェンやメンデルスゾーンの伝統に連なる「ドイツ的」器楽作品としてそれを評価する。この曲を聴いた者は、民族主義《ナツィオナリスムス》が席巻するチェコでもドイツ音楽がなお「国内の習慣語」であることを知り「安心する」だろう、と彼は言う。ドイツ楽派の器楽作法がオーストリア帝国内の「共通語」であるかぎりで、ドイツ人は――そして帝国内の他の民族も――これまでどおり、チェコ人と「対話」をすることができるのだ。

「小ドイツ主義」を国是とするプロイセンを盟主に統一されたドイツ帝国は、「帝国」の名称を冠してはいたが、かつての神聖ローマ帝国のような「多民族国家」を否定し、実質的にはプロテスタント系ドイツ人の「国民国家」となった。そのためドイツ帝国内では、デンマーク人（シュレースヴィヒ＝ホルシュタイン）やポーランド人（西プロイセンやシュレージエン）、フランス人（エルザス＝ロートリンゲン）などの少数民族ばかりでなく、カトリック系ドイツ人までもが「帝国の敵」と見なされ、政府から差別や迫害を受けた。そうしたなか、音楽における「ドイツ的なもの」の理念も――ヴァーグナーやブレンデル、ザイドルらに典型的に見られるように――必然的にゲルマン精神やプロテスタンティズムの顕揚、古代ゲルマン民族の神話世界への回帰へと向かっていった。

しかしそれとは対照的に、一八六〇年代以降ドイツ人を中心とする「多民族国家」としてのアイデンティティを新たにしたオーストリアでは、以前にも増して、ドイツ語やドイツ文化に、帝国内の諸民族をつなぎとめる「共通語」としての役割が期待されることになった。スメタナやドヴォルザークの作品を「ドイツ楽派」の末裔として解釈したハンスリックの批評は、それを最も雄弁に証言する。民族や言語の壁を超える「普遍人間的」芸術としての「絶対音楽」の理念が、オーストリアの人々に圧倒的に支持された理由も、もはや明らかだろう。

むろん同様の傾向は音楽だけでなく、この時代のオーストリアのさまざまな文化領域で共有されていた。当時のオーストリアの自由主義者を代表する政治家ヨハン・ネポムク・ベルガー（一八一六―七〇）は、『オーストリアの憲法問題の解決に向けて』（一八六一年）でこう書いている。

> オーストリアのドイツ人は、オーストリアの諸民族のもとで、政治的覇権ではなく文化的覇権（nicht die politische, sondern die Hegemonie der Cultur）のために努力しなくてはならない。「文化を東方に（nach dem Osten）運ぶ」ため、すなわちドイツの思想、ドイツの学問、ドイツの人間性の宣伝活動のために、努力しなくてはならないのだ。(213)

ドイツ統一をめぐるプロイセンとの覇権争いに敗れたオーストリアでは、急進的なドイツ民族主義《ナツィオナリスムス》が台頭する[214]が、それに対してベルガーを筆頭とする自由主義者は、オーストリアでのドイツ人の覇権は「文化」の領域にとどめるべきだとして、多民族国家の枠組みを維持するための、いわば「紐帯」としてドイツの伝統文化を活用することを説いた。マジャール人との「和協」を提言したのもそのベルガーたちだった。

そして十九世紀後半のオーストリアで自由主義者の主たる発言媒体であった『ノイエ・フライエ・プレッセ[215]』の音楽欄を担当したハンスリックも、ベルガーと同じ政治的立場にあった。彼は自由主義的知識人の一人として、ドイツ人のそれを含む、あらゆる民族主義《ナツィオナリスムス》に反対し、それよりもドイツ音楽を「東方に運ぶ」ことで、オーストリア帝国内でのドイツ人の「文化的覇権」を維持することを自分たちの責務と考えたのだ[216]。スラブ系諸民族の民族主義《ナツィオナリスムス》と結託した「国民楽派」の傾向を彼が一貫して批判し続けたのは、それがドイツ音楽の「普遍性」を否定し、オーストリアでのドイツ人の「文化的覇権」を、ひいては多民族国家としてのオーストリアの一体性を脅かすからにほかならなかった。

ヴァーグナー派とは対照的に、ハンスリックがその理論や批評のなかで「ドイツ精神」や「ゲルマン的なもの」をほとんど問題にしないことに注意すべきである。彼にとって「ドイツ楽派」とは、ヴィーン古典派の器楽作法の伝統を汲み、純粋音楽を「普遍的言語」として発展させてきた流派のことであり、作曲家の「民族的《ナツィオナル》」な出自は問題にならない。彼がスメタナやドヴォルザークといった「非ドイツ人」を「ドイツ楽派」の正統な後継者に指名することができたのも、そのためだった。否、むしろそれによって彼は、ドイツ音楽の「共通語」としての価値をいっそうはっきりと証明したのだ。そもそもチェコ人の父親とユダヤ人の母親をもってプラハで生まれ、チェコ語とドイツ語のバイリンガルとして育ち、プラハ大学を出たのちにヴィーン大学で学び直し、ハプスブルク帝国の財務官僚を務めながら余暇で批評活動をおこない、最後にはヴィーン大学の教授職に就いたハンスリック自身が、この時代の典型的な――そして最も成功した――「オーストリア人」であったことを忘れてはならない。[217]

このようにハンスリックの音楽美学は、十九世紀後半のオーストリア人のナショナル・アイデンティティをはっきりと映し出している。もちろん、ベートーヴェンを音楽史上の最高の規範と見なし、ドイツ音楽の絶対的優位を疑わなかった点で、彼は十分すぎるほど「ドイツ中心主義的」だった。だがそれはヴァーグナー派の「ドイツ中心主義」とは内実がまったく異なる。ハンスリックの「ドイツ音楽」の理念とヴァーグナー派のそれは、完全に相反するベクトル――前者が「包摂」の原理に基づくとすれば、後者は「排除」の原理に基づく――をもっていた。ヴァーグナーはハンスリックの形式主義的音楽美学を「ユダヤ的」と呼び、「完全に金髪のドイツ人美学者」であるフィッシャーの「偉大な体系」と対置した。そしてブレンデルやザイドルは、それを「南方的」で「カトリック的」と呼び、「精神的内実」を求める「北方のゲルマン的精神」または「プロテスタント精神」と相容れないものとして批判した。それに対してハンスリックは、「純粋で絶対的な音楽」である器楽は、言語や民族の違いを超えて理解されうる「普遍人間的」で「国際的」な芸術であるという信念に依拠し、そのドイツ楽派の器楽的伝統を「非ドイツ人」にも分有させて固守しようとした。

「絶対音楽」を奉じる側とそれを否定する側、そのいずれもが自分たちこそが真に「ドイツ的」な音楽をもっていると信じて譲らなかった、という一見すると矛盾した事態がこうして調停される。ヴァーグナー派とハンスリックが奏でた解決不可能な不協和音は、十九世紀後半を通して次第に深まった南北ドイツの政治的・文化的亀裂が発する軋みの音として、さらに直接的には、ドイツ帝国とオーストリア＝ハンガリー帝国の分立に伴って〈ドイツ〉の理念そのものが二つに引き裂かれた音として聴き取られなければならないのだ。そしてこの傾聴なくして、絶対音楽の美学の批判的再考はありえないだろう。

注

（1）Jules Combarieu. “L’influence de la musique allemande sur la musique française.” *Jahrbuch der Musikbibliothek Peters für 1895*. Jg. 2 (1896), S. 25.

（2）ただしコンバリュは先の引用部の直後で、ハンスリックの「アラベスク」の概念があまりに即物的で精神性に欠けると批判している。Ebd.

（3）J・コンバリゥ『音楽の法則と進化』園部三郎訳、創元社、一九五二年、二六ページ

（4）同書一〇六、一七四ページ

（5）同書一〇四ページ

（6）「新音楽学」の立場から、絶対音楽の美学およびその代表者としてのハンスリックに向けて提出された批判の典型的事例は以下に見られる。Susan McClary. “Narrrative Agendas in “Absolute” Music: Identity and Difference in Brahms’s Third Symphony.” in: Ruth A. Solie（Hg.）. *Musicology and Difference*. Berkeley: University of California Press, 1993, S. 326-344.

（7）Jim Samson. “Nations and Nationalism.” in: ders（Hg.）. *The Cambridge History of Nineteenth-Century Music*. Cambridge: Cambridge University Press, 2001, S. 585-586.

（8）アップルゲートの研究については本シリーズ第一巻序章第5節を参照せよ。

（9）Friedrich List. “Bittschrift des Allgemeinen Deutschen Handels- und Gewerbevereins an die Bundesversammlung vom 20. April 1819.” in: ders. *Schriften, Reden, Briefe*. Bd. 1, Tl. 2. Berlin: Reimar Hobbing, 1933, S. 492.

（10）ドイツ連邦は一八一五年六月の発足時には一帝国、五王国、一選帝侯国、七大公国、十公国、十侯国、四自由都市の三十八領邦で構成されたが、一七年にヘッセン＝ホンブルク地方伯領が加わり三十九となった。また三九年にはロンドン協定により、ルクセンブルク大公国の西半分（現ベルギーのリュクサンブール州）がベルギーに割譲されたが、その代償としてベルギーのリンブルク州の東側（現オランダのリンブルフ州）がリンブルク公国（首都はマーストリヒト）として独立し、新たにドイツ連邦に加わった。なおホルシュタイン公はデンマーク国王が、ルクセンブルク大

公（三九年以降はリンブルク公も）はオランダ国王が、ハノーファー王はイギリス国王がそれぞれ兼ねていた。

（11）東西プロイセンがドイツ連邦の境界外にあった経緯は以下のとおりである。今日のポーランド北東部にはもともとバルト系のプルッセン人が居住していたが、十三世紀に教皇グレゴリウス九世（在位：一二二七—四一年）の承認（リエティの教皇勅書、一二三四年）を得たドイツ騎士団がそこを征服して以降、ドイツ人の入植が本格化した（東方植民）。宗教改革運動の最中の一五二五年、ルター派に帰依した騎士団国家はポーランド王を宗主とする世俗の公国へと姿を変え、それに伴い、西プロイセン地方はポーランドの所有となった。ケーニヒスベルクを首都とし、のちの東プロイセン地方を版図とするプロイセン公国（一五二五—一七〇一）の成立である。同国は一六一八年にブランデンブルク選帝侯領と同君連合を結び、ホーエンツォレルン家の支配下に入る。その後一六五七年にはフリードリヒ・ヴィルヘルム（大選帝侯、在位：一六四〇—八八年）が同国の宗主権をポーランド国王から獲得した。その子フリードリヒ三世（在位：一六八八—一七一三年）は一七〇一年にケーニヒスベルクで、プロイセン王国（一七〇一—一九一八）の王フリードリヒ一世（在位：一七〇一—一三年）として即位したが、これは神聖ローマ帝国の範囲外だからこそ許された。皇帝レオポルト一世（在位：一六五八—一七〇五年）は、スペイン継承戦争への派兵と引き替えに、フリードリヒの王号を認めたのだった。その後、第一次ポーランド分割（一七七二年）によってプロイセン王国が西プロイセンを獲得した結果、ブランデンブルクと東プロイセンは地続きとなるが、東西プロイセンはなおも神聖ローマ帝国の外側に残されたままだった。東西プロイセンが正式に「ドイツ」の一部となるのは、一八六七年の北ドイツ連邦成立をもってである。

（12）本シリーズ第二巻第1部第3章第1節、第2部第1章第3節および第4章第9節を参照せよ。

（13）前掲『芸術に関する幻想』八八—八九ページ

（14）Johann Michael Fischer. *Musikalische Rundschau über die letzten drei Jahrhunderte*. Leipzig: Veit & Comp., 1859, S. 184-185, S. 189-191. Vgl. Applegate. "What Is German Music?" S. 29.

（15）ただし著者がこの問いを着想するきっかけになったものとして、ジークリット・ヴィースマンの標題音楽についての考察を挙げておかなければならない。彼女は「ヴィーン——保守主義の砦」で、この街に標題音楽が根付かなかった理由を——ややステレオタイプ的な図式化ではあるが——こう説明している。「オーストリアならびに南ドイツのカトリックの音楽文化［は］（略）プロテスタントの北方とは全く異なる発展の道を辿った。オーストリア人で、哲学用語で論じられる美学的な事柄に関心を払った人はまずいない。音楽そのものにすっかり没頭してしまって、音楽について考えるということがほとんどなかったのである。（略）こうして見ると、エドゥアルト・ハンスリックとフランツ・ブレンデルとに代表される、いわゆる絶対音楽と標題音楽の支持者間の論争というものは、カトリックのオーストリアとプロテスタントのドイツとの間の、音楽上の期待と経験に関して長年にわたって続いてきた調停不可能な違いが比較的遅くなって現れたものといえる」（アレクザンダー・リンガー編『ロマン主義と革命の時代――初期ロマン派』音楽之友社、一九九七年、一〇四―一〇六ページ）

（16）なお本書では――すなわち本シリーズ全体で、ということになるが――ハンスリックと「ヴァーグナー派」の対立点を明確にするために、ヴァーグナー本人の思想をあえて単純化せざるをえなかった。特に音楽における「ドイツ的なもの」の理念をめぐる彼の思索の歩みは、本書が示す以上に、複雑で変化に富み、紆余曲折したものである。ぜひ以下の拙著も合わせて参照されたい。前掲『ヴァーグナーの「ドイツ」』

（17）Hanslick. *Vom Musikalisch-Schönen*. S. 52. なおこの書は、一八五四年の初版から著者の生前に刊行された最後の版である第十版（一九〇二年）まで、版を重ねるたびに多くの改訂がなされた。本書が依拠するディートマー・シュトラウスによる校訂版（一九九〇年）には、全十版のすべての異同が収められているが、本書で引用する個所は、特に断らないかぎり、初版から変更されていない。

（18）Ebd., S. 75, S. 77.

（19）Eduard Hanslick. “Wiener Freiheitsmusik.”（1848）in: ders. *Sämtliche Schriften*. Bd. I/1. Wien: Böhlau, 1993, S. 179.

（20）Ebd., S. 178.

（21）Hanslick. *Aus meinem Leben*. S. 81.

（22）Ebd.

（23）ハンスリックの音楽批評――とりわけ三月革命前後のそれ――の政治的含意については、以下の拙論を参照せよ。吉田寛「ハンスリックの「自律的」音楽美学再考――『音楽的に美なるものについて』の成立と改訂の過程を中心に」、日本音楽学会編「音楽学」第四十四巻第二号、日本音楽学会、一九九九年、一〇九—一二一ページ、同「聴衆とは何か——ハンスリックの音楽批評と公共的演奏会活動」、美学会編「美学」第五十巻第一号、美学会、一九九九年、二六—二八ページ、Hiroshi Yoshida. "Eduard Hanslick and the Idea of 'Public' in Musical Culture: Towards a Socio-Political Context of Formalistic Aesthetics." *International Review of the Aesthetics and Sociology of Music*. Vol. 32, Nr. 2 (Dezember, 2001), S. 184-188.

（24）Eduard Hanslick. "Ein Todtenkranz für Donizetti." (1848) in: ders. *Sämtliche Schriften*. Bd. I/1. Wien: Böhlau, 1993, S. 187.

（25）Ebd., S. 187-188.

（26）『音楽美論』は、ハンスリックがヴィーン大学で講師の職に就く際（一八五六年）に教授資格論文として提出された。以下の拙論を参照せよ。前掲「ハンスリックの「自律的」音楽美学再考」一一二ページ

（27）Hanslick. *Vom Musikalisch-Schönen*. S. 21. なおこの一節（第一章の第一段落から第三段落まで）は第二版（一八五八年）で大幅に修正され、「形而上学的」美学に対する批判と「自然科学的方法」への接近がいっそう強調されるようになった。

（28）Ebd., S. 75.

（29）Ebd., S. 47.

（30）Ebd., S. 46-47. なお「物理的過程（ein physischer Vorgang）」の語は第八版（一八九一年）以降のものであり、初版から第七版（一八八五年）までは「物理的」の代わりに「心的（psychisch）」の語があてられていた。

（31）Ebd., S. 138-139.

（32）マッテゾンの『新設のオルケストラ』（一七一三年）やシャイベの『批判的音楽家』（第十五号、一七三七年）に先例が見られる。本シリーズ第二巻第1部第1章第2節および第3節を参照せよ。

（33）Hanslick. *Vom Musikalisch-Schönen*. S. 84. ただしハンスリックは、このように旋律と和声をそれぞれ「孤立化」して捉えること自体を「貧弱な見方」として退けていることに注意したい。

（34）本シリーズ第二巻第1部第1章第3節を参照せよ。

(35) シャイベがバッハを批判した理由もそこにあった。本シリーズ第二巻第1部第1章第3節を参照せよ。

(36) Hanslick. *Vom Musikalisch-Schönen*. S. 154.

(37) Ebd., S. 149.

(38) Ebd., S. 78.

(39) 前掲『絶対音楽の理念』一七〇―一七一ページ。なおフンボルトの「内的言語形式（innere Sprachform）」の理論は、カーヴィ語研究の序論として死後出版された『人間言語構造の多様性とそれが人類の精神発達に及ぼす影響について』（一八三六年）に見出される。

(40) Hanslick. *Vom Musikalisch-Schönen*. S. 149-150.

(41) むろんここには「自然美」をめぐる、より大きな美学史的動向も関係している。十八世紀の美学者が――フランスの新古典主義者からカントに至るまで――一様に重視した自然の美を、ヘーゲルは『美学講義』で自らの考察対象から除外した。「芸術美は精神から生まれたものであるから、自然美よりも高級なものである」というのがその理由である（前掲『美学』第一巻の上、三―四ページ）。ハンスリックの自然美の理解も、明らかにヘーゲル以後のパラダイムに属する。

(42) Hanslick. *Vom Musikalisch-Schönen*. S. 168.

(43) Ebd., S. 165-167.

(44) Ebd., S. 168.

(45)『音楽美論』では、味覚（酒、葉巻）や触覚（浴場）、嗅覚（アカシアの香り）に関わる比喩がつねに侮蔑的・否定的含意を帯びていることに注意したい。ハンスリックは、視覚（眼）を最も高級な感覚と考えており、聴覚（耳）の性質もそれに接近すべきであると考えていた。彼が、アラベスクや万華鏡をモデルにして音楽美を定義したことにも、その姿勢が顕著に現れている。

(46) Hanslick. *Vom Musikalisch-Schönen*. S. 168-169. なおこの引用の第二文以降は第三版（一八六五年）で削除された。

(47) Hoffmann. "Beethoven: 5. Sinfonie." S. 535, S. 539. またホフマンは、この交響曲の「内的構造」を「一つの胚芽から、つぼみと葉、花と実をもった美しい樹木が生まれ育つ」ように把握しており、「有機的展開」の観念についてもハンスリックを先駆けていた。以下の拙論を参照。前掲「E・T・A・ホフマンの音楽美学にみる歴史哲学的思考」一六四—一六六ページ

（48）Hanslick. *Vom Musikalisch-Schönen*. S. 49-50.

（49）ここまで明瞭に「経済」のアナロジーで作曲法を説明したのはハンスリックが最初かもしれないが、「ドイツ的」音楽様式を「労作＝労働《アルバイト》」と結び付ける考え方は、すでに十七世紀のキルヒャーの著作から見られた。本シリーズ第一巻第1部第2章第3節、第二巻第1部第1章第2節および第3節を参照せよ。なおハンスリックが第三版でこの個所を削除した理由は定かではない。

（50）以下の拙著を参照せよ。前掲『ヴァーグナーの「ドイツ」』一〇五—一一六、一二七—一三一、一四二—一五〇ページ

（51）なおハンスリックは一八四四年に批評を書き始めた当初は、まだ形式主義的立場を取っておらず、ベルリオーズの標題音楽やヴァーグナーのオペラを称賛することもあった。特に後者の『タンホイザー』を絶賛した批評（『ヴィーン一般音楽時報』に十一回連載、一八四六年十一—十二月）は重要である。だが彼は、一八四〇年代末から五〇年代前半にかけて少しずつ、しかし決定的に「転向」し、一八五四年の『音楽美論』では完全な形式主義者となって読者の前に現れた。その後彼は、『音楽美論』と矛盾する主張を含む最初期の批評——特に一八四四年から四八年までのそれ——を意識的に隠匿し、「三月革命以前の若気の過ち」という理由を付け、自らの著作集にも収録しなかった。以下の拙論を参照せよ。前掲「ハンスリックの「自律的」音楽美学再考」

（52）Eduard Hanslick. "Concerte." (1857) in: ders. *Sämtliche Schriften*. Bd. I/4. Wien: Böhlau, 2002, S. 71.

（53）Ebd., S. 70.

（54）Ebd.

（55）Eduard Hanslick. "Musik." (1862) in: ders. *Sämtliche Schriften*. Bd. I/6. Wien: Böhlau, 2008, S. 204.

（56）Ebd., S. 203-204.

（57）Ebd., S. 204.

（58）例外として、一八五八年に完成した『ピアノ協奏曲第一番』と、二つの『セレナード』（第一番、第二番ともに一

八五九年に完成）がこの時点で創作および初演を終えていた。

（59）Hanslick. "Musik." (1862) S. 204.

（60）Hanslick. *Vom Musikalisch-Schönen*. S. 168.

（61）パッサカリア（またはシャコンヌ）とは、バロック時代の舞曲に由来する形式で、低声部で短い主題を繰り返し、そのうえに上声部が対位法的に変奏を形成するものである。ブラームスはこの形式を『交響曲第四番』（一八八五年完成）の第四楽章で使用した。

（62）シェーンベルクは「ブラームス、進歩主義者」（一九四七年）で「発展的変奏」という観点から、ブラームスの『弦楽四重奏曲第二番』（一八七三年）第二楽章や『四つの厳粛な歌』（一八九六年）の第三曲「おお、死よ」を分析した。ブラームスの生誕百周年を祝した記念講演（一九三三年）が基となったこの論考は、のちにその英訳版が『様式と思想』（一九七五年）に収録された。Arnold Schoenberg. *Style and Idea*. Berkeley & California: University of California Press, 1975, S. 429-441. また「節制、それでいて豊かなこと」は、彼が「国民音楽」（一九三一年）で、ブラームスから学んだ四つの事柄の最後に挙げたものである（Ebd., S. 174）。

（63）Johannes Brahms. *Johannes Brahms im Briefwechsel mit Joseph Joachim*. Bd. 1. Berlin: Deutsche Brahms-Gesellschaft, 1908, S. 146-147.

（64）ジギスモント・タールベルク（一八一二―七一）の演奏会で、ヴィルトゥオーゾが主題だけを弾き、変奏をせずにさっさと演奏を終わらせたことをハンスリックが報告しているが、そうした極端なケースも存在した。Eduard Hanslick. "Concert des Hrn. Sigmund Thalberg." (1848) in: ders. *Sämtliche Schriften*. Bd. I/1. Wien: Böhlau, 1993, S. 169.

（65）Hanslick. *Vom Musikalisch-Schönen*. S. 113.

（66）Eduard Hanslick. *Concerte, Componisten und Virtuosen der letzten fünfzehn Jahre*. Berlin: Allgemeiner Verein für Deutsche Literatur, 1886, S. 176.

（67）Hanslick. *Vom Musikalisch-Schönen*. S. 64.

（68）Hanslick. *Concerte, Componisten und Virtuosen der letzten fünfzehn Jahre*. S. 175.

（69）Hanslick. *Vom Musikalisch-Schönen.* S. 167.

（70）Hermann Lotze. "Recension von Eduard Hanslick, Vom Musikalisch-Schönen, ein Beitrag zur Revision der Aesthetik der Tonkunst."（1855）in: ders. *Kleine Schriften.* Bd. 3, Abt. 1. Leipzig: S. Hirzel, 1891, S. 200-214.

（71）Johann Christian Lobe. "Gegen Dr. Eduard Hanslick's "Vom Musikalisch-Schönen"." in: ders. *Fliegende Blätter für Musik.* Bd. 2. Leipzig: Baumgärtner, 1857, S. 65-106.

（72）August Wilhelm Ambros. *Die Gränzen der Musik und Poesie.* Prag: Heinrich Mercy, 1856 [1855], S. 106.

（73）Ebd., S. 12.

（74）Ebd., S. VIII.

（75）Hanslick. *Aus meinem Leben.* S. 155.

（76）Richard Wagner（Pseud. Karl Freigedank）. "Das Judenthum in der Musik." *Neue Zeitschrift für Musik.* Bd. 33, Nr. 19（3. September, 1850）, S. 105.

（77）Richard Wagner. "Aufklärungen über das Judentum in der Musik."（1869）in: ders. *Sämtliche Schriften und Dichtungen.* 6. Aufl., Bd. 8. Leipzig: Breitkopf & Härtel/C. F. W. Siegel（R. Linnemann）, o. J [1912], S. 238-260. なお本書が典拠とする著作全集では、「音楽におけるユダヤ性」（一八六九年版）が第五巻に、一八六九年に追加された序文と後記が第八巻に、それぞれ分かれて収録されている。

（78）Ebd., S. 243. ハンスリックのもつ学位は法学博士（ヴィーン大学、一八四九年）だった。

（79）Ebd.

（80）ヴァーグナーの思考におけるジャーナリズムと「ユダヤ的なもの」との結び付きについては、以下の拙著を参照せよ。前掲『ヴァーグナーの「ドイツ」』六六、二〇四、二一八、二五七、二七九ページ

（81）Wagner. "Aufklärungen über das Judentum in der Musik." S. 251.

（82）Ebd.

（83）ヴァーグナーのこの強迫観念は、その晩年に向かうにつれていっそう強まっていく。以下の拙著を参照せよ。前掲『ヴァーグナーの「ドイツ」』三四八―三五九ページ

（84）Vischer. *Aesthetik oder Wissenschaft des Schönen.* Tl. 3, Absch. 2, H. 4, S. 1140. 第3章注（54）も参照せよ。

（85）Brendel. *Geschichte der Musik in Italien, Deutschland und Frankreich.*（1852）S. 153.

（86）Müller. *Aesthetisch-historische Einleitungen in die Wissenschaft der Tonkunst.* Tl. 2, S. 361-362. 前章注（85）も参照せよ。

（87）前掲『美学』第三巻の中、二〇〇三ページ。前章注（59）も参照せよ。

（88）『ベートーヴェン』における美と崇高の対比、および崇高と「ドイツ的なもの」との関係は、すでに以下の拙著が論じており、ここでは詳細な議論はおこなわない。前掲『ヴァーグナーの「ドイツ」』二六九―二七四、二九一―二九二ページ

（89）Wagner. “Beethoven.” S. 71.

（90）Ebd., S. 77.

（91）Ebd., S. 78.

（92）Ebd., S. 84.

（93）Ebd., S. 102.

（94）Arthur Seidl. *Vom Musikalisch-Erhabenen.* Leipzig: Christian Friedrich Kahnt Nachfolger, 1887, S. 5-6.

（95）Johann Friedrich Herbart. *Umriss pädagogischer Vorlesungen.* Göttingen: Dieterichsche Buchhandlung, 1835.

（96）ツィンマーマンは『オーストリア文学芸術新聞』の一八五四年第四十七号（十一月二十日）に『音楽美論』の書評を発表したのに続いて、一八五五年第四十九号（十二月三日）にはアンブロースの『詩と音楽の境界』の書評を掲載し、ハンスリックを代弁してアンブロースに反論した。両書評はのちにツィンマーマンの著作集に収録されたが、その際、後者は「音楽のラオコーン」と改題された。Robert Zimmermann. “Vom Musikalisch-Schönen.”（1854）in: ders. *Studien und Kritiken zur Philosophie und Aesthetik.* Bd. 2. Wien: Wilhelm Braumüller, 1870, S. 239-253; ders. “Ein musikalischer Laokoon.”（1855）in: ders. *Studien und Kritiken zur Philosophie und Aesthetik.* Bd. 2, S. 254-263. なお『オーストリア文学芸術新聞』は『ヴィーン新聞』の付録として一八五三年から五七年まで刊行された新聞であり、ハンスリックも同紙に音楽批評を頻繁に寄稿していた。

（97）Seidl. *Vom Musikalisch-Erhabenen.* S. 6.

（98）Eduard Hanslick. *Geschichte des Concertwesens in Wien.* Wien: Wilhelm Braumüller, 1869, S. 64.

（99）Hanslick. *Vom Musikalisch-Schönen.* S. 127-144.

（100）宰相オットー・ビスマルク（一八一五―九八）が率いるプロイセン政府によるカトリック教徒への弾圧は「文化闘争」と呼ばれ、一八七一年から八七年まで続いた。前掲『ドイツ史2』四三一―四三七ページ。なおドイツ帝国内の少数民族には、シュレースヴィヒ＝ホルシュタインのデンマーク人、西プロイセンやシュレージエンのポーランド人、エルザス＝ロートリンゲンのフランス人がいた。同書三四二―三四五、四三七―四三九ページ

（101）『ベートーヴェン』は、ヴァーグナーの「ドイツ的なもの」の理念が「プロテスタント精神」と一体化したことを示す決定的なドキュメントでもある。以下の拙著を参照せよ。前掲『ヴァーグナーの「ドイツ」』二七四―二七七、二八六ページ。第3章注（117）も参照のこと。

（102）Arthur Seidl. *Vom Musikalisch-Erhabenen.* 2., durchgearbeitete und vermehrte Auflage. Leipzig: Christian Friedrich Kahnt Nachfolger, 1907, S. 40.

（103）Richard Wagner. "Bericht über die Aufführung der neunten Symphonie von Beethoven im Jahre 1846, nebst Programm dazu." (1846) in: ders. *Sämtliche Schriften und Dichtungen.* 6. Aufl., Bd. 2. Leipzig: Breitkopf & Härtel/C. F. W. Siegel (R. Linnemann), o. J [1912], S. 61.

（104）この曲目解説についての詳細は以下の拙著を参照せよ。前掲『ヴァーグナーの「ドイツ」』一一三―一一六ページ

（105）Richard Wagner. "Zu "Die Kunst und die Revolution"." (1849) in: ders. *Sämtliche Schriften und Dichtungen.* 6. Aufl., Bd. 12. Leipzig: Breitkopf & Härtel/C. F. W. Siegel (R. Linnemann), o. J [1912], S. 252.

（106）『未来の芸術作品』から読み取れる音楽史観については以下の拙著を参照せよ。前掲『ヴァーグナーの「ドイツ」』一一七―一三六ページ

（107）同書一三〇、一三四ページ

（108）同書一〇六―一一三ページ。また第3章注（117）および前章注（96）も参照せよ。

（109）『イタリア、ドイツおよびフランスにおける音楽の歴史』は初版（一八五二年）、第二版（一八五五年）、第三版

（一八六〇年）、第四版（一八六七年）、第五版（一八七五年）、第六版（一八七八年）、第七版（一八八九年）、第八版（一九〇三年）、第九版（一九〇六年）と版を重ねた。初版は全二十二の講義から構成されていたが、第二版で二十五講に増補され、これに伴い、二巻組みへと変更された。だが第三版以降は全二十五講を収録したまま、一巻本に戻された。本書では初版から第三版までの三つの版を比較のうえ参照したが、引用するのは、特に断らないかぎり、すべて初版から変更されていない個所である。なお例外的に第二版からの引用が三カ所ある（本章注（110）、注（171）および注（181）を参照）。Franz Brendel. *Geschichte der Musik in Italien, Deutschland und Frankreich.* Leipzig: Bruno Hinze, 1852; 2., umgearbeitete und vermehrte Auflage. 2 Bde. Leipzig: Heinrich Matthes, 1855; 3., zum Theil umgearbeitete und vermehrte Auflage. Leipzig: Heinrich Matthes, 1860.

（110）Brendel. *Geschichte der Musik in Italien, Deutschland und Frankreich.*（1855）Bd. 2, S. 230. ブレンデルに見られるヘーゲルの影響については以下から示唆を得た。Kümmel, a. a. O., S. 199-207.

（111）Franz Brendel. “Zur Einleitung.” *Neue Zeitschrift für Musik.* Bd. 22, Nr. 1/2（1. Januar, 1845）, S. 1. なおここでブレンデルはヘーゲルの名を直接挙げる代わりに、有名な「ミネルヴァの梟」の句を引いて彼の業績を示唆している。

（112）Franz Brendel. “Die durch C. Koßmaly angeregten Streitfragen.” *Neue Zeitschrift für Musik.* Bd. 30, Nr. 52（28. Juni, 1849）, S. 286-287.

（113）Brendel. *Geschichte der Musik in Italien, Deutschland und Frankreich.*（1852）S. 37-38.

（114）前掲『美学』第三巻の中、一九三八―一九三九ページ

（115）Brendel. *Geschichte der Musik in Italien, Deutschland und Frankreich.*（1852）S. 7.

（116）Ebd., S. 40.

（117）Hanslick. *Vom Musikalisch-Schönen.* S. 100.

（118）Ebd., S. 10, S. 17, S. 74, S. 77, S. 84, S. 99, S. 102, S. 131.

（119）Ebd., S. 52.

（120）Ebd., S. 53.

（121）Brendel. *Geschichte der Musik in Italien, Deutschland und Frankreich.*（1852）S. 517.

(122) Ebd., S. 364. なお本引用個所は第三版で若干構文が変更されたが、主旨は変わっていない。Vgl. Brendel. *Geschichte der Musik in Italien, Deutschland und Frankreich.*（1860）S. 338-339.

(123) Brendel. *Geschichte der Musik in Italien, Deutschland und Frankreich.*（1852）S. 365-366.

(124) Ebd., S. 365.

(125) 以下の拙著を参照せよ。前掲『ヴァーグナーの「ドイツ」』一三〇ページ

(126) ブレンデルの『音楽史』に見られる三つの時代区分については、以下の先行研究が参照できる。Reimer, a. a. O., S. 27-31; Bernd Sponheuer. "Zur ästhetischen Dichotomie als Denkform in der ersten Hälfte des 19. Jahrhunderts." *Archiv für Musikwissenschaft.* Jg. 37, H. 1 (1980), S. 10-22.

(127) ヘーゲル『美学』第三巻の上、竹内敏雄訳、岩波書店、一九七三年、一四七九―一四八七ページ

(128) Brendel. *Geschichte der Musik in Italien, Deutschland und Frankreich.*（1852）S. 145.

(129) Ebd.

(130) Ebd., S. 141.

(131) Ebd., S. 146.

(132) Ebd., S. 145.

(133) Ebd., S. 141.

(134) Ebd., S. 145.

(135) Ebd.

(136) Ebd., S. 141-142.

(137) Ebd., S. 146.

(138) Ebd., S. 142.

(139) Ebd., S. 141.

(140) Ebd., S. 146.

(141) Ebd., S. 145-146.

（142）前掲『美学』第一巻の上、三五―三六ページ。前章注（56）も参照せよ。

（143）Brendel. *Geschichte der Musik in Italien, Deutschland und Frankreich.*（1852）S. 146.

（144）Ebd., S. 148.

（145）Ebd.

（146）Ebd., S. 147.

（147）Ebd., S. 149. なお本引用文中の「古典的完成（Classicität）」の語は第三版で「覇権（Herrschaft）」へと修正された。Vgl. Brendel. *Geschichte der Musik in Italien, Deutschland und Frankreich.*（1860）S. 133-134.

（148）Brendel. *Geschichte der Musik in Italien, Deutschland und Frankreich.*（1852）S. 149.

（149）Ebd., S. 150.

（150）Ebd.

（151）ヘーゲル『歴史哲学講義』下、長谷川宏訳、岩波書店、一九九四年、三〇八―三三〇ページ。ヘーゲルは「宗教改革がドイツにおこり、純粋なゲルマン民族にしか受けいれられなかった」という史実を重んじ、その理由を「精神の自由」を求める「ゲルマン国民の純粋な内面性」から説明する（同書三一九―三二一ページ）。第3章注（95）も参照せよ。

（152）Brendel. *Geschichte der Musik in Italien, Deutschland und Frankreich.*（1852）S. 151.

（153）Ebd., S. 151-152.

（154）Ebd., S. 152.

（155）その萌芽はすでにヘルダー本人のうちに見られた。彼は「オシアン書簡」（一七七三年）で、『われらが神は堅き砦』（一五二七年から二九年のあいだに作詞・作曲）などルター自身の創作によるコラールがもつ「本源的で気力にあふれ自由で男らしい言葉」を「民衆《フォルク》の想像力」の十全な表現としてたたえている。また彼の『民謡集』第一部（一七七八年）冒頭の「民謡についての証言」では、ミシェル・ド・モンテーニュ（一五三三―九二）やフィリップ・シドニー（一五五四―八六）、ジョゼフ・アディソン（一六七二―一七一九）らの言葉と並んで、ルターの『卓上語録』の一節が挙げられている。Johann Gottfried Herder. “Auszug aus einem Briefwechsel über Ossian und die Lieder alter

Völker."（1773）in: ders. *Werke.* Bd. 2, S. 490; ders. "Volkslieder."（1778-79）in: ders. *Werke.* Bd. 3. Frankfurt am Main: Deutscher Klassiker Verlag, 1990, S. 72.

（156）Johann Gustav Droysen. *Vorlesungen über die Freiheitskriege.* T. 1. Kiel: Universitäts-Buchhandlung, 1846, S. 112. Vgl. Kümmel, a. a. O., S. 258.

（157）Brendel. *Geschichte der Musik in Italien, Deutschland und Frankreich.*（1852）S. 152-153.

（158）Ebd., S. 452.

（159）前章第４節で考察したように、現にロッシーニのオペラが「絶対音楽」の美学の一つの源泉となったことも、ここで想起されてよい。前章注（54）を参照せよ。

（160）Brendel. *Die Musik der Gegenwart und die Gesammtkunst der Zukunft.* S. 11, S. 4.

（161）Ebd., S. 12.

（162）Ebd., S. 14, S. 4.

（163）Ebd., S. 4.

（164）Ebd., S. 5, S. 34.

（165）以下の拙著を参照。前掲『ヴァーグナーの「ドイツ」』一一七―一三六ページ。前章注（121）および本章注（107）も参照せよ。

（166）Brendel. *Die Musik der Gegenwart und die Gesammtkunst der Zukunft.* S. 88.

（167）Brendel. *Geschichte der Musik in Italien, Deutschland und Frankreich.*（1852）S. 153, S. 154.

（168）Ebd., S. 154.

（169）Ebd., S. 336. 前章注（116）も参照のこと。

（170）Ebd., S. 341-342.

（171）Brendel. *Geschichte der Musik in Italien, Deutschland und Frankreich.*（1855）Bd. 2, S. 27.

（172）Brendel. *Geschichte der Musik in Italien, Deutschland und Frankreich.*（1852）S. 352.

（173）Ebd., S. 358.

（174）Ebd., S. 341.

（175）Ebd., S. 154-155, S. 359. ブレンデルのモーツァルト評価については本シリーズ第二巻第1部第3章第2節も参照せよ。

（176）Ebd., S. 341.

（177）Ebd., S. 152.

（178）ヴァーグナーによるベートーヴェンの「プロテスタント化」については以下の拙著を参照。前掲『ヴァーグナーの「ドイツ」』一〇八―一〇九ページ、二七四―二七七ページ。第3章注（117）も参照のこと。

（179）Brendel. *Geschichte der Musik in Italien, Deutschland und Frankreich.* (1852) S. 340.

（180）Ebd., S. 342.

（181）Brendel. *Geschichte der Musik in Italien, Deutschland und Frankreich.* (1855) Bd. 2, S. 281.

（182）Eduard Hanslick. "Musik." (1854) in: ders. *Sämtliche Schriften.* Bd. I/2. Wien: Böhlau, 1994, S. 301.

（183）Ebd.

（184）Ebd. なおシュトラウスの批評は『アウグスブルク一般時報』（一八五三年）に「固陋な頭」という筆名で発表されたあと、『一般音楽時報』（一八七七年）に彼の実名で再録された。David Friedrich Strauss. "Beethoven's Neunte Symphonie und ihre Bewunderer: Musikalischer Brief eines beschränkten Kopfes." *Allgemeine Musikalische Zeitung.* Jg. 12, Nr. 9 (28. Februar, 1877), S. 129-133. ここで引用した一節は『音楽美論』の第三章の注でも再掲されているが、ハンスリックは初版（一八五四年）の時点ではその著者の正体を知らなかった。同書第三版（一八六五年）で「固陋な頭」の覆面がはがされたという文章が追加されたうえで、初めてシュトラウスの名が記された。Hanslick. *Vom Musikalisch-Schönen.* S. 101.

（185）Hanslick. *Concerte, Componisten und Virtuosen der letzten fünfzehn Jahre.* S. 54.

（186）『芸術と革命』のための断片。本章注（105）を見よ。

（187）この言葉はブラームスの伝記作家マックス・カルベック（一八五〇―一九二一）がレーヴィ本人から聞き取り、『ヨハネス・ブラームス』（第一巻、一九〇四年）のなかに記したものである。Max Kalbeck. *Johannes Brahms.* Bd.

1. Wien & Leipzig: Wiener Verlag, 1904, S. 171-172.

(188) Hanslick. *Concerte, Componisten und Virtuosen der letzten fünfzehn Jahre.* S. 110.

(189) Ebd., S. 111.

(190) Ebd., S. 167-168.

(191) Ebd., S. 169.

(192) Ebd., S. 167.

(193) Ebd., S. 168.

(194) Hanslick. *Vom Musikalisch-Schönen.* S. 78, S. 169.

(195) ヘルムホルツの著作の正確な題名は『音楽理論の生理学的基礎としての音感覚論』である。彼はその序文で、自らの生理学的方法と親近性をもつ先行研究として、「旋律的運動」に注目したハンスリックの美学に言及している。Hermann Helmholtz. *Die Lehre von den Tonempfindungen als physiologische Grundlage für die Theorie der Musik.* Braunschweig: Friedrich Vieweg & Sohn, 1863, S. 2-3. ハンスリックもこれを受けて『音楽美論』第四版（一八七四年）で、生理学批判の文言を削除し、音の協和と類縁性についてのヘルムホルツの仮説を支持する一節を加える改訂をおこなった。Hanslick. *Vom Musikalisch-Schönen.* S. 118-119. ヘルムホルツとハンスリックの関係は以下の拙論に詳しい。前掲「ハンスリックの「自律的」音楽美学再考」一一四ページ

(196) Hanslick. *Concerte, Componisten und Virtuosen der letzten fünfzehn Jahre.* S. 202.

(197) Ebd., S. 174.

(198) Ebd., S. 248.

(199) Ebd.

(200) Ebd.

(201) Ebd., S. 249.

(202) Ebd., S. 250.

(203) 「われわれは決まった題名や標題をもつ音楽作品を拒否しなくてはならない」、というのも「器楽作曲家」が「一つ

の標題を音へと翻訳」すれば「その音は標題なしでは理解されずに終わってしまう」からだ、と『音楽美論』では言われていた。Hanslick. *Vom Musikalisch-Schönen.* S. 53, S. 86.

（204）Hanslick. *Concerte, Componisten und Virtuosen der letzten fünfzehn Jahre.* S. 339.

（205）Ebd., S. 340.

（206）また筆者が繰り返し論じてきたため本書では詳述しないが、ハンスリックの音楽美学が「公共性（Öffentlichkeit）」の理念に支えられていたことも、その社会的・政治的射程を理解するうえで重要である。彼が言う「公共的演奏会活動（das öffentliche Concertwesen）」とは、教養と多少の経済的余裕さえあれば、職業や階級、国籍や言語を問わず、誰でも参加可能な「開かれた＝公開の（öffentlich）」場だった。上流階級のサロン的演奏会が「諸階級の分離を促進」するのとは違って、そうした公共的演奏会は「社交生活や家族生活との結び付き」を離れた「大きな公衆＝聴衆（ein großes Publicum）」を組織する、と彼は考えていた。したがって公共的演奏会活動の歴史は「芸術の家長＝貴族的不自由から、その完全な民主化へと至る歩み」でもある。大規模な管弦楽作品が上演される公共的演奏会は、ハンスリックに市民社会の理想的モデルを提供したのだった。以下の拙論を参照せよ。前掲「聴衆とは何か」二八―三四ページ、Yoshida. “Eduard Hanslick and the Idea of ‘Public’ in Musical Culture.” S. 191-198.

（207）本シリーズ第一巻序章第3節を参照。

（208）Eduard Hanslick. *Aus dem Tagebuche eines Musikers.* Berlin: Allgemeiner Verein für Deutsche Litteratur, 1892, S. 319.

（209）北ドイツ連邦は三つの自由都市を含む、二十二の邦国で構成された。なお旧ドイツ連邦を構成していた諸邦国のうち、北ドイツ連邦に参加しなかったのは、オーストリア帝国、バイエルン王国、ヴュルテンベルク王国、バーデン大公国、ヘッセン＝ダルムシュタット大公国、ルクセンブルク大公国、リヒテンシュタイン侯国、リンブルク公国の八つだったが、このうちバイエルン、ヴュルテンベルク、バーデン、ヘッセン＝ダルムシュタットの四邦国は、一八七一年にドイツ帝国に加入することになる。

（210）オーストリア＝ハンガリー帝国内には、大きく分けても十一の言語集団、五つの宗教が存在していた。どちらも人口が多い順から、前者はドイツ語、ハンガリー語、チェコ語、ポーランド語、ウクライナ語、ルーマニア語、クロアチア語、スロヴァキア語、セルビア語、スロヴェニア語、イタリア語、後者はカトリック、プロテスタント、セルビア正教、ユダヤ、イスラームである。

(211) なおオーストリア＝ハンガリー帝国の全人口のうち、ドイツ人が二四パーセント、マジャール人が二〇パーセント、チェコ人が一三パーセント、ポーランド人が一〇パーセントを占めていた。

(212) Hanslick. *Concerte, Componisten und Virtuosen der letzten fünfzehn Jahre*. S. 285.

(213) Johann Nepomuk Berger. *Zur Lösung der österreichischen Verfassungsfrage*. Wien: Wallishausser'sche Buchhandlung, 1861, S. 19.

(214) この傾向はやがて、汎ドイツ主義（Pangermanismus）と反ユダヤ主義（Antisemitismus）をスローガンに掲げるゲオルク・フォン・シェーネラー（一八四二―一九二一）の「国民社会主義（Nationalsozialismus）」運動へと吸収される。十九世紀後半のオーストリアの政治的状況、特に自由主義と民族主義の対立については以下も参照せよ。カール・E・ショースキー『世紀末ウィーン――政治と文化』安井琢磨訳、岩波書店、一九八三年、一五一―二二九ページ

(215) アウグスト・ザンク（一八〇七―八八）が三月革命期（一八四八年七月三日）に創刊した『プレッセ（Presse）』から分離した編集者数人が、一八六四年九月一日に新たに『ノイエ・フライエ・プレッセ（Neue Freie Presse）』を立ち上げた。一八五五年以来『プレッセ』で筆を執ってきたハンスリックも、直ちに『ノイエ・フライエ・プレッセ』に移籍した（彼の最初の寄稿は一八六四年九月二日）。

(216) こうした傾向を、当時のヴィーンの自由主義的知識人の大多数を占めていた――ハンスリックもその一人だった――ユダヤ系ドイツ人（同化ユダヤ人）の独特なナショナル・アイデンティティとして理解することも可能である。野村真理（一九五三―）によれば、世紀末ヴィーンのユダヤ人は「ユダヤ民族主義やシオニストの要求を否認」し、その代わりに「超民族主義を国家の理念とするハプスブルク帝国」において「諸民族の媒介者の使命をおびた真のオーストリア人」であるというアイデンティティを育んだ（野村真理『ウィーンのユダヤ人――一九世紀末からホロコースト前夜まで』御茶の水書房、一九九九年、四七ページ）。あらゆるインターナショナリズム（またはコスモポリタニズム）を「ユダヤ的」と呼んではばからないヴァーグナーに抗うのはもちろん、他方で同化ユダヤ人こそがドイ

ツのモダニズム文化の中核を構築したと主張するモッセやピーター・ゲイ（一九二三―）――どちらもベルリン生まれのユダヤ系アメリカ人歴史学者だ――からも距離を置く本シリーズでは、絶対音楽の理念がどこまでどのように「ユダヤ的」なのかという問題提起は保留せざるをえなかった。ゲイとモッセの著書は以下のとおり。ピーター・ゲイ『ドイツの中のユダヤ――モダニスト文化の光と影』河内恵子訳、思索社、一九八七年、ジョージ・L・モッセ『ユダヤ人の〈ドイツ〉――宗教と民族をこえて』三宅昭良訳（講談社選書メチエ）、講談社、一九九六年。またヴィーンのユダヤ系ドイツ人と音楽のインターナショナリズムの関係、なかんずくグイド・アドラー（一八五五―一九四一）とシェーンベルクの場合については以下を参照せよ。西村理「「新ヴィーン楽派」概念の成立と政治的イデオロギーとの関係」、美学会編「美学」第五十三巻第一号、美学会、二〇〇二年、七一―八四ページ

（217）エドゥアルトの父ヨーゼフ・アドルフ・ハンスリック（一七八五―一八五九）はプラハ近郊のリシャニ（ドイツ語：リッサン）で生まれ、チェコ語とドイツ語のバイリンガルとして育った。母カロリーネ（一七九六―一八四三）は旧姓をキッシュといい、ドイツ系ユダヤ人の銀行家ザロモン・アブラハム・キッシュ（一七六八―一八四〇）の娘だった。青年期のエドゥアルトはチェコ語の詩に作曲し、それを出版してもいたことが、近年の研究で明らかにされている。プラハ時代のハンスリックについては以下を参照。Jitka Ludvová. "Zur Biographie Eduard Hanslicks." *Studien zur Musikwissenschaft*. Jg. 37 (1986), S. 37-46; Ines Grimm. *Eduard Hanslicks Prager Zeit*. Saarbrücken: PFAU-Verlag, 2003. 以下の拙論もあわせて参照せよ。吉田寛「時代を映す鏡としてのハンスリック文献（前編）――同時代的な影響関係からナチズムの反ユダヤ政策まで」、国立音楽大学大学院編「音楽研究――大学院研究年報」第十二輯、国立音楽大学大学院、二〇〇〇年、一〇五―一二八ページ、吉田寛「時代を映す鏡としてのハンスリック文献（後編）――戦後の修正的評価からポストモダンと冷戦後の思潮まで」、国立音楽大学紀要編集委員会編「国立音楽大学研究紀要」第三十五集、国立音楽大学紀要編集委員会、二〇〇〇年、一七一―一八二ページ

参考文献一覧

【1】辞典・事典類

Blume, Friedrich (Hg.). *Die Musik in Geschichte und Gegenwart.* 17 Bde. Kassel: Bärenreiter, 1949-86.

Finscher, Ludwig (Hg.). *Die Musik in Geschichte und Gegenwart.* 2., neubearbeitete Ausgabe. 29 Bde. Kassel: Bärenreiter/Stuttgart: Metzler, 1994-2008.

Sadie, Stanley (Hg.). *The New Grove Dictionary of Music and Musicians.* 20 Bde. London: Macmillan, 1980.

Sadie, Stanley, & John Tyrrell (Hgg.). *The New Grove Dictionary of Music and Musicians.* 2. Aufl., 29 Bde. New York: Grove, 2001.

【2】一次文献（十八世紀以前）

C・P・E・バッハ著、辻荘一／服部幸三監修『正しいピアノ奏法』上・下、東川清一訳、全音楽譜出版社、一九六三年
（Bach, Carl Philipp Emanuel. *Versuch über die wahre Art das Clavier zu spielen.* 2 Tle. Berlin: In Verlegung des Auctoris, 1753-62.）

Baumgarten, Siegmund Jacob. *Uebersetzung der Algemeinen Welthistorie die in Engeland durch eine Geselschaft von Gelehrten ausgefertiget worden.* Tl. 1. Halle: Gebauer, 1744.

Burney, Charles. *An Eighteenth-Century Musical Tour in Central Europe and the Netherlands.* (1773) Hg. von Percy Alfred Scholes. London: Oxford University, 1959.

——. *A General History of Music.* (1776-89) Neuauflage, mit Anmerkungen von Frank Mercer. 2 Bde. London: Harcourt, Brace & Co., 1935.

Chabanon, Michel-Paul-Guy de. *Observations sur la musique, et principalement sur la métaphysique de l'art.* Paris: Pissot, 1779.

——. *De la musique considérée en elle-même et dans ses rapports avec la parole, les langues, la poésie et le théâtre.* Paris: Pissot, 1785.

Forkel, Johann Nicolaus. *Allgemeine Geschichte der Musik.* 2 Bde. Leipzig: Schwickert, 1788-1801.

Hawkins, John. *A General History of the Science and Practice of Music.* (1776) Neuauflage, mit einem neuen Vorwort von Charles Cudworth. 2 Bde. New York: Dover, 1963.

Herder, Johann Gottfried. *Sämtliche Werke.* Hg. von Bernhard Suphan. 33 Bde. Berlin: Weidmannsche Buchhandlung, 1877-1913.

——. *Werke.* 10 Bde. Frankfurt am Main: Deutscher Klassiker Verlag, 1985-2000.

Jenisch, Daniel. *Geist und Charakter des achtzehnten Jahrhunderts.* 3 Bde. Berlin: Königliche Preußische Akademische Kunst- und Buchhandlung, 1800-01.

——. *Universalhistorischer Ueberblick der Entwickelung des Menschengeschlechts, als eines sich fortbildenden Ganzen: eine Philosophie der Culturgeschichte.* 2 Bde. Berlin: Voß, 1801.

カント『判断力批判』上・下，篠田英雄訳（岩波文庫），岩波書店，一九六四年

（Kant, Immanuel. *Critik der Urtheilskraft.* Berlin & Libau: Lagarde & Friedrich, 1790.）

Mendelssohn, Moses. “Betrachtungen über die Quellen und Verbindungen der schönen Künste und Wissenschaften.” *Bibliothek der schönen Wissenschaften und der freyen Künste.* Bd. 1, St. 2. Leipzig: Johann Gottfried Dyck, 1757, S. 231-268.

Printz, Wolfgang Caspar. *Historische Beschreibung der edelen Sing- und Kling-Kunst.* Dresden: Johann Christoph Mieth, 1690.

Rochlitz, Friedrich. “Vorschläge zu Betrachtungen über die neueste Geschichte der Musik.” *Allgemeine musikalische Zeitung.* Jg. 1, Nr. 40 (3. Juli, 1799), S. 625-629.

[——]. “Quatre Simphonies pour l’Orchestre, comp. par Wolfgang Amad. Mozart. Oeuvr. 64. Hamburg chez Günther et Böhme.” *Allgemeine musikalische Zeitung.* Jg. 1, Nr. 31 (1. Mai, 1799), S. 494-496.

Rousseau, Jean-Jacques. *Œuvres complètes.* Hg. von Bernard Gagnebin & Marcel Raymond. 5 Bde. Paris: Éditions Gallimard, 1959-95.

ルソー『人間不平等起源論 言語起源論』原好男／竹内成明訳（「ルソー選集」第六巻），白水社，一九八六年

Sale, George, George Psalmanazar, Archibald Bower, George Shelvocke, John Campbell, & John Swinton (Hgg.). *An Universal History.* 7 Bde. London: J. Batley, E. Symon, & T. Osborne, J. Crokatt, 1736-44.

Schlegel, Johann Adolf. “Von der Eintheilung der Poesie.” in: Charles Batteux. *Einschränkung der schönen Künste auf einen einzigen Grundsatz, aus dem Französischen übers., und mit einem Anhange einiger eignen Abhandlungen versehen von Johann Adolf Schlegel.* Leipzig: Weidmannische Handlung, 1751, S. 306-327.

Spazier, Karl (Hg.). *Gretry’s Versuche über die Musik: Im Auszuge und mit kritischen und historischen Zusätzen.* Leipzig: Breitkopf & Härtel, 1800.

ヴァッケンローダー『芸術を愛する一修道僧の真情の披瀝』江川英一訳（岩波文庫），岩波書店，一九三九年

（Wackenroder, Wilhelm Heinrich. *Herzensergießungen eines kunstliebenden Klosterbruders.* Berlin: Unger, 1797.）

W・H・ヴァッケンローダー／L・ティーク『芸術に関する幻想』毛利真実訳，鳥影社・ロゴス企画，二〇〇九年

（Wackenroder, Wilhelm Heinrich. *Phantasien über die Kunst, für Freunde der Kunst.* Hg. von Ludwig Tieck. Hamburg: Friedrich Perthes, 1799.）

Wackenroder, Wilhelm Heinrich. *Sämtliche Werke und Briefe: Historisch-kritische Ausgabe.* Hg. von Silvio Vietta & Richard Littlejohns. 2 Bde. Heidelberg: Carl Winter Universitätsverlag, 1991.

[3] 一次文献（十九世紀以降・音楽関連）

Ambros, August Wilhelm. *Die Gränzen der Musik und Poesie: Eine Studie zur Aesthetik der Tonkunst.* Prag: Heinrich Mercy, 1856 [1855].

Arndt, Ernst Moritz. *Fünf Lieder für deutsche Soldaten.* o. O [Königsberg].: o. V., 1813.

パウル・ベッカー『ベートーヴェンよりマーラーまでの交響曲』武川寛海訳（音楽文庫）、音楽之友社、一九五二年

（Bekker, Paul. *Die Sinfonie von Beethoven bis Mahler.* Berlin: Schuster & Loeffler, 1918.）

Brahms, Johannes. *Johannes Brahms im Briefwechsel mit Joseph Joachim.* Hg. von Andreas Moser. Bd. 1. Berlin: Deutsche Brahms-Gesellschaft, 1908（= Johannes Brahms: Briefwechsel. Bd. 5）.

Brendel, Franz. “Zur Einleitung.” *Neue Zeitschrift für Musik.* Bd. 22, Nr. 1/2（1. Januar, 1845）, S. 1-12.

——. “Die durch C. Koßmaly angeregten Streitfragen.” *Neue Zeitschrift für Musik.* Bd. 30, Nr. 51（25. Juni, 1849）, S. 277-283, Nr. 52（28. Juni）, S. 285-287.

——. *Geschichte der Musik in Italien, Deutschland und Frankreich.* Leipzig: Bruno Hinze, 1852; 2., umgearbeitete und vermehrte Auflage. 2 Bde. Leipzig: Heinrich Matthes, 1855; 3., zum Theil umgearbeitete und vermehrte Auflage. Leipzig: Heinrich Matthes, 1860.

——. *Die Musik der Gegenwart und die Gesammtkunst der Zukunft.* Leipzig: Bruno Hinze, 1854.

Carpani, Giuseppe. “Lettera di Giuseppe Carpani all’anonimo autore dell’articolo sul Tancredi di Rossini, inserito nel No. 7 della Gazzetta di Berlino 1818.” *Biblioteca italiana.* Bd. 10（April, 1818）, S. 3-25.

——. “Intorno alla musica di Gioachino Rossini: Lettera del sig. Giuseppe Carpani al Direttore della Biblioteca italiana.” *Biblioteca italiana.* Bd. 26（Juni, 1822）, S. 287-318.

Choron, Alexandre-Étienne, & François-Joseph-Marie Fayolle. *Dictionnaire historique des musiciens, artistes et amateurs, morts ou vivans.* 2 Bde. Paris: Valade & Lenormant, 1810-11.

Combarieu, Jules. “L’influence de la musique allemande sur la musique française.” *Jahrbuch der Musikbibliothek Peters für 1895.* Jg. 2. Leipzig: Peters, 1896, S. 21-32.

J・コンバリゥ『音楽の法則と進化』園部三郎訳、創元社、一九五二年（初版、一九四二年）

（Combarieu, Jules. *La musique, ses lois, son évolution.* Paris: Flammarion, 1907.）

Fink, Gottfried Wilheim. "Ueber die Symphonie, als Beitrag zur Geschichte und Aesthetik derselben." *Allgemeine musikalische Zeitung.* Jg. 37, Nr. 31 (5. August, 1835), S. 505-511, Nr. 32 (12. August), S. 521-524, Nr. 34 (26. August), S. 557-563.

Fischer, Johann Michael. *Musikalische Rundschau über die letzten drei Jahrhunderte.* Leipzig: Veit & Comp., 1859.

フォルケル『バッハの生涯と芸術』柴田治三郎訳（岩波文庫）、岩波書店、一九八八年

（Forkel, Johann Nikolaus. *Über Johann Sebastian Bachs Leben, Kunst und Kunstwerke.* Leipzig: Hoffmeister & Kühnel, 1802.）

Hanslick, Eduard. *Vom Musikalisch-Schönen: Ein Beitrag zur Revision der Ästhetik der Tonkunst.* (1854) Historisch-kritische Ausgabe. Hg. von Dietmar Strauß. Mainz: Schott, 1990.

——. *Geschichte des Concertwesens in Wien.* Wien: Wilhelm Braumüller, 1869.

——. *Aus dem Concertsaal: Kritiken und Schilderungen aus den letzten 20 Jahren des Wiener Musiklebens.* Wien: Wilhelm Braumüller, 1870.

——. *Concerte, Componisten und Virtuosen der letzten fünfzehn Jahre. 1870-1885: Kritiken.* Berlin: Allgemeiner Verein für Deutsche Literatur, 1886.

——. *Aus dem Tagebuche eines Musikers (Der "Modernen Oper" VI. Theil): Kritiken und Schilderungen.* Berlin: Allgemeiner Verein für Deutsche Litteratur, 1892.

——. *Aus meinem Leben.* (1894) Neuausgabe in 1 Band. Hg. von Peter Wapnewski. Kassel: Bärenreiter, 1987.

——. *Sämtliche Schriften.* Wien: Böhlau, 1993-.

Helmholtz, Hermann. *Die Lehre von den Tonempfindungen als physiologische Grundlage für die Theorie der Musik.* Braunschweig: Friedrich Vieweg & Sohn, 1863.

Hiller, Ferdinand. *Aus dem Tonleben unserer Zeit.* 3 Bde. Leipzig: Hermann Mendelssohn/F. E. C. Leuckart, 1868-71.

Hoffmann, Ernst Theodor Amadeus. *Sämtliche Werke.* 6 Bde. Hg. von Hartmut Steinecke & Wulf Segebrecht. Frankfurt am Main: Deutscher Klassiker Verlag, 1985-2004.

Jahn, Friedrich Ludwig (Hg.). *Deutsche Wehrlieder für das Königlich-Preußische Frei-Corps.* 1. Sammlung. Berlin: o. V., 1813.

Kahlert, August. "Felix Mendelssohn-Barthordy: Symphonie. No. 3." *Allgemeine musikalische Zeitung.* Jg. 34, Nr. 19 (10. Mai, 1843), S. 341-344.

Kalbeck, Max. *Johannes Brahms.* 4 Bde. Wien & Leipzig: Wiener Verlag, 1904-14.

Kiesewetter, Raphael Georg. *Die Verdienste der Niederländer um die Tonkunst.* Amsterdam, J. Müller, 1829.

——. *Geschichte der europäisch-abendländischen oder unsrer heutigen Musik.* Leipzig: Breitkopf & Härtel, 1834.

Krause, Karl Christian Friedrich. *Darstellungen aus der Geschichte der Musik.* Göttingen: Dieterich, 1827.

Lobe, Johann Christian. "Fortschritt." *Allgemeine musikalische Zeitung.* Jg. 50, Nr. 4 (26. Januar, 1848), S. 49-51, Nr. 5 (2. Februar, 1848), S. 65-

69.

——. *Fliegende Blätter für Musik.* 3 Bde. Leipzig: Baumgärtner, 1855-57.

Lotze, Hermann. *Kleine Schriften.* 3 Bde. Leipzig: S. Hirzel, 1885-91.

Marx, Adolf Bernhard. "Dritte Mösersche Versammlung." (19. Dezember, 1827) *Berliner allgemeine musikalische Zeitung.* Jg. 4, Nr. 52 (26. Dezember, 1827), S. 422-423.

——. *Die Musik des neunzehnten Jahrhunderts und ihre Pflege: Methode der Musik.* Leipzig: Breitkopf & Härtel, 1855.

Michotte, Edmond. *La visite de R. Wagner à Rossini (Paris 1860).* Paris: Librairie Fischbacher, 1906.

Müller, Wilhelm Christian. "Etwas über Ludwig van Beethoven." *Allgemeine musikalische Zeitung.* Jg. 29, Nr. 21 (23. Mai, 1827), S. 345-354.

——. *Aesthetisch-historische Einleitungen in die Wissenschaft der Tonkunst.* 2 Tle. Leipzig: Breitkopf & Härtel, 1830.

Reichardt, Johann Friedrich. *Vertraute Briefe geschrieben auf einer Reise nach Wien und den Oesterreichischen Staaten zu Ende des Jahres 1808 und zu Anfang 1809.* 2 Bde. Amsterdam: Kunst- und Industrie-Comtoir, 1810.

Riehl, Wilhelm Heinrich. *Musikalische Charakterköpfe: Ein kunstgeschichtliches Skizzenbuch.* 3 Bde. Stuttgart: J. G. Cotta, 1853-78.

Schilling, Gustav. *Encyclopädie der gesammten musikalischen Wissenschaften, oder Universal=Lexicon der Tonkunst.* 6 Bde. und Supplement-Band. Stuttgart: Franz Heinrich Köhler, 1835-42.

——. *Geschichte der heutigen oder modernen Musik: In ihrem Zusammenhange mit der allgemeinen Welt- und Völkergeschichte.* Karlsruhhe: Christian Theodor Groos, 1841.

Schindler, Anton. *Biographie von Ludwig van Beethoven.* (1840) 3., neu bearbeitete und vermehrte Auflage. 2 Bde. Münster: Aschendorff, 1860.

Schoenberg, Arnold. *Style and Idea: Selected Writings of Arnold Schoenberg.* Hg. von Leonard Stein. Berkeley & California: University of California Press, 1975.

Schumann, Robert. *Gesammelte Schriften über Musik und Musiker.* (1854) 5. Aufl. Hg. von Martin Kreisig. 2 Bde. Leipzig: Breitkopf & Härtel, 1914.

Seidl, Arthur. *Vom Musikalisch-Erhabenen: Prolegomena zur Aesthetik der Tonkunst.* Leipzig: Christian Friedrich Kahnt Nachfolger, 1887; 2., durchgearbeitete und vermehrte Auflage als *Vom Musikalisch-Erhabenen: Ein Beitrag zur Aesthetik der Tonkunst.* Leipzig: Christian Friedrich Kahnt Nachfolger, 1907.

Stoepel, Franz. *Grundzüge der Geschichte der modernen Musik.* Berlin: Duncker & Humblot, 1821.

Strauss, David Friedrich. "Beethoven's Neunte Symphonie und ihre Bewunderer: Musikalischer Brief eines beschränkten Kopfes." (1853)

Allgemeine Musikalische Zeitung. Jg. 12, Nr. 9 (28. Februar, 1877), S. 129-133.

Triest, Johann Karl Friedrich. "Bemerkungen über die Ausbildung der Tonkunst in Deutschland im achtzehnten Jahrhundert." *Allgemeine musikalische Zeitung.* Jg. 3 (1800/1801), Nr. 14 (1. Januar, 1801), S. 225-235, Nr. 15 (7. Januar), S. 241-249, Nr. 16 (14. Januar), S. 257-264, Nr. 17 (21. Januar), S. 273-286, Nr. 18 (28. Januar), S. 297-308, Nr. 19 (4. Februar), S. 321-331, Nr. 22 (25. Februar), S. 369-379, Nr. 23 (4. März), S. 389-401, Nr. 24 (11. März), S. 405-410, Nr. 25 (18. März), S. 421-432, Nr. 26 (25. März), S. 437-445.

Wagner, Richard (Pseud. Karl Freigedank). "Das Judenthum in der Musik." *Neue Zeitschrift für Musik.* Bd. 33, Nr. 19 (3. September, 1850), S. 101-107, Nr. 20 (6. September), S. 109-112.

Wagner, Richard. *Sämtliche Schriften und Dichtungen.* 6. Aufl. (Volks-Ausgabe), 16 Bde. Leipzig: Breitkopf & Härtel/C. F. W. Siegel (R. Linnemann), o. J [1912-14].

リヒャルト・ワーグナー『オペラとドラマ』杉谷恭一／谷本慎介訳（「ワーグナー著作集」第三巻）、第三文明社、一九九三年

Weber, Carl Maria von. *Sämtliche Schriften.* Kritische Ausgabe. Hg. von Georg Kaiser. Berlin & Leipzig: Schuster & Loeffler, 1908.

Wegeler, Franz Gerhard, & Ferdinand Ries. *Biographische Notizen über Ludwig van Beethoven.* Coblenz: K. Bädeker, 1838.

Wendt, Amadeus. "Über den Zustand der Musik in Deutschland: Eine Skizze." *Allgemeine musikalische Zeitung, mit besonderer Rücksicht auf den österreichischen Kaiserstaat.* Jg. 6, Nr. 93 (20. November, 1822), S. 737-739, Nr. 94 (23. November), S. 745-750, Nr. 95 (27. November) S. 753-756, Nr. 96 (30. November, 1822), S. 761-763, Nr. 97 (4. Dezember) S. 769-771.

――. *Rossini's Leben und Treiben, vornehmlich nach den Nachrichten des Herrn v. Stendhal geschildert und Urtheilen der Zeitgenossen über seinen musikalischen Charakter begleitet.* Leipzig: Leopold Voß, 1824.

――. *Ueber die Hauptperioden der schönen Kunst, oder die Kunst im Laufe der Weltgeschichte.* Leipzig: Johann Ambrosius Barth, 1831.

【4】一次文献（十九世紀以降・その他）

Arndt, Ernst Moritz. *Der Rhein, Teutschlands Strom, aber nicht Teutschlands Gränze.* Leipzig: Wilhelm Rein, 1813.

Berger, Johann Nepomuk. *Zur Lösung der österreichischen Verfassungsfrage.* Wien: Wallishausser'sche Buchhandlung, 1861.

Droysen, Johann Gustav. *Vorlesungen über die Freiheitskriege.* 2 Tle. Kiel: Universitäts-Buchhandlung, 1846.

フィヒテ『改訂ドイツ国民に告ぐ』大津康訳（岩波文庫）、岩波書店、一九四〇年（初版、一九二八年）
（Fichte, Johann Gottlieb. *Reden an die deutsche Nation.* Berlin: Realschulbuchhandlung, 1808.）

Goethe, Johann Wolfgang von. *Briefwechsel zwischen Goethe und Zelter in den Jahren 1796-1832.* Hg. von Friedrich Wilhelm Riemer. 6 Tle. Berlin:

Duncker & Humblot, 1833-34.

——. *Poetische Werke* (*Berliner Ausgabe*). 16 Bde. Berlin: Aufbau-Verlag, 1960-68.

Grillparzer, Franz. *Sämtliche Werke in zwanzig Bänden.* Herausgegeben und mit einer Einleitung versehen von August Sauer. Stuttgart: Cotta, 1892-93.

Hegel, Georg Wilhelm Friedrich. *Briefe von und an Hegel.* 4 Bde. Hamburg: Felix Meiner, 1952-60.

ヘーゲル『歴史哲学講義』上・下、長谷川宏訳（岩波文庫）、岩波書店、一九九四年

（Hegel, Georg Wilhelm Friedrich. *Vorlesungen über die Philosophie der Geschichte.* Berlin: Duncker & Humblot, 1837.）

ヘーゲル『美学』竹内敏雄訳（全三巻九冊）、岩波書店、一九五六―八一年

（Hegel, Georg Wilhelm Friedrich. *Vorlesungen über die Ästhetik.* 3 Bde. Berlin: Duncker & Humblot, 1835-38; 2. Aufl., 3 Bde., 1842-43.）

ハイネ『冬物語――ドイツ』井汲越次訳（岩波文庫）、岩波書店、一九三八年

（Heine, Heinrich. *Deutschland: Ein Wintermärchen.* Hamburg: Hoffmann & Campe, 1844.）

Herbart, Johann Friedrich. *Umriss pädagogischer Vorlesungen.* Göttingen: Dieterichsche Buchhandlung, 1835.

Humboldt, Wilhelm von. *Gesammelte Schriften.* 17 Bde. Berlin: B. Behr's Verlag, 1903-36.

Jeitteles, Ignaz. *Aesthetisches Lexikon.* 2 Bde. Wien: Carl Gerold, 1835-37.

List, Friedrich. *Schriften, Reden, Briefe.* 10 Bde. in 12 Tle. Berlin: Reimar Hobbing, 1927-35.

『マルクス・エンゲルス芸術論』上・下、リフシッツ／エルペンベック編、瀧崎安之助訳、岩波書店、一九五七―六二年

Mazzini, Giuseppe. "Filosofia della musica." (1836) in: ders. *Scritti editi e inediti di Giuseppe Mazzini.* Bd. 4. Milano: G. Daelli, 1862, S. 76-119.

Müller, Hugo. *Adelaide: Genrebild mit Gesang in einem Akt.* Berlin: Bittner, 1868.

Ortlepp, Ernst. *Gedichte.* Leipzig: Friedrich Fleischer, 1831.

Schelling, Friedrich Wilhelm Joseph von. *Sämmtliche Werke.* 14 Bände in 2 Abteilungen. Stuttgart & Augsburg: Cotta, 1856-1861.

シェリング『同一哲学と芸術哲学』（「シェリング著作集」第三巻）、伊坂青司／西村清和編、燈影舎、二〇〇六年

Schopenhauer, Arthur. *Sämtliche Werke.* 7 Bde. Wiesbaden: F. A. Brockhaus, 1948-66.

——. *Der handschriftliche Nachlaß.* 5 Bde. Frankfurt am Main: Waldemar Kramer, 1966-75.

Staël, Anne Germaine de (Mme de Staël). *De l'Allemagne.* Neuauflage, herausgegeben von der Komtesse Jean de Pange. 5 Bde. Paris: Librairie Hachette, 1958-60.

Tieck, Ludwig. *Phantasus: Eine Sammlung von Mährchen, Erzählungen, Schauspielen und Novellen.* 3 Bde. Berlin: Realschulbuchhandlung, 1812-

16.

Vischer, Friedrich Theodor. *Aesthetik oder Wissenschaft des Schönen: Zum Gebrauche für Vorlesungen.* 3 Teile und vollständiges Inhaltsverzeichniß, Namen- und Sachregister. Reutlingen & Leipzig/Stuttgart: Carl Mäcken, 1846-58.

Wieland, Christoph Martin. *Sämtliche Werke.* Hg. von Johann Gottfried Gruber. 53 Bde. Leipzig: Göschen, 1818-28.

Wiese, Sigismund. *Drei Dramen.* Leipzig: F. A. Brockhaus, 1836.

Zimmermann, Robert. *Studien und Kritiken zur Philosophie und Aesthetik.* 2 Bde. Wien: Wilhelm Braumüller, 1870.

[5] 参考文献（音楽関連）

ウォレン・ドワイト・アレン『音楽史の哲学――一六〇〇―一九〇〇』福田昌作訳、音楽之友社、一九六八年

（Allen, Warren Dwight. *Philosophies of Music History.* New York: American Book Company, 1939; Ungekürzte und korrigierte Auflage als *Philosophies of Music History: A Study of General Histories of Music 1600-1960.* New York: Dover, 1962.）

Applegate, Celia. "What Is German Music? Reflections on the Role of Art in the Creation of the Nation." *German Studies Review.* Sonderheft: German Identity（Winter, 1992）, S. 21-32.

Applegate, Celia, & Pamela Potter（Hgg.）. *Music and German National Identity.* Chicago & London: The University of Chicago Press, 2002.

Bonds, Mark Evan. *After Beethoven: Imperatives of Originality in the Symphony.* Cambridge, Mass.: Harvard University Press, 1996.

エステバン・ブッフ『ベートーヴェンの『第九交響曲』――〈国歌〉の政治史』湯浅史／土屋良二訳、鳥影社、二〇〇四年

（Buch, Esteban. *La neuvième de Beethoven: Une histoire politique.* Paris: Gallimard, 1999.）

カール・ダールハウス『絶対音楽の理念――十九世紀音楽のよりよい理解のために』杉橋陽一訳、シンフォニア、一九八六年

（Dahlhaus, Carl. *Die Idee der absoluten Musik.* Kassel: Bärenreiter, 1978.）

DeNora, Tia. *Beethoven and the Construction of Genius: Musical Politics in Vienna, 1792-1803.* Berkeley: University of California Press, 1995.

福地勝美「セシリア運動に及ぼしたE・T・A・ホフマンの影響について――A・F・J・ティボーとの関連を通して」、成城大学大学院文学研究科美学美術史専攻編「成城美学美術史」第十七・十八号、成城大学、二〇一二年、一七―四八ページ

Goehr, Lydia. *The Imaginary Museum of Musical Works: An Essay in the Philosophy of Music.* Oxford: Clarendon Press, 1992.

Grimm, Ines. *Eduard Hanslicks Prager Zeit: Frühe Wurzeln seiner Schrift «Vom Musikalisch-Schönen».* Saarbrücken: PFAU-Verlag, 2003.

今谷和徳／井上さつき『フランス音楽史』春秋社、二〇一〇年

石川伊織「旅の日のヘーゲル――美学体系と音楽体験：一八二四年九月ヴィーン」、県立新潟女子短期大学紀要委員会編「県立新潟女子短期大学

研究紀要」第四十五集、県立新潟女子短期大学、二〇〇八年、二二三―二四一ページ
Kier, Herfrid. *Raphael Georg Kiesewetter (1773-1850): Wegbereiter des musikalischen Historismus.* Regensburg: Bosse, 1968.
Kümmel, Werner Friedrich. *Geschichte und Musikgeschichte: Die Musik der Neuzeit in Geschichtsschreibung und Geschichtsauffassung des deutschen Kulturbereichs von der Aufklärung bis zu J. G. Droysen und Jacob Burckhardt.* Marburg: Görich & Weiershäuser, 1967.
フィリップ・ラクー＝ラバルト『虚構の音楽――ワーグナーのフィギュール』谷口博史訳（ポイエーシス叢書）、未來社、一九九六年
（Lacoue-Labarthe, Philippe. *Musica ficta: Figures de Wagner.* Paris: Christian Bourgois Éditeur, 1991.）
Lippman, Edward Arthur. *A History of Western Musical Aesthetics.* Lincoln & London: University of Nebraska Press, 1992.
Ludvová, Jitka. "Zur Biographie Eduard Hanslicks." *Studien zur Musikwissenschaft.* Jg. 37 (1986), S. 37-46.
宮本直美『教養の歴史社会学――ドイツ市民社会と音楽』岩波書店、二〇〇六年
西原稔『「楽聖」ベートーヴェンの誕生――近代国家がもとめた音楽』（平凡社選書）、平凡社、二〇〇〇年
西村理「「新ヴィーン楽派」概念の成立と政治的イデオロギーとの関係」、美学会編「美学」第五十三巻第一号、美学会、二〇〇二年、七一―八四ページ
Notley, Margaret. "*Volksconcerte* in Vienna and Late Nineteenth-Century Ideology of the Symphony." *Journal of the American Musicological Society.* Vol. 50, Nrn. 2-3 (Sommer-Herbst, 1997), S. 421-453.
大宮真琴／谷村晃／前田昭雄監修『鳴り響く思想――現代のベートーヴェン像』東京書籍、一九九四年
大崎滋生『文化としてのシンフォニーI――18世紀から19世紀中頃まで』平凡社、二〇〇五年
Pederson, Sanna. "A. B. Marx, Berlin Concert Life, and German National Identity." *19th-Century Music.* Vol. 18, Nr. 2 (Herbst, 1994), S. 87-107.
Reimer, Erich. "Nationalbewußtsein und Musikgeschichtsschreibung in Deutschland 1800-1850." *Die Musikforschung.* Jg. 46, H. 1. Kassel: Bärenreiter, 1993, S. 17-31.
アレクザンダー・リンガー編『ロマン主義と革命の時代――初期ロマン派』西原稔監訳（「西洋の音楽と社会」第七巻）、音楽之友社、一九九七年
（Ringer, Alexander (Hg.). *The Early Romantic Era: Between Revolutions: 1789 and 1848.* (= *Man & Music.* Bd. 6) London: Macmillan, 1990.）
Rumph, Stephen. "A Kingdom Not of This World: The Political Context of E. T. A. Hoffmann's Beethoven Criticism." *19th Century Music.* Vol. 19, Nr. 1 (Summer, 1995), S. 50-67.
Samson, Jim (Hg.). *The Cambridge History of Nineteenth-Century Music.* Cambridge: Cambridge University Press, 2001.
Solie, Ruth A (Hg.). *Musicology and Difference: Gender and Sexuality in Music Scholarship.* Berkeley: University of California Press, 1993.
Sponheuer, Bernd. "Zur ästhetischen Dichotomie als Denkform in der ersten Hälfte des 19. Jahrhunderts: Eine historische Skizze am Beispiel

Schumanns, Brendels und Hanslicks." *Archiv für Musikwissenschaft*. Jg. 37, H. 1. Wiesbaden: Franz Steiner, 1980, S. 1-31.

——. *Musik als Kunst und Nicht-Kunst: Untersuchungen zur Dichotomie von 'hoher' und 'niederer' Musik im musikästhetischen Denken zwischen Kant und Hanslick*. Kassel: Bärenreiter, 1987.

渡辺裕『聴衆の誕生――ポスト・モダン時代の音楽文化』（中公文庫）、中央公論新社、二〇一二年（初版、春秋社、一九八九年）

Yoshida, Hiroshi. "Eduard Hanslick and the Idea of 'Public' in Musical Culture: Towards a Socio-Political Context of Formalistic Aesthetics." *International Review of the Aesthetics and Sociology of Music*. Vol. 32, Nr. 2 (Dezember, 2001), S. 179-199.

——. "Sur l'idée de la germanité en musique aux XVIIIe et XIXe siècles." *Horizons philosophiques*. Vol. 16, Nr. 1 (Herbst, 2005), S. 125-135.

吉田寛「ハンスリックの「自律的」音楽美学再考――『音楽的に美なるものについて』の成立と改訂の過程を中心に」、日本音楽学会編「音楽学」第四十四巻第二号、日本音楽学会、一九九九年、一〇三―一一七ページ

――「聴衆とは何か――ハンスリックの音楽批評と公共的演奏会活動」、美学会編「美学」第五十巻第一号、美学会、一九九九年、二五―三六ページ

――「時代を映す鏡としてのハンスリック文献（前編）――同時代的な影響関係からナチズムの反ユダヤ政策まで」、国立音楽大学大学院編「音楽研究――大学院研究年報」第十二輯、国立音楽大学大学院、二〇〇〇年、一〇五―一二八ページ

――「時代を映す鏡としてのハンスリック文献（後編）――戦後の修正的評価からポストモダンと冷戦後の思潮まで」、国立音楽大学紀要編集委員会編「国立音楽大学研究紀要」第三十五集、国立音楽大学紀要編集委員会、二〇〇〇年、一七一―一八二ページ

――「E・T・A・ホフマンの音楽美学にみる歴史哲学的思考――器楽の美学はいかにして進歩的歴史観と結びついたのか」、東京大学大学院人文社会系研究科・文学部美学芸術学研究室編「美学芸術学研究」第二十号、東京大学大学院人文社会系研究科・文学部美学芸術学研究室、二〇〇二年、一五五―一九一ページ

――「ロマン主義の音楽思想にみる「ドイツ的なもの」の表象――普遍性という名のポリティーク」、シェリング年報編集委員会編「シェリング年報」第十一号、日本シェリング協会、二〇〇三年、四九―五八ページ

――『ヴァーグナーの「ドイツ」――超政治とナショナル・アイデンティティのゆくえ』青弓社、二〇〇九年

――「歴史の空白とジャンルの闘争――シューマンと《ベートーヴェン以後》のドイツ音楽」、「思想」二〇一〇年第十二号、岩波書店、二七―四八ページ

――『〈音楽の国ドイツ〉の神話とその起源――ルネサンスから十八世紀』（「〈音楽の国ドイツ〉の系譜学」第一巻）、青弓社、二〇一三年

――『民謡の発見と〈ドイツ〉の変貌――十八世紀』（「〈音楽の国ドイツ〉の系譜学」第二巻）、青弓社、二〇一三年

Zaslaw, Neal. *Mozart's Symphonies: Context, Performance Practice, Reception*. Oxford: Clarendon Press, 1989.

【6】参考文献（その他）

オットー・ダン『ドイツ国民とナショナリズム——一七七〇—一九九〇』末川清／姫岡とし子／高橋秀寿訳、名古屋大学出版会、一九九九年

（Dann, Otto. *Nation und Nationalismus in Deutschland 1770-1990.* München: C. H. Beck, 1993; 3., überarbeitete und erweiterte Auflage, 1996.）

ピーター・ゲイ『ドイツの中のユダヤ——モダニスト文化の光と影』河内恵子訳、思索社、一九八七年

（Gay, Peter. *Freud, Jews and Other Germans: Masters and Victims in Modernist Culture.* New York: Oxford University Press, 1978.）

ユルゲン・ハーバーマス『公共性の構造転換——市民社会の一カテゴリーについての探求［第2版］』細谷貞雄／山田正行訳、未来社、一九九四年

（Habermas, Jürgen. *Strukturwandel der Öffentlichkeit: Untersuchungen zu einer Kategorie der bürgerlichen Gesellschaft.* Neuwied: Luchterhand, 1962; Neuauflage, Frankfurt am Main: Suhrkamp, 1990.）

ジョージ・L・モッセ『大衆の国民化——ナチズムに至る政治シンボルと大衆文化』佐藤卓己／佐藤八寿子訳（パルマケイア叢書）、柏書房、一九九四年

（Mosse, George Lachmann. *The Nationalization of Masses.* New York: Howard Fertig, 1975.）

——『ユダヤ人の〈ドイツ〉——宗教と民族をこえて』三宅昭良訳（講談社選書メチエ）、講談社、一九九六年

（Mosse, George Lachmann. *German Jews beyond Judaism.* Bloomington: Indiana University Press, 1985.）

成瀬治／山田欣吾／木村靖二編『ドイツ史2——一六四八年—一八九〇年』（世界歴史大系）、山川出版社、一九九六年

Nipperdey, Thomas. *Deutsche Geschichte 1800-1866.* München: C. H. Beck, 1983.

野田宣雄『ドイツ教養市民層の歴史』（講談社学術文庫）、講談社、一九九七年

野村真理『ウィーンのユダヤ人——一九世紀末からホロコースト前夜まで』御茶の水書房、一九九九年

小田部胤久『象徴の美学』東京大学出版会、一九九五年

——「クロス討論「ロマン主義をめぐるフランスとドイツ——イメージの交叉」司会報告」、シェリング年報編集委員会編「シェリング年報」第十一号、日本シェリング協会、二〇〇三年、六五—六九ページ

ヘルムート・プレスナー『ドイツロマン主義とナチズム——遅れてきた国民』松本道介訳（講談社学術文庫）、講談社、一九九五年

（Plessner, Helmuth. *Das Schicksal deutschen Geistes im Ausgang seiner bürgerlichen Epoche.* Zürich: Max Niehans, 1935; Neuauflage als *Die verspätete Nation: Über die politische Verführbarkeit bürgerlichen Geistes.* Stuttgart: Kohlhammer, 1959.）

歴史学研究会編『国民国家を問う』青木書店、一九九四年

エルネスト・ルナン／ヨハン・ゴットリープ・フィヒテ／ジョエル・ロマン／エチエンヌ・バリバール／鵜飼哲『国民とは何か』鵜飼哲／大西雅一郎／細見和之／上野成利訳、インスクリプト、一九九七年
カール・E・ショースキー『世紀末ウィーン——政治と文化』安井琢磨訳、岩波書店、一九八三年
(Schorske, Carl Emil. *Fin-de-siècle Vienna: Politics and Culture*. New York: Alfred A. Knopf, 1979.)
若尾祐司／井上茂子編著『近代ドイツの歴史——18世紀から現代まで』ミネルヴァ書房、二〇〇五年
山田広昭『三点確保——ロマン主義とナショナリズム』新曜社、二〇〇一年
——「合わせ鏡としてのフランスとドイツ」、シェリング年報編集委員会編「シェリング年報」第十一号、日本シェリング協会、二〇〇三年、五九—六四ページ

第三巻あとがき

本書は、筆者の博士学位申請論文『近代ドイツのナショナル・アイデンティティと音楽――《音楽の国ドイツ》の表象をめぐる思想史的考察』（東京大学大学院人文社会系研究科、二〇〇五年）の第五章に加筆・修正をおこない、シリーズ「〈音楽の国ドイツ〉の系譜学」の第三巻として独立させたものである。

本書のうち、学会や研究会での口頭発表および論文などを通じてすでに公表ずみの部分は以下である（末尾の括弧内は本書の対応する部分）。博士論文の執筆、そして本書の出版を可能にした、それら貴重な発表の機会を与えていただいた方々にここであらためてお礼を申し上げたい。

「E・T・A・ホフマンの音楽美学における歴史哲学的思考――器楽の美学はいかにして進歩的歴史観と結びついたのか」（音楽思想研究会、東京大学本郷キャンパス、二〇〇一年十二月十七日）（第3章）

「E・T・A・ホフマンの音楽美学にみる歴史哲学的思考――器楽の美学はいかにして進歩的歴史観と結びついたのか」（東京大学大学院人文社会系研究科・文学部美学芸術学研究室編「美学芸術学研究」第二十号、東京大学大学院人文社会系研究科・文学部美学芸術学研究室、二〇〇二年）（第3章）

「ロマン主義の音楽思想にみる「ドイツ的なもの」の表象――普遍性という名のポリティーク」（クロス討論「ロマン主義をめぐるドイツとフランス――イメージの交叉」での分担発表、日本シェリング協会第十一回大会、駒沢大学、二〇〇二年七月六日）（第2章）

「ロマン主義の音楽思想にみる「ドイツ的なもの」の表象――普遍性という名のポリティーク」（シェリング年報編集委員会編「シェリング年報」第十一号、日本シェリング協会、二〇〇三年）（第2章）

「「ベートーヴェン対ロッシーニ」――美的パラダイムとしての「ドイツ的」対「イタリア的」」(Colloquium Aestheticum、東京大学大学院人文社会系研究科美学芸術学研究室、二〇〇四年六月四日)(第4章)

「絶対音楽の美学はどこまで「ドイツ的」なのか?――19世紀後半における「ドイツ的なもの」の分裂」(音楽思想研究会、東京大学本郷キャンパス、二〇〇四年七月二十二日)(第5章)

“Sur l'idée de la germanité en musique au XVIIIe et XIXe siècles.” *Horizons philosophiques*. Vol. 16, No. 1, Automne, 2005.(第2章)

「一八四〇年前後のドイツの音楽界における「歴史の終焉」意識の諸相」(日本音楽学会第五十六回全国大会、明治学院大学白金キャンパス、二〇〇五年十月二十三日)(第4章)

「いつ、どうして交響曲は「ドイツ的」なものになったのか?」(「シンフォニーの思想と「ドイツ的なもの」の形成」第一回、「フィルハーモニー」第七十八巻第二号、NHK交響楽団、二〇〇六年一月)(第3章・第4章)

「近代ドイツ社会の理想的モデルとしてのシンフォニー」(「シンフォニーの思想と「ドイツ的なもの」の形成」第二回、「フィルハーモニー」第七十八巻第五号、NHK交響楽団、二〇〇六年五月)(第1章・第5章)

「ドイツ音楽史の「羅針盤」としての交響曲」(「シンフォニーの思想と「ドイツ的なもの」の形成」第三回・最終回、「フィルハーモニー」第七十八巻第六号、NHK交響楽団、二〇〇六年六月)(第5章)

「「ベックメッサー」以前のハンスリック――ワーグナーとの初期の関係」(日本ワーグナー協会編「年刊ワーグナー・フォーラム 二〇〇六」東海大学出版会、二〇〇六年)(第5章)

「絶対音楽のモデルとしてのイタリア・オペラ?――範例なき理論/理論なき範例」(シンポジウムVI「メンデルスゾーンの「イタリア」――ドイツ人音楽家のイタリア旅行体験を多角的に検証する」での分担発表、日本音楽学会第六十回全国大会、大阪大学豊中キャンパス、二〇〇九年十月二十五日)(第4章)

「歴史の空白とジャンルの闘争――シューマンと《ベートーヴェン以後》のドイツ音楽」(「思想」二〇一〇年第十二号、岩波書店)(第4章)

『ヴァーグナーの「ドイツ」――超政治とナショナル・アイデンティティのゆくえ』(二〇〇九年)の刊行、そしてそれに続く本シリーズ「〈音楽の国ドイツ〉の系譜学」全三巻の完結をもって、筆者の博士論文の出版は完了することになる。ここにあらためて、筆者の博士論文の審査をご担当いただいた東京大学大学院の五人の先生方、すなわち主査の渡辺裕教授(美学芸術学)、および副査の佐藤康邦教授(倫理学)、杉橋陽一教授(表象文化論)、西村清和教授(美学芸術学)、藤田一美教授(同)(五十音順、いずれも当時)にお礼を申し上げたい。

ここでごく簡単ながら、博士論文執筆までの筆者の研究の足取りを振り返っておきたい。筆者が「作曲家ジョン・ケージと音楽芸術におけるモダニズム」という卒業論文を岩佐鉄男教授の指導のもとで書き上げ、東京大学教養学部教養学科第一(表象文化論)を卒業したのは一九九六年のことだった。当時の筆者は現代音楽の研究を志しており、同じく東京大学でもキャンパスを駒場から本郷に移して、人文社会系研究科の修士課程に進学した際には、シェーンベルクやアドルノといったモダニズムの音楽思想を研究するつもりだった。ところが、美学芸術学研究室で新たに指導教官となった渡辺先生――ちょうど先生が本郷に赴任してこられた年に、筆者が修士課程に入ったのだった――は、最初の面談でハンスリックの研究をすすめられ、のちに筆者の座右の書となる(本書でも参照した)『音楽美論』の歴史的校訂版を貸してくださった。周知のように二十世紀の作曲家、とりわけシェーンベルク以降のいわゆる前衛音楽の作曲家は――あのケージでさえも!――十九世紀ドイツ的なクラシック音楽の伝統――それは文化であり制度である――への反発を動機にして創作をおこなってきたが、ハンスリックと彼の形式主義的音楽美学は、いわばその最大の仮想敵だった。そうした伝統を「二十世紀の側」から批判的に眺めるばかりでなく、そのまっただなかに飛び込み、それを内側から解体することが必要であると常々考えていた筆者からすれば、相手にとって不足はなかった。折しもハンスリックの批評全集の公刊が一九九三年に始まり、長い間隠蔽されてきた彼の最初期の批評が読めるようになった、というタイミングでもあった。こうして書かれたのが、一九九八年に提出された筆者の修士論文「E・ハンスリックの「自律的」音楽美学再考――初期の批評活動（一八四四―五四年）を中心とした思想史的・社会史的考察」である。

ところでその修士論文では主題化されなかったが――そうするには、あまりに微細で曖昧な事柄だった――ハンスリックを研究するなかで筆者の胸中に一つの戸惑いが生じていた。というのも、十九世紀ドイツ的なクラシック音楽の伝統の中心を構成する――少なくともわれわれ現代（日本）人はそう了解してきた――はずのハンスリックと彼の美学が、しばしば同時代人から「非ドイツ的」として非難されていたことがわかってきたからだ。「ドイツ音楽」の核心を「内側から解体」するべく着手したはずのハンスリック研究を通じて、結果的に筆者は「ドイツ音楽」が何であるかをかえって見失ってしまったのだ。

言うまでもなくこの問題意識は、そのまま本シリーズの主題に直結するものである。だがナショナル・アイデンティティという、どう考えても一音楽美学者の手に余る大きなテーマに研究の照準を定めることには、かなり躊躇があった。博士課程に進学してしばらくの間、筆者はより漠然と、音楽批評や音楽史叙述を素材として、音楽と言説の関わりを研究しようとしていた。だがその当時、私が所属するゼミや諸学会でも文化的ナショナリズムをめぐる議論が全盛を極めていたこともあり、周囲からの刺激や助言にも後押しされて結果的にドイツ音楽とナショナル・アイデンティティを博士論文の主題として選ぶことになった。そのおおまかなプランが固まったのは二〇〇〇年であり、論文が完成したのは二〇〇五年二月末のことだから、その間五年あまりかかったことになる。

渡辺先生のご紹介で青弓社の矢野未知生氏に初めてお会いしたのは、博士論文提出直後の二〇〇五年四月である。博士論文全体を一般読者向けに簡潔に書き直す、というのが当初のお約束であり、最終的にそれが全四冊に及ぶ企画になること、しかもその完結まで十年もかかることなど、当時同氏はまったく予想しなかったに違いない。もちろん筆者自身とてそうであった。ここまで時間がかかったのは、ひとえに筆者の怠慢のゆえであり、同氏にはお詫びの言葉もない。だが結果として、博士論文をほとんど圧縮することなく、その全体を出版できたことは身に余る僥倖である。昨今の学術書の出版状況を見れば、なおさらそう思わざるをえない。何よりも、こうした書籍を三巻シリーズで刊行するという――暴挙にも近い？――英断を下された同社のご厚意に感謝したい。

第一巻序章でも述べたように、本シリーズの目的は〈音楽の国ドイツ〉という神話の「虚構性」を暴いたり、その価値を「相対化」したりすることにあるのではなく、文字どおり、その成立の過程をたどることにある。研究者による「神話批判」の試みが皮肉にも、その神話の補強ないしは再構築に行き着いてしまうのを、これまで幾度となく目撃してきた筆者は、安直かつ無責任に「脱神話化」を唱える気にはなれなかった（もちろんいまでもなれない）。別の言い方をすれば、「外部」の「安全」な場所からなされる批判＝吟味《クリティーク》などありえない、と筆者は信じているのだ。むしろ筆者は、まさに本シリーズ自体が――一つの独自な仕方で――〈音楽の国ドイツ〉の神話を構築していること、すなわちその神話に内側からコミットしていることを自覚しながら、筆を進めてきた。そのため本シリーズには、読者が筆者の歴史観や解釈を覆すための「反証」の手がかりも意図的にちりばめられている（単にそれらを隠そうとはしなかった、というだけのことだが）。批判や反証に開かれたかたちで神話を再構築すること――本シリーズのテーマに即して筆者ができること、やるべきことはそれ以外にはないように思われたからだ。本シリーズが〈音楽の国ドイツ〉という神話の「脱神話化」に成功しているか否か、それはもはや筆者にとってはどうでもよいことである。

例えば本シリーズから物語＝歴史《ゲシヒテ》だけを抽出して一冊の、よりコンパクトな――極端には新書サイズの――書物を作ることも、あるいは可能だったかもしれないが、そのようにしてできあがるものは、いかにも薄っぺらで嘘くさい物語＝歴史《ゲシヒテ》にすぎなかっただろう。筆者が博士論文の「圧縮」に最後まで踏み切れず、本シリーズが結果的に博士論文とほぼ同じサイズになったのはそのためである。たえず紆余曲折し、互いに矛盾・衝突する論点や問題すらその内部に含み込んだ議論と、そのための膨大な資料の読解こそが、本シリーズの精髄だと筆者は考えている。

とはいえ、だからこそ、少なからぬ出費と時間を割いて、本シリーズにお付き合いいただいた読者のみなさまには、心から感謝したい。結論ではなく過程を共有することこそが、本シリーズでの筆者の賭けだった。この手の「神話」を研究の題材として扱う場合、結論はどうやっても陳腐化する（される）運命にあるが、過程は決してそうではないからだ。この第三巻あとがきにたどり着いていただいただけで――あとがきから先に読まれているにしても――筆者としてはそれ以上望むものはない。

『ヴァーグナーの「ドイツ」』から四冊続けて編集をご担当いただいた青弓社の矢野未知生氏には、最後にあらためて感謝の意を表したい。つねに最良のタイミングで最良のご判断とご提案をいただける、筆者にとってベストのパートナーだった。ただし原稿の遅滞でご迷惑とご心配をおかけした度合いでは、同氏にとって筆者がワーストのパートナーではなかったかと秘かに危惧していることも事実であるが。ヴァーグナーの『指環』よろしく、三部作の計画が四部作に拡大することは、出版界でもそう珍しくないと想像するが、当初一冊で刊行する予定が最終的に四冊になったという出版企画はさほどありふれてはいないはずだ。その意味でも同氏と同社には筆者の想像力をはるかに超えた次元でご苦労とご迷惑をおかけしてしまったに相違なく、本当に頭の下がる気持ちである。

そしていつも私を支えてくれている家族にも感謝。本書第5章第6節に含まれる博士論文の一節を執筆していたときに誕生した綸楽――論文完成が先か出産が先かを妻と競っていたのだが負けてしまった――は、すでに十歳を数えている。その三年後に生まれた芳奈も、いつの間にか私が書いた本を読める年齢になっていた。子どもたちの著しい成長ぶりは、遅々として原稿が進まないなか、いつも大きな焦りとプレッシャーを私に与えてきたが、こうして振り返ってみれば、かけがえのないすばらしい時間だった。また妻の桐子には本書を捧げることで最大限のお礼を伝えたい。いつもありがとう。君がいなければ僕は何もできなかっただろう。

師走の京都にて　　　　筆者識

索引

あ

ま

や

[著者略歴]
吉田 寛（よしだ・ひろし）
1973年生まれ
東京大学大学院人文社会系研究科（美学芸術学）博士課程修了。博士（文学）。同研究科助手、助教を経て、現在、立命館大学大学院先端総合学術研究科准教授（表象領域）
専攻は美学、感性学、表象文化論
著書に『ヴァーグナーの「ドイツ」』『〈音楽の国ドイツ〉の神話とその起源』『民謡の発見と〈ドイツ〉の変貌』（いずれも青弓社）、共著に『ワーグナー事典』（東京書籍）、『オペラ学の地平』（彩流社）、『ゲーム化する世界』（新曜社）、共訳にテオドール・W・アドルノ『アドルノ 音楽・メディア論集』（平凡社）など

〈音楽の国ドイツ〉の系譜学3

絶対音楽《ぜったいおんがく》の美学《びがく》と分裂《ぶんれつ》する〈ドイツ〉 十九世紀

発行　2015年1月15日　第1刷
定価　2600円＋税
著者　吉田 寛
発行者　矢野恵二
発行所　株式会社青弓社
〒101-0061 東京都千代田区三崎町3-3-4
電話 03-3265-8548（代）
http://www.seikyusha.co.jp
印刷所　三松堂
製本所　三松堂

ISBN978-4-7872-7368-0 C0373